グローバル・サウスはいま
5

ラテンアメリカはどこへ行く

後藤政子/山崎圭一
[編著]

Where is Latin America Going?

ミネルヴァ書房

「グローバル・サウスはいま」刊行にあたって

　本シリーズは,「南」の国々と地域の歴史的な形成と発展の過程を踏まえ,21世紀を迎えた現時点におけるその政治,経済,社会,文化の諸分野の全体像を,変容するグローバルな世界秩序の視点から再考し,その複雑に絡み合った諸問題とこれからの課題を展望する試みである。執筆者は,主に「南の世界」を専門にしている。今日,21世紀の世界の現実を「北の世界」との対比された「南の世界」といった従来の区分では分析するのは十分でない。それゆえ,本書では「グローバル・サウス」という概念を使う。

　「グローバル・サウス」は新自由主義の文脈において特別の意味を持つ。新自由主義型資本主義の帰結は,一方で,グローバルかつナショナルに,富の激しい集中があり,超富裕層と大多数の人々との格差の拡大がある。他方,ローカルからの異議申し立てが見られる。それは,新自由主義型グローバル化のもとで搾取,疎外,周辺化の共通した経験を有するすべての人々,グループ,諸階級,そして諸民族を包含する。これは「抵抗のグローバル・サウス」である。

　冷戦後の世界では21世紀に入り,人類は深刻な政治的,経済的,社会的な出来事に直面した。2001年9月11日の同時多発テロをはじめとして,2008年のリーマンショック,そして,2011年3月11日の東日本大震災と原発事故である。今日,ポスト9.11のこの世界を見通すことはきわめて難しい。われわれは何を目指し,どこに向かっているのか。そこでは,ポスト国民国家とグローバル化は不可避な前提となる。そして,世界秩序をめぐるヘゲモニーの動向やリージョナルなガヴァナンス構築,また,ナショナルな安全保障の再構築が重要な課題となる。こうした視点からすると,中国の存在は決定的であるが,その役割は多面的な側面を持っている。

　現在,世界各地でポピュリズム的潮流が急浮上している。他方で,新しい社会運動の台頭に突き動かされて,民主主義の定着や新しい社会構想が実験,模索されている現実にも注目する必要がある。わが国では,いまだ歴史的な負の遺産を主体的に克服できていない。むしろ,貧困格差の拡大や非正規雇用の常態化を背景とし,社会的不安の浸透,自由な精神と思考の萎縮傾向,そして狭隘なナショナリズムの拡がりがある。だが,こうした現状に対する若者の異議申し立ての動きも生まれ始めている。

　今や「グローバル・サウス」を考えることは,すべての人々が「現代」をいかにとらえ,生きていくのか,この切実な「問いかけ」を考えるうえで不可欠な条件となろう。

　本シリーズは,創立55周年を迎えた特定非営利活動法人（NPO法人）アジア・アフリカ研究所の企画として始まったが,今日の複雑な世界を捉えるため,研究所を越えて第一線の多数の研究者の協力を仰いだ。

2016年4月

松　下　　冽
藤　田　和　子

はしがき

　シリーズ「グローバル・サウスはいま」第5巻のタイトル『ラテンアメリカはどこへ行く』には，次のような思いが込められている。

　日本にとって，ラテンアメリカ諸国は，数十年前のように地球の反対側の遠い地域ではなくなり，政治的経済的関係も深まり，その動きが日々の生活にも影響するようになった。それだけではなく，今日のラテンアメリカの姿は日本の姿とも重なる。ラテンアメリカ諸国が直面している課題は日本の課題でもあり，ラテンアメリカについて知ることは日本の問題を考える上で重要な手掛かりになる。

　これは，言うまでもなく，グローバル経済化が進み，「北の諸国」が「南の諸国化」し，「南の諸国」が「北の諸国化」しつつあるためである。経済の低迷，政治の混迷，所得格差の拡大，伝統的中間層の衰退，非正規労働者の膨張，大量の移民や難民の流出や流入，麻薬取引の拡大，社会的政治的暴力の広がりなど——程度の差や表れ方に違いはあるものの，日本だけではなく，米国やヨーロッパ諸国，さらにはアジア・アフリカ諸国を含め，世界共通の現象となった。

　ラテンアメリカ諸国は，20世紀を通じて「世界の超大国」米国の足元にあって，その直接の影響下に置かれてきた。そのため，世界に先駆けて1980年代には新自由主義経済体制が確立し，いわば米国流のグローバル経済化の縮図となった。古い社会経済構造が残るところに，世界の最先端を走る経済大国の手で近代化が進められたために，矛盾もきわめて激しい形で表れ，新自由主義体制の問題点が浮き彫りになっている。ここにラテンアメリカ諸国の重要な特徴がある。

　しかし，その一方では，時代を先取りした動きも生まれている。すべての人々の平等，多民族の共存，自然と調和した経済発展など，新自由主義とは「別の社会」を求める運動が発展し，その実現を目指す国も成立している。これは，長い間，社会から排除されてきた貧しい人々や先住民などが，既存の社

会のあり方に疑問を呈し，政治の舞台に主役として登場し始めたことによる。

　こうした動きを背景に，21世紀初頭には多くの諸国が米国から距離を置き始め，「非米化」といわれる時代が到来した。だが，それも長くは続かず，2010年代後半には後退し始めている。

　今日，世界的な経済低迷打開の見通しが立たず，格差の拡大のためにテロが蔓延するなど，資本主義が歴史的転換期を迎えていることが指摘されている。ラテンアメリカ諸国は再び，米国のヘゲモニーのもとに統合されるのか。それとも，「非米化」の後退は一過性のものであり，ポスト資本主義時代へ向けて歩んでいくのか。アジア・アフリカの貧しい諸国だけではなく，日本を含めた，いわゆる先進諸国の人々にとっても，その行方から目を離すことができない。

　本巻では，今後のラテンアメリカの行方を探るために，第Ⅰ部では，「非米政権」の成立の背景や課題，今日，注目を浴びている地域統合，先住民，経済や社会構造，移民問題について，歴史的経緯や21世紀に入り浮かび上がってきた特性を明らかにした。ここから，ラテンアメリカを知るためには20世紀とは異なる新しい視点が求められていることが分かるであろう。第Ⅱ部では，個別の国を取り上げ，それぞれの国が直面している最も重要な問題の一つについて分析した。「21世紀の社会主義」が抱える課題（キューバ，ベネズエラ），中心国の経済構造（ブラジル），暴力の拡大（メキシコ），環境破壊（コスタリカ）など新自由主義経済体制下の経済・社会状況，および政治経済体制転換の難しさ（アルゼンチン，チリ）から成るが，いずれもラテンアメリカ諸国共通の問題であり，「ラテンアメリカ問題」について具体的なイメージを描きながら，理解できるのではないかと期待している。コラムは現地で活躍する人々からのビビッドな報告である。

　本書が今日の世界を知るための一助となれば幸いである。

執筆者一同を代表して　後 藤 政 子

ラテンアメリカはどこへ行く

目　次

はしがき

序　章　21世紀におけるラテンアメリカの課題 …………後藤政子… 1
　1　独立から200年——「ボリバルの夢」は実現するか………………… 1
　2　20世紀のラテンアメリカ……………………………………………… 2
　　　「民族民主革命」挫折の時代
　　　キューバ革命——ラテンアメリカ史の転換期
　　　「新しい社会主義」政権の成立
　　　親米軍事政権の時代　　新自由主義風靡の時代
　3　21世紀のラテンアメリカ……………………………………………… 6
　　　「米国離れ」の時代の到来　　新しい社会概念の成立
　　　岐路に立つ左派政権　　「ラテンアメリカの実験」

第Ⅰ部　ポスト新自由主義に向けた社会構想——その経緯と現在

第1章　新自由主義に対峙する「左派」政権………………松下 冽… 15
　　　　——その可能性と諸困難——
　1　左派政権の波……………………………………………………………15
　　　新しい左派政権の画期的意味　　本章の課題とアプローチ
　2　新しい左派政権の出現と特徴…………………………………………17
　　　新自由主義への異議申し立てと左派政権の誕生
　　　新しい「左派」政権の多様性　　共通する特徴と共有する課題
　　　社会的基盤と社会運動
　3　左派政権における「国家―市民社会」関係…………………………21
　　　民主的な「国家―市民社会」関係に向けての視点
　　　ガバナンスと「国家―市民社会」関係
　　　異議申し立てからガバナンスへ
　　　参加型制度をどのように分析し評価するのか
　4　社会運動と国家………………………………………………………28
　　　社会運動はどのように国家と関わるのか

　　　　　「国家-市民社会」関係と重層的ガバナンス構築の枠組みから
　5　ポスト新自由主義に向けたガバナンス構築……………………………………31
　　　　　新しい支配形態か自立化か
　　　　　民主的ガバナンスの構築における国家の両義性
　　　　　民主主義のさらなる実験へ

第2章　ラテンアメリカのピンクの波……………………河合恒生…36
　　　　　──新たな変革の道を模索するラテンアメリカ──
　1　ピンクの波……………………………………………………………………36
　2　背　景…………………………………………………………………………37
　　　　　新自由主義の登場　　南北の構造転換　　構造転換のもたらしたもの
　3　社会運動の激化………………………………………………………………41
　4　政策の特徴……………………………………………………………………43
　　　　　21世紀の社会主義を目指す　　新資源開発主義
　5　課　題…………………………………………………………………………47

第3章　米州の地域統合……………………………………所　康弘…50
　　　　　──その歴史と現在──
　1　地域統合の歴史的変遷………………………………………………………50
　　　　　19世紀から20世紀半ばまで　　1960年ラテンアメリカ自由貿易連合の誕生
　　　　　1960年中米共同市場の設立　　1960～70年代の地域統合の帰結
　　　　　天然資源をめぐる角逐
　2　「開かれた」地域主義の出現………………………………………………54
　　　　　転換期としての1980年代　　「包括的」な協定としてのNAFTA
　　　　　NAFTAのメキシコ経済への諸影響　　NAFTA下の銀行部門の動向
　　　　　NAFTA下の主要穀物部門の動向　　NAFTAと国家安全保障
　3　21世紀の多元的な地域統合の進展…………………………………………60
　　　　　重層的な地域統合の潮流　　FTAAと米国の西半球戦略
　　　　　開発主義と社会政策型のMercosur　　Mercosurの貿易構造
　4　新しい地域主義プロジェクトの行方………………………………………66
　　　　　UNASURとALBAの試みと理念　　ALBAの可能性と課題
　5　ポスト新自由主義と地域統合の行方………………………………………69

コラム1　貿易・投資を通じた中国のラテンアメリカへの影響‥田島陽一…72

第4章　ラテンアメリカの先住民運動 ················· 宮地隆廣…74
　　　　　——その歴史的展開と多様性——

1　ラテンアメリカの先住民とその運動 ················· 74
　　ラテンアメリカ政治史の概要　　先住民とは
　　先住民運動の要求(1)——差異の承認
　　先住民運動の要求(2)——平等の実現

2　20世紀の先住民運動 ································ 80
　　政府・カトリック教会・国際組織
　　運動の全国展開——ボリビアとエクアドル
　　運動成長の制約——メキシコ，グアテマラ，ペルー

3　21世紀の課題(1)——権力への接近・同一化 ········· 85
　　先住民大統領の誕生　　先住民大統領の成果　　政権獲得の代償

4　21世紀の課題(2)——権力からの離反 ··············· 89
　　CONAIE　　EZLN

5　グローバル・サウスとラテンアメリカの先住民運動 ········ 92
　　グローバル・サウスの縮図
　　「南」の運動ではないラテンアメリカ先住民運動
　　ラテンアメリカ先住民運動の未来

第5章　グローバル・バリューチェーンと社会的統治 ····· 小池洋一…95
　　　　　——底辺への競争を超えて——

1　グローバル・バリューチェーンの形成 ··············· 96
　　グローバル化と機能的分業　　ガバナンス
　　東アジアのバリューチェーン　　ラテンアメリカのバリューチェーン

2　グローバル化と格差 ······························· 104
　　取引の不安定性・不確実性　　不平等な利益配分　　環境破壊
　　先進国での格差

3　グローバル・バリューチェーンの社会的統治 ······· 109
　　アップグレーディング　　社会的統治

目次

第6章　ラテンアメリカ経済社会の変化……………………山崎圭一…117
　　　　　——ブラジルの住宅政策に焦点を当てて——

1　本章の目的と分析方法……………………………………………117
　　基本的方法　　日本を例にした説明
2　ラテンアメリカ地域の「ルーブリック方式」による素描………121
3　ブラジルの考察……………………………………………………122
4　ブラジルの住宅政策………………………………………………124
　　ファヴェーラ　　住宅市場は不均衡か　　ブラジルの「住宅赤字」概念
　　ブラジルにおける住宅金融と住宅政策——弱い公共的介入
　　近年（労働者党政権）の政策
5　「中所得国の罠」から抜け出せるか……………………………132

第7章　在米ラティーノの影響力………………………北條ゆかり…134
　　　　　——求められる新しいラテンアメリカ・米国関係——

1　在米ラテンアメリカ移民の実像を探る…………………………134
　　移民はなぜ必要とされるのか　　米国の移民政策はどう変遷してきたか
　　「ヒスパニック／ラティーノ」の高まる存在感
2　越境する人々——メキシコと米国の間で………………………142
　　対米メキシコ移民はいかに増加したか　　帰還し始めた移民たち
3　中米北部3カ国を逃れて北へ向かう人々………………………146
　　中米紛争と米国の介入　　ポスト冷戦期の暴力の要因と実態
　　北へと逃れる子供と母親たち　　問われる米・メキシコ政府の対応
4　移民が外交関係にもたらしうる影響とは………………………152
　　米国社会で問われる移民の人権と処遇
　　包括的移民制度改革はどこへ行く
　　移民がとりもつ共存世界の形成へ

コラム2　米国のヒスパニック——カリフォルニアの「レコンキスタ」
　　……………………………………………………伊藤千尋…161

第Ⅱ部　ラテンアメリカ諸国の課題

第8章　キューバ………………………………………………後藤政子…165
──「平等主義社会」から「公正な社会」へ──

1. なぜ，キューバ革命は生き永らえることができたのか………………165
2. 革命──モンカダ兵営襲撃から革命政権成立まで……………………166
   - ゲバラがラテンアメリカの旅で求めたもの──20世紀ラテンアメリカの課題
   - モンカダ兵営襲撃──なぜ若者による行動だったのか
   - 最後まで「すべての勢力の統一」を目指す　　革命の分水嶺──農業改革
3. 「社会主義へ」……………………………………………………………171
   - 理想主義社会を目指して
   - 非常時態勢のもとで進んだ平等主義体制の制度化　　「ソ連化」の時代へ
4. 「社会主義」を見直す……………………………………………………175
   - それは1980年代に始まった　　ソ連解体の衝撃──一進一退の改革
   - 「経済悪化の悪循環」
5. 21世紀のキューバ──「公正な社会」へ向けて……………………179
   - 「フィデル・カストロの警告」──第6回共産党大会の体制転換へ
   - 共産党の一党支配をめぐって
   - ラウル・カストロ政権──革命後世代への橋渡し政権
   - 米・キューバ関係改善
   - 世界一厳しい米国の制裁法──目的はキューバの市場経済化と「民主化」
   - 公正な社会は実現できるか

第9章　ベネズエラ……………………………スティブ・エルナー…187
　　　　　　　　　　　　　　　　　　　　　　　　　（河合恒生訳）
──社会的政治的多様性と反新自由主義──

1. チャビスタの改革…………………………………………………………187
2. 接　収………………………………………………………………………191
3. 地域協議会と非統合諸セクター…………………………………………194
4. チャビスモ内部のビジョンと利害の対立………………………………195
5. チャベス死後の展開………………………………………………………197

6　空虚なシグニファイアとチャビスタ運動内の葛藤……………………200

第**10**章　ブラジル………………………………………田中祐二…206
　　　　　──ラテンアメリカの経済動向との比較と「中所得国の罠」──
　　1　「中所得国の罠」と構造転換アプローチ……………………………206
　　　　ブラジルとラテンアメリカの長期経済動向とワシントン・コンセンサス
　　　　米国までの「距離」と「中所得国の罠」
　　　　ラテンアメリカおよびブラジルの中所得国存続期間とブラジルの成長率
　　　　構造転換アプローチと中所得国存在期間
　　2　プロダクト・スペースと構造転換……………………………………212
　　　　構造転換の評価手段　　成功国韓国のプロダクト・スペース
　　　　ラテンアメリカおよびブラジル
　　3　構造転換を阻止する要因と直接投資流出入──ブラジルとラテンアメリカ…219
　　　　イノベーション支援体制の脆弱性
　　　　為替の過大評価問題──ブラジルおよびラテンアメリカ
　　　　直接投資流出入と産業転換
　　4　ブラジル経済の減速と「中所得国の罠」……………………………227

第**11**章　メキシコ…………………ビクトル・ロペス・ビジャファニェ
　　　　　　　　　　　　　　　　　　　　（後藤政子訳）…230
　　　　　──新自由主義と麻薬取引と暴力──
　　1　安全な国メキシコの変貌……………………………………………230
　　2　メキシコにおける新自由主義政策……………………………………231
　　3　米国とメキシコの麻薬貿易…………………………………………238
　　4　爆発する暴力…………………………………………………………241

　　コラム3　サパティスタ運動の現在──メキシコからの手紙
　　　　　　　　　　　　　　　　レイナ・カタリーナ・ペレス・アルカサル
　　…………………………　　　　フェルナンド・エルナンデス・ペレス…248
　　　　　　　　　　　　　　　　　　　　　（後藤政子訳）

第12章　コスタリカ……………………………………小澤卓也…251
　　　　　——エコツーリズムと新自由主義——
1　コスタリカへの新たな眼差し………………………………………251
2　「エコツーリズム発祥の国」の歩み………………………………252
　　　　観光業の発展とエコツーリズムの誕生　　エコツーリズムの社会的意義
3　米国への依存と変容するコスタリカ………………………………257
　　　　インテル社の招致とフリーゾーン　　コスタリカ観光と米国
　　　　拡大する貧困と格差
4　新自由主義時代の観光とエコツーリズム…………………………263
　　　　プライベート・ビーチとアドベンチャー・ツーリズム
　　　　発展のキーワードとしての英語　　観光地の麻薬と性
5　エコツーリズムの未来に向けて……………………………………269

第13章　アルゼンチン………………アレハンドロ・M・シュナイダー…271
　　　　　　　　　　　　　　　　　　　　　（後藤政子訳）
　　　　——ペロニズムという政治現象を読み解くために——
1　ペロニズムの成立……………………………………………………272
　　　　第1次および第2次ペロン政権（1946〜55年）　　労働運動の取り込み
2　ペロン亡命から復帰へ………………………………………………275
　　　　政治活動禁止の時代——依然として強固なペロニズム
　　　　ペロン帰国，そして軍政時代へ
3　民政復活——ペロニズムの変貌……………………………………276
　　　　アルフォンシン政権——中間層の獲得を目指すペロニスタ党
　　　　メネム政権——ペロニズムの新しい政府スタイル
　　　　変化する労働者階級——ペロニスタの分裂
　　　　民主主義体制の危機——続く短命政権
4　ネストル・キルチネル政権…………………………………………280
　　　　新しいペロニズムの追求
　　　　フェルナンデス・デ・キルチネル政権——分極化が進むアルゼンチン社会
5　ペロニズムに阻まれた左翼労働運動の発展——結論に代えて……283

目次

第14章 チリ……………………………………………岡本哲史…285
――コンセルタシオン政権と新自由主義の行方――

1 分析の視角……………………………………………………285
2 コンセルタシオン政権の功績…………………………………287
  人権問題への対応と民主体制の強化 貧困の削減
  (1)労使関係の民主化と最低賃金制度 (2)社会支出の増加
  (3)エイルウィン期 (4)フレイ期 (5)ラゴス期 (6)バチェレ期
  安定したマクロ経済成長
3 コンセルタシオン政権による新自由主義の継承と修正……294
  貿易政策 外資政策 財政政策 民営化政策
4 コンセルタシオン政権の問題点………………………………299
  教育 医療制度 税制の問題 経済格差 年金
  その他の問題点
5 コンセルタシオン政権は新自由主義政権なのか……………303
  新自由主義の本質は何か 新自由主義イデオロギーの構成要素
  コンセルタシオンの総合評価
  ビノミナル制と新自由主義制度の慣性力 修正新自由主義
6 新自由主義の行方……………………………………………308
  成長率の鈍化 産業創出能力の弱さ
  治安の悪化と中間層のまなざし 第2次バチェレ政権の行方

コラム4 格差社会チリにおける教育自由化………………近藤元子…313

関係年表 317
人名索引 329
事項索引 332

序章　21世紀におけるラテンアメリカの課題

後 藤 政 子

1　独立から200年──「ボリバルの夢」は実現するか

　20世紀末には親米政権一色だったラテンアメリカも，21世紀に入ると次々といわゆる「左派政権」が成立し，保守政権は数えるほどになった。それだけではなく，米国を除外したラテンアメリカ諸国だけの地域協力機構も発展し，「米国離れ」が進んだ。

　ラテンアメリカの「解放者」と言われる，19世紀初頭の独立運動指導者シモン・ボリバルは，雑多な人種や文化が混交する「南のアメリカ」を高く評価し，地域諸国の協力による自立的発展を訴えていた。それからほぼ2世紀が経過し，ようやくボリバルが目指していた「ラテンアメリカ主義」の実現可能性が生まれたことになる。

　今日の「左傾化」や「米国離れ」は持続し得るのか。ラテンアメリカの自立的発展と，白人や混血などのエリートだけではなく下層大衆を中心とする「すべての人々の自由と平等」の社会に向かうものなのか。これを判断するには「左傾化」や「米国離れ」の実態と，それを生み出した条件を見極める必要がある。

　このような21世紀におけるラテンアメリカの変動の背後には，1980年代から90年代にかけてラテンアメリカを席巻した新自由主義の経験がある。貧困層の膨張，所得格差の拡大，底辺層の社会的排除，国家主権の喪失，環境破壊など，激しい矛盾を前に新自由主義のオルタナティブ社会を求める運動が発展し，「左派政権」の成立に繋がった。

　しかしながら，「左派政権」と言っても，キューバ，ベネズエラ，ボリビアなど「新しい社会主義社会」を追求する政権から，新自由主義経済体制を維持しつつ，社会政策によってその矛盾を軽減しようとする政権まで，内実は様々

である。全体としてはむしろ後者の方が多く，今日の「左傾化」が「ピンク・タイド（ピンクの波）」と評される理由もそこにある。また，メキシコのように北米自由貿易協定によって米国経済に完全に統合されながら，米国抜きの地域統合についてはラテンアメリカ諸国と足並みを揃えている国もある。

今日の「ピンク・タイド」の最大の問題は，一般に「左翼政権」とみなされているベネズエラやボリビアも含め，貧困層の減少などでは成果を上げているが，新自由主義経済構造そのものの転換が進んでいないこと，あるいは，厳しい政治的経済的社会的条件に阻まれ，なかなか転換を進められないこと，にある。

米国の足もとにあって，ラテンアメリカ諸国は世界に先駆け1980年代初頭から新自由主義経済化が進み，この四半世紀の間に世界経済に深く組み込まれており，経済体制の転換は容易ではない。一方，国内の企業も民間，国営を問わず，大企業を中心にグローバル企業化しており，体制転換の主体とはなり得ない。

この「米国離れ」はまた，中国との関係強化など，国際的経済関係が多角化し，貿易や資本関係が対米一辺倒ではなくなったことによって進展した面もある。したがって今後の動向は国際経済情勢，とくに中国の経済動向によっても変化し得る。

このような「左傾化」に対し，米国政府も手をこまぬいているわけではなく，経済自由化によるラテンアメリカの統合という，その政策は変わっていない。

「ラテンアメリカ主義」が確立するか否かは，まだ不確定であると言える。

2　20世紀のラテンアメリカ

「民族民主革命」挫折の時代

20世紀のラテンアメリカでは，一般的に，一次産品の輸出経済から脱却し，工業社会になれば自立的発展と貧困問題の解決は可能であると考えられていた。そのためには米国の支配の基盤である大土地所有制度（半封建的大土地所有制とプランテーション）の解体，すなわち土地改革が最大のカギであるとされ，寡頭支配層（帝国主義と結びついた大地主や大輸出業者など）に対する民族ブルジョアジー・労働者・農民の同盟による「民族民主革命」が課題になっていた。これ

は「人民」(pueblo) による革命という意味からポプリスモ (populismo) と名づけられた。左翼勢力も，スペイン植民地時代の遺産である古い大地主制度が残るラテンアメリカは「半封建的段階」にあるという規定の上に立ち，まず資本主義段階へ，しかるのちに社会主義段階へ移行すべきであるという「二段革命論」をとり，ポプリスタ (populista) 体制に与していた。

しかし，20世紀には，世界初の社会革命と言われるメキシコ革命（1910年）が実現し，その後，様々な民族主義政権が成立したが，土地改革は実施されず，あるいは不完全にとどまった。そのため国民の圧倒的多数を占める農民は貧しいままであり，国内市場が狭いために工業発展も限界に突き当たった。また，経済的締めつけ，クーデタ，軍事侵攻など，米国の直接間接の干渉によって多くの民族主義政権が崩壊し，あるいは「右傾化」し，20世紀半ばには「社会変革は不可能である」という「運命論」が広がっていた。

キューバ革命——ラテンアメリカ史の転換期

ところが，1959年に事実上の米国の植民地と見られていたキューバで革命が成功すると，ラテンアメリカ情勢は大きく変化する。

まず，米国のあらゆる干渉にもかかわらず，革命政権が維持され，社会変革が実行されたことから，「運命論」が打破され，「社会変革は可能である」として，ラテンアメリカ全域で民族主義が高揚した。反米政権が成立したり，あるいは既存の政権が社会改革に向けて動き始めたり，各国で民族主義運動が活発化したりした。また，農村に根拠地を置く「キューバ型ゲリラ運動」がほぼすべてのラテンアメリカ諸国で発展した。これは，キューバで米国の度重なる干渉にもかかわらず革命政権が維持され，社会変革が実現できたのは，農民など人民から成るゲリラによって正規軍が解体されたためであり，また，革命政権と人民が一体化したためである，と考えられたことによる。

これに対し，米国は手をこまぬいていたわけではない。米国が最も恐れたのはラテンアメリカの社会主義化であった。キューバ革命は初め，独裁政権を倒し，土地改革など社会改革を実行することを目指したものであり，様々なイデオロギーを持つ人々によって支持された革命であったが，米国の干渉のために社会主義革命へ転換した。そのため，それまで二段革命論が支配的であったラテンアメリカで，社会主義革命が現実の課題となり，社会主義運動が活発化し

た。これに対し、米国は「第2, 第3のキューバを阻止する」ために、伝統的な対ラテンアメリカ政策を転換し、新しい政策に乗り出した。それによって、ラテンアメリカの政治情勢や経済構造は大きく変動することになる。

「新しい社会主義」政権の成立

そのなかで、1970年にはチリで選挙を通じてアジェンデ社会主義政権が、1979年にはニカラグアで十数年のゲリラ闘争のあとにサンディニスタ社会主義政権が誕生した。

しかし、これらの政権は、既存の社会主義理論とは異なる社会主義体制を目指した。チリのアジェンデ政権も、またニカラグアのサンディニスタ政権も、伝統的な「プロレタリアートのための社会」ではなく、「国民の圧倒的多数を占める貧しい人々のための社会」の建設を掲げたのである。また、経済的にも、国有企業を中心とする、中央集権的な体制ではなく、「混合経済体制」、すなわち国有部門と民間部門の協調的発展政策をとり、政治的にも複数主義（多党制）、すなわち議会制度のもとでの社会主義建設を目指した。

宗教との関係も変化した。これは1960年代後半の解放の神学の発展の影響が大きいが、アジェンデ政権の成立にはキリスト教徒の「左傾化」が重要な要因となった。また、1973年のクーデタのあと、ピノチェ軍政下であらゆる抵抗の道が閉ざされていたときにも、反軍政運動の突破口を切り開いたのはカトリック教会やその信徒であった。同じく、ニカラグア革命の成功にもキリスト教基礎共同体の信徒の運動が大きな役割を果たしており、サンディニスタ社会主義政権のもとで制定された憲法では信教の自由が規定され、世界の注目を浴びた。

親米軍事政権の時代

しかし、1970年代にはいると、民族主義政権は次々と崩壊し、南米は1970年代後半からは、ブラジル、アルゼンチン、ウルグアイ、チリ等々、親米軍事政権一色の時代となった。

これは米国の政策転換によるものであった。前に述べたように、キューバ革命後、米国にとって最大の課題はラテンアメリカの社会主義化の阻止にあった。ケネディ政権は「第2, 第3のキューバを阻止」するために、「進歩のための

同盟」政策を打ち出した。米国の利権を守るために独裁政権を保護したり、土地改革や工業化などラテンアメリカ諸国の願望を阻止したりするなどの行為が逆に反米意識を刺激しているとして、政策を転換した。言うまでもなく、あくまでも米国の利益に資する形ではあったが、ラテンアメリカ諸国の民族主義的な願望を認めることによってヘゲモニーを回復しようとしたのである。

「進歩のための同盟」はドミニカ共和国のトルヒージョ独裁政権の崩壊や、「自由の中の革命」を目指して工業化や土地改革を進めたチリのフレイ政権誕生など、一定のインパクトを与えたが、ケネディの死後、急速に衰退する。これに対し1969年に発足したニクソン政権は「ニュー・パートナーシップ政策」を打ち出した。これによってラテンアメリカの経済構造や政治情勢は再び大きく変動する。

「ニュー・パートナーシップ」政策は、「進歩のための同盟」の独裁政権追放や土地改革の実施などの「社会的政治的改革面」をそぎ落とし、経済的な近代化、すなわち、米国の国際分業体制の枠内でのラテンアメリカの工業化、言い換えれば多国籍企業の生産基地としての工業発展と、食糧の開発輸入のための農業の近代化を目的としたものであった。

それまでラテンアメリカでは輸入代替工業化政策がとられていたが、1960年代には行きづまりを見せ、これを打開するには農地改革の完全実施など抜本的な社会経済改革が必要であり、それを実現できるのは「社会主義的な政権」であるとされ、「左傾化」が進んでいた。社会主義化を阻止するためには経済発展が必要だが、それは米国流の経済発展理論に基づき実現しなければならない。米国の経済は多国籍企業の時代に入っており、その条件は熟していた。だが、そのためにはポプリスタ体制を解体しなければならない。その役割を託されたのがラテンアメリカの軍部であった。こうして1964年のブラジルに続いて、1973年にはチリで、1976年にはアルゼンチンとウルグアイで、クーデタにより軍事政権が成立し、反体制勢力が徹底的に排除され、市場経済化や対外経済開放が進められた。新自由主義時代への布石である。

新自由主義風靡の時代

軍事政権はチリを除き、1980年代半ばまでに民政に移管し、「民主化」の時代を迎える。しかし、民政移管後も経済政策は変わらなかった。伝統的な輸入

代替工業化政策は非効率かつ「時代遅れ」とみなされ，IMFや世界銀行の主導で，「輸出可能な産業の育成」という論理のもとに「構造調整計画」，すなわち，対外経済開放政策や規制撤廃が進められた。

これによって，ブラジルでは輸出向けの重化学工業や，大豆や食肉などの非伝統的農産物生産が発展し，チリではイチゴやブドウなどの農林水産物生産を中心とした高度経済成長が続くなど，経済の近代化が進行した。

しかし，その一方では，多国籍企業の支配が確立し，国家の経済主権は失われた。第2次世界大戦のあとに成立した製造業は国際企業との競争に敗れて衰退し，トウモロコシ等々の食糧生産も，大量に入ってくる輸入品の前に崩壊した。また，古い社会経済構造が維持されたまま近代化が進んだために，所得格差の拡大，貧困層の膨張，先住民共同体の解体，女性の低賃金労働者としての労働市場への放出等々，社会矛盾が激化した。開発優先政策のもとで自然破壊も深刻化した。

そのなかから1990年代には，国民の圧倒的多数を占める，新自由主義体制から排除された広範な人々の社会運動が発展した。これは「新しい社会運動」と呼ばれた。「新しい」というのは，それまでの労働運動や農民運動，あるいは社会主義運動などとは，担い手も，主張も，また運動の形も異なるものだったからである。

「新しい社会運動」は，新自由主義の市場原理主義や競争至上主義，社会福祉体制の解体，圧倒的多数の国民の社会的排除，自然破壊などに対して，人間らしい社会や生き方や経済発展のあり方を求めるものであった。それは，その日の糧にも事欠く貧困層や，「単なる労働力」とみなされ，低賃金や過酷な労働条件を強いられた底辺層の労働者や女性，伝統的共同体の解体にさらされた先住民，人種差別や性差別，開発の進展による自然破壊などに苦しむ人々等々，実に様々な人々からなる運動であった。

3　21世紀のラテンアメリカ

「米国離れ」の時代の到来

こうした社会運動の発展に支えられ，親米政権一色だったラテンアメリカも1990年代末から徐々に変化し始め，21世紀に入ると，いわゆる「左派政権」

が圧倒的多数を占め，保守政権はメキシコ，コロンビアなどごくわずかとなった。

しかし，「左派政権」と言っても，一方では，キューバのほか，ベネズエラ，ボリビア，エクアドルなど「21世紀の社会主義」を掲げる政権から，他方では，新自由主義体制の枠内で，その矛盾を社会政策によって緩和しようとする政権，たとえばブラジルのルーラ政権やルセフ政権，アルゼンチンのキルチネル政権，ニカラグアのオルテガ政権，あるいはウルグアイのタバレ・バスケス政権やチリのバチェレ政権等々，実態は様々であった。だが，米国から距離を置き，ラテンアメリカ諸国の協力によって自立的発展を目指したいという願望は，程度の差はあれ，また，その実現可能性の有無は別として，共通であった。

そのなかから，新たな地域統合の動きが活発化した。南米諸国連合（UNASUR=La Unión de Naciones Suramericanas, 2004年成立）やラテンアメリカ・カリブ海共同体（CELAC=La Comunidad de Estados Latinoamericanos y Caribeños, 2111年成立）など，米国を除外した，ラテンアメリカ諸国だけから成る地域組織が次々と形成された。また，既存の地域共同体である南米共同市場（MERCOSUR, 1995年成立）やカリブ海共同体（CARICOM, 1973年成立）の活動も活性化した。19世紀初頭の独立以来，初めはイギリスの，次いで米国の強い政治的経済的影響力のもとに置かれてきたラテンアメリカが，新しい段階に入ったことを示すものであった。

新しい社会概念の成立

21世紀のいわゆる「左派政権」は20世紀のそれとは異なる，新しい特徴を備えている。

まず，「左派政権」の代表といわれるベネズエラのチャベス政権やボリビアのモラレス政権は，選挙を通じて成立し，また，代表民主主義制度のもとで，すなわち，新しい国家理念や社会理念に沿った憲法を制定し，国会における法制化を通じて，社会変革を進めている。

すなわち，社会主義を掲げる政権も，代表民主主義制度の必要性や重要性を認めているのである。しかし，同時に，西欧型の代表民主主義制度は「4年に一度だけの選挙ですべてを為政者に委ねる」ものであり，それは一握りのエリートによる政治の独占に繋がっている。したがって，代表民主主義制度は国民

の政治参加制度によって補完しなければならないとして、自治制度を含む様々な政治参加制度が導入されている。

　一方、これらの「左派政権」は既存の社会主義体制のような国有企業中心の中央集権的経済体制はとらない。経済発展のためには市場経済を基礎としなければならないが、しかし、その歪みを是正するために、国家による一定の経済コントロールが必要であるとして、混合経済体制や協同組合体制などを取り入れている。

　この体制は「21世紀の社会主義」と名づけられているが、以上からも分かるように、それは、新自由主義体制に対するオルタナティブであると同時に、既存の社会主義体制、すなわち、中央集権的な計画経済体制や一党支配に対するオルタナティブでもある。

　このような理念に沿って、1999年にはベネズエラで「ボリバル革命」を唱えるチャベス政権が成立し、地域共同体における住民や企業の相互協力を基礎とした社会経済体制の建設を目指した。これをラテンアメリカ地域に拡大したのが「米州ボリバル同盟」（ALBA＝La Alianza Bolivariana para los Pueblos de Nuestra América）である。2004年にチャベス大統領とキューバのフィデル・カストロ議長（当時）との話し合いにより成立したものであり、地域の共助体制による社会経済発展を掲げている。

　その後、2006年にはボリビアで史上初の先住民大統領のモラレス政権が成立し、先住民だけではなくメスティソも含め、あらゆる民族を「共同体」として位置づけ、自治を基礎とした「多民族国」という新たな国家概念を打ち出した。

岐路に立つ左派政権

　このような「左傾化の進行」に対して、市場経済化によるラテンアメリカの統合という米国の政策は変わっていない。米国が2005年末の発足を目指した米州自由貿易地域構想（FTAA＝1994年末に提案）はラテンアメリカの左傾化のために頓挫したが、これに対し、米国は2国間の自由貿易協定（FTA＝ペルー、コロンビア、中米5カ国、ドミニカと合意成立）を順次拡大し、FTAAの実現につなげていく政策をとっている。いうまでもなく、TPP（環太平洋パートナーシップ協定＝ラテンアメリカの参加国はメキシコ、ペルー、チリ）もまた、その一環である。

メキシコの社会学者ホルヘ・カスタニェダはラテンアメリカの「左派政権」を、キューバ、ベネズエラ、ボリビア、エクアドルの「悪い左翼」と、ブラジル、アルゼンチン、チリなどの「良い左翼」とに区分したが、米国もこの論法に沿って、ベネズエラを中心とする「悪い左翼」の排除に力を注いでいる。

しかし、今日の「民主化」の時代においては、20世紀のように「反米政権である」という理由で介入を行えば、ラテンアメリカ諸国の民族主義を刺激する。そのため、今、とられているのは、「スマート・パワー」と呼ばれる政策である。これはクリントン政権時代に打ち出されたもので、「ハード・パワー」と「ソフト・パワー」を融合したものだが、テロや麻薬取引の撲滅、政治的経済的腐敗や人権侵害などをキーワードとするものである。たとえば、「悪い左翼」政権に対して、国内の反政府勢力を「民主化勢力」として支援して経済情勢の悪化や政情不安を引き起こし、政治的弾圧やガバナビリティの欠如などに対する批判の声を高め、選挙を通じて保守政権の成立につなげていく。その一方で、テロ集団や麻薬取引の撲滅などを理由に軍事介入を行う、といった戦略である。

2014年末に、オバマ政権は半世紀ぶりにキューバとの関係改善に乗り出し、翌年7月には国交も回復した。しかし、2015年3月にハバナを訪問した際に、関係改善はキューバの民主化と市場経済化を進めるためであることを明言している。

こうした米国の政策に対し、「左派政権」は必ずしも盤石ではない。それは何よりも社会政策では多くの成果を上げながら、新自由主義経済体制の転換がほとんど進んでいないことによる。そのために旧支配層は依然として経済権力を保持し、マスメディアと結びつくなどして、大きな影響力を行使している。ベネズエラなども反政府勢力の激しい抵抗に直面し、抜本的な体制転換の実現を阻まれているが、この点が革命政権のもとで社会変革を実現してきたキューバとは異なる。

たしかに、長い年月にわたって確立してきた新自由主義経済体制の転換は容易ではない。

ブラジルのルーラ大統領は、1985年の民政移管以来、2度の大統領選挙での敗北のあと2003年に「3度目の正直」として大統領に当選した。その支持母体である労働者党は軍政時代に新自由主義政策の転換を求める「新しい社会

運動」に支えられ成立した政党であるが，2002年の選挙の直前に「国民は新自由主義を受け入れている」として党の基本方針を転換している。ルーラ政権のあとを継いだジルマ・ルセフ政権も含め，労働者党政権のもとでは，現金給付政策などの社会政策によって貧困層の生活を向上させたり，一部の予算の配分を市民の決定に委ねるなどの参加制度が取り入れられたりしているが，その一方では，現金給付中心の社会政策は「受益者意識」を生み出し，下層大衆は「浮動票化」し，必ずしも左派政権の支持基盤ではなくなっている。これに対し，ルーラ政権成立の原動力となった土地なし農民運動（MST）は，政権成立後，体制から排除され，社会的影響力は低下している。

チリでは，1973年にアジェンデ政権が軍事クーデタで追放されたあと，ピノチェ軍政下で新自由主義経済化が徹底的に進められた。しかし，1990年に民政移管が実現したあとも，新自由主義体制の転換は遅々として進んでいない。世界一大きな所得格差など矛盾は大きいが，高い経済成長率が記録されるなど，チリは新自由主義経済体制が成功した国とされている。また，与党連合の中枢は新自由主義派のキリスト教民主党に占められている。そのため，民政移管後，ほぼ20年をかけて，軍部の政治的影響力の削減など政治改革は徐々に進められてきたが，経済体制の転換にはほとんど手がつけられていない。2000年に与党連合を形成する社会党のラゴス政権が成立し，2006年には同じく社会党のバチェレ第1次政権（2006〜10年）があとを継いだが，事態は変わらず，労働法など社会政策の改革を通じて新自由主義体制を掘り崩す戦略をとった。バチェレ第1次政権が成立したとき，南部のマプーチェ族が初めて民政を支持し，注目を浴びたが，開発主義は変わらず，弾圧や虐殺事件が相次いだため，批判に転じた。

経済構造が変わらなければ，一握りの富裕層による富と権力の独占や貧困の連鎖など新自由主義体制につきものの矛盾も基本的に変わらず，国民の不満も解消されない。だが今日では，この不満は，20世紀末のような社会運動の発展というよりも，むしろ，大量の移民や社会の暴力化という形になって表れている。

発展途上国としての制約もある。ベネズエラも，またボリビアも，自然と共存した経済発展を掲げているが，経済的に石油や天然ガスなどの自然資源の輸出に依存しており，そのために資源輸出中心の経済構造の転換は遅れている。

社会経済発展政策は資源の国際価格や国際経済情勢の動向に左右されるだけではなく，「資源開発主義」は環境破壊を引き起こし，先住民社会など政権の支持基盤の分裂を招いている．

「ラテンアメリカの実験」

「ピンク・タイド」時代を迎えてからすでに十数年の歳月が経過した．米国によるヘゲモニー回復のための圧力が強まるなかで，経済構造の転換が進展しないまま，「左派政権」は綻びを見せ始め，汚職や経済低迷を批判する運動が激しくなり，選挙で保守派の政権が成立するなど右傾化が進み始めた．

しかし，その一方では新しい世代の手による「新しい社会運動」も再生しつつある．

たとえば，チリでは第1次バチェレ政権のあと，ピノチェ派といわれるピニェラ政権（2010〜14年）が成立している．ピニェラ政権下では高校生や大学生による新自由主義的教育制度の改革を求める運動が活発化した．これは，新自由主義時代に生まれ，軍政時代やそれ以前の社会を知らない若い世代が，教育改革を突破口として新自由主義体制の転換を目指した運動である．同時にそれは，バチェレ第2次政権（2014年〜）の基盤である社会党を含めた既成政党や労働運動などとは一線を画し，また多様なイデオロギーをもつ学生を統合し，上意下達の組織構造を排して全員参加型の運動を展開するなど，20世紀末の「新しい社会運動」と軌を一にしている．

20世紀末には，ラテンアメリカでは新自由主義体制の矛盾が世界でも最も早く，また最も激しく表れた．当時，ラテンアメリカの姿は日本，米国，ヨーロッパ諸国など世界の将来の姿を表すものと捉えられた．

これに対し，ラテンアメリカでは新自由主義のオルタナティブを求める「新しい社会運動」が発展した．この運動を支えたのは新自由主義体制のもとで疎外された，様々な人種，民族，階層等々からなる人々であり，そこから，「多様な底辺層の人々の復権や自由や平等は，いかなる政治経済体制のもとで実現できるか」という問いが発せられ，それに対する1つの回答として「21世紀の社会主義」が打ち出された．そのなかで，とくに，ボリビアのモラレス政権が追求する「多民族国」は，複雑な問題や矛盾に直面しているとはいえ，単に先住民族の多い国の特殊なケースではなく，グローバル化の時代にあって共通

の問題や矛盾を抱える世界にとって1つの重要なモデルとなっている。

　他方，ピンク・タイドと評されるブラジルやチリなどのいわゆる「中道左派」政権を含めて，直接給付による貧困対策だけではなく，地方自治，参加民主主義制度，教育改革等々，いわば新自由主義体制を外堀から掘り崩していくような，様々な取り組みがなされている。

　ラテンアメリカでは「先進諸国」にとっても見逃せない「先駆的実験」が行われていると言える。

参考文献

神奈川大学評論第77号「特集　ラテンアメリカ——グローバル化と新政治地図」神奈川大学，2014年。

後藤政子「ラテンアメリカにおける西欧中心主義思想の克服——ボリバル，マルティ，キューバ，ボリビア」永野善子編著『植民地近代性の国際比較』御茶の水書房，2013年。

Thomas C. Wright, *Latin America in the Era of the Cuban Revolution*, Praeger Publishers, New York, 1991.

Roger Burbach, Michael Fox, and Federico Fuentes, *Latin America's Turbulent Transitions*, Zed Books, Lodon, 2013.

第Ⅰ部

ポスト新自由主義に向けた社会構想
――その経緯と現在――

関係改善発表後,米州サミットで顔合わせしたカストロ議長とオバマ大統領
(2015年4月11日,パナマ)(AFP＝時事)

第1章　新自由主義に対峙する「左派」政権
―― その可能性と諸困難 ――

松下　洌

1　左派政権の波

新しい左派政権の画期的意味

ラテンアメリカ（以下，LA）では激しい政治的・社会的な変動が「周期的」に浮上してくるように見える。キューバ革命以降に限っても，変革の動きと権威主義的・抑圧的な動きが交差しながら現代史を形成してきた。そして，1990年代末から2000年初期にかけて，多くのLA諸国では左派勢力が大統領選挙で勝利し，新たな政治的左傾化の波が最近まで続くことになった。ところが，最近，保守的諸勢力の巻き戻しが強まっている。2016年には中道左派政権を代表するブラジルのルセフ政権が保守派の攻撃にさらされた。たしかに，LAの左派政権による政治的左傾化の波は様々な要因により厳しい問題に直面している。

とはいえ，この間の新しい左派政権の台頭と左傾化の波は，LAの現代史に決定的な意味をもつ時代を画している。LA社会の民主的な課題を追求し，その可能性を発展させ，そのための民衆の主体的な関わりを再考することは不可欠な作業であろう。本章では，新しい左派政権が誕生した歴史的背景を踏まえ，その誕生を生み出した社会的・政治的諸契機や諸勢力の政治的ベクトルと制度的なメカニズムを考えたい。当然，政治変動の過程は直線的なものではないし，多様で複雑な情況的要素も含まれている。本章では個別の詳細な問題は扱えない。それは，本書の国別およびテーマ別の各章を参照してほしい。

本章の課題とアプローチ

さて，新しい左派政権の台頭は，ポスト新自由主義の行方や新しい社会の模索とも関連して多くの関心を呼んできた。こうした左派政権には，ベネズエラ

やボリビアに代表される「新しい社会主義社会」を掲げる政権から，ブラジルやアルゼンチン，チリのような「中道左派」まで含まれている。それは，新しい左派政権の台頭の波が，「レッド（赤）」ではなく「ピンク・タイド」と言われる所以でもある。いずれにしろ，ここ十数年のこの新しい左派政権の潮流がなぜ生まれたのか，その現状はどのようになっているのか，それらがどのような問題や困難を抱えているのか，同時に，これらの政権は如何なる可能性を追求してきたのか，こうした論点を考えたい。

　現在のLAの政治と社会の考察には，その歴史的・構造的な視点から考察するならば，「国家-市民社会-市場」関係をその基本に据えるべきであろう（本章では市場・経済分析を対象としていない）。すなわち本章は，新しい左派の誕生と民主的ガバナンス構築の過程といったLAの政治的・社会的ダイナミズムを新自由主義的なグローバル化の広い文脈を前提に考察する。そして，国家-市民社会の相互関係に焦点を当てる。とりわけ，LAの現在の市民社会をどのようなものとして認識すべきか，この市民社会における「新しい社会運動」の役割をどのように評価するか，この点が重要である。後に述べるように，本章は市民社会を特定の歴史的状況のもとでの相争う社会諸勢力の間でのヘゲモニー闘争によって形成されている1つの空間として認識している。

　そこで具体的には，本章は次のような論点を取り上げたい。第1に，LAの新しい「左派」政権（以下，左派政権）が連続的に出現したのはなぜか，彼らに共通する特徴は何か，またその違いはどこにあるのか，さらにその社会的基盤は何か，こうした点を考察してみる。

　第2に，民衆の政治参加と市民社会の拡大を軸にした民主主義の深化過程の現実的展開を押さえ，その可能性と限界を考察する。すなわち，LAの左派政権が国家-市民社会関係の新たな諸形態をどの程度創出できたのか，また，とくに様々な参加型の諸制度がどのように機能しているのか，これらの点を検証する。

　第3に，ポスト新自由主義に向けたガバナンス構築のための「国家」の役割を考える。これは「国家」とは何か，「国家」をどのように認識するか，こうした理念的・概念的な問題を含むが，ここでは「国家」を政治空間における諸アクターが総括される場と考える。したがって，各国の「社会運動と国家」の相互関係性の問題をも取り上げる。

2　新しい左派政権の出現と特徴

新自由主義への異議申し立てと左派政権の誕生

　1980年代初頭に開始されたLAに対する新自由主義的猛威を，米国の歴史家グレッグ・グランディンは「第3の征服」と呼ぶ（グランディン 2008）。鉄道，郵便事業，道路，工場，電信電話事業，学校，病院，刑務所，ゴミ収集，水道，放送，年金制度，電力会社，テレビ放送会社などが売却された。チリでは「幼稚園から墓地や地域のプールに至るすべて」が入札にかけられた。

　1985年から1992年の間に，LA全域で2000以上の政府系産業が売却された。これらの売却資産の多くは多国籍企業やLAの「超億万長者」の手に渡った。「超億万長者」とは，国家の解体から利益を得て驚くべき規模の金持ちになった「新たな階級」である。

　メキシコでは，平均実質賃金が急激に落ち込んだ時でさえ，億万長者の数は1987年の1人から1994年の13人に増加している（『フォーブス』）。そして，翌年には24人とほぼ2倍になっている。この超富裕階級の出現の多くは，サリナス大統領（1988〜94年）が強行した民営化計画，すなわち「前例のない腐敗」を伴った民営化の時期に集中した。彼自身もLAの最富裕階級の1人になったのだが，それは1700万の貧しいメキシコ人の資産に匹敵する。

　このように，新自由主義の主要な目標は，資本蓄積を復活させる方向で国家と市場との関係を「改革」することであった。それは，今ではよく知られているように，福祉や基本的な社会サービスからの国家の「撤退」という過程を伴っていた。それは，規制緩和，民営化，課税削減といった政策の採用，そしてその帰結として政府サービスの低下や社会的保護と低賃金雇用の常態化を招いた。とくに労働市場の劇的な変化は，市民の社会的諸権利の縮減を生み出した。それは広範囲に及ぶ社会的不安を引き起こすことになった。

　20世紀末から今日にかけてLAが置かれている状況は，新自由主義型グローバル化がヘゲモニーを握る以前の「20世紀型」の経済発展モデルではない。このモデルは，蓄積における国家の積極的な役割や寡頭制型の政治的コーポラティズム同盟を伴っていた。コーポラティズム型ポピュリズムと輸入代替工業化によって特徴づけられたものがLAの20世紀モデルであった。

しかし今日，LAの政治・経済には全面的な転換が起こっているのである。新たな支配的蓄積部門はグローバルな蓄積循環に密接に統合されている。1960年代には，ナショナルな資本主義や世界資本主義に対する一定のローカルな「自治」を享受できる孤立した地域がかなりあった。たとえば，先住民は世界資本主義から一定の自律性をまだ持っていた。しかし，21世紀のグローバル資本主義はLAの隅々まで浸透している。

こうして，新自由主義型改革は，市民生活のかなりの部分を市場法則に従属させることを目的にした。しかし，当然，こうした改革は多くの市民から異議申し立てや激しい抵抗を受けることになった。大規模な抵抗や暴動は，1989年のベネズエラやアルゼンチンで噴出した。その他の多くの国でも，失業や半失業の増大，そして賃金の下落によって新自由主義が問題を孕んでいるとますます認識されるようになった。こうした歴史的・構造的な背景のもとに，LAにおいて政治の左傾化が強まり，左派が「復活」してきた。

LAでは，チリのアジェンデ政権（1970〜73年）の挫折とニカラグアのサンディニスタ政権（1979〜90年）の崩壊以降，メキシコのサパティスタの運動などが見られるとはいえ，左翼勢力は相対的に低迷していた。しかし，1999年のベネズエラにおけるチャベス政権の誕生を契機に，ブラジルのルーラ（2003年，2007年再選，以下，大統領就任年），アルゼンチンのネストル・キルチネル（2003年，および2008年のクリスティナ・フェルナンデス・デ・キルチネル），ウルグアイのタバレ・バスケス（2005年），ボリビアのエボ・モラレス（2006年），チリのミシェル・バチェレ（2006年），エクアドルのラファエル・コレア（2007年），パラグアイのフェルナンド・ルーゴ（2008年）と左派政権が陸続と出現した。中米でもニカラグアのダニエル・オルテガ（2007年）が左派政権に合流した。この地域の人口の約60％が左翼政権のもとで生活するまでに至った。

新しい「左派」政権の多様性

だが，こうした新しい「左派」政権は，様々な面で多様である。それゆえ，政権の実態を把握するにはその多様な側面を検討する必要があろう。新自由主義の受容と影響の程度，それに対する国家指導層の能力，政治エリートの正統性，伝統的諸制度の有効性，幅広い社会運動との関係など多様な側面が考察されねばならない。くわえて，共通な地域的特徴の文脈のなかで実際のナショナ

ルな相違を解明することも重要であろう。

　とくに，左派政権の社会的基盤や歴史的環境に焦点を当てて考察することが重要である。たとえば，その多様な社会的基盤に焦点を当てると，ベネズエラとボリビアの政府は多様な種類の社会運動にその支持を依拠している。ブラジル，ウルグアイ，チリの政府は，軍政期の民主化運動を基盤とする社会運動の発展が政党組織の選挙基盤に結び付いている。

　チャベス，モラレス，コレアの政権は，新自由主義的政策との根本的断絶を目的に掲げ，経済への国家介入の拡大，貧民を対象にした新たな社会的プログラムを実施した。また，これらの政権は社会を民主化し，民衆の諸権利を拡大し，彼らの積極的な参加を基礎にした代表制の統治形態の設立を試みた。それは新たな憲法のなかに制定されることになった。この3人の大統領は皆，民衆のための国家の機能と役割を強調し，そのために彼らのエネルギーを引き出すことを重視した。そして，選挙とレフェレンダムに勝利した。新たな政策の結果，それまで排除されていた民衆はより積極的に政治に関わり，彼らの民主主義に対する支持の拡大を示した。こうして，これらの政権には新自由主義や20世紀の大半に主流であった形式的かつ空洞化された自由民主主義に対するオルタナティブの可能性が期待された。また，こうした市民権の拡大は，代表制政治の機能不全に対する必要な解毒剤とも考えられた。

共通する特徴と共有する課題

　「左派」政権には当然，政策やその課題に差異がある。しかし，LAの民衆の苦悩，とりわけ抑圧的な権威主義的体制を挟んだ近現代史における民衆の経験とその苦悩は，「左派」政権が抱える軽視できない課題でありつづけた。それゆえ，本章でも寡頭制支配の存在，軍事的・抑圧的政治体制の遺制と新自由主義政策，そこからの脱却と政治および社会の民主化，とりわけ市民社会の成熟に注目することになる。

　それはともかく，左派政権の現実的な相違を認めたうえで，その共通する特徴と共有する課題を要約しておく。

　第1に，新しい左派政権は，LAにおける従来の左翼政権とは対照的に反資本主義ではなく，資本主義との「調整」やその負の側面の緩和を追求してきた。LAにおけるすべての左派政権は市場原理の部分的導入の重要性を認識してお

り，一定の規制の下での内外の民間投資を歓迎することを明らかにしている。ルーラは，2002年の大統領選の途中で新自由主義を肯定する政治姿勢へと転向した。

　第2に，これらの政府が依拠する同盟の社会構成にも注目すべきであろう。この同盟では貧しい民衆や労働者階級に加え，ボリビアを除いて，都市中間階級が基軸的役割を果たしている。この左派と中間階級の同盟は，新自由主義がもたらした広範な貧困化を反映している。新自由主義は中間階級の貧困化という新たな現象に導いたのである。それは主要な中間セクターの，とくに公共部門に雇用されていた下層中間階級の漸進的な貧困化を引き起こした。

　上述の特徴は，第3の共通した課題を浮上させる。すなわち，すべての新しい左派政権はそれぞれ「略奪による蓄積」(ハーヴェイ2005) のパラダイムから，より社会的に「平等を伴った成長」モデルへと向かうポスト新自由主義的発展に転換しようとした。

　この脈絡で問われるべき最も重要な疑問は，多様な集団を同盟内に維持しつつ，国家と市場との均衡した関係により持続的な成長と所得の再分配が可能になるかどうか，この問いである。すなわち，国家が市民のための社会福祉型の新しい政策課題を提示し，その課題を実現できるか，この問題である。これは剥き出しの自由主義市場から社会的秩序と安定を維持するための政策に転換することを必要とする。だが，新自由主義の出現はナショナルなレベルで実施された20世紀後半期のケインズ主義的な福祉国家的政策(「埋め込まれた自由主義」)の限界を背景にしていた。このことに留意すれば，それとは異なる新しい社会福祉政策が構築される必要があった。

社会的基盤と社会運動

　LAにおける左派的潮流の台頭は，既に述べたように新自由主義の失敗と限界の文脈に位置づけられる。D・ハーヴェイが強調するように，新自由主義の浸透はあらゆるものを金融化し，資本蓄積のための強力な権限をグローバル企業とその金融機関に移した。雇用や社会的福祉への影響は無視され，資本蓄積にを最適化された「ビジネスに好適な環境」を創り出した。新自由主義の猛威に耐えた民衆はそれを拒否し，社会的不平等の解消を要求した。同時に，彼らは新自由主義により空洞化された従来の自由民主的な政治制度に対して幻滅を

強めた。その結果，新自由主義の時代に形成され社会運動は，市民社会の拡大を基盤とした民主的諸権利の実現と民衆の参加を核とした民主化を推進し，新自由主義的なプログラムを導入した社会民主主義的政党と「ポピュリズム」政党を追いやった。その過程で左派の諸勢力がその役割と重要性を高め，活動を再び活性化することになった。このダイナミズムから現れた新しい左派政府は，民主的革新を通じて不平等と貧困の拡大に対抗するため政策を掲げることになる。

　それゆえ，左派的流れへの旋回というLAの近年の文脈において，市民社会と多様な社会運動の位置と役割が再考される必要がある（松下2007；2013）。市民社会は女性，環境主義者，反グローバル活動家，インディヘナ集団などの社会運動が展開する場としてますますその重要性が認識されている。これらの社会運動は，抑圧的な政治諸勢力への主要な対抗勢力として現れたもので，社会的政治的変化に向けた中心的推進力として見なすことができる。変化に向けたこの社会運動の潜在力は，今日，参加型民主主義の制度構築を通じて現実化される。それは民主主義を深化させ，市民社会を活性化させると考えられている。また，「国家」の属性は多義的であるが，社会・経済的諸関係に介入する国家の能力も再評価することが必要である。市民社会はそのための「戦略的領域」と見られている。そこでは，多様な社会的・政治的諸勢力によってそれぞれの戦略を実現するための闘争が行われている。こうして社会運動と市民社会は，自由主義理論が想定するその狭い役割を超え，社会的経済的な不平等を縮減し，社会諸勢力のバランスを変える基本的な役割を担うことが可能となる（松下2012：序章，第9章参照）。

3　左派政権における「国家―市民社会」関係

　2016年のリオ・オリンピックを前にしたブラジルは経済的にも政治的にも厳しい困難に直面していた。しかし，2003年の労働者党（PT）政権の発足以来，この「穏健左派」政権のもとで，この国は「未来の国」，「躍動するブラジル」として当時のジャーナリズムからもてはやされた。たとえば，『朝日新聞』（2011年9月13～15日）は中間層の拡大や成長市場としてのブラジルを報じている。そこでは次のようなトピックを取り上げている。

・2010年のブラジルの自動車販売は351万台とドイツを抜いて世界4位。
・政府は貧困層に現金を配り，最低賃金を引き上げて貧富の格差の問題に挑んだ。3割を占めた貧困層が10％台に減り，中間層が人口の半分に。
・政府の貧困対策ボルサ・ファミリアにより1300万家族が恩恵を受けている。これは，子供に教育を受けさせるのを条件に家族1人当たりの月収が140レアル（約6600円）以下の家庭に現金を配る制度。
・ブラジルはグローバルな企業を引きつけ，対ブラジルの直接投資額は2010年，前年度比66％増の526億ドル（約4兆円）に達した。さらに，米ゼネラルモーターズ（GM）の最高経営責任者（CEO）やウォルマートのブラジル法人社長による「成長市場」としてのブラジルの評価を紹介している。

こうしたブラジルの姿は，わずか数年後の今では逆転している。オリンピックよりも生活改善を要求するデモが注目され，ルセフ大統領への批判が報じられるようになった。こうしたブラジルや他の左派政権の社会的変化を分析することは重要であるが，本章では，政治・社会的なトレンドを追うことに焦点を当てていない。新自由主義に翻弄された中から誕生した左派政権の経験が提起した現代史的な課題や21世紀にLAが立ち向かう問題群の一端を考えるにすぎない。

民主的な「国家―市民社会」関係に向けての視点

本課題との関連では，とくに民主化と市民社会の形成過程を分析したうえで，政治的な行為主体であるアソシエーションと社会運動の形成・発展を位置づけることが不可欠である。その上で，アソシエーションや社会運動と公式な制度的枠組みとの相互連関，とくにアソシエーションや社会運動が公式なガバナンス構造に参加し，接合する様式を考察する必要がある。すなわち，「アソシエーション―社会運動―正式なガバナンス構造への参加」の一連の相互連鎖の過程についての情況的・具体的分析が必要とされる。本節では，左派政権の事例を想定しつつ，「国家-市民社会」関係の視点から，権力側からの民衆への「応答的なガバナンス空間の創出・構築」に関わる若干の指標と論点，および事例を提示するにとどまる。

そこで上記の課題に関連する諸概念の注意点を簡単に確認しておこう。

第1に,「市民社会とアソシエーションとの関係」である。アソシエーションは市民社会を構成するうえで不可欠な要素である。したがって,アソシエーションを市民社会と等置できないし,その逆も然りである。すべての組織・団体がこの意味でのアソシエーションとは言えない。市民社会の基盤となるアソシエーションの基準として,通常,次の諸点が挙げられている。すなわち,自由な個人により自発的に形成された団体であり,帰属が強制的・他律的な団体は除外される。また,利益追求を第一義的な目的としない団体であること,さらに目的や活動が閉鎖的でなく,外部に向けて開放的であること,以上の基準である(たとえば,環境団体,人権団体,平和団体,教会・宗教団体,女性団体,学生・青年団体,マイノリティ団体など)。

第2に,「市民社会と民主主義の関係」である。市民社会は国家から自律的に構築されていることが重要であるが,それを「個人の私的領域と国家の間を仲介している公的な領域」と考えれば,個人は孤立しておらず社会に組み込まれている。こうした状態は,LAを含め途上国の民主主義を考える不可欠の要素である。

新自由主義型グローバル化の攻撃の中で,LA諸国の国家機構は社会から切り離された。民衆のセーフティ・ネットの構築と社会全体の民主化に向けた取り組みは,「国家」による「上からの」政策と,「市民社会」およびその「アソシエーション」の「下から」の動きとが適切に結合し,相乗効果を持つことが望ましい。

第3に,民主主義にとっての「参加」とその質の問題がある。民主主義が再生するには,「表決型から対話型へとそのあり方が変わらなければならない。対話型デモクラシーを支えるには,「公」を担う社会アクターとしてのアソシエーションが豊富に存在することが重要である。またその活動の場としての公共領域において,社会秩序の形成に関連する理念,価値,イデオロギー,利益が表明され,政治的効果をもつ場として政治領域が存在することが不可欠である」(岩崎2004 : 117-118)。「参加」は市民社会にとっても,民主主義においても本質的な意味をもつ。

第4に,「動員(運動)」と「制度(化)」との関係も考察すべき対象であろう。制度化は動員(運動)と対立するものではない。動員(運動)は公共空間における集合行動の一形態となる。こうした条件のもとで,制度化も違った意味を

持つようになる。すなわち，新たな社会的実践と新たな制度的デザインとの結合となる。

「制度」と「運動」の両者を媒介するのは様々な民主的「参加」の様式であろう。ベネズエラでは，市民を意志決定へ参加させるメカニズムを構築し，それを通じて市民を再活性化する努力を行ってきた（たとえば，保健委員会，学校委員会）。ブラジルでもローカルなレベルでの市民参加による制度構築が模索されてきた（たとえば，予算編成や保健・教育，医療など）。

最後に，ローカルな空間からの制度構築の重要性。グローバル資本は至る所にローカルな代表をもっているし，彼等を支持する各国内のローカルな権力構造を通じてその影響力と圧力を行使している（大地主，保守的地方政治家など）。その意味で，開発と貧困問題の解決は，ローカルからナショナル，リージョナルなレベルの連鎖の中で解決される必要がある。とくに，アグリビジネスと連携した大土地所有の問題は，LA 各国の現政権にとって厳しい課題である。

ガバナンスと「国家─市民社会」関係

上記のように，民主的な「国家─市民社会」関係の構築を構想する際の重要な視点を踏まえると，その方向は「応答的なガバナンス空間の創出・構築」という政治的・制度的な課題を如何に達成するのか，この問題に関連する。しかし普通，「統治の行為あるいは方法」と定義されることが多いガバナンスは「捉えどころのない」概念である。そこで，グローバル・サウス，とりわけ LA におけるこの概念の有効性について確認しておきたい（詳しくは，松下 2013 参照）。

ガバナンスの議論が登場してきた背景には，グローバル化の進展とも結び付いて，1970 年代後半から 80 年代に顕在化した先進民主主義諸国の「統治能力（governability）」の危機や「福祉国家の危機」があった。さらに，「第 3 セクター」と呼ばれる非政府部門の拡大，市民運動や社会運動など草の根運動の拡がりも注目された。その結果，大きな政府から小さな政府への転換が政治的課題となってきた。ガバメント（政府）は「正統性の危機」を抱え込むことになった。これは新自由主義政策が登場する契機でもあった。

一方，ガバナンスは現代国家を現代社会に結び付ける戦略であるとの認識を共有し，とりわけ「新自由主義への対抗戦略」として明確に意識する新たなガ

バナンス論（ソーシャル・ガバナンス論）の展開が注目される（神野・澤井編著 2004）。

　LA の場合，ガバナンスの登場の背景・契機やガバナンスの内実も，またその実現プロセスと方向性も先進諸国とはかなりの違いがある。1970 年代から 80 年代には開発主義国家や軍事独裁政権が社会を覆い尽くしており，そこでは人権抑圧と貧困・差別，汚職・腐敗，さらには累積債務問題や構造調整政策による国民生活の圧迫，社会不安が広まっていた。また，前述したように，新自由主義政策の展開により，市場と競争の名のもとに民営化や規制緩和，最低限の社会保障ネットワークの撤廃が強行された。それ以外にも，様々な領域と社会空間へのグローバル化の深刻な影響を無視できない。

異議申し立てからガバナンスへ

　こうした社会的・経済的・政治的状況の中から 1980 年代以降，軍事政権や権威主義体制に異議申し立てを行い，自由化と民主化の要求を掲げる幅広い社会運動が生まれてきた。これらの諸要求や社会運動の進展は市民社会の登場・発展と連動してきた。

　たとえば，ブラジルでは 1964 年以降続いた長期軍事政権に抗して，1970 年代末以降，民主化要求を掲げた多様な社会運動が顕在化する。とりわけ，労働者党（PT）はその名前にもかかわらず，多様な社会階層と社会運動をまとめ上げて，地方レベルから政治的影響力と支配を構築してきた。ルーラが中央権力を握る以前から，PT は多くの地方自治体でその民主的運営の経験を蓄積してきた。今日，世界社会フォーラムで有名になったポルト・アレグレにおける参加型予算システムは，ブラジルにおける「参加型」民主主義とローカル・ガバナンスの挑戦的な実験であった。こうした「下からの」民主的ガバナンスは，PT が主導する「上からの」ガバナンスと相乗効果をもたらした。

　これらの運動は，1988 年新憲法の制定を契機に分権化の実現を推進した。新憲法作成に向けての議論は 1986 年に開始された。この過程で，都市社会運動は責任ある都市ガバナンス形態を要求し，市民の基本的権利として都市問題の運営への市民参加と分権化を要求した。社会運動の代表は事実上，公聴会の相談相手として証言を許された。そして，ブラジルの憲法制定会議は政治諸制度における多様な社会的アクターの立場と影響力を高めた。

新憲法 14 条は立法過程での「民衆イニシアティブ」を保証し，都市の組織化に関して，29 条は都市計画過程における市民組織代表の参加を要請している。他の条項は保健政策と社会福祉政策の実施における市民組織の参加を確立している。その結果，憲法は，社会レベルで現れてきた新しい文化的要素を新たな制度化の中に統合できたし，参加型民主主義の実践のスペースを開いている。

こうして，憲法で保障された政府の分権化は，ローカルなアクターが革新的諸改革を実行する制度的空間をも開いた。政治的自律性の拡大，資源配分に関する自主的判断の拡大，社会運動との結び付きを持ち，選挙で争うことを望むローカルなアクターの運動の発展，これらの要素の結合が民主的革新を可能にした。ここから参加型ガバナンスの動きが進められてきた（松下 2012：第 5, 6 章参照）。

また，チリにおける軍政の政治的・経済的遺産からの脱却は，困難で長期にわたる慎重な過程を取らざるをえなかった。チリ憲法や制度的枠組みに埋め込まれた軍政の負の遺産は，「コンセルタシオン」と呼ばれる中道左派連立政権の政策を縛った。また，ピノチェ軍政時代の「恐怖」と「繁栄」は，国民の心の内面にまで入り込んでいる。軍政下での経済発展の評価も分かれている。したがって，チリの民主化は，軍政の人権侵害を含めた「歴史的清算」を伴い「下から」積み上げられた。ここに，チリ「左派」政権が「穏健」である理由の一端がある。

他方，ベネズエラでは，LA の多くの国と違い 30 年にわたり民主行動党（AD）と COPEI（キリスト教社会党）による二大政党制支配が続いた。これは，寡頭制支配を温存した，いわゆるエリート間の「協定と合意」による支配体制（プント・フィホ体制）であった。この支配のもとで国民の 75～80％が極貧状況に追いやられていた。新自由主義への国民の不満は，1980 年代に遡る。そして，1989 年 2 月の「カラカソ」（カラカスの大規模な民衆暴動）に最も鋭く表れた。チャベスは国民の不満を背景にして軍を基盤に権力を固めた。

ベネズエラの今日の変革過程はチャベスと石油なしに語れない。ここにその強さと不安定さがある。チャベスは，しばしばグラムシの言葉を引用し，この国の「危機の」過程を表現する。「真の危機は，何かが死につつありながら死にきれず，同時に何かが生まれつつあるが生まれきっていない時に起きる」。

チャベスが唱えるボリバル革命は，石油資源を財政基盤にして，共同体レベルからの「参加型」の民主的過程構築と，国家レベルからの再配分メカニズム構築により政治と経済を実践的に再結合することを目標にしている。それは，とくに新しい憲法に保障された保健と教育への市民のアクセスに表れている。
　以上，ブラジル，チリ，ベネズエラの3カ国を簡単に眺めたにすぎないが，LA は多様なニュアンスを伴う左傾化の潮流のもとに，「民主主義，市民社会，ポスト開発」の最前線に立った。しかし，当然，様々な課題があるし，「落とし穴」もある。この点についてエミール・サデール（リオデジャネイロ州立大学）は，新自由主義的構想の衰退の速度と，新しい代替案の構想の速度がかみ合っていないことに注目する。この指摘は，各国の変革過程における「国家-開発-（市民）社会」の枠組全体，およびそれぞれのカテゴリー間の関係を如何に構築するかという課題も浮き彫りにする。

参加型制度をどのように分析し評価するのか
　LA において参加と代表制の関係は多様である。また，参加の役割と機能は単純ではない。とりあえず，以下の基本的な視点が検討されなければならないであろう（Cameron, Hershberg and Sharpe eds. 2012）。
・今日まで排除されてきた集団にどの程度，またどのようにして発言が与えられたのか。
・参加はどこまで「現実的」か，どこまで「操作されている」のか。
・この参加は伝統的なクライエンテリズムを再生産するのか，あるいはそれと対立するのか。
・これらの制度によって公共政策や政策決定に市民の要求は反映されやすくなったのか。
・こうした諸制度は，市民の発言する能力と習慣を効果的に発展させるための市民教育を施しているのか。
　結局，参加型予算を評価する基本には，参加者の「自律性の問題」が横たわっている。サントスは自律性を次のように考えている。参加型予算は民主運動ではなく，「民衆運動と自治体政府が持続的で恒常的に作動する合流点として機能するよう工夫された制度的配置」であるので，参加型予算の自律性の問題は，「こうした制度の民衆代表がアジェンダやスケジュールや議論，決定を形

成できる現実的能力」として定式化されなければならない。この意味で，自律性は，「既存の政治過程の安定的特徴というよりも，常に進行中の闘争の暫定的な結果である」(Santos 2005：349)。

くわえて，LA における参加型ガバナンスの発展は，ポピュリズム型の国家-社会関係を乗り越えるためにきわめて重要でもある。参加は，ローカル・レベルで実践されるメカニズムにとどまらない，国家全体を変革し，民主化するために利用できる民主的政策の1つのプロジェクトである。同時に，新たな民衆の政治参加の形態は，その目的，立場，制度的デザイン，規範，そして有効性など多岐にわたる観点から検討されねばならない。

4　社会運動と国家

社会運動はどのように国家と関わるのか

LA における新しい「左派」政権の誕生やその性格と展開，さらにその行方を検討するには多様な社会運動との複雑な関係を分析することが不可欠である。こうした問題意識は，新しい「左派政権」の評価，とりわけエクアドルのコレア政権の評価に関わって重要になる。

エクアドルは米州における強力な先住民運動の発祥地であった。エクアドル先住民連合（CONAIE）は新自由主義政策への抵抗の最前線にいたし，2人の大統領の民衆による打倒に参加した。新自由主義に対抗するため，コレア政権は貧困と経済的不平等を減少させる社会支出の拡大を試みた。保守的寡頭制支配に対する彼の対応は民衆の支持を獲得する点で成功した。その他にも，コレアは民衆の要求にかなり対応した。そこにはマンタ空軍基地からの米軍の撤退，米国との自由貿易協定調印の拒否，憲法制定会議の招集が含まれる。

しかし，コレアの政治的立場に対する社会運動からの批判を無視することはできない。環境主義者は彼の国家中心的な開発に反対した。たとえば，鉱業，石油，その他の採掘産業政策をめぐって重大な緊張を引き起こした。また，彼の農業政策は大規模経済開発に好意を示すもので，その結果，エクアドルの強力な先住民権利運動の基盤を形成した農村共同体を疎外した。この運動の活動家たちは，コレアが抑圧と搾取の構造的諸問題の除去を優先せずに，彼の支持基盤を強化するためにクライアント型の戦略的な貸与プログラムを企てている

と非難してきた。

　コレア政府は伝統的な保守的寡頭制支配からその権力を脅かされていた。同時に，コレア政権に対する重大な挑戦は社会運動左派から生まれている。エクアドルにおける最も組織され最も戦闘的な社会運動の1つであるエクアドル先住民連合の議長，ウンベルト・チョランゴは次のようにコレアを批判する (Becker 2013：44)。

　コレアは社会的抵抗を犯罪視し，多国籍鉱山会社や石油企業の否定的影響を直接受けるコミュニティの事前の同意なしにその操業開始を許可する鉱業政策を進めている。さらに，チョランゴはコレアの農業革命，水の再配分政策，多民族国家を構築する政策も批判している。コレアの新自由主義批判のレトリックとは対照的に，政府は基本的にこれまでの政府の経済的・社会的政策を継続してきた，とチョランゴは告発した。

　コレアは確かに保守的反対派，ビジネス界，米国政府に挑戦してきた。同時に，社会運動左派とも対立してきた。コレアが教師内での全国教員連合 (UNE) のヘゲモニーを掘り崩す新たな評価制度を提案したとき，この組織は反対に回った。そして，全国農民・先住民・黒人組織連合 (FENOCIN) は，農業政策と水政策に関して政府との距離をとった。こうした政府に対する反対の動きに対して，コレアはエクアドル先住民同盟 (FEI) のような弱小な周辺的組織を取り込み，彼が社会運動を支持し続けている姿勢を糊塗しようとした (Becker 2013：50)。

　こうしたコレアの社会運動，とくに社会運動左派に対する否定的な政治的姿勢に対し，それでは社会運動の側は政府に如何に対応すべきか。この点に関して，エミール・サデールは政治的右派や伝統的なオリガキー，金融資本を利することなく政府に圧力をかけるよう注意を促している。

　サデールが社会運動に言いたいことは，次の点にある。すなわち，コレア政権の穏健で矛盾した諸政策にもかかわらず，この政権はそれ以前の保守的寡頭制支配を基盤とする政府と同じではない。結局，社会運動の活動家にとっての課題は，自分自身の階級的利益と政治的課題を掘り崩すことなく，政府が社会運動により応答的になるよう政府に圧力をかける方法を学ぶことである (Becker 2013：45)。

「国家-市民社会」関係と重層的ガバナンス構築の枠組みから

エクアドルにおける社会運動は，数多くのアソシエーションから構成されている。民衆のアソシエーションやそれを媒介にした社会運動への参加は，民主主義を甦らせ市民社会を活性化した。貧民や貧農や先住民の民衆や女性たちは，しばしば限定的な目標を達成するための活動家ネットワークと抵抗キャンペーンを組織した。

ここで考えるべき基本的問題は，エクアドルの社会運動，とくに急進的な「新左派」勢力と先住民運動が如何に，どの程度，コレア政府の憲法的・社会経済的諸改革を推進し，形成し，時には異議申し立てをしてきたか，この点にある。

この問題を考える場合，「国家-市民社会」関係と重層的ガバナンス構築の枠組みからのアプローチと分析が不可欠である。ポスト新自由主義に向けたガバナンス構築と可能性を追求する場合，自律的「国家-市民社会」関係の発展，国家の役割再考，社会運動と国家，これらの問題が課題になる。

第1に，ナショナルな市民社会内で一定の社会運動を発展させるために集権的・垂直的ガバナンス構造を変えることが必要だが，それは容易な課題ではない。

第2に，構造的制約にもかかわらず，市民社会の強力なアクターは，暮らしを掘り崩す国家の行動に異議申し立てをしてきた。この点には注意が払われるべきであろう。なぜなら，現実に存在する市民社会は，アソシエーションや社会運動や様々な対話が存在する社会である。しかし，また権力や不平等によってつくられる社会でもある。現実の市民社会は特定の時期に特定の場所で社会アクターによりつくられるのである（松下 2012：序章参照）。

多くの左派政権は，一方で，社会運動と結び付いた民衆の諸要求にある程度，応えようとする。しかし，他方で，ナショナルな大資本やグローバルな多国籍資本の市場志向の要求に対応せざるを得ない。こうして，左派政権は諸要求と諸利害との間で選択を迫られてきた。

第3に，新自由主義が強力な支配をしていた時代の限界は明らかになりつつある。しかし，他方で，企業側の経済的影響力は劇的に拡大した。左派政権は，輸出や外国貿易や投資を規制する厳しい努力をしてこなかった。民営化への歩みは弱まったが，外国企業や国内企業の規制，市場への対応という複雑な課題

は現存している。

　第4に，グローバル化の文脈で，貧困削減のために左派政府が採掘産業に依存することは，民衆の生活と願望と，とくに，ローカル・レベルやこうした産業活動に関わる先住民のそれと矛盾をきたしている。

5　ポスト新自由主義に向けたガバナンス構築

新しい支配形態か自立化か

　この地域の左派への旋回では，「国家-市民社会」関係を再規定するために多くの社会運動と諸政党によって経験が蓄積されてきた。しかし，新自由主義への抵抗の主要なアクターであり，広範な民衆を結集させる基盤となり，さらに左派政権を誕生させてきた社会運動の現状は複雑である。補助金や，国家機関や制度における地位の提供などの物質的利益を見返りに国家に協力し，取り込まれ，あるいは解散した運動や組織も少なくはない。

　たとえば，アルゼンチンでは，多くのピケテロ運動は社会プログラムや運動指導者の政府ポジションへの任命を通じて国家に取り込まれた。

　対照的に，チリ，ペルー，コロンビアのインディオ人民がイニシアティブを握った社会運動は重要な段階に向かった。チリのマプーチェ族はピノチェ時代から引き継がれた反テロリスト法による破壊から回復しており，学生や労働運動の多様な部分（とくに鉱山労働者や林業労働者）は一緒になって彼らの運動の重要な再活性化に参加している。

　ペルーの採鉱で被害を受けたインディオ共同体は新たな組織，ペルー共同体採鉱被害者全国連合（CONACAMI）を設立し，自社の利益を高めるため水資源と空気を汚染している多国籍企業のジェノサイド的な採鉱活動に激しく抵抗した。

　ウルグアイの国際政治アナリストで，社会運動の研究者であるラウル・シベチは，国家と社会運動の関連における「新しい支配形態」に注目し，次のような総括をしている（Raúl Zibechi, *Americas Program Report*, February 3, 2009）。草の根運動が国家への依存と従属を打ち破ることは事実上不可能である。新たな「左派的」・「進歩的」政府は，貧民を「統合する」目的の社会プログラムを含む新たな支配形態を構築しようとする。さらに，国家は社会運動の言説を取り

込み，あるいは実践を引き受けるにつれて，その運動の役割に問題にされるようになった。

第1に，新しい政府は伝統的・寡頭制的支配の基盤を破壊することなしに前進できない。

第2に，資本と国家は新たな統制形態を設立するため，住民の問題と安全保障の問題を彼らの戦略の中心においた。そして，社会プログラムを新たな支配形態に転用した。これは，統合に向けた「市民のための一層巧妙な社会的発展」である。まさに，社会プログラムは生政治メカニズムを基盤にした統制の手段となるのである。

第3に，社会運動の語彙を媒体とした自律性に対する攻勢がある。それにより，社会運動が社会プログラムのデザインに「参加」するための協力方法を作り，ローカルな政治の適用に巻き込まれるようになる。社会プログラムは反乱が起こったコミュニティの中心に向けられる。したがって，社会プログラムの中立化と，下からの自律性に対する攻勢に打ち勝つことによってのみ，社会運動は独立に戻る道を発見できる。

民主的ガバナンスの構築における国家の両義性

いかなる国家であれ，国家はそれぞれの「国益」を追求する。もちろん，「国益」は一般的には決められない。はじめに指摘したように，国家が政治空間における諸アクターの活動が総括される場であるとすれば，新自由主義的グローバル化時代には，多国籍資本のグローバルな展開とグローバルな生産と金融のシステムが国家を考察する際に不可欠な要因である。北と南のナショナルな資本家階級の指導層は，多くの場合，新たな多国籍資本家階級（TCC）に国境を超えて統合されている。

こうした視点から「地域大国化するブラジル」を検討することも重要である。ブラジルは域内の最重要の指導的なプレーヤーになった。最近のブラジル企業は企業拡大のかなりの部分がブラジルと国境を接する国で起こっている。その結果，エクアドル，パラグアイ，ボリビアといった弱小隣国との間に多くの衝突を引き起こしている。ルーラ政権はブラジルの多国籍企業を擁護し，「国益」の名のもとに軍隊を動員することも辞さなかった。

ラウル・シベチはブラジルのローカル・パワー化と，その結果として自国の

「裏庭」を造り出している現状をも告発している。彼の報告から若干の事例を紹介する。第1は，ブラジルによる「ウルグアイの植民地化」である。最近の10年間で，とくに2002年以降，ブラジルの大多国籍企業はウルグアイの経済的地図を変化させた。ウルグアイの土地の20％以上がブラジルとアルゼンチンの資本に売却された。あるブラジルの食肉加工業者はウルグアイの食肉輸出――食肉はウルグアイの主要な輸出品である――のほぼ半分を占めている。

　また，ダム建設をめぐるエクアドルとの紛争があった。両国にまたがるアマゾン地域におけるサンフランシスコ水力発電用ダム建設計画は構造的問題のため中止されたが，このプロジェクトの中心となったLA最大の建設企業，オーデブレヒト（Odebrecht）社の創設者，ノベルト・オーデブレヒトはルーラの労働者党（PT）への主要なドナーの1人でもあった。ここで注目したいのは，多国籍企業とブラジル「左翼」政権の一体化である。

　パラグアイ国境諸州へのブラジル軍の展開も重大な問題を示している。フェルナンド・ルーゴ司教がパラグアイの大統領宮殿に入ってからちょうど2カ月後（2008年8月15日），数千の貧農が国境諸州（イタプア，アルト・パラナ，サン・ペドロ，コンセプシオン，アマンバイ，カニンデユ）でブラジル資本の大豆農園を占拠した。しかし，農民の大豆農場占拠に対してルーラ政府は10月7日，大規模な作戦で1万人の兵士を展開した。

　こうした動きはブラジルの「大国化」と「国益」への傾斜の一例に過ぎない。もう1つの事例を挙げれば，カーギル（Cargill）のようなグローバル化した大豆関連農工業複合体は，ブラジルを基地として使用しており，それにより世界的な大豆市場を支配し征服している。その事業はブラジル政府の農業貿易自由化プログラムにバックアップされている。このプログラムは北の資本，あるいは帝国主義資本に対して「ブラジルの」大企業を防衛するのではなく，多国籍化した大豆関連農工業複合体のために存在する（Robinson 2015：9）。

　「左派政権」の多くは新自由主義の横暴に異議申し立てをし，権威主義に反対し，生活の改善と民主主義の実質化を求めた社会運動を基盤に国家権力を一定程度確保した。しかし，ここに見られるように，「国家」はその社会的基盤を切り捨て「国益」を掲げて，グローバルな生産と金融のシステムに参入する試みを止めない。

民主主義のさらなる実験へ

それでは，LA の民衆と社会運動はどうすればよいのか。LA の現状は新しい，しかし複雑な段階に入っている。米国との関係で，左翼内部で，社会運動と国家の関係でも，また，オルタナティブな諸運動内部においても新しい局面に，あるいは分岐点にさしかかっている。

「国家（制度）―運動」関係の問題はいつの時代でも，どのような状況でも避けて通れない。ブラジルの例で見たように，「国益」と人権あるいは市民の権利の矛盾は新しい「左翼」政権でも変わらない。むしろ，それは「社会プログラム」を通じた，あるいは民衆の言説や規範を媒介として運動を巧妙に無力化する。社会運動の原点である自律的でローカルな運動・制度構築を基盤に，国家の諸レベルでの民主化を継続的に追求することの重要性を再確認する必要がある。同時に，リージョナルおよびグローバルなレベルにおいても民衆の正当な願望の実現を結び付けるプロジェクトを継続的に追求し続ける重要性は変わらないであろう（土地なし農村労働者運動，社会連帯経済，民衆統合のための社会フォーラム，世界社会フォーラムなど）。

LA 域内での協力と連携強化は，ボリバルからホセ・マルティ，そしてゲバラやチャベスに至るまでの歴史的伝統とその客観的基盤がある。したがって，新自由主義的グローバル化を乗り越えるうえでの重要な今日的課題は，「国家-市民社会」関係，そこにおける「アソシエーション―社会運動―正式なガバナンス構造への参加」の一連の相互連鎖過程の（水平的）民主的な転換が，「ローカル―ナショナル―リージョナル―グローバル」な（垂直的）民主的なガバナンス構造の構築と連携することであろう（松下 2016 参照）。

参考文献

岩崎美紀子「デモクラシーと市民社会」神野直彦・井澤安勇編著『ソーシャル・ガバナンス――新しい分権・市民社会の構図』東洋経済新報社，2004 年。

遅野井茂雄・宇佐見耕一編『21 世紀ラテンアメリカの左翼政権――虚像と実像』アジア経済研究所，2008 年。

グランディン，グレッグ（松下冽監訳）『帝国の実験場――ラテンアメリカ，米国，そして新しい帝国主義の台頭』明石書店，2008 年。

小池洋一『社会自由主義国家――ブラジルの「第三の道」』新評論，2014 年。

後藤政子「ラテンアメリカにおける変革の可能性――「社会主義革命」と「新自由主

義革命」の挫折から」『神奈川大学評論』第33号,1999年。
ハーヴェイ,デヴィッド(渡辺治監訳)『新自由主義――その歴史的展開と現在』作品社,2005年。
松下冽『途上国の試練と挑戦――新自由主義を超えて』ミネルヴァ書房,2007年。
松下冽『グローバル・サウスにおける重層的ガヴァナンス構築――参加・民主主義・社会運動』ミネルヴァ書房,2012年。
松下冽「交差するガヴァナンスと「人間の安全保障」――グローバル・サウスの視点を中心に」松下冽・山根健至編著『共鳴するガヴァナンス空間の現実と課題――「人間の安全保障」から考える』晃洋書房,2013年。
松下冽「「南」から見たグローバル化と重層的ガヴァナンスの可能性」諸富徹編『資本主義経済システムの展望』岩波書店,2016年。
Becker, Marc, "The Stormy Relations between Rafael Correa and Social Movements in Ecuador," *Latin American Perspectives*, Vol. 40, No. 3, May 2013.
Cameron, Maxwell A. , Eric Hershberg and Kenneth E. Sharpe, eds., *New Institutions for Participatory Democracy in Latin America : Voice and Consequence*, Palgrave Macmillan, 2012.
Grugel Jean and Pia Riggirozzi, eds., *Governance After Neoliberalism in Latin America*, Palgrave Macmillan, 2009.
Robinson, William I. "Global Capitalism Theory and Emergence of Transnational Elites," *Critical Sociology*, Vol. 38, 2012.
Santos, Boaventura de Sousa, ed., *Democratizing Democracy : Beyond the Liberal Democratic Canon*, London, Verso, 2005.

第2章　ラテンアメリカのピンクの波
―― 新たな変革の道を模索するラテンアメリカ ――

河 合 恒 生

1　ピンクの波

　2005年3月1日付の『ニューヨーク・タイムズ』でラリー・ローター（Larry Rohter）は，ウルグアイの「拡大戦線」から立候補したタバレ・バスケスの大統領就任について言及した際に，ラテンアメリカの左翼的流れは「赤い波」とは言えない，「ピンクの波」（pink tide）だと報じた。98年にベネズエラで新自由主義に反対するウゴ・チャベスが大統領に当選した事態を皮切りに，エクアドルやボリビア等の一連の動向に現れた政治的潮流のことである。また，ローターは1960年代に武装闘争で政権獲得を目指して闘った組織「トゥパマロス」の戦士だったホセ・ムヒカ（タバレ・バスケス政権で閣僚を務め，2010年，タバレ・バスケスの後を継ぎ，大統領に就任した）は，社会主義への試みが失敗した現在のような一極体制のもとでは選択の余地がなく，プラグマティックな路線をとらざるをえないと述べたことも伝えている。
　ピンクの波の最左翼といわれるベネズエラ，ボリビア，エクアドルの指導者たちは，「21世紀の社会主義」を唱えている。たとえばベネズエラのチャベス政権ですら，20世紀の失敗した社会主義の道はとらないし，中国やキューバにも見習うことはないと主張してきた。また，ボリビアも，エクアドルも含め一定の企業の国有化を進めたが，それは崩壊した社会主義諸国にみられた国有化とは異なり，市場経済を維持したままの導入であった。かつての社会主義を彷彿とさせるような政策は見当たらない。ましてやブラジル，アルゼンチン，ウルグアイ等々では，一見して新自由主義とどこが違うのかとの印象すらもつ。しかし，冷戦体制の中でアメリカの裏庭といわれ，その覇権下に確固たる同盟を誇示していた中南米はたしかに変化した。
　それを示す象徴的な動向がみられた。ベネズエラでは，1989年2月，ワシ

ントン・コンセンサスの路線に沿って，カルロス・アンドレス・ペレス大統領が新自由主義政策を導入しようとした。これに反発した貧困層は各地で暴動を起こし，弾圧で3000人を超す死者を出した。これをカラカソという。また1994年1月1日，メキシコとアメリカ，カナダの3カ国による「北米自由貿易協定」（NAFTA）が発効したまさにその日，サパティスタ民族解放軍がNAFTAは貧しい農民にとって死刑宣告に等しいとして，南部チアパス州ラカンドンで武装蜂起し世界の注目を集めた。これらの動きがその後，ピンクの波をつくりだした。

　2000年8月31日から9月1日，ブラジリアで第1回南米首脳会議が開かれ，南米諸国主導の自由貿易圏を創設すると決定した。その後，南米諸国連合（UNASUR）の結成を決め，2010年2月，メキシコのリビエラ・マヤでアメリカとカナダを除いた米州32カ国で首脳会議を開き，統合と開発に関する協議を行った。これは米州の歴史において画期的な動きとして注目された。ピンクの波はアメリカとカナダを除く米州全体の大波になって姿を現した。その結果，アメリカ主導の組織である米州機構（OAS）の影響力が削がれ，OASは追放していたキューバへの制裁を解除する決議を採択した（2009年）。OASが米州相互援助条約という軍事同盟を備えているのに対抗し，UNASURは南米防衛会議を設置し，平和協定を締結し，信頼に基づく安全保障の確立を目指した。

2　背　景

新自由主義の登場

　1970年のチリの大統領選挙で，社会党，共産党，急進党等7つの政党による人民連合から立候補した社会党のサルバドル・アジェンデが当選し，世界史上初めて，選挙で社会主義政権が成立した。しかし1973年9月11日，陸軍総司令官アウグスト・ピノチェがアメリカの支援を得て，軍事クーデタを決行，アジェンデ政権を倒した。民主的に選出された政府を暴力で排除したことで注目をあびたが，さらに世界を驚かせたのは，クーデタ後のピノチェ政権の人民連合勢力に対する激しい暴力的弾圧であった。これは軍部が認めた数字であるが，3000人余を殺害し，7万人近い人々を強制収容所に閉じ込め，暴虐の限りをつくした。その後，1990年に民政移管するまで，テロによる軍事独裁が

続いた。覇権国であるアメリカの手引きでピノチェ政府は大企業家たちに超低価格で国有企業を売却し，接収国有地を地主に返還し，支配階級を優遇し，先進資本主義諸国の資本投資を歓迎することによって，それまでの経済構造を激変させた。

その経済改革の主役として登場したのが，「シカゴ・ボーイズ」といわれたチリのカトリック大学の経済学者たちであった。彼らはアメリカのシカゴ大学に留学し，経済学者ミルトン・フリードマンの経済学を修得したエリート集団であった。ピノチェ政権は，急進的新自由主義政策を主張する彼らの協力を得て，ラテンアメリカ諸国の経済政策の主流であった輸入代替工業化に代わる新たな政策を展開し始めた。

こうして1975年4月，経済政策閣僚の中枢を新自由主義者が占め，経済回復政策を実施した。価格・金利の自由化，関税の段階的引き下げ等を含む税制改革，非関税障壁の撤廃，為替レートの一本化，貿易や資本移動の自由化，国営企業の民営化，規制緩和，労働法の撤廃，年金改革等々，構造改革が遂行された。

この政策は，当時，南の開発途上諸国の力の増大に影響され，石油その他の資源価格の高騰が続き，利潤の低下からの抜け道を探っていた世界の大企業，大銀行，多国籍企業等の喝采をあび，軍政下で達成された高度成長は「チリの奇蹟」ともてはやされた。イギリスでは1979年には新自由主義政策を掲げてサッチャーが首相に選出された。1980年には，アメリカでロナルド・レーガンがケインズ主義福祉国家の解体と「小さな政府」をスローガンにして政権を獲得した。こうして世界は新自由主義に席巻されていった。

南北の構造転換

60年代から70年代にかけて植民地体制が崩壊し，発展途上諸国に資源ナショナリズムがまきおこり，オイル・ショックにみられるように先進資本主義諸国との諸関係が大きな変化をとげた。それは世界資本主義の構造転換をもたらした。

この時期，ラテンアメリカ諸国の軍事独裁政権は，一次産品価格の高騰を利用し，先進資本主義諸国の変化に歩調を合わせ，輸入代替工業化政策から対外開放経済政策へと構造転換することにより，経済成長を図ろうとし，先進諸国

の銀行から多額の資金を借り入れ，それが原因で80年代に入ると債務危機に陥った。

　一方，アメリカをはじめとする先進諸国は，途上国との間の力関係の変化に危機を感じ，交易条件の悪化を実物経済で取り戻すことが困難になった現実に対処し，新しい政策により覇権を強化しようとしていた。アメリカがレーガノミクスとして財政赤字の是正，補助金カットなど財政支出のあり方の変更，直接投資の受け入れ促進，所有権法の確立等々の政策を推進し始めると，国際機関である世界銀行や国際通貨基金が構造調整計画（Structural Adjustment Program）を途上国すべてに一様に勧告し始めた。ラテンアメリカ諸国は，このワシントン・コンセンサスを受け入れ，グローバリゼーションの波に飲み込まれていった。

　こうしてラテンアメリカ諸国の新自由主義の支配の時代は，覇権国アメリカをはじめとする先進諸国の金融帝国の支配の始まりであった。それはかつての植民地支配とは異なる脱領土的覇権の確立であり，いわゆるグローバリゼーションといわれる南北関係の構造転換であった。アメリカは1983年，WTI（West Texas Intermediate）先物市場を開設し，石油を金融商品化し，OPECから価格主導権を奪った。金融帝国は資源ナショナリズムによって失った石油価格決定の主導権をこれで取り返した。

　ラテンアメリカ諸国は経済構造をグローバリゼーションに合わせて変革し，対外債務対策として国家財政の改善，経済効率性の強化，外国投資の誘致，資本市場の拡大，国有企業の民営化を図るが，これはまた外国資本への市場の開放であり，民営化された多くの企業は外国資本の支配下に入った。

　アルゼンチンでは，インフレ対策のためにメネム大統領がカレンシー・ボード制を導入（1991年）し，通貨の交換レートを1ドル＝1ペソに固定して通貨のドル化を図った。この政策は，ブラジル（1994～99年），エクアドル（2000年～）その他でも採られた。それはインフレを抑制し，外国からの投資を大量に呼び込んだ。グローバリゼーションはマネーゲームの世界でもあり，自由化された金融市場取引で世界中の富裕層に利潤が集中することになった。水野和夫によると2013年時点で実物経済の規模は74兆ドルであるのに，余剰マネーがストック・ベースで140兆ドルに達していた。

構造転換のもたらしたもの

BRICs に代表される新興国市場は，このような新自由主義と 90 年代半ばに成立した金融帝国の新しい投資機会の波に乗って生じた。その政策は一面で，インフレを抑えたり，一時的に経済成長率を高めたり，貧困率を低下させたりする現象を示すこともあったが，いつでも経済成長をもたらすとは限らなかった。

新自由主義の諸政策は，世界中で豊かな者はより豊かになり，貧しい者はより貧しくなるという中間層を犠牲にした構造転換をもたらし，貧困層の生活に打撃を与えた。保護されてきた国内工業は，貿易自由化による安くて良質の輸入品との競争に勝てず，衰退し，倒産し，失業者を放出した。輸入代替工業化のもとでは開発の力が及ばなかった地方都市や未開発地域まで資本が入り込み，ラテンアメリカ各国の農村，地方都市，その周辺，未開発地域が激変していった。これはかつてない環境破壊をもたらした。

居住地域を追い出されたり，仕事や新しい居住地を求めて移動したり，それまでの階級諸関係を反映していた国内の諸組織，諸共同体が解体されたり，政党の支持基盤や労働組合，農民組合の活動基盤も破壊されたりした。大きな力を持っていた中間層も二極分解し，生活が崩壊し，没落した中間階級の中・下層の不満も蓄積した。こうしてラテンアメリカ諸国では，新しい政治的，経済的，社会的諸要求が民衆の中に渦巻いていた。

新自由主義の時代には，政治的経済的金融的圧力集団，それと結合した政府・官僚の支配が強化されたが，一面で，利権や公有財産の譲渡をめぐる不正な市場取引，開発推進のための放漫財政等々による腐敗，堕落が横行した。社会的に蓄積された不満の受け皿であり，被支配諸階級の利益代表として機能してきた既成諸政党は，これまでの社会関係の激変の中で，支配諸階級と連携して行動する利益集団に転化した。これは議会制民主主義の機能不全に繋がり，民主主義の危機でもあった。

民主主義の危機は，情報の独占にも表れた。巨大メディア所有企業が生まれ，メディア産業の市場集中化と世界の巨大メディアとの連携も進んだ。政府に反対する勢力をならず者として，社会運動のイメージ破壊に大きな役割を果たした。ベネズエラで見られたようにクーデタの画策に加担することもあった。

新自由主義は，経済の安定化をもたらし，貧困率を引き下げたりする場合も

あったが，多くの場合は，実質的に所得格差を拡大し，貧困層を蓄積した。「国連開発計画」（UNDP）によるとエクアドルの貧困率は，極貧層と合わせて，1995年には，海岸地帯は45％，アマゾン地帯は84％であったが，2006年は，海岸地帯は51％，アマゾン地帯はほぼ100％になった。ボリビアは，貧困率は60％（2011年）で，ジニ係数は0.46であった。80年代にベネズエラの平均的国民の購買力は50％以上も減少した。貧困ライン以下の人口は64％に達した。国民所得に占める賃金の割合も70年代の49％から90年代には36％まで減少した。労働組合の組織率も75年には33％であったが，95年には13.5％に下がった。アルゼンチンでは，貧困ライン以下の所得人口が50％を超えた（2001年）。

　ピンクの波の諸国ではインフォーマル・セクターの労働者が激増し，貧富の格差が歴史上かつて見られないほどに広がり，労働者や農民，貧困者たちは無権利状態で市場に放り出されるという事態になった。

3　社会運動の激化

　以上のような変化の中で，これまで労働者や農民，中間層等々の諸要求に直面し，社会的調整機能も果たしてきた国家は富裕層や多国籍企業の代弁者に変わった。既成の政党を含む社会的諸組織が変質したり，解体されたり，機能不全に陥ったりしたため，政府は社会的に抑圧された諸階級の不満を無視することができた。被抑圧諸階級は新しいはけ口を求めて流動した。

　かつてのように特定のイデオロギーを持つ政党に反応するような民衆は消え，急激に変化する事態の中で，そのつど多様な民衆の不満や欲求を取り上げ，それを解決する組織力やリーダーシップが求められていた。民衆は無視され続ける諸要求実現のための反乱や運動を様々な形で展開し始めた。

　アルゼンチン政府は経済危機に陥り，2001年11月にデフォルトを宣言し，銀行預金の引き出しを制限した。打撃を受けた市民たちは，各地で抗議行動や略奪事件を起こした。この時，大きな力を発揮したのはピケテロス（piqueteros）であった。「ピケ」を張る人，道路封鎖をする人という意味である。組合を解体された労働者たちが90年代に始めた運動で，諸要求を掲げて道路を封鎖し，交通や生産を妨害し，政治家，企業家たちとの交渉を要求した。彼らの

運動は庶民の生活の助け合いとしても展開され，閉鎖された工場を占拠し，自主的に運営していた。これらの運動や諸勢力を背景にして，03年，反新自由主義を掲げたネストル・キルチネル政権が誕生した。

1989年2月にベネズエラで起こったカラカソについてはすでに触れた。これを契機に反政府の市民と軍部の一部が反新自由主義で結集し始めた。ベネズエラ政府は「大転換」と称して新自由主義政策を強行するが，その過程で既成政党支配の腐敗が進行した。それに対して軍部の一部，中間層，貧困層の結集を図るためチャベスは「第5共和国運動」を組織した。彼は腐敗した政党支配政治を「パルティドクラシア」(partidocracia) と批判し，「愛国の極」と「国家破壊の極」の二極対立を強調し，反新自由主義を掲げて諸勢力を結集した。

エクアドルでは1979年の民政移管後，民主化過程が徐々に国民の統合を進めた。その中で先住民たちの権利意識が芽生え，80年代にはいくつかの先住民組織を統合したCONAIE（エクアドル先住民連合）が大きな力を持った。90年代に入ると新自由主義を推進する政府と先住民組織の対立が激化した。98年，先住民組織の要求を政府は受け入れ，エクアドルは「多民族多文化国家」だと憲法で宣言した。

しかし政府が2000年にドル化宣言を行ったのを契機に，先住民組織を中心に既成政党に対する反乱が連続的に生じ，クーデタを含む政治的混乱が続いた。先住民と民衆，軍部の一部を巻き込んだ反新自由主義，ナショナリズム，民主化要求の激しい運動を背景として，コレアはチャベスと同様，パルティドクラシアを批判し，不満を持つ民衆こそ主権者だと民主主義の回復，市民革命（la Revolución Ciudadana）を呼びかけ，憲法制定会議の招集，新憲法の制定と国民投票を政権獲得の手段として選択した。選挙闘争のためにコレアは30余の組織を結集し，「尊厳と主権ある祖国同盟」（Alianza Patria Altiva i Soberana = Movimiento Alianza PAIS）を組織した。しかし先住民組織は，2000年の動乱時における政治的経験から，コレアの路線とは一線を画した。コレアは先住民と社会運動の力とは異なる選挙民，中間階級下層，都市貧民層の不満を選挙で結集し政権を獲得した。

ボリビアでは1980年代半ばから新自由主義への転換が始まった。第2次バンセル政権はその政策の維持とともに，アメリカの指導のもと，「尊厳計画」（Plan Dignidad）と称して，コカ栽培と麻薬取引を同一視し，コカ生産撲滅に全

力を挙げ始めた。これに対しコカ生産の歴史的文化的正当性を要求する農民組合でモラレスが指導者として頭角を現した。コカ生産農民やその他の農民，鉱山労働者，先住民たちは「人民の主権要求会議」(Asamblea por la Soberanía de los Pueblos-ASP) を組織し，モラレスはその指導者であった。選挙闘争では統一左翼 (Izquierda Unida) を結成し，議会に進出，その後，モラレスは「人民の主権要求政治機関」(Instrumento Político por la Soberanía de los Pueblos-IPSP) を組織，1999年にはさらに同盟を広め，「社会主義への運動」(Movimiento al Socialismo=MAS) という名称を使い始めた。

　ボリビアの先住民，労働者，農民，貧困層は2000年にはコチャバンバの水道事業民営化反対運動で政府に民営化を撤回させた。その後，既成政党に批判的社会諸セクターの反政府運動が激化の一途を辿り，2003年10月，ガス戦争でサンチェス・デ・ロサダ政権のガス民営化や輸出をめぐる政策に反対し，国有化を要求し，政府を退陣させた。その他，公務員の賃下げ，農民への補助金カット，東部アマゾンの先住民共同体の土地の接収，先住民の差別，生活費の高騰，鉱山のレイオフ，農村地帯の教員の賃金カット等々への反対要求を掲げて社会運動は大規模に展開された。これらの運動を背景にMASとその指導者モラレスは政権を掌握した。

4　政策の特徴

21世紀の社会主義を目指す

　ピンクの波はこのようにして大波になってラテンアメリカ諸国に伝播していった。その最左翼，ベネズエラ，エクアドル，ボリビアは「21世紀の社会主義」を主張した。ここではボリビアとエクアドルの例を取り上げてみよう。

　新憲法でボリビアは「共同体的多民族国」(Estado Plurinacional Comunitario) であるとし，平等，主権，尊厳，相互扶助，連帯，調和の尊重，分配と再分配の平等，よき生活 (vivir bien) の確立，経済，社会，法，政治，文化の複数性の尊重を謳い，植民地国家，共和制，新自由主義は放棄すると宣言した。先住民文化を受け継ぎ，第8条で，なまけるな (アイマラ語で ama qhilla)，うそをつくな (ama llulla)，盗むな (ama suwa)，良く生きること (suma qamaña=vivir bien)，調和のとれた生活 (ñandereko)，よき生活 (teko kavi)，病のない土地

(ivi maraei)，高貴な道（qhapaj ñan）を尊重する多元社会の倫理原則を謳った。それは先住民と農民の諸組織が「統一協定」（Pacto Unidad）で憲法制定会議に提出した要求の成文化であった。第311条では，自然資源は人民の財産と規定し，それを利用して工業化（industrialización）を目指し，一次産品輸出への依存から抜け出すと宣言した。

　ボリビア政府が2013年1月22日に発表した「愛国のアジェンダ2025」は，憲法の目指した目標を盛り込んでいる。極貧層の解消，基本的サービスの社会化と普遍化（Socialización y universalización），科学技術主権，自然資源主権と工業化，食糧主権，環境主権を実現し，新しい経済的，社会的，共同体的，生産的モデルを，国家，民間，家族，共同体の4つのセクターで発展させる。このモデルは2つの柱からなる。1つは，戦略的セクター，すなわち炭化水素産業と鉱業である。それはレントを生み出す。もう1つは生産セクターで，製造業，観光，住宅，農業その他である。これは利潤と雇用を生み出す。原料輸出への依存を打破するために，第1のセクターで生じたレントを資源の多角的利用と，生産セクターの推進に向ける。共同体の企業と協同組合，家族経営の企業を保護し，資本主義後の社会への移行を目指す。理論家でもあり副大統領のガルシア・リネラは「共同体社会主義」（Socialismo Comunitario）を主張している。先住民を含めた労働者階級が権力を掌握したが，その内部は利害の対立する異質な集団であるため，プロレタリア勤労諸階級と農民の共同体主義（Comunitalismo）をとる必要があるという。この闘いは一国ではできないとし，国際関係の変革も目指す。

　資源開発の面では，民間企業に支配されていた「ボリビア石油公社」（Yacimientos Petrolíferos Fiscales Bolivianos：YPFB）を国有企業として再建し，外国企業との開発契約を見直し，生産された資源はすべてYPFBが買い取ることにした。民営化されていた製油所も国有化し，精製から販売の行程を国家の手に取り戻した。これで全利潤の80％以上は国家収入となった。鉱業，電気通信，電力分野も国有化した。こうして国有企業がGDPに占める割合は18.6％（2005年）から2011年には34％に跳ね上がり，2006年から2012年まで平均5％の成長率を維持した。世界的不況の中でのこの成長は海外への経済的従属が軽減されたことを反映していた。政府は増加した国家収入を様々な社会的政策に振り向け，貧富の格差を減少させた。貧困率は2005年の60.6％から11年

の48.5％へ減少した。上位10％の富裕層と下位10％の貧困層の所得格差は2005年の128対1から2012年の60対1になった。

工業化はさして進んではいないが，ガスについては，気液分離プラントの建設，液化石油ガスやガソリンの生産，ディーゼルの自国生産を可能にした。尿素とアンモニア製造も支援し，2005年から2013年までの間に2万企業から9万6000企業に増加し，雇用の増加に繋がった。共同体部門では食糧加工とボール紙生産を推進している。小規模生産者への無利子の資金やその他の支援も提供されている。2008年の東部右派勢力のクーデタの危機も社会運動の支持を基盤にし，南米諸国の協力を得て乗り切った。

エクアドルでは，コレアは制憲議会を開催し，2008年9月には新憲法を制定，2009年4月の大統領選挙で再選された。ボリビアと同様「よき生活」(Buen Vivir) を提唱，公正・民主的・生産的・連帯・持続に基づく経済システムの構築を目指している。また世界で初めて自然の生態系自体が生存権を持つ (71〜74条) とした。食糧主権を主張し，中小規模生産者の育成，食糧の自給，多角化，有機農業の促進，農民の土地・水等の生産資源へのアクセスの保障，公正で連帯的な食糧の分配と流通を可能にするシステムの創出を目指す。

コレア政権のもとで，雇用は増加，賃金も上昇，識字者も増え，保健衛生面も向上し，貧困率は2007年37％から2010年32.8％，2011年28.6％と減少した。道路，病院，学校建設で2011年には8％成長をとげた。コレアは対外債務の30億ドルのデフォルトを宣言し，2001年に倒産したイサイアス (Isaias) グループの195社を接収，フィランバンコ (Filanbanco) の預金者に補償した。2010年には石油の利潤の政府取り分を13％から87％に引き上げ，歳入を10億ドル増やした。企業，銀行への増税を図り，インフラ整備や社会資本計画を実施した。教育と保健への歳出は，政権獲得時の3倍に増えた。コレアは参加する統治を主張し，これまで7回の選挙に勝利し，政策を実現してきた。対外的にも，アメリカの覇権と対決する姿勢を示してきた。

新資源開発主義

ピンクの波諸国は，植民地時代からの資源開発に依存した社会経済構造から抜け出せていない。国連のラテンアメリカ・カリブ経済委員会 (ECLAC) の統計によると2004年から2011年までの全輸出額に占める一次産品の輸出額は，

年平均でアルゼンチン約70％，ボリビア約90％，エクアドルは90％を超え，ベネズエラは2011年，95.5％となっている。

　この状態を新資源開発主義だと批判を展開する研究者や評論家もいる。ボリビアでは2008年以来鉱業開発への抗議運動が激増している。しかしボリビア政府は強権的に弾圧する政策はとらず，可能な限り対話を重視し，問題の解決にあたってきた。

　ピンクの波諸国の変革は，単純な過程ではなく，植民地時代の遺制はラテンアメリカ諸国のいずれの国々でも，自国だけで解決できるほど簡単な問題ではない。

　先住民が環境破壊だと強固に反対してきた国立公園と先住民の居住地域を通るハイウェイの建設に対して2015年5月，ボリビアのモラレス政府は許可を出した。これは2011年に反対運動の意見を受け入れ，中断された計画のむしかえしであった。道路建設開始の原因は石油とガスの国際価格の下落による国家収入の減少にあった。先住民の居住地と認められた国立公園内の11の地域で，ペトロブラス（Petrobras）や，レプソル（Repsol），トタル（Total）等の多国籍企業にガスと石油開発の利権を与え，YPFBとジョイント・ベンチャー事業を推進する。

　モラレス政権のもとで石油とガスの開発権を与えられた土地が720万エーカー（2007年）から5930万エーカー（2012年）に広がった。環境を汚染しない，貧困削減に投資の1％を寄付する等々の条件を課して，利権を供与してきた。しかし環境保護を主張する人々は，これらの開発で環境は完全に破壊され，自分たちの居住地も荒らされると反対している。モラレス政権は環境を守ると主張はするが，社会的諸要求実現の財源を優先せざるをえない。そして一部の反対運動を社会改革の敵対者だと宣伝している。

　エクアドルでは，政権がかつての左翼を構成していた労働者，教員，先住民等の組織を軽視し，社会運動に距離を置いているとの批判が強まっている。一部改革を推進しながら，新憲法に違反し，資源開発を強行し，アマゾンの環境破壊をしており，それでも真の左翼かと疑問視する声もあがっている。公務員法改定に反対する公務員組合の運動のさなか，2010年9月，賃金カットに抗議した警察官による大統領の一時的拘束事件も生じた。

　メキシコの研究者，ベロニカ・シルバは生産力の多角化への前進はみられず，

資源開発とその輸出に依存し，貧困対策も十分とは言えず，資源の公平な分配には遠く，鉱山，石油開発で多国籍企業と契約を推進しているとし，「よき生活」が政府権力の強化に利用されている面があると指摘している。

2015年2月，エクアドル政府は，鉱業省（Ministerio de Minería）を設立した。これまで鉱業部門を管轄してきた非再生天然資源省（Ministerio de Recursos Naturales No Renovables）は炭化水素省（Ministerio de Hidrocarburos）と名称変更した。これは資源開発の強化のための政策である。

エクアドル北西部のインタグ地方の森は世界でも屈指の生物多様性を指摘される。そこでは長期にわたる鉱山開発反対運動が続いてきた。日本企業も開発に関わっている。試掘の段階から環境汚染を起こした。コレア政府は国営鉱山会社（ENAMI）とチリ銅公社（CODELCO）とともに，鉱山開発を強行しつつある。大規模な森林伐採，基準値を超える重金属による水質汚染，大量の廃棄物，化学物質処理の不備，生態系・健康への悪影響，コミュニティの移転などの懸念事項はすべて後回しである。

1980年代に入ると，国連は持続可能な開発を主張し始めた。それに合わせて34カ国23の鉱山会社や金属工業会社が「国際鉱業金属評議会」（The International Council on Mining and Metals）を2001年に組織，持続可能な開発の10の原則を提示している。しかし，同じ2001年，ペルーの34社の企業とともに「ペルーにおける責任ある鉱業」という文書を同組織は発表し，住民の「抵抗運動」が「政治化」し，開発に対し「直接的妨害」を狙い，「暴力化」しており，「組織的犯罪」がうかがわれると指摘する。社会的責任は，発展途上諸国が社会的包摂を実現するためのガバナンスの改善の問題に転化されている。

5　課　題

ピンクの波の主要諸国は，国家の獲得した利潤をインフラ整備，大胆な社会プログラムに最大限利用してきた。しかし外国企業，株式投資家，金融資本等々への人的，物的，金融的な従属は変えられず，それらとの協調を余儀なくされている。したがって今のところ利益分配条件交渉にとどまらざるをえないだけではなく，その有利な交渉のために新たな資源開発と探査の利権を提供せざるをえない。アルバロ・ガルシア・リネラは社会主義というより，アンデス

資本主義だという。民主制を尊重する以上，現実路線は避けられない。グローバル・ノースから中国を含めたグローバル・サウスとの関係に重点を移したとは言える。しかし世界的にはグローバル・ノースの企業の社会的責任や気候債務，持続可能な成長への変革が生じない限り，この資源依存構造の変革は難しい。

　リーマンショックもあり，世界経済は停滞し，外部の諸条件に左右されるピンクの波諸国は，財政難や国内の政治的・社会的運動の絶えざる圧力等々に直面し，持続可能な変革の道からの後退・方向転換，資本の要求への妥協，国民重視の重要な原則の放棄等々を余儀なくされている。

　以上の経過を見れば，持続可能な発展を可能にする必要な条件が明らかになる。

　ベネズエラ，ボリビア，エクアドルに共通してみられるように，国家機関が自律した決定権を掌握することは前提である。それは現段階では国家主権の回復という主張になっている。しかし資本の強化ではなく，国民，とりわけ，周辺化された貧しい人々，差別され放置された先住民の生きる権利と市民権を保障する政策を決定する力でなければならない。参加型民主主義を推進し，暴力によらない問題の解決を図る能力を市民が高める必要がある。

　資本の側は，科学的，化学的，組織的，資金的にあらゆる力を動員し，そのような人民主権の強化を妨害するために総力をあげている。うかつには企業の開発計画に反対運動など起こしえない仕組みを作るのに熱心である。

　これに打ち勝つには，世界中の圧倒的多数の庶民が連帯し，資本関係を新しい人間関係に変革する国際的闘争が必要である。その諸国家と国民の自律的関係の中に資源開発が「社会的に包摂」されたときに，持続可能な資源開発は可能になるだろう。そのようなもとで資源所有の優位を活用し，そのレントで持続可能な工業化を推進し，経済構造を多様化し，植民地的一次産品輸出構造から脱却しなければならない。

　先進諸国や企業集団も資本の立場を擁護する観点からの援助ではなく，植民地主義を完全に克服し，人類生存の持続可能性を擁護する立場に立ったグローバル・サウスへの支援を，資金，技術の両面からしなければならない。

　ベネズエラ，ボリビア，エクアドルの状況をみれば，持続可能な資源開発の時代には，まだまだ長い道のりが待っていることが理解できる。ましてやその

他のピンクの波の諸国は推して知るべしである。かつてボリビアのポトシは銀の生産でロンドンよりも大きな都市であった。やがて銀は枯渇し、その後世界で最も貧しい地域になった。今や新しい資源開発でピンクの波諸国が注目されている。しかし最後には資源の枯渇した最貧諸国とならないとも限らない。

参考文献

河合恒生『チャベス革命入門──参加民主制の推進と新自由主義への挑戦』澤田出版, 2006年。

河合恒生「ベネズエラ──21世紀の社会主義」『アジア・アフリカ研究』384号, 2007年。

河合恒生「コチャバンバの水戦争」『アジア・アフリカ研究』394号, 2009年。

後藤政子「「二一世紀型社会主義」──ラテンアメリカにおける新しい社会理念の成立」『神奈川大学評論』第65号, 2010年。

日本貿易振興機構（ジェトロ）アジア経済研究所「特集 ラテンアメリカにおける左派の台頭」『ラテンアメリカ・レポート』Vol. 23 No. 2, 2006年11月。

日本貿易振興機構（ジェトロ）アジア経済研究所「特集 ラテンアメリカにおける左派の台頭Ⅱ」『ラテンアメリカ・レポート』Vol. 24 No. 1, 2007年5月号。

S. リベラ・クシカンキ（吉田栄人訳）『トゥパック・カタリ運動──ボリビア先住民族の闘いの記憶と実践（1900年-1980年）』御茶の水書房, 1998年。

Benjamin Dangl, *The Price of Fire, Resource Wars and Social Movements in Bolivia,* AK Press, 2007.

"The Return of the State, New Social Actors, and Post-Neoliberalism in Ecuador," *Latin American Perspectives*, Issue 206, Vol. 43 No. 1, January 2016.

第3章　米州の地域統合
―― その歴史と現在 ――

所　　康　弘

近年，話題になっている環太平洋パートナーシップ協定（TPP）に象徴されるように，現行の国際貿易秩序の特徴として自由貿易協定（FTA）や経済連携協定（EPA）を含めた地域統合の促進と深化が挙げられる。その点で地域統合の実践とその蹉跌の歴史，そして統合形態の多様性とその展開過程の問題性において，南北アメリカ（米州）ほど有益な先行事例となる地域も珍しいと言える。本章では，当該地域の20世紀中における地域統合の歴史的変遷と21世紀に入ってからの変化を時系列的に検討し，そうした変化の背景にある政治経済的な根拠の一端を提示したい。

1　地域統合の歴史的変遷

19世紀から20世紀半ばまで

歴史的にみて，ラテンアメリカは一次産品（おもに穀物，コーヒーや砂糖などの熱帯農産品，鉱物資源）の供給国としてイギリスを頂点とする国際分業体制下にあったが，19世紀半ば頃から徐々にアメリカ合衆国（以下，米国）との経済的諸関係が深まった。急速な工業発展を遂げる米国の工業用原料や熱帯産食料の需要が急増し，その供給地としての役割をラテンアメリカが担うことになった。そのため同地域の多くの国々は19世紀初頭に「独立」を果たしたものの，一貫してイギリスや米国から一次産品生産部門への巨額の投資を受け入れ，その投資戦略に規定された局地的な発展を余儀なくされてきた。そして，一次産品輸出と同市場における国際価格の変動につねに依存し続けることになった。

20世紀に入ると同地域が生産財部門を含めた工業化を実現するためには，外国市場と直結した既存のモノカルチャー的生産・輸出構造を変革し，輸入工業製品を国内生産に切り替える輸入代替工業化戦略への転換が必須と考えられ

るに至った。その政策手段は国内幼稚産業の保護・育成のための輸入事前許可制度や関税の引上げ，インフラや基幹産業への公共投資，主要産業部門への政府の関与などであった。ところが1つの問題点として，上記の歴史的経緯により同地域の国内市場そのものはあまり重視されず，その市場規模や国内需要などは狭く限定された範囲にとどまっていた。

1960年ラテンアメリカ自由貿易連合の誕生
　ラテンアメリカの地域統合の潮流は1950～60年代に一定の進展を見せることになる。その背景には，第1に当該期の域内大国では非耐久消費財と中間財の輸入代替から耐久消費財や生産財を自国生産する，いわゆる第二次輸入代替段階に移行中であったことが挙げられる。当該期，規模の経済性が重要となる重工業化の段階に突入する中で国内市場の狭さをどう克服していくかが課題として浮上した。したがって，市場拡大政策として域内共同市場の創出が急務となったのである。
　第2の理由として，1957年にローマ条約により欧州経済共同体（EEC）が成立したことによって，域内貿易ブロック構築の機運が世界的に高まったことも挙げられる。EECはラテンアメリカ産と類似する商品種類を生産する何カ国もの旧フランス領アフリカ諸国に対して，輸入関税および輸入量制限の撤廃を決定した。ラテンアメリカにとってこの措置は差別待遇となるため，対欧州向け商品輸出の減少を見込んだ対応の必要性が生じた。そのため欧州市場に取って代わる市場創出案として，域内統合政策が浮上したのである。
　その具体的な動向として，たとえば1960年にはブラジルやメキシコ，アルゼンチンなどによってモンテビデオ条約が調印され（翌年発効），自由貿易地域の形成を目指したラテンアメリカ自由貿易連合（LAFTA）が創設された。これは当該地域に絶対的な影響力を保持していた米国を除いた，ラテンアメリカ諸国のみで構成される枠組みであった点にその特徴をもつ。輸入代替工業化戦略の理論的主導役を担い，かつ国連貿易開発会議（UNCTAD）の初代事務局長も務めたラウル・プレビッシュ（R. Prebish）は，「米国ぬき」で域内貿易を発展させることの意義を以下のように強調した。
　「ラテンアメリカ諸国が発展速度を高めることを決定しても，対外的ボトルネックへの持続的傾向を断ちきれない限り，目的を達成することはできないで

あろう。ここにラテンアメリカ間貿易の最も重要な役割がある。ラテンアメリカ間貿易の拡大を支持するのは，（中略）1つは，輸入代替過程を，自国市場よりもっと広い地域を探して，より合理的，かつ経済的にすることである」
（ラウル・プレビッシュ，大来佐武郎監修・竹内照高訳『中南米の変革と発展』国際開発ジャーナル，1971年，238頁）。

その後1969年にLAFTA内部において，より小国同士のみで構成されるサブ・リージョナル的な機構としてアンデス共同体も結成された。これはエクアドル，ボリビア，ペルー，コロンビアなどが締結したカルタヘナ協定に拠る。こうして当該期はリージョナルならびにサブ・リージョナルの両領域で重層的な地域統合体が組織されることになった。

1960年中米共同市場の設立

他方，LAFTAとは異なる展開も胎動していた。1960年のマナグア条約によってパナマを除く中米5カ国で中米共同市場（CACM）の設立が合意された。くわえて共同市場や関税同盟の促進，諸国間の均衡のとれた社会・経済開発を推進するために，中米経済統合銀行も設置された。そもそも中米はそれまで国内に工業部門の素地がまったくなく，熱帯農産物の生産・輸出を中心とした経済構造であった。とりわけ米国の巨大企業であったユナイテッド・フルーツ社（United Fruit Company）は19世紀末以降，中米からコロンビアにかけて巨大なプランテーションを運営しながらバナナ栽培を行っていた。彼らは現地政府と結託しながら権力を独占・集中化し，「バナナ共和国」を築き上げていた。

1960年代の中米では米国の影響力が強く残っており，その意味では「米国ぬき」を志向するLAFTAと中米共同市場は異なる特徴をもっていた。また中米諸国と比べてLAFTA加盟国は域内の「大国」が多く，それらが形成する貿易圏の「周辺部」に定置されることを避けるべく，中米諸国みずからが独自に共同市場の形成を図ったことも背景にあった。

1960～70年代の地域統合の帰結

しかしながら結論から言えば，域内相互貿易の増加を目指したLAFTAは当初目標に掲げた関税同盟の段階に到達できなかった（その後，同機構は1981

年にラテンアメリカ統合連合へと改組した)。関税同盟とは協定を交わした複数国間で域外に対して単一の関税制度を設定し，他方，加盟国内に対して貿易規制の撤廃を推進する性質のものである。結局のところ域内大国は域外国の米国との経済関係を変わらず重視し，米国市場への依存体質に大きな変化は生じなかった。たしかに米国はLAFTAに直接的に加盟しなかったが，それら諸国への米国多国籍企業の投資額はつねに圧倒的であった。

さらにミクーソン (I. Mikuson) も指摘したように，LAFTAの域内大国は域外市場（おもに米国）への依存度が高く，かつ域内の運輸手段や貨物輸送事業などの権益も外国企業がすでに握っていた。そのためLAFTA域内の関税障壁削減はかえって在ラテンアメリカ米国多国籍企業の域内取引や事業活動に資するものであった。また別の問題として，LAFTAは自国の工業発展の手段として，おもに輸入代替政策の導入や共同市場の創設といった貿易政策のみで対応したのであった。そのため歴史的に形成されてきた同地域の農工間の格差構造や大土地所有問題の改革といった内部の変革までをも射程に入れたものでなかった。

天然資源をめぐる角逐

1960～70年代の冷戦体制下，反植民地主義と第三世界ナショナリズムを掲げる民族主義ブルジョアジー政権下にあった多くの途上国では，ラテンアメリカ諸国も含め直接投資受入れを規制する試みが実施されていた。その背景には当時の時代状況がある。念願の政治的独立を遂げた第三世界諸国が経済的な意味でも植民地主義から脱却するためには自立的な国民経済の形成が必要と考えられたからであった。その最も象徴的な例こそ，外国資本から自国の天然資源の権益を奪還することであった。それゆえ経済発展のために資源開発とその輸出に依存せざるを得ない産業基盤の脆弱な資源保有国においては，資源の採掘，加工・精製，輸送，販売といった一連のサプライチェーンの支配権をめぐって多国籍資源採掘企業（たとえば1970年代頃までセブン・シスターズと呼ばれた国際石油メジャーなど）との角逐が顕在化したのであった。一部のラテンアメリカの国々でも同様の事態が生じていた。

ところが，である。調達可能な豊富な開発資金を持ち得ない途上国は結局のところ，採掘した原料の（食糧などを含めた）一次産品の高付加価値化に失敗し

てしまった。それどころか「ほとんどの場合，原料はまったく未精製のまま，植民地の遺産である鉄道路線や港を経て輸送されていき，戻ってくるのはなけなしの利益だけであった」(ヴィジャイ・プラシャド，粟飯原文子訳『褐色の世界史』水声社，2013年，216～217頁)。

低い資本水準や脆弱な技術的基礎ゆえに，むしろ途上国は外資対抗策の掛け声とは矛盾する形で多国籍企業の大規模な資本や技術への依存を深めていった。そのプロセスを前出のプラシャド (V. Prashad) はこう述懐している。「カルテルとして協働する多国籍企業複合体に『妥当な』条件を提示して，探鉱と採掘，耕作と輸送のための財源を確保した。採掘権などの利権を企業複合体に明け渡したことで，第三世界の政府は生産工程をコントロールできず，ライセンス契約や増税，取るに足らない嫌がらせをすることでしか巨大企業を制限することができなかったのである」，と(同上書，217～218頁)。

その後1980年代に入ると債務危機を契機に開発モデルの転換がみられ，対外開放・貿易自由化の促進により，多国籍企業に対する協調姿勢は急速に深まっていった。

2　「開かれた」地域主義の出現

転換期としての1980年代

1982年にメキシコが債務不履行（デフォルト）に陥り，それまで理念上の目標であった輸入代替的な地域統合は大きな転換期を迎えた。危機はメキシコだけではなく，ブラジルやアルゼンチンなどの諸国にも伝播した。1980年代半ばからはベーカー (J. Baker) 米財務長官の提案によって世界銀行などによる構造調整融資の実施が開始されるようになる。その後ブレディ構想下でも実施された一連の構造調整政策こそ，同地域の輸入代替工業化ならびに地域統合戦略を大きく転換させるものであった。たとえば世界銀行はメキシコに対して輸出開発融資や貿易政策融資などの実施を通じて関税引き下げを促した。この結果，同国の貿易自由化は大きく進展した。

メキシコをはじめラテンアメリカ全域に波及した貿易自由化のうねりは，1960年代の地域統合とは違う形態の流れを生み出した。「開かれた」地域主義の潮流である。これは自由貿易を重視し，外向き志向を持つものであった。

1970年代に一時勢いを失っていた地域主義はこうして再び新たな形態として「復活」を遂げ，1990年代～2000年代にかけて枠組みの構築が積極的に展開されていくことになった。その主要なものが，北米自由貿易協定（NAFTA）である。

「包括的」な協定としてのNAFTA

NAFTAとは一体なにか。NAFTAは22章の条文から構成され，そのおもな条項は「3章 市場アクセスおよび内国民待遇」，「4章 原産地規則」，「7章 衛生検疫措置および農業」，「10章 政府調達」，「11章 投資および紛争処理」，「12章 サービス貿易」，「14章 金融サービス」，「17章 知的財産」，「19章 紛争解決」である。その目的は，(1)財とサービス貿易促進のための貿易障壁撤廃，(2)公正な競争条件の促進，(3)投資機会の拡大，(4)知的財産権の保護・執行，(5)投資家対国家の紛争解決（ISDS条項）手続きの確立，となっている。

NAFTAの一番の特徴は関税削減や貿易障壁の撤廃を目指す，単なる貿易協定ではない点にある。第1に流通，金融・保険などその範囲がきわめて多岐にわたる「サービス貿易」を自由化の対象にしている。第2に11章の投資条項では適用範囲（子会社設立・買収，株式取得，債券，子会社へのローン貸付，不動産，有形無形財の財産購入）が規定されており，投資可能分野は（メキシコのみの例外である）石油・天然ガスの発掘・加工・販売，電力，原子力，衛星通信，郵便，貨幣発行などを含む国家主権の根本に関わる最低限の11分野以外は原則全分野を対象としている。第3に加盟国の外国投資家を国内投資家と同等に扱う「内国民待遇」やすべての加盟国を同等に扱う「最恵国待遇」が定められている。第4に投資受入れ条件として，外国投資家らが遵守すべきパフォーマンス要求（現地調達義務，輸出義務，国内販売制限，技術移転など）を彼らに課すことを禁止している。利益や配当などの本国向け送金を制限することも禁止されている。第5に加盟国が違反を犯して外国投資家に損失を与えたと当事者が認識した場合，当該国を相手に直接，紛争解決交渉を行うことができるISDS条項（Investor-State Dispute Settlement）が盛り込まれている。以上のようにNAFTAは域内の多国籍企業の投資空間を自由に，そして可能なだけ無制限に拡大するための新たな法的枠組みになっている。その法的な根拠を多国籍企業に付与する「自由投資協定」の形態だと言える。

表 3-1　メキシコ国際収支表

(単位:100万ドル)

年度	2000	2002	2004	2006	2008	2010	2012	2013
経常収支	-18,752	-14,842	-7,007	-7,795	-20,015	-3,886	-15,058	-25,856
財・輸出	166,396	161,278	188,294	250,319	291,886	298,860	371,378	380,903
財・輸入	-174,761	-168,913	-197,137	-256,631	-309,501	-301,803	-371,151	-381,638
財・サービス・貿易収支	-11,955	-12,919	-15,736	-14,045	-25,591	-13,500	-14,335	-12,963
所得収支(＋)	5,990	4,071	5,757	5,578	8,530	10,812	13,154	9,659
所得収支(－)	-19,781	-16,262	-15,791	-25,277	-28,422	-22,734	-36,436	-44,352
所得収支	-13,791	-12,191	-10,034	-19,699	-19,892	-11,922	-23,282	-34,693
経常移転収支	6,994	10,268	18,763	25,949	25,469	21,537	22,559	21,801
金融収支	20,989	22,304	17,035	10,379	33,429	44,324	51,264	59,604

出所:ECLAC, *Economic Survey of Latin America and the Caribbean 2014*, United Nations, 2014.

NAFTA のメキシコ経済への諸影響

では,NAFTA 発効 20 年の成果はいかなるものだったのか。まずメキシコ国際収支表(表 3-1)で NAFTA 発効後の傾向をみると,第 1 に財輸出額は順調な伸びをみせて 2013 年は過去最高額の約 3800 億ドルを記録した。第 2 に財輸入額も同様に増加しており,その結果,財・サービス貿易収支額は一貫して赤字を記録している。輸入品目は先進国からのそれはおもに中間財・部品,資本財で構成され,これは国内の中小企業・地場産業の技術的基盤が弱く国内では部品調達できず,輸入に依存しているためである。輸入した中間投入財を安い労賃を利用して組立・加工し,完成品を工業製品として NAFTA の制度を通じて米国に輸出している。

さらに近年は中国からの輸入も激増している。その輸入額は 2004 年 143 億ドルから 2014 年 662 億ドルへ増加し,貿易収支赤字額は 2004 年 133 億ドルから 2014 年 602 億ドルへ増加している(数値はメキシコ経済省 HP の統計より)。輸入品目では中国メーカーが生産した労働集約的製品や電器・電子機器製品などの完成品をはじめ,最近では Made in China の自動車部品(たとえばタイヤ,バッテリー,シート,トランスミッション・シャフト,ベアリング)などの中間投入財も大量に輸入されている。

第 3 に経常収支額の推移に関して,である。米国へ渡ったヒスパニック移民からの送金額によって経常移転収支は巨額の黒字となっているにもかかわらず,経常収支赤字は一貫して継続している。年度ごとに増減はあるももの,2013 年には過去最大の約 258 億ドルの赤字に陥っている。第 4 に経常収支赤字の主

因として，とりわけ所得収支赤字の継続が挙げられる。2013年の同赤字額は過去最高の約346億ドルにまで膨らんだ。その背景には同国へ進出した外資系企業の投資収益額（配当金など）が増え続けていることが挙げられる。第5にこの間，投資流入の急増によって金融収支黒字が年々拡大し，2013年に約596億ドルの黒字となったものの，経常収支の差額分（＝赤字額）を補填するほどには至っていない。

NAFTA下の銀行部門の動向

直接投資についてはNAFTA発効後から自動車関連や銀行・保険，小売，食・飲料といった広範囲な産業分野への投資流入が相ついだ。国連ラテンアメリカ・カリブ経済委員会（ECLAC）の『年次直接投資報告（2014年度版）』によれば，同国への流入額はNAFTAを背景に安定的に推移し，2013年は約382億ドル，前年比117％増を記録した。同年は食・飲料産業などへの投資が相ついだが，総じて1990年代後半から2000年代にかけては銀行部門でのメガM＆Aが頻出した。市場開放・規制緩和を促進する政策転換によって銀行部門への外資参入を全面的に認めたことを契機に「銀行の外資化」が幕を開けた。

1999年の新外資法改定によって外資系銀行に対する出資比率制限（49％以下）が撤廃された。その後，国内最大手BanamexはアメリカCiti-groupが買収し，BancomerはスペインのBBVAが買収し，SerfinはスペインのSantanderが買収し，Bitalは英国のHSBCが買収した。いまや外資系銀行が圧倒的な市場シェアを占有しており，たとえば2015年8月時点の外資系銀行上位5行（BBVA Bancomer, Banamex, Santander, HSBC, Scotiabank）の全体に占める総資産額シェアは63.41％，総貸付額シェアは62.14％，総預金額シェアは64.4％となっている（数値は国家銀行・証券委員会HPの統計より）。

同部門の外資化と寡占化による1つの帰結として，その融資行動に変化が生じた。生産部門向け融資が制限されるなど，金融仲介機能に歪みが生じたのである。2000年代を通じて製造業向け新投資は低調であった一方，証券化商品やデリバティブ商品の販売など投機的手段の事業，または低リスクで高利益率（金利や手数料）を生み出す政府債券の購入，担保付き住宅ローンや消費者ローン融資に資源を優先的に投下してきたのである。さらに各銀行は中小零細企業より少数の巨大企業へ集中的に融資を展開した。ペトラス（J. Petras）が強調

表 3-2　主要基礎穀物の生産，貿易，国内消費の動向

(単位：1000トン)

年度	1995	2000	2002	2004	2006	20008	2010	2012	2013
コメ									
生産	367	351	227	278	337	224	216	178	200
輸入	377	651	700	674	801	798	844	848	871
輸出	0.9	0.4	0.7	1	2	10	5	1	5
消費	743	1,002	927	951	1,136	1,011	1,055	1,025	1,066
フリホール豆									
生産	1,270	887	1,549	1,163	1,385	1,111	1,156	1,080	1,159
輸入	25	61	102	62	131	94	118	235	143
輸出	41	5	8	17	12	22	30	16	29
消費	1,255	944	1,643	1,207	1,504	1,183	1,243	1,299	1,272
トウモロコシ									
生産	18,352	17,556	19,297	21,685	21,893	24,410	23,301	22,069	22,391
輸入	2,660	5,326	5,497	5,477	7,584	9,145	7,855	9,454	9,002
輸出	82	5	164	65	235	163	558	758	328
消費	20,930	22,877	24,630	27,098	29,934	33,392	30,598	30,764	31,065
小麦									
生産	3,468	3,493	3,236	2,321	3,378	4,213	3,676	3,274	3,731
輸入	1,200	2,784	3,139	3,585	3,446	3,217	3,497	4,641	4,146
輸出	431	548	439	342	537	1,397	436	624	827
消費	4,236	5,729	5,936	5,563	6,287	6,032	6,737	7,291	7,050

出所：Enrique Peña Nieto Presidente de la República web site, *Primer Informe de Gobierno 2012-2013*, 2014, p. 528. <http://www.presidencia.gob.mx/informe/>. (2014年8月閲覧)。

するように，外資系銀行は信用度の高い外資系企業，輸出を通じて外貨を稼ぐ国内大企業に優先的に貸付ける一方，現地市場向けの生産者，中小規模の国内企業や農家・農民への貸付に対しては抑制的な態度を取ったのであった（ジェームズ・ペトラス，高尾菜つこ訳『「帝国アメリカ」の真の支配者は誰か』三交社，2008年，313～314頁）。

NAFTA下の主要穀物部門の動向

NAFTA発効によって農業部門では食料輸入の自由化（関税は15年かけて引下げられ，2008年全廃）および農業補助金や融資制度などの保護政策の削減が実施された。また小規模農家への価格支援や需給調整をしてきた食糧関連公社（CONASUPO）は廃止・解体された。

表3-2は主要基礎穀物のNAFTA発効直後から直近までの動向を生産量,

貿易量（輸出入），国内消費量の指標で示している。1995年と2013年を比較するとコメに関しては，消費量は増加しているものの生産量（約36.7万トン→約20万トン）は減少し，逆に輸入量（約37.7万トン→約87.1万トン）は倍増以上となった。フリホール豆の生産量，消費量はともにほぼ変化なしであったが，輸入量（約2.5万トン→約14.3万トン）は5倍超へ急増した。小麦の生産量はほぼ変化なしで，一方で輸入量（約120万トン→約414.6万トン）は急増した。小麦の輸出量も増加しているものの当該期の増加量は約40万トン程度であり，輸入量の増加量（約300万トン）とは比べものにならない。主食であるトウモロコシに関しては，生産量，輸入量，輸出量の全てが増加する傾向を示した。食用の種別のトウモロコシ生産やその輸出は増加しているものの米国からの加工用・飼料用トウモロコシの輸入が激増している。その輸入絶対量は約730万トンも増加した。したがって基礎穀物部門全体の傾向として，メキシコの国際競争力では農業貿易自由化の荒波には太刀打ちできなかったと言える。

NAFTAと国家安全保障

NAFTAは2001年9.11のテロ攻撃などの影響から，「北米の安全と繁栄のためのパートナーシップ（SPP）」や「メリダ・イニシアティブ（通称，プラン・メヒコ）」を契機として，そのカバーする領域を国家安全保障にまで拡大させていった。発効後10年を経た2005年。「NAFTAプラス」のための再定義が行われ，SPPの枠組みが3カ国間で創設された。これは「繁栄のためのアジェンダ」と「安全保障のためのアジェンダ」の両面で構成されており，とくに重要なのが安全保障アジェンダである。

その含意は経済領域を軸とした地域統合を安全保障上の同盟強化へとバージョンアップすることにあった。当初は対テロ戦争や麻薬対策がおもな目標とされたが，次第に麻薬密輸や組織犯罪対策のみならず不法移民対策のための国境警備強化へと範囲が拡大された。中米からの移民に対する南国境の「軍事化」が進められ，また米国側のメキシコ移民に対する米墨間国境の警備強化が米国の機材や技術導入を通じて展開された。この潮流は2008年のプラン・メヒコを経て，新たな「米墨同盟」の枠組みとして深化していった。もって両国の地域統合は，経済と安全保障（＝軍事）の両面における一体化へと質的に変化した。

プラン・メヒコで計上された予算はおもにメキシコ軍や警察，司法の訓練費や関連設備購入費に充てられた。ただし重大なことは NGO 国際政策センター代表のカールセン（L.Carlsen）が告発するように，この麻薬撲滅と対テロ戦争モデルの適用範囲の線引きが次第に曖昧となり，政治的な抵抗者に対する抑圧にまで及んでいる点にある。それにより麻薬撲滅などを口実にした「NAFTA の軍事化」の下，国家機構の統制支配が強化され，その結果，市民運動や社会運動，抗議運動などを抑制する可能性が高まりつつある。実際に違法薬物の取り締まり捜査の名目でチアパス州のサパティスタ民族解放軍の先住民自治区へのメキシコ軍兵士と警察の「侵攻」が正当化され，他にも農村部の社会運動の指導者やメンバーが暗殺・不法逮捕されるなど，各地で市民社会への攻撃が強まっている。

3　21世紀の多元的な地域統合の進展

重層的な地域統合の潮流

2000年代に入ると，同地域で「左派」や「中道左派」と呼称される諸政権が続々と誕生した。その代表格がベネズエラのチャベス政権，アルゼンチンのキルチネル政権，ブラジルのルーラ政権，エクアドルのコレア政権，ボリビアのモラレス政権などである。各政権においては，民営化よりも国有化を推進するのか，直接投資に規制的であるのか，法人税や資源権益への課税を強化するのか，財政規律を緩和するのかなど幅広い諸政策にわたって，その度合いや強弱には濃淡があった。国家主義型か，あるいは市場主義に親和的であるのか，また米国に対する距離感の程度など，その評価をめぐる基準に関しても様々な議論がなされてきた。この状況下で NAFTA 型の「開かれた」地域主義にくわえて，ラテンアメリカの地域統合には過渡期的なものや流動的なものを含めて，おもに3つの潮流が現れた。

1つ目は米州ボリバル同盟（ALBA）である。その中心的な加盟国であるベネズエラは国家主義的な諸政策を展開し，その対外戦略の基軸は反米，反FTAA（米州自由貿易地域）である。そして自由貿易主義とは一線を画する反グローバリズム的共同体を志向してきた。

2つ目は南米共同市場（Mercosur）と南米諸国連合（UNASUR）である。そ

の中心国のブラジルは開発国家型の諸政策を推進し，域内貿易ブロックの形成・深化を志向してきた。同じく中心国のアルゼンチンはキルチネル政権下で保護主義的な産業政策を展開し，米国との関係よりも Mercosur 諸国やブラジルとの対外関係を重視した。また両地域統合はともに米国と距離を置いている。

3つ目は米国との二国間・複数国間 FTA である。これに属する国はメキシコ，チリ，コロンビア，ペルー，中米諸国などで，それぞれ米国との関係強化を図っており，また自由貿易志向である。そのうちメキシコやチリは多国間主義（multilateralism）を推進し，多くの国々と FTA を締結しているのみならず，TPP（環太平洋パートナーシップ協定）にも参加・加盟するなど，地域横断的な「開かれた」地域主義を志向してきた。そのうえ 2012 年にはアジア太平洋地域への経済的接近や貿易・投資の拡大を狙うために親米諸国で構成された太平洋同盟（AP）と呼ばれる統合体（メキシコ，ペルー，チリ，コロンビア加盟）も発足した。以上のように，地域主義の方向性をめぐって親米国家群とそれと距離を置く国家群との競合，対抗，併存が同時進行してきたのである。

FTAA と米国の西半球戦略

多元的な潮流が現れた契機として，2005 年の FTAA 交渉の頓挫が挙げられる。これにより米国と共同歩調を取る諸国とそうでない諸国との立場が鋭く対立・分裂した。米国と対立した政治的な内部要因には，2002 年の軍事クーデタ後のチャベス政権の急進化や 2001 年の経済危機で国中が大混乱に陥った後のキルチネル政権の台頭などが挙げられる。その後ルーラ政権もこの流れに合流し，2003 年にキルチネルとルーラの間で「ワシントン・コンセンサス」に代わる「ブエノスアイレス・コンセンサス」が合意された。この合意によりワシントンから距離を置く南米主要国の対米自主路線の潮流が徐々に形成された。

そもそも FTAA は 1990 年にブッシュ大統領が提唱した構想に起源を持つ。米州 34 カ国を対象に貿易・投資自由化や国家規制の撤廃に関する法的枠組みの構築を目指すものであった。冷戦体制の崩壊直後の当該期，ブッシュ構想は米国とラテンアメリカ地域の諸関係の再定義――これまでの米国の西半球戦略はキューバ革命やチリ革命に対する「反革命」に象徴されるようにイデオロギーを対立軸とした広範な政治的・軍事的な闘争がメインであったが，冷戦崩

壊と経済のグローバル化の中で次第に経済領域における市場開放をめぐる闘争へと変化——を図ったのであった。その重要な柱が FTAA と NAFTA である。いずれも「開かれた」地域主義の特徴を持つ。FTAA は，NAFTA の南方拡大版であった。

ところが FTAA の創設は南米主要国の反対で 2003〜05 年に対立が顕在化し，失敗に終わった。とくにブラジルは以前より米国の西半球戦略を牽制し，NAFTA 締結と同じ年にカルドーゾ元大統領が南米自由貿易地域（SAFTA）の創設を提案するなど，対抗措置が取られた。この南米の独自性を維持する戦略の延長線上に Mercosur も位置づけられる。

では，FTAA の対立の論点は何であったのか。第1に農業補助金問題である。農業貿易の自由化を主張する米国は，一方で多額の国内農業補助金の削減には応じない構えであった。Mercosur 諸国はこれに反発した。第2に投資，政府調達，知的財産権，サービス分野の規定に関して，米国はきわめて高水準の自由化・規制緩和を FTAA に要求した。Mercosur 諸国はこれにも反対した。政権レベルだけではない。市民社会の側からも米国流の新自由主義的なグローバル・ルールと米国の産業利害を反映した FTAA を推進することに大勢が反対した。アルゼンチンの都市マル・デル・プラタでは 2005 年 FTAA 首脳会議の直前に大規模な民衆サミット（La Cumbre de los Pueblos de América）が開催され，また首都ブエノスアイレスをはじめ全国各地でも数万人による巨大な反対デモが展開された。

結果，交渉は決裂した。しかしながら，これ以降は米国による対ラテンアメリカ二国間 FTA 戦略が加速することになる。同戦略は合意形成に至るまでの障害が少ない親米的な国々をターゲットにしたもので，FTAA に暫定的に代わるものであった。同時に FTA 網を整備することで交渉に反対した諸国の孤立化を図った。域内の連帯を分断し，米国に有利な条件で西半球通商政策を展開するのがその理由であった。

開発主義と社会政策型の Mercosur

Mercosur は 1991 年のアスンシオン条約や 1994 年オウロ・プレト条約を経て関税同盟として発足し，対外共通関税の設定と域内貿易の自由化を進め，一部例外を除き多くの品目でそれを達成してきた。発足の背景には 1995 年

WTO 創設に伴い規定され得るグローバルな新たな競争ルールに対し，域内国の諸産業をどう保護するのか（どう域外共通関税を設定するのか）という問題意識があった。とはいえ当初は域内の格差是正などの社会的課題は重視されず，新自由主義に立脚した関税削減と自由化を推進するのみであった。

ところが2000年代以降は一層の機構改革が進められた。2012年には新規にベネズエラも正式に加盟した。併せて2000年代半ば以降は，域内不均衡の是正を目指す構造的格差是正基金や域内開発銀行，家族農家基金といった社会的アジェンダに本格的に取り組むための新制度を整備してきた。その理由として当該期に相次いだ「左派」・「中道左派」政権の台頭が挙げられる。そのため域内へ新自由主義を浸透させようとする当初の目標は若干薄められ，経済格差の是正，貧困や社会的排除の克服をも目指す機構へと変質を遂げた。

その経済政策は依然として市場重視の開発主義に軸足を置く一方，併せて社会政策をも重視する政治的統合体としての両義性を持つようになった。代表的な社会政策として構造的格差是正基金の運用が進行中であり，これは格差是正，競争力向上，統合過程の促進や機構改善のための特別融資枠となっていた。また紛争解決を取り決めたオリボス議定書や常設仲介裁判所，Mercosur議会の創設などの制度設計も行われてきた。

ただし，直近の数年でMercosurは2000年代以降の動きや流れを転換する方向で進み始めている。その背景には加盟国内で近年ウルグアイを除くと，右派・中道右派への政権交代が相次いでいることが挙げられる。2013年8月のパラグアイのカルテス政権（中道右派コロラド党）の発足を皮切りに，2015年12月はアルゼンチンで中道右派のマクリ政権が誕生，そして2016年8月には中心国のブラジルでも保守的なテメル（民主労働党）が政権の座に就いた。その際はブラジル政権内部の収賄事件がらみに乗じて，中道左派のルセフ前大統領に対する弾劾裁判決行を通じた事実上の「制度的クーデタ」が強行された。こうした右派・中道右派への政権交代のうねりのなかで，2016年12月にMercosurはベネズエラに対して加盟国資格の停止を決定した。これによりマドゥロ左派政権下のベネズエラは，Mercosurから追放される可能性も出てきているとともに，これまで推進してきた両義性を持ったMercosurの特徴そのものを再定義しようとする潮流も生まれている。マクリ大統領などはALBAの対抗的統合としての色合いの強い親米的な太平洋同盟（AP）とMercosurを

統合することすら視野に入れ始めている。Mercosurの今後の動向が注目される。

Mercosurの貿易構造

次に国連ラテンアメリカ・カリブ経済委員会（ECLAC）の報告書（*La Alianza del Pacífico y el Mercosur*, 2014）を参考にしてMercosurの貿易構造の特徴を確認する。表3-3よりMercosur加盟国のラテンアメリカ・カリブ海地域全体に占める輸出・輸入額比率は各38％, 34％, 直接投資の流入額比率は45％, GDP額の対全体比率は56％となっている。とくにGDP比率が高めの比重となっており, なかでもブラジル一国がすべての額・比率において圧倒的である。そのGDP額（2兆2620億ドル）はパラグアイの73倍, ウルグアイの40倍超であり, 域内の経済規模の不均衡は顕著である。また直接投資流入額に関してもブラジルは641億ドル, パラグアイは4億ドルと, その差は約160倍に広がっている。ちなみにAPの同率においてもメキシコ一国が突出しているとはいえ, それはペルーのGDP規模の6.3倍に過ぎず, その他の数値でもMercosurほど域内不均衡は激しくない。

表3-4より域内貿易を確認する。Mercosurの域内輸出額は約594億ドルで, APの同額（195億ドル）と比べて域内循環が深化していることが分かる。Mercosurの対世界向け輸出額は4263億ドルで, そのうち域内輸出比率は13.9％である（APの同率は3.5％）。なおMercosur各国の対世界向け輸出額に占める対域内輸出額の比率は, （輸出品目が石油に偏るベネズエラを除くと）ブラジルが約12％（2013年）となっている。

これに対しアルゼンチンは約28％, パラグアイは約41％, ウルグアイは約31％であり, 域内市場依存度の非対称性が観察できる。すなわち域内貿易に生き残りを賭ける小国（パラグアイ, ウルグアイ）と, 他方, 大国ブラジルは域外国と多様な対外経済関係を構築している。同機構の域内不均衡は政治上, 通商交渉上の非対称性や協調関係の揺らぎの可能性として, 構造的に内在化されている。

さらに同表より他国と比べてアルゼンチンとブラジルの二国間貿易の規模の大きさが看取できる。アルゼンチンからブラジル向け輸出額は約162億ドル, 逆にブラジルからアルゼンチン向けの同額は約196億ドルである。2000年代

表3-3 MercosurとAP太平洋同盟（AP）の各経済指標（2013年）

	人口 (100万人)	GDP (10億ドル)	1人当たり (ドル)	GDP財輸出 (10億ドル)	財輸入 (10億ドル)	FDI流入 (10億ドル)	FDI流出 (10億ドル)
チリ	17.6	278	15783	77.4	79.6	20.3	10.9
コロンビア	48.4	379	7841	58.8	59.4	16.8	7.7
メキシコ	119.3	1268	10628	380.1	381.2	38.3	12.9
ペルー	30.3	202	6669	41.9	43.4	10.2	0.1
太平洋同盟	215.6	2127	9866	558.2	563.6	85.5	31.6
アルゼンチン	41.4	636	15352	76.6	73.7	9.1	1.2
ブラジル	200.0	2262	11309	242.2	239.6	64.1	-3.5
パラグアイ	6.8	31	4506	9.4	12.1	0.4	0.0
ウルグアイ	3.4	56	16554	9.1	11.6	2.8	0.0
ベネズエラ	30.4	372	12231	89.0	53.5	7.0	2.2
Mercosur	282.0	3356	11902	426.3	390.6	83.4	-0.1
中南米・カリブ海	616.6	6021	9914	1116.9	1163.6	184.9	31.6
中南米・カリブ海全体に占める比率（%）							
太平洋同盟	35	35		50	48	46	100
Mercosur	46	56		38	34	45	0

出所：ECLAC, *La Alianza del Pacífico y el Mercosur*, Naciones Unidas, 2014, p. 40.

表3-4 MercosurとAPの財輸出額・輸出先（2013年）

（単位：100万ドル）

輸出国＼仕向地	チリ	コロンビア	メキシコ	ペルー	太平洋同盟	アルゼンチン	ブラジル	パラグアイ	ウルグアイ	ベネズエラ	Mercosur
チリ		869	1321	1963	4153	1046	4434	473	207	522	6682
コロンビア	1572		864	1274	3709	433	1591	18	23	2256	4321
メキシコ	2085	4735		1771	8591	1966	5387	130	308	2155	9946
ペルー	1670	843	509		3023	163	1706	12	36	800	2716
太平洋同盟	5326	6448	2694	5008	19476	3607	13117	633	574	5733	23665
アルゼンチン	3907	1530	1064	1451	7953		16216	1297	1782	2156	21451
ブラジル	4484	2703	4230	2147	13564	19615		2997	2071	4850	29533
パラグアイ	526	27	272	192	1017	778	2834		198	52	3861
ウルグアイ	143	18	146	115	422	493	1712	153		447	2805
ベネズエラ	133	431	97	98	759	52	1181	0	492		1725
Mercosur	9193	4710	5810	4004	23716	20938	21934	4447	4543	7504	59375

出所：表3-3と同じ。p. 41.

以降，両国の工業生産性に不均衡が生じ，図3-1の貿易収支をみると2004年以降はブラジルが黒字を記録している。

両国貿易の主要品目構成（2012年）をHSコードの4桁分類で算出すると（数値はAsociación Latinoamericana de Integración HPの統計より），アルゼンチンの対ブラジル向け輸出の上位品目とその対全体比は，(1)乗用自動車その他の自動

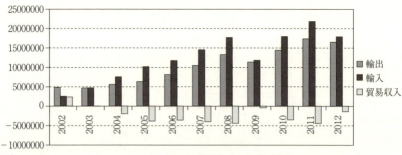

図 3-1 アルゼンチンの対ブラジル貿易収支の推移（単位：1000US ドル）

出所：Asociación Latinoamericana de Integración, *Sistema de Información de Comercio Exterior*, <http://consultaweb.aladi.org/sicoex/jsf/home.seam>（2014年1月閲覧）．より作成。

車（8703 類）が 20.55％，(2)貨物自動車（8704 類）が 14.88％，(3)小麦およびメスリン（1001 類）が 8.37％，(4)軽質油およびその調製品（2710 類）が 5.09％，(5)自動車部品（8708 類）が 2.32％，(6)小麦粉およびメスリン粉（1101 類）が 1.39％，である。逆にブラジルの対アルゼンチン向け輸出は，(1)乗用自動車その他の自動車（8703 類）が 17.3％，(2)自動車部品（8708 類）が 5.37％，(3)貨物自動車（8704 類）が 4.18％，(4)鉄鉱（2601 類）が 3.03％，(5)トラクター（8701 類）が 1.99％，(6)ピストン式火花点火内燃機関（8407 類）が 1.79％，であった。

　アルゼンチンの対ブラジル輸出品目は工業製品以外にも農産品・資源の比重も一定程度あり，輸送機械では乗用自動車に加えて貨物自動車などの大型商用車の輸出比率が高い。逆に同国の対ブラジル輸入品目は工業製品が圧倒的で，輸送機械では小・中型の乗用自動車の比率が高い。1999 年以降工業生産における相対的コストではアルゼンチンの劣位が続き，これまでいくつもの生産ラインがブラジルへ移転した。自動車分野に関して両国は 1990 年に経済補完協定を締結し，自動車貿易の不均衡を是正するための取り決めがある程度なされてきたにもかかわらず，である。

4　新しい地域主義プロジェクトの行方

UNASUR と ALBA の試みと理念

　ここでは地域独自の新しい地域主義プロジェクトが展開されている現況につ

いて触れる。代表例の1つは，まずは UNASUR である。その前身である南米共同体 (CSN) は 2000 年にブラジルで第1回南米サミットが開催され，共同体構想（「ブラジリア宣言」）が発表されたことに起源を持つ。その後，2002 年のエクアドルでのサミット，2004 年の第3回サミット（クスコ）の「クスコ宣言」を経て，南米共同体は創設された。その理念は政治・社会，文化，経済・金融制度，インフラなどの南米諸地域の統合強化にあった。そして統合空間内での多民族，多文化，複数言語を承認することであった。

つづいて 2006 年には「コチャバンバ宣言」が採択された。その内容は，(1)政治・外交の政策的調和，(2) Mercosur などの既存の地域統合を基盤にした統合水準の深化，(3)財政・エネルギー・通信インフラの統合，(4)地域間格差の是正，(5)技術移転や科学・教育・文化面での協力，などが挙げられる。その後，2007 年に UNASUR へと改組され，一層の統合深化が図られるようになった。2008 年には南米諸国連合設立条約が締結され (2011 年発効)，加盟国の主権と独立の強化，社会経済的不平等の根絶，社会的包摂と市民参加の実現，そして民主主義の強化などが目標に掲げられた。南米防衛審議会 (CSAD) も組織され，内政不干渉，領土の不可侵，民主主義制度と人権の尊重，紛争の平和的解決，軍事面での合意や対話の強化が内容として盛り込まれた。

ただし，EU の西半球版とも言える同機構に内在する問題としては，Mercosur 以上に域内経済発展の格差が大きく非対称的であるため，共同体としての基盤の脆弱性が挙げられる。また米国との対外関係上の文脈では，UNASUR の加盟 12 カ国（アルゼンチン，ボリビア，ブラジル，チリ，コロンビア，エクアドル，ガイアナ，パラグアイ，ペルー，スリナム，ウルグアイ，ベネズエラ）の内部は親米国家群とそれと距離を置く，または反米的スタンスを取る国家群との混成的組織となっている。そのため，ときに干渉主義的で覇権主義的な強硬スタンスを取ってきた米国と同機構が原則とする「主権と独立の強化」とのバランスや政治的調整に関しては，齟齬が生じる可能性があることも予想される。

ALBA の可能性と課題

より積極的に代替的な国際秩序の構築を模索するのが ALBA である（加盟 11 カ国）。その行く末はきわめて不透明であることを大前提にした上で，同機構は NAFTA 型の地域統合とはまったく異なる特徴を持つ。加盟国相互の連

帯・協力・補完関係を強調し，国民のために域内エネルギーを合理的に利用することや国民生活・福祉の充実を主要な目的にしている。また域内決済手段として地域通貨スクレ（SUCRE）を誕生させている点も注目に値する。

スクレ創設に至るまでは，国際金融機関の覇権に対抗する試みである「南の銀行（Banco del Sur）」設立にまで遡る。同行はチャベスとキルチネル両大統領との間で 2007 年に合意された。エクアドル，ボリビア，ウルグアイ，ブラジル，パラグアイも賛同し，その後エクアドル政府によって「南の基金（Fondo del Sur）」と呼ばれる地域信用基金や共通通貨発行の実現を射程に入れた新たな金融アーキテクチャの設計が提案された。ALBA 発足で 2008 年に ALBA 開発銀行が創設されたことを契機に，スクレは誕生した。

その目的は域内貿易決済における US ドル依存からの脱却であった。取引実績（金額・件数）は発行初年度の 2010 年は 0.1 億ドル・6 件に過ぎなかったが，その後 2011 年は 2.1 億ドル・431 件，2012 年は 8.5 億ドル・2646 件，2013 年は 7.2 億ドル・2094 件と，着実にその目的を実現させてきた（数値は SUCRE-ALBA HP より）。

ところが，である。2014 年（1 月～10 月 28 日）の同数値は約 10 カ月を経た時点で 3.3 億ドル・742 件に留まるなど，2012 年をピークにその伸び率は落ち込んでいる。域内決済規模も大幅に縮小している。背景には ALBA の中心国で域内貿易を主導するベネズエラが近年，深刻な景気後退に直面していることがある。石油の国際価格の急落とともに 2014 年の経済成長率は －4.00 ％ となり，低成長であった 2013 年の 1.34 ％を大幅に下回った。2015 年はさらに低下した。激しいインフレと全般的な物不足にも陥っている。同国中央銀行によれば 2010～14 年の年平均インフレ率は 34.9 ％，中でも 2014 年は 60 ％を超え，2015 年第Ⅳ四半期は 180.9 ％を記録した（数値は Banco Central de Venezuela HP の統計より）。

世界的な Commodity Boom の後退ならびに中国の経済成長の鈍化による同国の輸出減少は，対外購買力の低下と貿易取引全体の縮小に繋がり，スクレ決済は停滞しつつある。今後，米国政府などの国外諸勢力による同国に対する政治的圧力も強まることが予想されており——すでに 2015 年 3 月にはオバマ大統領が「ベネズエラは米国の安全保障および対外政策上の脅威」と断じた上で国家緊急事態の宣言を行い，同国への制裁拡大の大統領執行命令を出すなどし

ている——ALBAの進展には急ブレーキが掛かり始めている。

5 ポスト新自由主義と地域統合の行方

　以上をまとめると，南米諸国のみによる民族主義的な様相を帯びるUNASURや代替的な統合体を志向するALBAは，自由貿易・投資を骨子に多国籍企業・投資家の利害を色濃く反映するNAFTAやFTAA，ならびに米国主導の二国間・複数国間FTAとは，異なった機構システムとなっていることが分かる。Mercosur，UNASUR，ALBAに関しては将来的に域内覇権争いや過度にナショナリズムを強調した国益追求にこだわることなく，域内需要の創出と民衆の利益を礎石とした域内協力の模索と深化が一層望まれよう。

　本章の最後に同地域の地域主義プロジェクトの今後の展望を考察する際に重要と思われる点について，若干の問題提起をしておきたい。この点はデヴィッド・ハーヴェイ (D. Harvey) も論じているように，いかなる形態を目指す地域統合であれ，それら地域経済ブロック内部の統治システムにおける権力的諸関係——すなわち国内あるいは地域内の政・官・財のエリート支配階級と欧米だけではなく中国，ロシアなどを含めたグローバルな多国籍資本家階級（あるいは国家機構それ自体や国際金融諸機関など）といった国外の覇権的な階級との間で結ばれるトランスナショナルな同盟関係の構造とその作用——に関する分析を深め，それを明らかにすることが肝要であると思われる。なぜなら，ハーヴェイが述べるように「地域内部の力関係と外部との関係において実際に何が起きるかは，統治をめぐる階級相互の同盟や階級構造に依存する」からである（デヴィット・ハーヴェイ，本橋哲也訳『ニュー・インペリアリズム』青木書店，2005年，105～106頁）。

　事実，MercosurやALBAの中心国で，かつ「進歩的な」ポスト新自由主義を標榜してきた諸政権において（たといかなる地域統合原理や統治システムを志向したとしても）その経済運営の多くは新たな成長モデルの基盤にエネルギー・鉱物・食料資源産業を据えており，それにより一次産品輸出収益の果実を国内エリート階級ならびにその開発主体である多国籍資源メジャー・諸企業，外国人投資家らでともに分かち合いつつ，他方で，社会的包摂と政権基盤の安定化のためにその果実の一部を社会開発や福祉予算として民衆に再分配すると

いった統治システムを構築してきた。時として国内の政治支配層は国有化や合弁事業の促進などの政策を通じてグローバル資本との対決姿勢を若干示すもの——その中には世論を意識したポピュリズム的な言説なども含まれるが——トランスナショナルな階級同盟を通じた重層的な支配階級群による経済利益の同時追求（＝協調的な支配形態）がおおむね広く展開されてきた。

だが，その背後では資源収益源の基礎となる農村部や先住民居住地，資源埋蔵地などの非都市部の周縁地において，巨大鉱業開発，石油採掘プロジェクト，それに付随する土地買い上げなどが急激に進んでいる。そこでは国内植民地さながらの事態が展開されており，天然資源と人的資源は収奪され，環境汚染は悪化し，ローカル・コミュニティは解体させられ，人々の生存権は劇的に脅かされている。ゆえに先住民や農民コミュニティによる社会・政治的闘争，抵抗運動は年々苛烈さを増している。ある調査機関によれば鉱物資源関連だけで217件（2016年11月時点）もの環境・社会問題紛争（採掘事業による有毒物質汚染，水質汚濁，大気・土壌汚染など）が発生し，年々増加中である。なかでもペルー39件，チリ36件，メキシコ37件，アルゼンチン26件，ブラジル20件，コロンビア14件などの諸国の件数が数多い（数値はObservatorio latinoamericano de conflictos ambientalesのHPより）。これら諸国の政府（「左派」・「中道左派」と一般的に称されてきた国々も含む）や国内資本家，地主たちこそ最も熱心に資源開発や直接投資の受け入れを進めてきたのであり，その多くは多国籍資源メジャー・諸企業とともに事業活動を展開している。

参考文献

エリザベス・フィッティング（里見実訳）『壊国の契約——NAFTA下メキシコの苦悩と抵抗』農文協，2012年。

谷洋之「NAFTAを逆手に取る——メキシコ・ハリスコ州におけるトウモロコシ・トマト生産の事例から」谷，リンダ・グローブ共編『トランスナショナル・ネットワークの生成と変容——生産・流通・消費』上智大学出版会，2008年。

デモクラシーナウHP（中野真紀子監修）『「プラン・メキシコ」麻薬撲滅に名を借りたNAFTAの軍事化』31/07/2008. <http://democracynow.jp/video/20080731-2>.

所康弘『北米地域統合と途上国経済』西田書店，2009年。

所康弘「新自由主義的開発政策とメキシコ経済リスク」郭洋春編『開発リスクの政治経済学』文眞堂，2013年。

所康弘「地域的貿易協定の展開とその論点に関する一考察——NAFTA と TPP の類似点と相違点を巡って」福田邦夫編『21 世紀の経済と社会』西田書店，2015 年。

ミクーソン（アジア・アフリカ研究所訳）「ラテン・アメリカの経済統合と二つの道」『アジア・アフリカ研究』通巻 27 号，1963 年。

Carlsen, Laura, *Armoing NAFTA : the battleground for Mexico's future*, Nacla : North American congress con Latin America, 27/08/2008. <http://nacla.org/news/armoring-nafta-battleground-mexico%E2%80%99s-future>.

Democracy Now web page, *Plan Mexico and the US-Funded Militarization of Mexico*, 31/07/2008. <http://www.democracynow.org/2008/7/31/plan_mexico>.

Veltmeyer, Henry and Petras, James (eds), *The New Extractivism : A post-neoliberal development model of imperialism of the twenty-first century ?*, Zed Books, 2014.

コラム1　貿易・投資を通じた中国のラテンアメリカへの影響

相互補完的貿易関係による経済成長

「世界の工場」として急速な経済成長を遂げた中国は，自国の工業製品の需要先としての海外市場の拡大と原材料および食料需要の急増に対応する一次産品の供給先を必要とした。豊富な天然資源と広大で肥沃な土地を有するラテンアメリカはこうした中国のニーズに応える潜在的可能性をもっていた。ラテンアメリカは中国向けの一次産品輸出を大きく増加させることで，経済成長と所得の増加を促進することができた。また中国からの安価で良質な工業製品の輸入は，同地域の人々の消費を豊かにし，彼らの生活に欠かせないものとなった。このように中国とラテンアメリカの貿易関係は，工業製品と一次産品との典型的な産業間貿易であり，補完的であると言える。これは大恐慌以前の欧米とラテンアメリカとの貿易関係を髣髴とさせる。現在，中国はラテンアメリカにとって重要な貿易相手国となり，輸入先として米国に次ぐ第2番目，輸出先として米国とEUに次ぐ第3番目の位置を占めている（ECLAC 2015：37）。

中国との関係強化による負の影響

他方で，中国との経済的相互依存関係が強まったことによる負の影響もラテンアメリカは受けている。第1に，ラテンアメリカは少数の一次産品に特化する産業構造に逆戻りしつつある。2013年，中国向け輸出の主要5商品（大豆，鉄鉱石，銅鉱石，原油，精錬銅）が中国向け輸出の総額に占める比率は75％（メキシコを除くと80％以上）となっている（ECLAC 2015：44）。2000年の同比率が47％であったことを考慮すれば（ECLAC 2015：42），十数年間で「モノカルチャー」化が急速に進んだことが窺える。今日における一次産品輸出経済は，新たな産品の追加，品種改良，技術革新を伴い，大恐慌以前のそれとは異なる新しい特徴をもつ一方，価格の不安定性や低い付加価値など一次産品の伝統的な特徴を引き継いでおり，留保条件を付けずただちに首肯できるものではない。

第2に，一次産品輸出経済への回帰が進む裏面で，ラテンアメリカの工業部門の弱体化，すなわち「脱工業化」が進行している。それは中国からの工業製品輸入の急増，また一次産品の輸出増加とそれを見込んだ投機的資金の流入によって為替レートが上昇するオランダ病が原因であると言われている。その結果，中国と競合する衣類・履物など労働集約的な工業部門における雇用が脅かされている。

第3に，中国向け輸出の主要産業である鉱業は，資本集約的な装置作業であるため雇用創出効果が小さく，環境への負荷が大きいという特徴をもっている。また中国向け食料の増産による農地の拡大もラテンアメリカの環境に大きな負荷をもたらしている。た

とえば，2004年にラテンアメリカの輸出1ドル当たりの水使用量は，全世界向けの場合，平均$1.6m^3$，中国向けの場合，$3.3m^3$であった（ECLAC 2015：48, Figure Ⅲ.9）。

2010年代における新たな動向

2010年代に入り，中国の経済成長率が鈍化したことによって，中国向け一次産品の輸出拡大を一要因としたラテンアメリカの経済成長にも影が落ち始めた。今後は過去十数年間に見られたような中国向け輸出の急増は見込めず，2000年代にラテンアメリカの経済成長を促進した商品価格高騰の時期は終焉を迎えたと言われている。

他方で，2010年代に入り，それまできわめてわずかであった中国の対ラテンアメリカ直接投資が伸びている。2010年には中国から140億ドルの流入があり，それは世界全体からのラテンアメリカ向け直接投資額の11％に相当した。それに続く2011〜13年の間，中国から年間90〜100億ドルの流入があり，同比率は5〜6％であった（ECLAC 2015：59）。

貿易と同様，直接投資の対象となっているのが天然資源部門である。2010〜13年の間，中国からの直接投資の90％が同部門向けであった。これは全世界からの直接投資の25％が同部門向けであったこととはきわめて対照的な特徴を示している（ECLAC 2015：61）。中国からの直接投資は貿易と相乗効果をなし，ラテンアメリカの産業構造を一次産品部門に特化することを促進し，同地域に利益をもたらすだけでなく，社会・環境問題の原因となり，それに伴う政治的社会的緊張を生んでいる。

参考文献

小池洋一「ブラジルと中国の経済関係——補完それとも対抗」『国際開発学研究』第13巻第2号，2014年。

ECLAC (Economic Commission for Latin America and the Caribbean), *Latin America and the Caribbean and China: Towards a New Era in Economic Cooperation*, ECLAC, 2015.

（田島陽一）

第4章　ラテンアメリカの先住民運動
――その歴史的展開と多様性――

宮地隆廣

1　ラテンアメリカの先住民とその運動

　先住民運動とは，入植者が支配的な地域において，入植者よりも先に居住していた集団に属すると考えている人が推進する社会運動である。社会運動には労働者や農民など階級本位のものから，環境や平和などイシュー本位のものまで数多くあるが，先住民運動は現代ラテンアメリカで最も成長した運動である。この章はその足取りと現在の課題を扱う。

ラテンアメリカ政治史の概要

　先住民運動を理解するには，ラテンアメリカ政治史の流れをあらかじめ把握しておくとよい。ラテンアメリカがヨーロッパの植民地となる契機となった，1492年のクリストバル・コロン（Cristóbal Colón）のアメリカ大陸到来を区切りとして，その前が先植民地期，後が植民地期と呼ばれる。植民地であった期間は場所により異なるが，おおむね19世紀前半に植民地期は終わる。植民地期の有力者は独立後も引き続き各国の政治を支配したが，それに対抗する運動が19世紀後半より登場した。これはポピュリズムと呼ばれ，欧米との貿易が増え，都市化が進んだことで厚みを増した労働者層を中心とする多階級連合である。ポピュリズムは南米を中心に多くの国で政権の獲得に成功したが，冷戦の時代に入ると各国政府を共産化させる脅威と見なされた。これに伴い，国家の安全保障を口実に軍が暫定的に政権を握ることが増えた。軍事政権は経済運営の失敗などを理由に1970年代末より数を減らし，現在ではほとんどのラテンアメリカ諸国が民主体制である。

　民政移管が多くの国で見られた1980年代は「失われた10年」と呼ばれる経済の停滞期であった。問題となったのは，それまでに各国政府が借入れた対外

第4章　ラテンアメリカの先住民運動

債務の返済であり，社会保障の拡充や国営企業主導の成長戦略など，これまで実施してきた政策方針が転換された。財政支出を抑え，民間の自由な活動を経済の原動力とするこの発想は，新自由主義と呼ばれる。新自由主義は社会的弱者への政府の対応を減らすものであり，市民に大きな痛みを与えたが，1990年代末より新自由主義反対を公約に掲げる政党が政権を獲得することが増えた。

　以上の流れを踏まえて，まずは先住民運動を構成する先住民とはどのような人々か確認しよう。

先住民とは

　ラテンアメリカにおいて，先住民を特定することは非常に難しい。その原因を知るには，時代を大きく遡る必要がある。1492年にスペインの支援を受けたコロンがカリブの島に到達して以来，アメリカ大陸はスペインやポルトガルなどヨーロッパ諸国の植民地となった。これにより，既に大陸に住んでいた人々は先住民となった。

　入植前の先住民社会は大きく2つのタイプに分類できる。15世紀後半時点で，現在のメキシコからコスタリカ北部に至るメソアメリカ地域には推定500万人，コロンビアからチリにまたがるアンデス地域には推定1000万人超の先住民が居住していた。前者ではアステカやマヤ，後者ではインカが巨大な遺跡群を残したことはよく知られている。いずれも集約的な農業を営み，周辺の集団を支配下に収め，大規模な階層社会を組織した。その一方，アマゾン熱帯雨林をはじめとして，集約的な農業は営まず，常に居住域を移動させ，血縁関係で繋がった小規模な集団を維持して暮らす先住民も多数存在した。むろん，各集団は言語や宗教，政治制度など，様々な面でヨーロッパとは異なる特徴を有した。

　鉄製武器と騎兵を用い，わずかな兵力で先住民の大規模階層社会を支配した征服者たちは，先住民を動員と教化の対象とした。ヨーロッパの文明を持たない先住民は無知蒙昧なものとされ，植民地行政の中枢に参加することは認められなかった。また，ヨーロッパ的価値の柱たるキリスト教の信仰が強制された。さらに先住民は，政治的権利を持たないにもかかわらず，貢納や労働の義務を負わされた。ラテンアメリカの入植者は北米のイギリス人入植者のように自ら開拓民となることは少なく，基本的に都市に住んだ。そして，自身が所有する

土地の中にある先住民共同体に対し，その首長を通じて貢納を取り立て，金銀をはじめとする鉱山開発の労働力を提供させた。

差別と搾取に直面した先住民は様々な生存戦略を取った。貢納の取りまとめなど植民地統治の末端を担うことで生活の保障を得た首長層，負担を甘受して共同体に生き続けた者，そして共同体を去る者もいた。定住性の低い熱帯の小規模集団の場合，入植者の手が届かない奥地に逃げることもあった。植民地当局に対する反乱も時折見られ，入植者に大きな脅威を与えたものもあったが，結果的には全て当局によって鎮圧された。

戦略の中には，先住民であることをやめるという選択肢もあった。初期の入植者には男性が圧倒的に多く，入植後に先住民女性との間に子を持った。混血の人口が時代を追うごとに急激に増加すると，先住民の外見的特徴を持つ者が先住民であるとは限らなくなる。共同体を去った先住民はこの状況を利用し，混血を名乗って租税負担を避けた。先住民がスペイン語を覚えて，入植者の生活空間である都市に住むことも普通に見られた。

このようにラテンアメリカでは，先住民は社会的劣位に位置づけられ，混血の出現により先住民が先住民であることを捨てられる機会が生じた。こうした状況では，自らを敢えて先住民と名乗ることには強い心理的抵抗が生じる。この影響は現在も残っており，それは人口調査の結果の揺れに現れている。調査では国民の民族構成を把握するため，「あなたは先住民か」という自己認識がよく問われるが，先住民であると答えることに対する抵抗の度合いに従い，回答に変化が生じることになる。

表4-1はラテンアメリカ諸国の先住民人口の比率である。左列には先住民運動の比較研究で有名なヤッシャー（Deborah Yashar）が先行研究をもとに2005年に出版した著作で示した値，右列には国連組織が2010年までの各国の国勢調査をもとに発表した値が掲載されている。短期的には民族構成はほとんど変化しないため，両者の値はほぼ一致しなければならないが，エクアドルをはじめ数値が大きく異なる国があり，先住民であることを特定する難しさがうかがわれる。

先住民運動の要求(1)——差異の承認

歴史的に劣位に置かれてきた先住民が集まって起こす運動には2つの要求が

表4-1 ラテンアメリカ諸国：先住民人口比率

	ヤッシャー(2005)	CEPAL(2015)
メキシコ	12-14	15.5
グアテマラ	45-60	41
エルサルバドル	<2	0.2
ホンジュラス	2-3	7
ニカラグア	<2	8.9
コスタリカ	<2	2.4
パナマ	4-8	12.3
ベネズエラ	<2	2.7
コロンビア	<2	3.4
エクアドル	30-38	7
ペルー	38-40	24
ボリビア	60-70	62.2
チリ	4-6	11
パラグアイ	2	1.8
ブラジル	<2	0.5
ウルグアイ	0	2.4
アルゼンチン	<2	2.4

出所：Yashar 2005, p. 21, CEPAL (Comisión Económica para América Latina) "Los pueblos indígenas en América Latina" (http://www.cepal.org/es/infografias/los-pueblos-indigenas-en-america-latina), 2015より筆者作成。

ある。まず，先住民運動は自身の伝統的価値に対する社会や政府の尊重を求める。植民地期はもちろんのこと，独立以後も，ラテンアメリカ諸国では欧米由来の価値が支配的であった。個人を単位とする立憲主義，大統領制などの政治制度，資本主義や社会主義といった経済制度，ヨーロッパ言語の公用語化がその例である。20世紀前半からはインディヘニスモと呼ばれる先住民文化尊重の運動も本格化するが，これは，ラテンアメリカ諸国がヨーロッパとは違うナショナルアイデンティティを唱える上で，ヨーロッパ的要素が支配的な国民文化の中に先住民的要素を含めることを唱えるものである。先住民文化が非先住民文化と対等に扱われたわけではない。

先住民が尊重を求めるものには言語，信仰，衣服など，先住民の文化と言え

ばまず思いつくようなものにとどまらず、いわゆる社会制度に類するものも含まれる。たとえば、経済について言えば、基本単位となるのは個人ではなく共同体であり、誰がどの土地を使い、どの作物をどれだけ生産するかなど、資源配分は共同体全体の決定による。また、成員間には互酬的関係があるとされ、収穫や家屋建設など大きな労力を要する時には助け合い、コストを相互に負担することが期待される。また、伝統的な技術に従い生産を行うため、大量生産・大量消費は起こり得ず、自然環境に過大な負荷をかけないことも特徴とされることがある。政治制度では、先住民共同体における政治は成員の合議を原則とし、代表者は共同体内の下級役職の経験者であることを条件とし、その条件を満たす者が輪番で担当する特徴があるとされる。司法においても、判決は成員の合議で決まり、職業裁判官や陪審員は存在しない。

　植民地期以来、先住民は非先住民と常に接触してきたため、熱帯雨林に孤立した生活圏を持つ一部の少数集団を除き、上記の特徴が先住民の中に純粋に維持されていることはまずない。先住民と自己認識する者でもスペイン語を話し、欧米由来の社会制度の下で生活し、資本主義的な経済活動に従事している。しかし、現代社会で支配的な制度以外にも、伝統に根ざした多様な生き方がありうることを運動は求める。社会に対する先住民文化の認知を高め、先住民言語の教育や、先住民行政・司法・経済制度を法律で公認することを運動は目指す。

先住民運動の要求(2)——平等の実現

　もう1つの要求は平等の実現である。図4-1は、先住民人口の多いラテンアメリカ5カ国における先住民と非先住民の貧困率であり、両者の差は歴然である。植民地期の先住民に対する不平等な処遇は先述した通りであるが、その状況は植民地期が終わった後も続いた。

　先住民が持つ重要な資産は自身の生活基盤となる共同体の土地である。植民地期に先住民は差別こそされたが、共同体の土地が全て入植者に取上げられることはなかった。先住民の生活基盤が破壊されれば、貢納や労働の提供が滞り、植民地経済が破綻するからである。ところが、独立以後より欧米との貿易が増え、都市が発達すると、先住民の経済活動に国庫が依存する度合いが減った。そして、独立後に個人本位の立憲体制が導入され、個人所有ではない先住民共同体の土地が法律上無主の土地とされると、地主層が共同体所有地を占拠し、

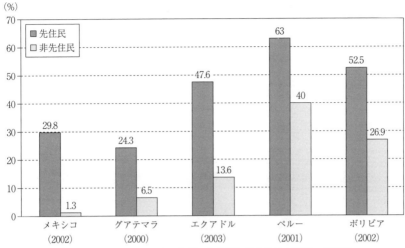

図 4-1 ラテンアメリカ 5 カ国：先住民と非先住民の貧困・極貧率

注：国により基準が異なる。メキシコ：購買力平価 1 米ドル（2002年価値）の所得／日を基準とする極貧率（extreme poverty rate），グアテマラ：4380ケツァル（2000年価値）所得／年を基準とする極貧率，エクアドル：消費 1 米ドル（2003年価値）／日を基準とする極貧率（indigence rate），ペルー：消費 2 米ドル（2000年価値）／日を基準とする貧困率（poverty rate），ボリビア：所得 133.03ボリビアーノ（2002年価値）／月を基準とする極貧率（extreme poverty rate）。
出所：Hall and Patrinos 2006より筆者作成。

土地の集積を図った。土地を失った先住民は小作人や農業労働者となったが，生活の苦しい先住民に地主が金を貸し，借金を返済するまで無償で労働させる慣行が広く見られた。もし反乱が発生すれば，政府は警察など国家の強制力をもって鎮圧した。

20世紀に入ると，大土地所有者が持つ遊閑地を個人に配分し，農業生産力を高める目的で，各国政府が農地改革を実施した。先住民もその受益者となった。また，メキシコやエクアドルをはじめ，先住民共同体の土地を譲渡不可能なものとして政府が管理する政策が取られることもあった。しかし，分配された土地が耕作に適していない，人口増加によって世代が下るほど 1 人あたりの土地が減少する傾向を防ぎきれないなど，根本的な解決にはならなかった。

こうした状況を前に生活水準を維持するには，農業生産性を上げる，好条件で雇用されるといった経済的地位を上昇させる別の手段をとる必要がある。しかし，市場経済のもとで有利な能力を得ることは先住民には困難であった。医

療や教育を受ける機会，道路網の普及など，各種行政サービスは都市で優先的に整備され，先住民の多い農村部では限定的であった。

そして，先住民にそうしたサービスが届かないのは，彼らに政治的な力がないからであった。独立後も有力であった植民地時代からのエリート層は当然ながら先住民を対等な市民とは考えていなかった。エリートに対抗する運動として登場したポピュリズムにおいても，労働者や知識人など都市の勢力が中心にあり，民主主義や社会主義といった欧米の政治経済思想が支配的であった。とりわけポピュリストには階級本位すなわち生産手段の観点から人間を理解する傾向が強く，先住民は農民として扱われ，文化的特徴が無視されることが通常であった。19世紀後半にメキシコの大統領となったベニト・フアレス（Benito Juárez）のように，要職についた先住民の政治家も存在したものの，彼らはエリート社会のルールに自らを合わせることで活路を見出し，先住民的価値の実現を前面に出して活動したわけではなかった。さらには，独立当初より，参政権はスペイン語の識字や納税額，職業などで制限されたため，多くの先住民はその権利を持てなかった。国によっては20世紀後半に至るまで，その制限が残った。

こうした状況を踏まえ，先住民運動は貧困の解消や，非先住民との機会の平等を訴える。この発想に立てば，民主化後に導入された新自由主義にも先住民運動は反対である。政府に対しては，既にある格差を放置することではなく，その是正のために積極的な行動を取ることを先住民運動は期待するからである。

2　20世紀の先住民運動

歴史的にラテンアメリカ社会で周縁化されてきた先住民の存在は，20世紀に入って中心的存在になる準備を整え，一部の国では大いに飛躍した。

政府・カトリック教会・国際組織

抑圧状況にある先住民が運動を展開するには，自らの差別を意識し，広く先住民の団結を呼びかけ，運動の意義を非先住民に訴えることのできる人材が必要である。こうした人材を供給した主なアクターは3つある。

まず，逆説的であるが，先住民を抑圧してきた政府がその役割を果たした。

各国政府は20世紀に入ってから近代化政策を加速させ，限られた地域ではあるが農村部の生活に変化を与えた。既に挙がったものを含めて再述すると，教育の普及，農地改革，生産者の相互協力を目的とした農業組合の組織化，道路網の拡充などである。これを利用し，農村で初等教育を終えたのち，都市に出てより高い教育を受ける先住民が現れた。彼らは歴史を学び，現在も残る差別状況を認識し，政党や組合など国政に関わる組織との接点を持ち，その運営の仕方を知った。

　第2の支援者はカトリック教会である。植民地期以来，教会もまた先住民支配の一翼を担い，政治的には保守的な勢力であった。しかし，1968年にコロンビア・メデジン市で開かれたラテンアメリカ司教協議会総会（Conferencia General del Episcopado Latinoamericano）を機に，既存秩序の変革を教会の使命とする方針が示された。1960年代は，カトリック教会全体が貧困や格差など資本主義の弊害を問題として取り上げ，現代社会における教会の役割を議論するなど，社会的弱者に対する特別な配慮を唱えるようになった時期であった。メデジン会議でも，ラテンアメリカの文脈にあわせ同様の宣言がなされた。これを受けて，一部の宣教師が先住民の支援に携わるようになり，その人的繋がりが後に地方の運動組織の結成に繋がった。

　第3の支援者は国連組織と国際NGOである。1970年代より，文化の多様性や先住民の権利に対する関心が国際的に高まり，それに伴って現れたこれら国際組織の動きがラテンアメリカの先住民運動を直接的ないし間接的に支援した。国連組織の貢献として最も知られているのが，1989年制定の国際労働機関（International Labour Organization）第169号条約である。この条約では，先住民が独自の伝統を保持する権利が定められ，各国政府や先住民運動組織が権利保護を進める上での参照点を提供した。国際NGOとしてはカルチュラル・サバイバル（Cultural Survival）などの団体が，組織運営にかかる費用（事務所の賃料，人件費，広報活動費など）の支援や，先住民組織間の相互交流の促進など，資金・知識の両面から運動を支えた。

運動の全国展開——ボリビアとエクアドル

　1970年代末にラテンアメリカ地域全体で民政移管の流れが始まると，市民が政治活動を自由に行えるようになった。この変化を早くに捉えたのがボリビ

アの先住民である。同国人口の3割を占めるケチュア，2割強を占めるアイマラは国土の西側を走るアンデス高地帯を中心に居住し，彼らが運動を主導した。首都ラパスに拠点を構えるボリビア農民労働者組合連合（Confederación Sindical Única de Trabajadores Campesinos de Bolivia：CSUTCB）はその代表的組織である。CSUTCBの起源は，ポピュリズムの活動家や政権が20世紀前半より結成した農民組合にあり，それが先住民の要求を掲げるようになったことで，先住民組織と化した。

　リーダーたちは先住民文化の発信や，農村から都会に移住した先住民の生活支援などを行うと同時に，政権獲得に向けた行動も起こした。1978年の民政移管選挙以来，全ての国政選挙に先住民が主導する政党（以下，先住民政党）が参加した。先住民政党は選挙活動資金を十分持たず，知名度も低かったため，先住民有権者は無名の党に票を投じて，自らの票が死票となることを避けた。この結果，20世紀の間に先住民政党が主要政党に加わることはなかった。

　ただ，1990年代には21世紀の発展に繋がるような先住民政党の動きも見られた。1993年の選挙では，伝統的な主要政党のひとつが自党のイメージ戦略として小さい先住民政党と連立し，選挙で勝利を収め，アイマラ政治家が副大統領になった。また，CSUTCBを基盤とする政党である「社会主義への運動」（Movimiento al Socialismo：MAS）の前身もこの時期に結成された。

　一方，同国東部に広がる低地帯にはグアラニなど比較的小規模な先住民が居住している。彼らは1982年に人類学者や国際NGOの支援を受けて後にボリビアオリエンテ先住民族・共同体本部（Central Indigena de Pueblos y Comunidades Indígenas del Oriente Boliviano：CIDOB）と称する先住民組織を結成した。CIDOBは文化の認知や経済の改善を最優先課題とし，新自由主義を推進する政府に対しても支援を求める陳情志向が強い団体であった。このため，政権獲得を図るという，既存の政府と対立的な姿勢を取る高地先住民は過度に政治的であると見なされ，CIDOBが積極的に彼らと協力することは少なかった。

　ボリビアとともに，全国的な先住民運動が組織されたのはエクアドルである。ボリビア同様，人口規模の大きいアンデス高地部の先住民と，規模の小さい低地部の先住民が存在し，主にカトリック教会の支援を受けて，軍事政権期のうちに地方レベルの組織が数多く結成された。1979年に実現した民政移管の時点では高地，低地とも政権獲得に意欲を持たず，ボリビアで見られたような政

治的方針の相違がなかったため、両者は組織を早くに統合し、1986年にエクアドル先住民連合（Confederación de Nacionalidades Indígenas del Ecuador：CONAIE）を結成した。

　CONAIEは1980年代に、先住民言語による教育を公教育の制度に含める、いわゆる異文化間二言語教育制度（educación bilingüe intercultural）の導入で成果を上げたが、CONAIEが社会に広く知られるようになったのは1990年のことである。この年に、地主と先住民との土地所有問題に起因する抗議行動が全国で多発し、CONAIEは先住民側の要求をまとめ、政府と交渉する団体となった。1995年にはCONAIEの政治組織として、政党であるパチャクティック多民族統一運動（Movimiento Unitario Plurinacional Pachakutik：MUPP）が結成された。MUPPは翌年の選挙で一院制議会82議席のうち8議席を獲得し、エクアドルの主要政党の仲間入りを果たした。

運動成長の制約——メキシコ、グアテマラ、ペルー

　メキシコ、グアテマラ、ペルーでは、先住民人口が十分な規模でありながら、ボリビアやエクアドルのように先住民運動が全国化しなかった。その理由は、運動が地方組織を核にして、全国的に連携できる環境を欠いていたことにある。

　メキシコでは1910年に発生した革命を経て、制度的革命党（Partido Revolucionario Institucional：PRI）による一党ヘゲモニー体制が確立された。PRIはその前身の時期を含め、2000年まで実に71年間にわたり政権の座にあった。その長期統治を支えた仕組みは2つある。第1に、野党の成長を防ぐため、政治的自由は厳しく制限された。第2に、政府公認の利益団体を設け、そこに加入した市民に政策の恩恵を与えることで、政府への支持を調達した。

　先住民との関連では、政府公認の農民団体である全国農民連合（Confederación Nacional Campesina：CNC）が重要である。革命により、個人所有ではない土地所有制度として、売買を禁止された共有地であるエヒド（ejido）の所有が認められた。先住民はCNCを通じてエヒドを登録し、PRIの支持基盤として組み込まれた。20世紀後半にはPRIから自立する先住民の動きも活発化したが、全般的に見れば、利益供与が行き渡り、かつ政治活動を自由に行えない状況にあったため、先住民が現状への不満を理由に広く連帯することは困難であった。

グアテマラはボリビアに次ぎ，先住民人口比率が高い国である。1992年には先住民活動家であるリゴベルタ・メンチュウ（Rigoberta Menchú）がノーベル平和賞を受賞し，世界的な注目を集めたが，運動は大規模化しなかった。これは，農村部における暴力の度合いが著しく高かったためである。グアテマラでは1954年から地主層を支持基盤とする軍事政権が続いた。農業労働者団体や，キューバ革命に触発されて農村部で組織化が進んだ左翼ゲリラ組織には，地主の専横に不満を持つ先住民が多く参加したが，政府はこうした動きを地方レベルで厳しく取り締まった。とりわけ1982年に登場したエフライン・リオス・モント（Efraín Ríos Montt）政権下でのジェノサイドは苛烈を極めた。民政移管は1985年に実現したものの，和平交渉は1996年にようやく終結し，30年を超す紛争の間に死者・行方不明者は20万人にも達したと言われる。

農村部の暴力状況はペルーにも見られた。早くも1960年代より南部で先住民による土地闘争が活発化したが，暴力の度合いが深刻になったのは1980年の民政移管後のことである。センデロ・ルミノソ（Sendero Luminoso）をはじめとするマルクス主義系ゲリラ組織の活動が農村部に広がり，それに応じて政府も農村部の治安維持活動を強化した。その際双方とも，農村部先住民が自らの敵に回らないよう，利益供与や脅迫によって支持を求めた結果，農村部では政府支持とゲリラ支持が入り混じる状況となった。センデロ・ルミノソのリーダーが1992年に逮捕されて以後，農村部での暴力は収束に向かったが，こうした外部から持ち込まれた村落間の対立状況ゆえに，先住民の横の繋がりは阻害された。

先住民運動に対する上記のような制約は現在までに相当程度解消された。メキシコでは政治体制の民主化が進み，グアテマラやペルーの農村における暴力の度合いはかつてほど深刻ではなくなったため，先住民運動が規模を広げる余地ができたと言える。環境汚染を招く鉱山開発に反対する組織が，先住民的性格を持ちつつ成長を遂げているペルーの事例など，運動の拡大を予期させる現象が散見される。ボリビアやエクアドルのように，国政の一角を占めるほどの勢力となるか，引き続き注視する必要がある。

表 4-2 ボリビア：MAS の国政選挙における実績（1997年から現在まで）

年	大統領選得票率（順位　立候補者）	上院議席 （総議席数）	下院議席 （総議席数）
1997	3.7%（6位　アレホ・ベリス（Alejo Véliz））	0（27）	4（130）
2002	20.9%（2位　エボ・モラレス）	8（27）	27（130）
2005	53.7%（1位　エボ・モラレス）	12（27）	72（130）
2009	64.2%（1位　エボ・モラレス）	26（36）	88（130）
2014	61.4%（1位　エボ・モラレス）	25（36）	88（130）

注：1997年の結果は，モラレスらの政党が公認されなかったことに伴い，一時的に党籍を置いた統一左翼（Izquierda Unida）のものである。
出所：Corte Nacional Electoral, Tribunal Supremo Electoral 資料より筆者作成。

3　21世紀の課題(1)——権力への接近・同一化

　軍政期が終わって以来，各国で成長を見せた先住民運動組織は，21世紀に入り様々な課題に直面している。この課題は各運動が選択した，あるいは選択を余儀なくされた戦略の結果であり，その戦略の利点とあわせて理解する必要がある。この節では，権力への接近を図り，それを実現したボリビアの例を取り上げる。

先住民大統領の誕生

　21世紀に入って目覚ましい活躍を見せたのが，CSUTCB を基盤とする政党 MAS である。アジア経済危機の余波を受け，ボリビアでは1999年より不況に入り，政府を批判する抗議行動が多発した。CSUTCB は新自由主義を推進してきた政府に社会不安の責任があることを唱え，一連の運動の中心的存在となった。そして，当時の主要政党が新自由主義に原則同意してきたのに対し，MAS は新自由主義反対を掲げる新興の政党として注目された。表 4-2 は最近5回の国政選挙における MAS（前身の政党を含む）の実績を示したものである。1997年選挙ではわずかに下院議員4名が当選するにとどまったが，2002年選挙で MAS は第2党に躍進し，2005年選挙以後は圧勝を収めている。大統領はアイマラ先住民のエボ・モラレス（Evo Morales）である。

　モラレスはアイマラの共同体に生まれた。幼少から親の出稼ぎに同伴して共同体の外に暮らし，10代には地方都市に出て学校に通い，20代前半でケチュ

ア話者の多い同国中部のチャパレ（Chapare）地方に移住した。そして，チャパレでの活動が彼の政治的キャリアを決定づけることになった。

チャパレはコカの葉の生産地として知られる。先住民はコカの葉を口に入れて噛む，茶葉にするなど，伝統的に生活必需品として使ってきた。同時に，コカは麻薬であるコカインの原料であるため，その生産は政府の管理や取締の対象となっている。コカの葉をそのまま消費する分には健康を損ねないが，化学的な加工を施すことで麻薬となる。

1970年代以来，麻薬国際取引の増加に伴い，先住民の日常消費分に加え，麻薬生産分の非合法な需要が高まった。さらに，1985年より新自由主義が採用されたことで，国営企業が大量解雇を行ったことにより，多くの失業者がチャパレでコカ栽培に従事した。ボリビア政府はアメリカ合衆国の支援を受け，未許可のコカ生産の撲滅を図ったが，その手法は単に畑を見つけてコカの木を抜き取るものにとどまらず，警察が住民に暴力を振るうことも多かった。

モラレスはコカ農民組合の若きリーダーとして，その生産を守る活動に身を投じた。警察の襲撃で重症を負うこともあり，文字通り体を張って運動の先頭に立った。モラレスの活動からは，新自由主義に苦しむボリビアにおいて，歴史的に従属してきた先住民の伝統を象徴するコカを，世界の「帝国」であるアメリカ合衆国から守るというストーリー性が見出され，彼は先住民運動の象徴的存在となった。1980年代後半からは選挙にも立候補するようになり，2006年よりボリビア史上初の先住民大統領となった。

MASは先住民主導の政党であるが，非先住民の参加も広く認めている。モラレスの副大統領であるアルバロ・ガルシア（Álvaro García）は過去に先住民とゲリラ組織を立ち上げた非先住民の左翼知識人である。先住民に支持基盤を閉じず，国民全体に広く支持を求めたことも，MASが圧勝を収めることのできた理由とされている。

先住民大統領の成果

モラレス政権の成し遂げた変革は数多い。政権獲得前より公約に掲げていた憲法改正を2009年に実現し，国号を「ボリビア共和国（República de Bolivia）」から「ボリビア多民族国（Estado Plurinacional de Bolivia）」とし，ボリビア国民としての統一性ではなく，その中にある民族構成の多元性を表現した。また，

数ある先住民言語をスペイン語と並ぶ公用語とし，中央政府および県（departamento）の公務員には主要な先住民言語を1つ身につけることが義務づけられた。また，地方レベルの先住民自治の導入が制度化され，住民の慣習に基づく政治や司法の実践が保障された。

　モラレス政権は新自由主義も廃止した。ボリビア経済は炭化水素資源（天然ガスや石油など），亜鉛，大豆など一次産品の輸出で支えられているが，これらの国際価格が21世紀を通じて高いことが幸いし，輸出額が大きく伸び，それに伴って国庫収入も増えた。モラレス政権はこれを利用して，過去に大幅に規模を縮小させた国営企業に多額の投資を行った。さらに，農村部のインフラを整備し，初等就学児への現金給付を実現するなど，積極的な貧困削減策を実施した。政策のインパクトを厳密に考察する余地はあるものの，モラレスの大統領就任以来，貧困は大幅に解消された。世界銀行のデータによれば，1日あたり3.1ドル（2011年価値）の消費を貧困ラインとすると，それを下回る人口比率は2006年に29.2％であったが，2014年に12.7％にまで低下した。

　モラレス政権の政策決定にはCSUTCBをはじめとする先住民組織の影響が強いとされる。政府は，大統領，副大統領，CSUTCBやCIDOBをはじめとする主要先住民組織，労働組合などの社会団体が参加する全国変革委員会（Consejo Nacional de Cambio：CONALCAM）を組織した。CONALCAMは閣僚人事や重要法案の起草など政権運営の基本的な方針を定める重要な役割を有している。

政権獲得の代償

　先住民組織は実質的に政権を担うことで，自らの要求を確実に政策に反映できるようになった。しかし，むき出しの利害が交錯する政治の世界に関わったことで，大きな問題が現在生じている。近年の先住民組織の振る舞いは政権維持や短期的利益の実現を優先する傾向にあり，公正な政治や弱者に対する配慮，自然と調和した持続的経済の推進など，運動がかつて掲げてきた理想に反している。

　政府与党は政権運営の安定と持続のために3つのことを行っている。まず，支持基盤を固めることを目的とした反対勢力への制裁を進めている。その例としては，低地先住民組織（CIDOB）のケースが有名である。モラレス政権を支

える主力組織であるCSUTCBに対し、CIDOBは距離をとって活動してきたことから、同政権下でも軽視される傾向があった。たとえば、新憲法案の作成において、CIDOBは全ての先住民族に国会議員の議席を割当てることを求めた。これに対し、アイマラやケチュアが主導するCSUTCBは割当てには否定的であった。人口規模を考えれば、競争選挙をすれば低地先住民が不利で、高地先住民が有利であることは明らかであったが、最終的にCIDOB案は採用されなかった。こうした冷遇にCIDOB首脳部はモラレス政権発足当初から不満を持っていたが、この不満は後に排除された。2012年、CIDOB内から政府支持者のグループが現れ、警察の支持を得てCIDOBの本部を占拠し、反政府を掲げる首脳部は追放された。

第2に、環境保護ではなく消費増大を優先し、テクノロジー志向を象徴する開発事業を多数推進している。その中には、中国の支援を受けた宇宙衛星の打ち上げ、将来の原子力発電を見据えた核エネルギー技術の利用推進などに加え、熱帯雨林にある低地先住民の共同体を貫く幹線道路の建設や、自然保護区内に埋蔵されている石油の開発なども含まれる。なお、幹線道路の建設はCIDOBの強い反発を招き、それが先述の首脳陣追放の引き金となった。

最後に、大統領の再選禁止規定のある憲法を改正し、モラレスの在任期間を伸ばすことを図っている。モラレス以外に有力な大統領候補者がいないことが背景にあり、2025年まで在任可能とすることが計画されている。2016年2月に憲法改正を問う国民投票が実施され、51.3％の反対をもって否決されたが、MASは2016年12月の党大会にて、2019年に実施される大統領選挙の公認候補をモラレスとする決定を下した。モラレスは国民投票の結果に従う必要はないと述べており、MASもまた、憲法の解釈変更など複数の方法を用いて、モラレスの立候補を可能にすることができるとしている。

こうした制裁、開発、権力永続化の動きについて、CSUTCBら政府を支持する先住民組織はそれを推進する当事者となるか、そうでない場合は事実上黙認の姿勢を取っている。先住民的価値に背くものとして強硬に反対をすることは確認されていない。さらには、先住民自身が利権に不正な形であずかる事態も見られる。モラレス政権が成立する直前の2005年、炭化水素資源の輸出で得た税収を原資に、先住民の福祉改善事業への助成を目的とする農民先住民開発基金が創設された。モラレスが大統領に就任して以来、架空の事業に対する

費用請求がされるなど基金の不透明な運用が常態化した。2015年初頭より先住民リーダーの不正がマスコミで報じられて以来，問題が次々と発覚し，現在までに4000名を超える関係者が起訴されている。2015年8月の大統領令で基金は新組織に再編されたが，これが先住民組織の信頼を損ねる事件となったことは否めない。

4 21世紀の課題(2)――権力からの離反

ボリビア先住民運動には，政権に近づき，その運営に携わるという，権力への接近・同一化のベクトルが見られる。これに対し，権力から距離を置くという逆の方向を取った先住民組織もある。以下では，エクアドルとメキシコの事例を挙げて，その功罪を検討する。

CONAIE

エクアドルでは，21世紀に入り，先住民運動の方針にある変化が生じた。すなわち，中心組織であるCONAIEおよびその政党であるMUPPが非先住民に対して閉鎖的な対応を取るようになった。これは20世紀のサクセスストーリーの反動として理解できるものである。

MUPPは1996年選挙に参加するにあたり，ボリビアのMASと同様，広く有権者の支持を集めるために非先住民との連携を図った。たとえば，同選挙でMUPPから出馬した大統領候補は非先住民でジャーナリストであるフレディ・エレルス（Freddy Ehlers）であり，先住民の権利実現を主たる政治活動の目的とはしていなかった。こうした権力追求の戦略は先述の通り，選挙における成功に結び付いたが，後に思わぬ被害をCONAIEにもたらした。

1996年以後に登場した各政権は注目を集める先住民運動を自らの支持基盤に取り込むべく，運動のリーダーに大臣職をはじめとする行政ポストを提供した。そして，先住民運動のリーダーはそれに前向きに応じた。とくに2002年に誕生したルシオ・グティエレス（Lucio Gutiérrez）政権では，MUPPは連立与党を構成し，外相と農相にCONAIEのリーダーが就任した。ところが，先住民を主要ポストに迎えた政権はおしなべて深刻な汚職を抱えており，先住民組織はそのような政権を支持したことで，社会からの信頼を失った。

こうした状況を踏まえ，2006年の国政選挙を前に，CONAIEは自らの先住民性を強く打ち出す方針を示した。大統領候補にはCONAIEを創設期から率いてきたルイス・マカス（Luis Macas）が選ばれ，非先住民政治家や彼らが主導する組織との連携を一切拒否することが決められた。この選挙では，先住民の尊重を含め社会の全面的刷新を唱える当時経済相のラファエル・コレア（Rafael Correa）が人気を博し，政策提案もCONAIEのそれに近いものであったが，彼との協力も拒んだ。選挙の結果，コレアは第1次投票で22.9％，決選投票で56.7％の支持を得て，勝利を収めた。一方，マカスはわずか2.2％の得票に終わり，議会選挙でもMUPPは全100議席のうち6議席を得るにとどまった。

コレア政権はボリビアのモラレス政権同様，先住民運動の要求を様々な形で実現した。憲法を改正し，エクアドルは多民族（plurinacional）国家であると定義した。また，石油輸出で得た潤沢な国庫収入を利用して，教育無償化やインフラの整備を進めた。2011年には「人民・連帯経済法（Ley orgánica de la economía popular y solidaria）」を制定し，先住民共同体を単位とする経済活動を政府が保障することも決まった。

しかし，政府は同時に，あらゆる社会勢力の活動を与党「尊厳と主権ある祖国同盟（Alianza Patria Altiva i Soberanía）」の主導下に置こうとしたため，先住民組織としての自律性を維持したいCONAIEは反発した。現在に至るまで，CONAIEと政府は対立関係にあるかたわら，一部のリーダーは先住民に有利な政策を進める政府に個人的な支持を寄せており，組織としては統率の取れない状況にあることが指摘されている。

CONAIEとコレア政権が目指す政策の基本的な方向性は同じであり，運動の要求実現のためには政権に近いことが望ましいことを考えれば，現在のCONAIEは自らその機会を閉ざしていると見ることができる。しかし，政府と距離を保っていることは，政府に問題があった場合に運動としての信頼を高めることにもなる。最近のCONAIEにはこの距離感を利して息を吹き返す兆候が見られる。

問題となっているのはやはり資源開発である。コレア政権を経済的に支えているのは石油をはじめとする天然資源の輸出であり，その開発を積極的に行っている。開発にあたり政府は法制度の整備を行ってきたが，既に定められた法

律では，環境保護よりも生産振興に重点が置かれている。一方，資源開発が行われれば，河川や土壌の汚染など，開発拠点の周辺の生活環境は著しく損なわれる。農村に多く住む先住民の生活を守りたい CONAIE は開発には否定的であり，開発を行うにしても地元住民への事前照会を必ず行い，同意を得ることを求めている。

2015 年 8 月には，政権に対する大規模な抗議行動が発生した。CONAIE はこの行動の中心に位置し，主たる関心である資源開発のみならず，コレア政権の長期化を目論んで計画されている憲法の再選規定の改正など，他のアジェンダについても問題を提起した。政府と距離を置いていたことで，異議申し立てを行う立場に正当性を持たせることができたのである。

EZLN

CONAIE は政府との距離を縮めようとした後，そこから離れる行動を取ったが，結成当初から距離を維持してきたのが，メキシコのサパティスタ民族解放軍（Ejército Zapatista de Liberación Nacional：EZLN）である。全国的に強力な先住民組織を持たないメキシコにあって，EZLN は局所的ながら存在感のある活動で世界的に有名である。EZLN はメキシコ南部，グアテマラ国境に接するチアパス州を活動の拠点としている。チアパスはカカオやバニラなど輸出作物の生産地であり，国家経済への貢献が大きいという理由で農地改革が一部実施されず，地主層による先住民支配という伝統的な構図が色濃く残る地域であった。

こうした状況の変革を望む活動家と先住民が協力し，1994 年 1 月に EZLN が武装蜂起した。新自由主義の象徴とも言える北米自由貿易協定（North American Free Trade Agreement）発効日に，EZLN はチアパス州内の兵舎を襲撃し，これを支持する地域は自らを自治区と称し，先住民の自治領域であることを宣言した。ただ，EZLN はいわゆる分離独立運動を目指したものではなく，蜂起後は政府との交渉を持ち，自治空間の保障を求めた。

EZLN は国政に恒常的な地位を占めることを目的とはせず，政党組織も持っていない。また，チアパス外の先住民に対する政府の対応を糾弾することは常に行っているが，連帯可能な組織を自らの傘下に置くとこともしていない。自らの規模をいたずらに広げない傾向がある。

組織の規模を広げることで影響力を持とうとしないEZLNは，先住民自治の尊重，政治や社会の民主化，反グローバリズムなど自らの主張を積極的に広めることで，影響力を行使しようとしている。EZLNは早くからインターネットを活用して自らの主張を発信してきたことで知られている。最近では自治区に人を招き，そこでの生活を体験してもらうことで，EZLNを理解し，その価値観を広げることを目指す事業（エスクエリータ（escuelita））も実施している。理念の普及により社会を変革するという手法は短期的に明確な効果を生み出すものではないが，国家権力の掌握とは無縁であることで，EZLNは自律性を維持し，先住民運動本来の要求をストレートに訴えることができている。

5　グローバル・サウスとラテンアメリカの先住民運動

ここまでの説明をもとに，先住民運動をグローバル・サウスと関連づけて考察し，この章のまとめとする。

グローバル・サウスの縮図

ラテンアメリカにおいて先住民は差別の対象であり，かつその象徴であったが，現在の先住民はもはやそのような存在ではない。500年もの長い期間を経て，先住民はようやくラテンアメリカ社会における主要な政治アクターとしての地位を確立した。国ごとに状況は異なるものの，地域全体として見れば，先住民の地位が向上したことは確かである。そして，植民地期の先住民の地位を考えれば，ボリビアのモラレス政権の登場がラテンアメリカ史上の一大事件であると評しても，決して大げさではない。

植民地化，都市化，冷戦，対外債務問題，新自由主義，国際的支援といった，先住民運動の発展過程にまつわるキーワードを並べれば，ラテンアメリカの先住民運動とはグローバル化の産物であったことが分かる。そして，公正，平等，文化多様性の尊重，自然との調和といったラテンアメリカ先住民運動が求める価値の数々は，貧困や差別，環境破壊などグローバル化の負の側面を背負わされた，いわゆるグローバル・サウスが解決を求める諸々の課題そのものである。この意味で，ラテンアメリカの先住民運動とはグローバル・サウスの問題を体現したものであると言うことができよう。

「南」の運動ではないラテンアメリカ先住民運動

しかし、このような認識をもとに、「北」から抑圧された「南」の人々の運動としてラテンアメリカの先住民運動を捉えるなら、それは2つの意味で正しくない。第1に、独立以来の経済成長を背景とする近代化政策が先住民リーダーの育成に繋がり、カトリック教会や国際組織の活動が運動を支援したように、先住民運動は「南」にいる人だけで作られたものではない。ラテンアメリカに根強く残っている先住民差別の構造は、いわゆるグローバル・サウスには属さない人々の影響を受けて、侵食されたという側面を無視してはならない。

第2に、先住民運動は同質的ではなく、自らの価値に忠実に行動するとは限らない。ボリビアで見られたように、先住民は既に国家権力にまで到達し、権力の座にあることで自らの価値に反することを行ってさえいる。先住民が先住民を抑圧し、天然資源開発を先住民組織が黙認するような事態は、先住民運動を「南」の運動として理想化することを許さないものである。

ラテンアメリカ先住民運動の未来

一般に、社会運動は未来を映し出すと言われる。現在の社会状況に問題を見出し、それに異議申し立てをする人々が一定程度の集まりを持つことで、社会運動は目に見える形で現れる。全ての運動が成功するわけではないが、その一部が発展して社会に受け入れられるとすれば、将来の社会のあり方は社会運動の中に潜んでいるということになる。

ラテンアメリカの先住民運動は自らの望みを達成し、社会を変えたと言えるだろうか。先住民の劣位が当然とされた常識は覆り、ヨーロッパ文化を基調とする同質的国家像はもはや過去のものとなった。しかし、差異の尊重と平等の実現という2つの目標がラテンアメリカ全体で達成されたかと言えば、そうではない。そして、目標達成まで道半ばであるにもかかわらず、その目標に背く動きを先住民自身が示している例がある以上、運動の前途を楽観的に見ることはできない。

政権との距離の取り方についてどれが正解であるかを決めることはできない。ボリビアやエクアドルの事例は、運動が政権に近づくことの難しさを物語っているが、EZLNのように政権から遠く離れるなら、目に見える成果を短期的に実現し、運動を盛り上げるはずみとすることはできない。ただ、どのような立

場を取るにせよ，先住民運動が自身の掲げた目標に責任を持ち，それに忠実に動くことは，市民の信頼を得る上で必要であることは確かである。そうあることで，先住民運動は国内のみならず世界から注目され，共感を得る存在であり続けることができる。

参考文献

イカサ，ホルヘ『ワシプンゴ』朝日新聞社，1974年。

柴田修子「サパティスタ自治区における実践——自治学校を事例として」『社会科学』第44巻第2号，2014年8月。

高橋均＝網野徹哉『ラテンアメリカ文明の興亡』中央公論社，1997年。

デグレゴリ，カルロス・イバン『センデロ・ルミノソ——ペルーの〈輝ける道〉』現代企画室，1993年。

ファーヴル，アンリ『インディヘニスモ——ラテンアメリカ先住民用語運動の歴史』白水社，2002年。

マルコス＝ル・ボ，イボン『サパティスタの夢——たくさんの世界から成る世界を求めて』現代企画室，2005年。

宮地隆廣『解釈する民族運動——構成主義によるボリビアとエクアドルの比較分析』東京大学出版会，2014年。

歴史的記憶の回復プロジェクト『グアテマラ虐殺の記憶——真実と和解を求めて』岩波書店，2000年。

Hall, Gillette, and Harry Patrinos, *Indigenous Peoples, Poverty and Human Development in Latin America*: 1994-2004, London: Palgrave, 2006.

Yashar, Deborah, *Contesting Citizenship in Latin America: The Rise of Indigenous Movements and the Postliberal Challenge*, Cambridge: Cambridge University Press, 2005.

第5章　グローバル・バリューチェーンと社会的統治
　　　──底辺への競争を超えて──

小　池　洋　一

　経済グローバル化は，人々に豊かで多様な消費を可能にする一方で，貧困や格差をもたらしている。ラテンアメリカは，1980年代以降経済自由化へと開発政策を大きく転換し，その結果経済グローバル化が進んだが，その過程で失業，貧困，社会格差が悪化した。経済グローバル化を支持し推進する新自由主義は，貧困や格差の原因をグローバル化への不参加やグローバル化を制約する政府介入に求める。したがって貧困や格差を減らす処方箋はひとえに経済を市場に委ねることであった。そこで各国はグローバル化の勝者になろうと，為替レート切下げ，労働条件引き下げ，環境規制緩和を競っている。しかし，そうした社会的ダンピング競争あるいは底辺への競争は，誰も勝者としない破滅的な性格をもっている。グローバル化がすでに後戻りできないものなら，グローバル化にどのように参加するか，グローバル化の不利益をどのように規制するかが課題となる。

　グローバル・バリューチェーン（global value chains，国際価値連鎖。以下GVC）論は，経済グローバル化とその下で生じる経済格差を考える1つの視点を示している。カプリンスキーは，経済グローバル化がなぜ貧困や格差を伴うのか，そしてどのように貧困や格差を克服するかを，GVCの視点から解明しようとした（Kaplinsky 2000）。経済活動は，1つの商品に着目すると，デザイン，生産，マーケティングという過程を辿る。つまり経済活動はチェーンのように連なっている。20世紀末の経済活動がそれ以前と異なるのは，モノ，カネ，ヒトが大量に国境を越えて移動することだけではない。国境を越えて分散した様々な経済活動が，企業の見える手によって統合され，製品が生産，販売されることにある。そして，個々の経済活動が国，地域などによりどのように配分されるかが，経済グローバル化の勝者と敗者を分ける要因の1つとなる。

　GVCの中心的な担い手は世界各国で事業を営むグローバル企業である。ラ

テンアメリカでも経済自由化以降あらゆる産業において先進国を中心とするグローバル企業のプレゼンスが高まった。貧困，格差，環境などの問題が深刻化するなか，これらの企業にはそれらの問題への対応が問われている。企業は個人と同様社会的な存在であり，その究極的な目的が社会の発展だからである。しかし，企業活動は自動的に経済的な厚生や社会的公正をもたらすものではない。それは企業が何よりも利潤を追求する存在だからである。そこで企業の社会による規制，すなわち社会的統治（social governance）が必要となる。

1　グローバル・バリューチェーンの形成

グローバル化と機能的分業

　経済グローバル化とは経済活動が国境を越えて営まれていることを意味するが，モノが国境を越えてグローバルに移動する現象は現代に始まったことではない。大航海時代は産物を世界の隅々まで運んだ。それ以前にも国境を越えた交易は地中海世界，中東世界，アジアなどで広く見られた。18世紀後半の産業革命以降は，イギリスなどヨーロッパ諸国から大量の工業製品が世界に運ばれ，反対にアジア，アフリカ，ラテンアメリカから大量の工業原料と食糧が運ばれた。さらに2つの世界大戦を経て20世紀後半にもIMF＝GATT体制のもとで世界貿易は飛躍的な発展を遂げた。国際分業は，はじめは先進国が主に工業製品を，開発途上国が主に農産品を，続いて開発途上国の工業化が開始すると先進国が主に重工業品を，開発途上国が主に軽工業品を，さらに開発途上国とりわけ東アジアの工業化が進展すると同一製品で先進国が主にハイテク製品を，開発途上国が主にローテク製品を分業する，産業間分業，工業間分業，製品間分業へと発展してきた。

　20世紀末以降の経済グローバル化がそれらと区別されるのは，国境を越えた工程あるいは機能的分業にある。企業の経済活動は，製品企画，設計・デザイン，原材料の調達，部品の生産・加工，組立，マーケティング・販売・アフターサービスなどチェーンのように繋がって営まれている（図5-1）。すなわちかつては設計から生産，販売に至る経済活動の多くは国民経済のなかで行われ，完成品として貿易されていたのであるが，現在は，完成品だけでなく，部品，原材料，デザイン，輸送などのサービスが国境を越えて取引されているの

第5章　グローバル・バリューチェーンと社会的統治

図5-1　グローバル・バリューチェーンの基本構図
出所：筆者作成。

である。そして国境を越えて分散した様々な経済活動は，グローバル企業の見える手によって統合される。

　こうしたGVCに開発途上国は生産とりわけ組立工程で参加している。グローバル企業は，海外投資あるいは生産委託を通じて，生産工程を開発途上国に移転している。ではなぜ生産を開発途上国に移転するのか。それはグローバル企業が自らは利益幅の大きい製品開発や流通などのいわゆるコアコンピテンス（中核となる能力・得意分野）に集中させ，利益が小さい生産工程を外部とりわけ開発途上国に外注したからである。生産とりわけ組立は，分業と作業の単純化が進み，後発国の新規参入が容易になり，生産コストが低下した。とりわけ膨大な労働力余剰をもつ中国の参入は生産価格を大きく引き下げた。先進国とその企業にとって生産工程はもはや利益の重要な源泉ではないのである。

　経済グローバル化が進展した背景には輸送技術，通信技術の発展がある。海上輸送は速度が向上し，航空輸送は費用が低下した。通信技術の発展は大量な情報の速やかな伝達を可能とした。その結果標準化された大量品だけではなく技術変化，需要の不確実性が大きく，また多様な製品も，国境を越えたネットワークによって生産可能になった。輸送技術の発展と費用の低下は，冷蔵，冷凍技術の発展とあいまって，食品，切り花といった腐食しやすいものまで海外での生産，輸入が可能となった。情報技術の発展と著しい価格低下は，国境を越えた新製品，ソフト開発，瞬時の図面送付を可能にし，部品のグローバルな調達などを可能にした。電子機器に典型的に見られるモジュール生産（機能ごとの複合化した部品を組み立てる生産方式）もまた国境を越える生産を容易にした。

　20世紀末に生産，流通のグローバル化が進展したのは，新自由主義のイデオロギーが支配的となり，各国がケインズ主義的な経済政策を放棄し，経済を市場原理に委ね開放したからでもある。WTO体制の発足も経済グローバル化を促した。経済自由化への政策転換は発展途上国も例外ではない。ラテンアメ

リカ諸国は対外債務，金融危機を契機に1980年代に開発政策を自由化の方向へ大きく転換した。

ガバナンス

GVC はそのすべてが一企業内で行われることもあるし，多数の企業との取引，すなわち他企業からの購買あるいは外注によって行われることもある。企業内の取引は，親会社と子会社との間で製品あるいは部品・原材料を交換して，製品を製造・販売するものである。つまり国際的な垂直統合による生産・販売である。他企業からの購買は，企業が基本的に1回限りの取引によって製品を調達するものである。それは古典的な市場取引である。最後の外注は継続的に製品の生産を委託するものである。国際的な半垂直統合による生産，すなわち国際下請である。これらのなかでどの形態の取引が選ばれるかは製品の性格や取引環境に依存する。製品あるいは製造法に何らかの秘密があれば垂直統合すなわち自社生産が選択されるであろう。製造するに相応しい企業が存在しない場合ももちろん自社生産が選択される。製品が技術的に標準化し，取引相手が容易に見つかる場合は購買が選ばれるであろう。これに対して生産に高度な技術を必要とし，取引相手が限られる場合は国際的な外注，下請が選ばれる。これらの取引形態のなかで成長が著しく，経済グローバル化を特徴づけるのは，国際的な外注，下請である。

GVC の中核に位置し，GVC を組織し管理しているのは，多くの場合先進国に本拠をおくグローバル企業である。ジェレフィは，GVC を組織し管理する主体，つまりリードファーム（中核企業）によって，バイヤーが推進する GVC とメーカーが推進する GVC に分けている。前者はアパレル，靴などの非耐久消費財で多くみられ，ブランド企業，小売業が GVC を統治している。これに対して後者は自動車，電子機器などで多くみられ，組立メーカーが GVC を統治している（Gereffi 1994）。しかし現実には同一製品でも GVC を統治する主体は多様であり，また変化している。アパレルでは製造機能をもち海外の自社工場で生産する企業も存在する。反対にパソコンや携帯電話では，生産機能，さらには設計機能をも開発途上国の企業に委ねる一方，自らは製品開発に資源を集中し，ブランドの維持と販売に特化する企業が一般的になっている。

GVC の統治に関わるのは企業に限らない。カプリンスキーは統治を，その

表 5-1　統治の諸形態と事例

	バリューチェーン内部による統治	バリューチェーン外部による統治
法制的統治	・サプライヤーに対してオンタイムの納入，納入の頻度，品質について基準を設定	・環境基準 ・児童労働基準
審査的統治	・サプライヤーが上記の基準を達成しているかどうかをモニタリング	・NGOsによる労働基準の監視 ・専門企業によるISO基準順守の審査
実行的統治	・サプライチェーンを管理し，サプライヤーが上記の基準を達成するよう支援 ・生産者団体がそのメンバーが上記基準を達成できるよう支援	・専門サービス提供者 ・政府による産業政策と支援

出所：Kaplinsky 2000.

性格から法制的統治（legislative governance），審査的統治（judicial governance），実行的統治（executive governance）に，さらに統治主体の所在（バリューチェーンの内部か外部か）からに分類している（表5-1）。法制的統治は事前に基準やルールを示すもの，審査的統治はそれらが順守されているかを事後的に審査するもの，実行的統治は経済活動の実施過程で支援，規制などを行うものである。

GVCの発展によって企業が経済的に重要になり，その社会的影響を大きくなるにしたがい，バリューチェーン外部の統治が重要になりつつある。企業の社会的責任（CSR）はバリューチェーン内部の統治であるが，その基準が外部から示され，またその活動がNGO／NPOとの協同で実施されれば，外部による統治の性格をあわせ持つことになる。

東アジアのバリューチェーン

GVCが最も発展しているのは東アジアである。ラテンアメリカとの比較の観点から，まず東アジアのバリューチェーンを紹介しておこう。起点は日本である。日本は第2次大戦後米国企業の生産委託によって工業活動を再開した。アパレル，履物，鞄，玩具などの産業が米国企業からの受注生産で成長をとげた。その後日本が経済成長をとげ賃金が上昇すると米国企業は韓国，台湾，香港などの東アジア新興国に委託先をシフトした。このように東アジアは日本の代替的な産地であったが，東アジア諸国がGVCのなかで重要な生産国として

登場してくるのは，日本企業が直接投資と委託によって生産工程をこの地域に移転したからである。すなわち1960年代末から70年代はじめに日本企業は，欧米での貿易摩擦，労働力不足・賃金上昇，立地難などから，生産拠点を東アジア新興国に移転し始めた。東アジアは欧米への迂回輸出の拠点となった。この時期はまた東アジアNIEsが，国内市場の狭隘さなどの理由から，輸入代替工業化から輸出志向型工業化へと開発政策を転換した時期でもあった。東アジア各国は輸出加工区を設置し外国企業を誘致した。こうして東アジア各国は日本企業および欧米企業の生産・輸出拠点となった。続く1985年のプラザ合意は日本企業の東アジアへの生産シフトを加速した。

　東アジアへの生産シフトは自社工場だけではなく現地企業への生産委託によってなされた。生産を委託したのは日本などの先進国の製造企業だけでなく，製造卸や流通企業であった。これらの生産委託では製品のブランドは委託者である先進国企業がもつ。製造卸は，自らは生産せず，委託先が生産した製品を自社のブランドで販売する企業である。ナイキ，ギャップ，ユニクロはその代表的企業である。それらはメーカーというよりもブランド企業である。スーパーやデパートなどの流通業も自社ブランドを創造し，生産を外部に委託している。パソコン，携帯電話などの電子機器は，かつてメーカーによって製造されていたが，現在では多くが海外企業に委託し生産されている。その結果メーカーはブランド企業へと変化している。こうした生産形態は相手先ブランドによる製造（OEM），生産を受託する企業はOEMメーカーと呼ばれている。OEMのうち電子機器についてはとくにEMS（電子製造サービス）と呼ばれる。

　東アジアの企業は，日本および欧米企業からの生産受託によって販路を広げ，徐々に技術を蓄積していった。開発途上国の企業にとって最大の困難は市場であった。OEMでは製品は委託企業のブランドで販売されるため（OEM企業はいわば「影のメーカー」である）世界市場で製品を確実に販売することができる。OEMでは委託企業によって製品の仕様や品質が厳しく検査される。品質が劣れば消費者の委託企業への信頼は失墜するからである。委託企業はまた受託企業に対して生産ラインの設計，機械・装置の運転，生産管理などの技術支援を与える。継続的なOEMは受託企業の技術水準を高める。OEMでは契約にあたって製品に関わる図面その他の情報が提供される。OEMが繰り返しなされれば受託企業はやがて製品の設計能力を獲得する。その結果，一部の企業は自

ら設計する自社デザインによる製造（ODM）企業となる。OEMはまた製品市場で消費者がどのような需要をもっているかの情報を与える。そこで一部の企業は自らブランドを創造する自社ブランドによる製造（OBM）メーカーへと変貌していく。OEMからODM，OBMへの展開は東アジア企業の成長と技術進歩を表わしている。しかし，現実には自力で高い設計能力を獲得するのは容易でない。さらに自社ブランド製品の販売ルートを開拓するのは容易でない。したがって，多くの東アジア企業はODMと並行してOEMを継続し，またOBM製品の販売を国内に限るなどの政策をとっている。

東アジア新興国に形成されたバリューチェーンは，中国，東南アジア，さらに南アジアにまで広がり，より広い地域で分業を発展させた。それは日本などの先進国企業がより賃金の低い中国，東南アジア，南アジアに生産拠点を求めたためである。その結果たとえばバングラデシュは世界第2位のアパレル輸出国になった。他方で競争力を失った東アジアOEM企業は中国，東南アジアに工場を移転した。台湾企業による中国でのパソコン組立，韓国企業によるインドネシアでの靴製造はその例である。OBM企業になった企業は中国，東南アジア，南アジアで生産を始めた。韓国企業の中国での携帯電話の生産がその例である。さらに中国企業が東南アジア，南アジアで家電やアパレルの生産を始めている。東アジアでの生産の大規模化と多様化は，従来輸入された部品・原材料産業を引きつけ，また同部門への現地企業の参入を促している。こうしてこの地域では製品および部品・原材料生産の分業が深化しているである。

ラテンアメリカのバリューチェーン

東アジアではGVCの発展と分業の深化が見られたが，ラテンアメリカにおけるGVCと分業はこれまで限られたものであった。最大の理由は1950年代以降進められた輸入代替工業化政策であった。輸入代替工業化政策の結果多様な工業が発展したが，多くが国内を市場とするものであった。1980年代以降の経済自由化はそれらの工業を危機に追いやった。東アジアの輸出攻勢は細々と存在したGVCに打撃を与えた。そうしたなかでメキシコや中米・カリブである。メキシコでは1960年以降マキラドーラ（保税加工区）によって米国向けの加工工場を発展させてきたが，94年の北米自由貿易協定（NAFTA）の成立によって電子機器，自動車を含む多様な工業の組立拠点となった。中米・カリ

ブも米国向けのアパレルの生産拠点になった。南アメリカでは全体に製造業のGVCの形成は限られたものであった。しかし，経済自由化以降，野菜，果物などの一次産品とその加工品の分野でGVCが発展した。

　アパレルはラテンアメリカの主要輸出品であった。とくに中米とカリブ諸国は，米国市場に近い立地を生かしてアパレルの生産と輸出を増やしてきた。米国の関税制度すなわち米国が輸入する製品について米国産の部品・原材料を非課税とする制度もまた，この地域をアパレルの輸出拠点とした。繊維製品については，先進国が自国の繊維産業を保護する観点から，国際的な多角的繊維協定（MFA）を結び，繊維製品の輸入量を国別に割り当てる制度が導入された。MFAはWTO体制下でも継承され，中米，カリブ諸国のアパレル産業の発展を可能にした。さらに1994年のNAFTA，2006年の米国と中米諸国にドミニカ共和国を加えた自由貿易協定（CAFTA-DR）の発足は，中米のアパレル産業をより強固なものとするものと期待された。しかし，CAFTA-DRに先立って2005年にMFAが廃止されると，中国など東アジア諸国は輸出攻勢を強めた。自由貿易協定は域外諸国からの輸入を不利なものにするが，低賃金を背景にした中国製品の価格競争力はそれを相殺している。中米のアパレル産業のもう1つの問題は，糸，生地などの原材料が輸入であることである。原材料は主に米国製であるが，高価格な原材料は製品の競争力を減殺している。そのため中米諸国では東アジアからの原材料輸入が増加している（内多2010）。中米，カリブ諸国のアパレル産業のもう1つの問題点は，その担い手が米国および韓国などの東アジア企業で，現地企業ではない点である。つまり生産については分業が見られず，またGVCのガバナンスが外国企業の手中にあることである。

　製造業分野でのGVCへの参加のもう1つの事例はコスタリカである。コスタリカでは1980年代以降工業誘致のため保税加工区を設置し，進出企業に対して法人所得税，社会保険料を減免した。さらにドローバック制度，すなわち部品・原材料を輸入し国内で加工・組立後に再輸出する場合に，部品・原材料輸入に関わる諸税を免除する制度を導入した。これらの政策によって保税加工区への進出が増加した。とくにインテルの進出はコスタリカを一躍半導体生産・輸出拠点とした。続いて同じく米国企業のホスピーラ社が保税加工区で医療機生産を開始した。これらの外国企業の進出はバナナ，コーヒーなどの農産

品に大きく依存したコスタリカの経済を大きく変貌させた。

　ラテンアメリカでは製造業のGVCの発展は限られたものであるが，他方で一次産品とその加工品では数多くのGVCが見られる。チリのブドウやワインはその先駆けであった。チリワインは，ブドウの新品種導入と製造技術の革新を通じて，またカリフォルニアなどの新世界ワインブームに乗って輸出を伸ばした。輸出の増加に対応して自社農場だけでなく契約農場からブドウを調達した。自社農場をもち輸出向けに高級ワインを製造するブティックと呼ばれるワイナリーも現れた。ワインの品質向上と輸出販路のため外国企業と連携した。チリ政府は原産地・品質保証によってワインの国際評価を高め，見本市の開催などによって輸出を奨励した（村瀬2010）。こうして農場から輸出市場までのGVCが形成された。

　生鮮野菜・果物のGVCはもう1つの事例である。生鮮野菜・果物は食の高度化，安全・健康への関心の高まりから需要を増加させてきた。コールドチェーン（低温で輸送できる物流システム）の普及もGVCを可能にした。メキシコの温室トマトはその代表例である。メキシコでは市場への隣接性と温暖な気候条件から米国向けのトマト輸出が増加している。それは従来の露地栽培ではなく，コンピュータ制御による温室水耕栽培である。生産されたトマトは米国のチェーンストア向けであるが，一部の企業は米国に販売会社を設立し，注文に応じて生産する体制を整えている。また減農薬・有機栽培によって付加価値を高める試みをしている企業もある（谷2007）。ペルーの生鮮アスパラガスはもう1つの例である。ペルーは，主にヨーロッパ向けに缶詰アスパラガスを輸出してきたが，中国との競争に直面すると生鮮アスパラガスに転換した。生産者のなかには，コンピュータ制御による点滴灌漑システムを導入し，また輸出にあたって委託販売とともに直接販売を行い，さらに栽培履歴管理によってトレーサビリティを保証する企業も現れている（清水2007）。

　ラテンアメリカの一次産品のなかで最も発展したGVCを形成しているのは大豆である。大豆は，大豆粒のまま消費される量は少なく，搾油をつうじて大豆油が生産される。搾油で生まれる大豆粕は食品原料，飼料などに利用される。飼料は畜産業（養鶏，養豚など）に向けられるが，畜産業はそれらを原料とする加工業を生み出す。大豆はまたバイオディーゼルの原料となる。大豆のGVCのガバナンスの中心にいるのは国際的なカーギル，ブンゲなどの穀物メジャー

である。穀物メジャーは，自らは大豆生産には参加せず，生産金融をつうじて農家の大豆生産を促すとともに大豆を安定的に確保し，搾油工場を所有し大豆油・粕を生産している。中国など重要な消費地に販売，加工拠点をもち，世界の大豆市場を支配している（小池 2007）。

これまで見たように，ラテンアメリカでは製造業のGVCが発展していない。多数の国の参加によるバリューチェーンはほとんど見られない。くわえて部品・原材料はもっぱら輸入であり，生産の担い手は多くが外国企業であった。こうした実態は東アジアと大きく異なる。先進国企業が，自社工場であれ生産委託であれ，ラテンアメリカを輸出拠点として位置づけなかったのは，ラテンアメリカが輸入代替工業化政策をとったからである。閉鎖的な開発政策に加えて地勢的な分断は，域内で分業とGVC形成を抑制した。それは輸出志向型工業化政策をとり海洋に向かって開かれていた東アジアとの違いであった。活発に製品開発し旧製品を次々に海外に移転する「日本」も存在しなかった。東アジアではGVCで生産のうちOEMを担うのは現地企業であった。これに対してラテンアメリカでは生産の担い手はもっぱら外国企業であった。一次産品の場合，現地企業が生産の重要な担い手となり，そのなかには高い栽培技術を獲得し，また独自の流通ルートを開発する企業も現れているが，そうした企業はなお一部であり，また重要な生産要素，すなわち種子，肥料，農薬，栽培設備などの投入財はそのほとんどが輸入である。

2 グローバル化と格差

GVCは，開発途上国に経済成長の機会を与える。企業に先進国市場へのアクセスを可能にする。多様な製品の輸出は技術移転を促進し，先進国市場に関する情報を蓄積し，自ら製品をデザインし，さらに独自のブランドをもつことを可能にする。開発途上国にとってGVCへの参加はこうしたメリットをもつが，すべての国や企業がメリットを享受するわけではない。GVCへの参加はしばしば貧困や格差を増大させる。ラテンアメリカでもGVCへの参加は，貧困や格差を伴うものであった。

第5章 グローバル・バリューチェーンと社会的統治

取引の不安定性・不確実性

すべての開発途上国がグローバル企業の編成する GVC に参加しグローバル化の利益を享受きるわけではない。GVC を編成する企業の多くは先進国のグローバル企業であり，それらの企業にとって個々の国は選択肢の1つに過ぎない。グローバル企業の目的はグローバルなレベルでの利益の最大化であって各国の利益，つまり開発の実現ではない。グローバル企業は自らの利益最大化のため最も有利な条件をもつ国々での生産を追求し，新たな生産委託先を探している。たとえば生産国で賃金上昇，為替上昇や政治不安があれば，生産国や委託先を新たに取り換えるだろう。グローバル企業や OEM 企業はまた徹底的に標準化した技術によって生産を行っている。それは，1つには製品の品質を均一化，安定化させるためであり，もう1つには生産条件の変化に対応して生産拠点を移動する自由を獲得するためである。世界共通の製造方法をとることによって，工場のマニュアル（指示書）の言語を変えれば，すぐさま別の国での生産が可能となる。生産国にとって生産が停止され委託契約が破棄されれば，その国では雇用，輸出による外貨，税収が失われることになる。事実，インテルは 2014 年4月にコスタリカの半導体工場を閉鎖しマレーシア，ベトナム，中国に移転すると発表した。インテル・アウトサイド（intel outside）によって 1500 人の雇用，20 億ドルの輸出外貨が失わることになる（*The Economist*, 2014 年4月 19 日号）。つまり GVC による取引は不安定，不確実である。

不平等な利益配分

GVC がもつもう1つの問題点は付加価値の不均等な配分である。GVC のなかで開発途上国に割り当てられるのは，一次産品の生産とそれらの加工，あるいは工業製品の組立などの労働集約工程である。言うまでもなく開発途上国に安価な労働力が存在するからである。開発途上国では社会保障制度が整備されていないため，企業は賃金以外の社会負担を節約できる。さらに労働基準やその監督が不十分である。労働組合が未組織で，また政治的な理由から政府が労働組合運動に抑圧的である。こうした政策的な労働条件引き下げは，グローバル企業を自国に誘致し，あるいはグローバル企業からの生産委託を勝ち取るためである。メキシコ，中米，カリブなどが生産拠点として選ばれた背景にはこれらのことがある。労働条件引き下げなど社会的ダンピング競争は，付加価値

を限りなく小さいものとする。

　グローバルに展開される生産工程への低い配分の一方でデザインなど製品開発，マーケティングなどの流通は大きな付加価値を享受している。その理由は，先に述べたように，これらの経済活動が高度な知識やノウハウを基礎とし，くわえてこのことと関連するが，知識やノウハウが少数の企業に独占的に所有されているからである。生産工程への付加価値の配分が小さいと言ったが，同じ理由（知識やノウハウの独占）から一部の部品・原材料の生産は大きな付加価値を獲得しうる。幅広い産業で利用されている炭素繊維，パソコンのソフトウェアやCPU（中央演算処理装置）その他である。言うまでもなくこれらの部品・原材料を生産するのは先進国企業である。

　付加価値の不均等な配分は今後も継続し，悪化する可能性がある。あらゆる製品において製品開発力，デザイン力，マーケティング力，ブランド力がますます重要になる。GVCを編成し運営する能力も利益の重要な源泉になりつつある。ラテンアメリカの主要な輸出品であるアパレル，靴などファッション性をもつ製品ではデザイン力とともにブランド力がますます重要になりつつある。果実，野菜，穀物，切花などでの農産品でも種子開発，流通組織が利益の源泉になりつつある。こうした見通しが正しければ，ラテンアメリカに配分される付加価値は今後小さいものとなる。

　先に述べたようにコスタリカは電子機器など先端産業にGVCに参加したが，それはコスタリカに大きな付加価値をもたらすものではない。北野はインテルの半導体工場がもつ問題点を次のように的確に指摘している。第1の問題は，少数の産業への集中がもたらす経済の不安定性である。半導体は景気変動が大きい産業である。国の生産と輸出が半導体に集中していると，半導体産業の浮沈は経済を不安定なものにする。第2の問題は，フリーゾーンに立地する産業が部品・原材料のほとんどを輸入に依存していることである。インテルの場合，コスタリカで行われている工程は，輸入されたシリコン版を切り離してセラミックでパッケージ封入する，半導体製造では「後工程」と呼ばれる限られた工程であり，付加価値は小さい。その結果輸出による外貨獲得効果は限定的である。第3の問題は，地域間格差である。フリーゾーンが位置する地域では雇用と所得が生まれるが，他の地域では生まれない。本来であればフリーゾーンに進出する企業から徴収する法人所得税を再分配の原資とすることができるが，

フリーゾーンでは所得税が免除されている。くわえて海外への利潤送金も制限がないため、税による所得再分配効果はほとんどなかった（北野 2014）。

　こうした付加価値の不均等な配分はしばしば生産国、NGO の批判に晒されてきた。しかし、批判の多くは正当なものとは言えないし、不均等な配分の本質的な理由を理解するのを妨げる。GVC を組織する企業の高い付加価値は企業がもつ高い能力に対する報酬である。製品企画、デザイン、生産組織の編成、マーケティングなどがそれである。GVC を組織する企業はまた、多くのコストとリスクを負っている。製品開発投資、情報ネットワーク、流通組織の編成は多大なコストを伴う。また、開発、生産した製品が販売されるという保証はない。GVC によって生産される製品は標準化された大量生産品からライフサイクルが短く、多様性をもったものに移りつつある。需要の不確実性、多様性は製品の売れ残り、価格低下などのリスクを高めている。ブランド力の創造にしても、新製品開発、広告宣伝に多額の費用を投入しているからである。

　しかし、不平等な付加価値の配分の背景には不公正な取引がある。先進国企業が大きな付加価値を獲得するのは、それらの企業が、ブランド、流通組織などによって参入障壁を形成し、それを背景に独占的経済力を行使しているからでもある。ブランド企業や流通企業、それらに代わって商品を買い付けるバイヤーは価格を限りなく引き下げようとする。ラテンアメリカが生産するコーヒー、カカオなどの国際商品の場合、価格はニューヨークなどの商品取引所で決定され、バイヤーはそれを基準に買い付ける。バイヤーと生産者の間には経済力と情報の非対称性がある。バイヤー、その背景にあるグローバル企業に対して生産者の多くは小規模あるいは零細であり、そのことが取引条件を引き下げる。コーヒーなどの嗜好品の場合、取引条件はさらに悪いものになる可能性がある。生産者はコーヒーを売って食糧を購入する。コーヒーが売れなければ食糧を手に入れることができない。その結果バイヤーによる買い取り価格は限りなく下方に圧縮される。不利な価格を強いられるのは、生産者が商品の価格、品質などについて正しい情報をもたないからでもある。コーヒー生産者は自らの豆がどのような価値をもち、どのような価格が市場で付けられているか情報をもっていないことが多い。その結果、買い取り価格はバイヤーのいいなりになり、ときに生産コストを下回ることになる。

環境破壊

　GVCがもつ最後の問題点は，それへの参加が環境破壊をもたらすことである。ラテンアメリカはその自然条件や北半球と反対の季節などを利用して果実や野菜栽培，牧畜，エビ養殖，花卉栽培などを行い，米国など先進国市場に輸出している。メキシコ，ホンジュラス，グアテマラなど中米諸国では果実や野菜の栽培が熱帯林を破壊し，大量の化学肥料が土壌を劣化させ，農薬の使用が労働者の健康被害をひきおこしている。中米ではまたエビ養殖がマングローブ林を破壊している。コロンビアとエクアドルでの花卉栽培は，ケニアなどアフリカ諸国ほどではないが，水の汚染や健康被害を引き起こしている。ブラジル，アルゼンチン，パラグアイ，ボリビアで急速に広がる大豆栽培は，森林破壊や土壌の劣化を引き起こしている。ラテンアメリカではまた遺伝子組み換え作物が急速に普及しており，健康への悪影響や生態系破壊のリスクが高まっている。

　持続的な開発を困難にする環境破壊は本来であれば厳しく規制されるべきものであるが，環境規制がラテンアメリカでの生産や調達を抑制することになるから，規制を自粛あるいは緩和しているのである。このように環境規制は農産物などの価格を引き上げることになるため回避されるが，先進国企業はその結果として生じる環境破壊の社会的負担を払おうとしない。先進国企業にとって生産国は数多くの代替地に過ぎず，フロンティアがある限り環境保全に関心を払わない。環境を利用し，消費しつくしたら逃避する行動をとる。その結果，環境費用は一方的に生産国であるラテンアメリカなどの開発途上国が負う。他方で貿易によって利益を受けるのは先進国とその消費者である。自由貿易の下では環境費用を生産物価格に反映させ難いのである。しかし，環境破壊は長期的には先進国とその消費者にも不利益をもたらす。優良な農地の減少は農産物価格を引き上げる。森林減少は気候変動を悪化させ自然災害を頻発させる。農薬汚染はブーメランのように先進国の消費者に健康被害をもたらす。

先進国での格差

　経済グローバル化のなかで先進国は一方的に勝者であるわけではない。貧富の格差拡大は広く先進国でも見られる。所得格差は，税や社会保障による再分配政策の前と後の2つの基準によって測られる。再分配前では先進国で一様に悪化している。再分配後で見ると，米国，日本などでは新自由主義改革によっ

第5章　グローバル・バリューチェーンと社会的統治

て税などの再分配機能が低下しているため悪化しているのに対して，再分配機能が働いている北欧，ドイツ，フランスなどでは大きな変化はない。それではなぜ再分配前の所得分配が悪化しているのだろうか。GVC はそれを説明しうる。

　GVC によって多くの生産機能は開発途上国に移転されるが，その他の機能の多くは国内に温存，強化される。その結果，製品企画，デザイン，マーケティング，金融を多く担う大企業，知的労働者，大都市は成長するが，生産とりわけ標準化された製品，工程を担う中小企業，単純労働者，地方は衰退する。後者は開発途上国の企業，労働者によって取って代わられる。大都市も一様でない。製品企画，デザインなどに就くエリートと，彼らにサービスを提供する非正規労働者などのノンエリートが並存する。こうした変化は国際的な産業調整の過程であり，これまでしばしば繰り返されてきた問題であるが，産業調整は一時的に，とくにそれがうまくいかない場合には社会階層，地域間で構造的に格差を引き起こす。

3　グローバル・バリューチェーンの社会的統治

　経済グローバル化あるいは GVC への参加が企業あるいは一国の成長や所得の増加に繋がらないとすれば，あるいは貧困や格差を引き起こしているとすれば，ラテンアメリカとその企業は GVC にどのように参加すべきか，GVC 参加の利益をどのように拡大するかが課題になる。さらに，前節で見たように，GVC が必然的に不平等や環境破壊をもたらすものであれば，一国あるいは国際社会による統治が必要となる。

アップグレーディング

　GVC に参加している国や企業が利益を拡大するには，経済活動のアップグレーディング（高度化）が必要となる。GVC 論は，アップグレーディングの方法を，製品のアップグレーディング，プロセス・アップグレーディング，チェーン内アップグレーディング，チェーン間アップグレーディングに分類している（Humphrey and Schmitz 2000）。製品のアップグレーディングは，高度な製品にシフトし付加価値を高めることである。プロセス・アップグレーディングは，

新しい技術の導入や生産組織の再編によって生産性を高め，付加価値を高めることである。製品あるいはプロセスのアップグレーディングは，ブランド企業など取引先との継続や新たな取引先の獲得を可能にする。チェーン内アップグレーディングとは，新たな機能を追加することである。生産でも，組立だけではなく，部品生産を行うことがその１つである。デザイン，マーケティング機能をもつこともチェーン内アップグレーディングである。チェーン間アップグレーディングは，GVCによって獲得した能力を他の製品や産業に応用することである。

このように経済活動のアップグレーディングには多様な手段があるが，現実には容易でない。くわえてアップグレーディングが開発途上国やその企業の利益を拡大するという保証はない。先進国の企業はより有利な委託先を探し，開発途上国と企業は受注競争を展開している。その結果，製品および加工価格が低下し，生産国と企業が生み出した付加価値は先進国と企業に移転する。チェーン内アップグレーディングのうち部品・原材料生産は規模の経済，技術力の不足から容易でない。工業製品の部品や素材，農産物の種子などは先端技術の塊であり，開発途上国と企業がそれをもつのは難しい。開発途上国の企業がGVCに参加できているのは，先進国の企業から部品・原材料を調達しているからである。デザイン機能をもつには高い技術力が必要となる。独自のブランドをもちマーケティング機能をもつには広告宣伝，流通組織の編成などに膨大な投資を必要とする。自社ブランドの創造はまたバイヤーによって取引停止という阻止行動を受けるであろう。先進国企業は，自らのコアコンピテンスの源泉である市場情報，技術を開発途上国の契約工場に渡すことはない。

メキシコなど中米は立地上の優位性を生かして米国市場向けの産業が発達したが，それらは部品・原材料のほとんどを米国から輸入するものであった。メキシコでの自動車，電子機器生産はその典型的な事例である。コスタリカの半導体産業も原料を米国から輸入し単純な加工をするものであった。生鮮野菜や果物の栽培も種子，栽培設備などを輸入するものであった。NAFTAをはじめ中米，カリブでの共同市場の形成は，この地域の加工型産業の性格を強めた。一部の産業では徐々に加工度を高めたり，部品・原材料の一部を国内から調達するようになった。メキシコのブルージーンズはその代表的な例である。トレオンはリーバイスなどの進出によってメキシコを代表するブルージーンズ産地

となった。生産量の拡大とともに，縫製だけでなく原料（生地）生産，裁断，飾り・ラベル生産，洗い・仕上げといった工程も一部がメキシコ側に移転された。しかし，マーケティング・販売はもちろん，製品開発・デザインはメキシコ側ではなく米国側にある（Bair and Gereffi 2001）。

　自社ブランドの創造の試みもある。ブラジルの革靴産業はその例である。世界の靴産業には高級品がイタリア，中級品がブラジル，低級品が中国という分業があったが，中国の中級品への展開によってブラジルの靴産業は厳しい競争に晒されることになった。米国の流通業などは中国への発注に切り替えた。こうしたなかで先進国のブランドを買収する企業も現れた。しかし，独自のブランドによる輸出市場での販売の試みは，バイヤーによる生産委託の停止という対抗措置を受け成功しなかった（Schmitz and Knorringa 2000）。

　中米，カリブ海諸国のような小国では，多数の工場が立地すれば賃金を引き上げることになるため，生産（組立）の規模は小さく，その結果，原材料，部品工業は発展しない。チェーン内アップグレーディングは多くの困難が存在する。ラテンアメリカで技術力が劣る後発国では，アップグレーディング以前に，GVCに参加できないという問題を抱えている。後発国ではまた，GVCで生産を担っているのは外国企業の工場であって，現地企業ではないことが多い。

　こうした困難にもかかわらず，ラテンアメリカがグローバル化，GVCからの利益を拡大するには経済活動のアップグレーディングが不可欠である。アップグレーディングは個々の企業のアップグレーディングによってのみ実現されるわけではない。より重要なのは一国あるいは一地域の産業において新しい製品や生産技術を導入し，新しい機能を追加することである。そのためには国あるいは地域でアップグレーディングのための制度を整えることである。ここで言う制度とは，新製品と生産技術開発のため組織，技術移転機構（TLO），金融組織，新たなデザイン開発のためのセンター，商品の品質検査と標準化，新たな流通ルート開発のための輸出組合，見本市開催などである。

社会的統治

　経済や技術基盤が脆弱なラテンアメリカのような開発途上国において，企業のリーダーシップのみでアップグレーディングは可能であろうか。そして，各国がグローバル化に参加し，より大きな利益をえようと社会的ダンピング競争

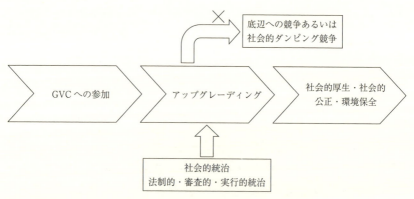

図5-2　グローバル・バリューチェーンと社会的統治

出所：筆者作成。

あるいは底辺への競争をしているなかでは、アップグレーディングは可能であろうか。そうした環境下で企業は、イノベーション（革新）によって競争力を獲得しようとするのではなく、労働条件引き下げなどによって競争力を獲得しようとする方法を選びがちである。先に述べた一国あるいは地域での研究開発その他の制度の整備は、企業の機会主義的な行動を抑制し、企業が後者の方法を選ぶのを阻止しうる。企業が底辺の競争を抑制しイノベーションを選べば、雇用や所得の持続的な増加を生むが、現実には利潤の追求を第一義とする企業の行動が常にそうした方向に向かうことはないであろう。またイノベーションをつうじて経済活動のアップグレーディングがあったとしても、それは必ずしも貧困や格差、環境破壊をなくすことにはならない。そこで社会によるGVCの規制、すなわち社会的統治が必要となる（図5-2）。

経済活動が国境を超えるなかで企業はグローバルなレベルで社会的責任を求められるようになった。国連ではアナン前事務局長がグローバル・コンパクトを提唱し、企業が地球市民として行動することを求めた。OECDは多国籍企業の行動に関するガイドラインを定めた。国際標準化機構（ISO）も、商品が生産される過程まで遡って、品質、環境への影響について基準を設定した。こうしたなかで先進国企業は、行動規範（code of conduct）を設定し、自らの行動を規制するようになった。海外から製品を調達する企業は当初、その製品が劣悪な労働条件で生産され、また環境を破壊しようと、それは生産者の責任であるとしていたが、消費者などの批判を受けて、生産者が人権、安全・衛生など

について法令順守などを果たしているかを検査し、それに違反する場合は調達を取りやめる企業が数多く現れた。製造過程で発生する環境負荷を考慮するグリーン調達も一般化しつつある。企業のなかには自らの活動の監視をNGO/NPOなど外部に委ねるケースもある。GRI（グローバル・レポーティング・イニシアティブ）は、企業活動が環境、社会そして経済にとって持続可能であるかどうかを検証する報告書の公表を求め、そのガイドラインを作成している。GRIに従ってレポートを公表している企業その他の組織は、2015年9月で世界全体の8274であるが、そのうちラテンアメリカは1177と相当数を占める（GRIホームページ http://database.globalreporting.org/search）。こうした企業の社会的配慮は、自らの経済活動を正当化し、企業イメージを高めるため手段という性格をもっている。

　GVCがもつ最大の課題は劣悪な労働条件をいかになくすかである。この分野で重要なのは国際労働機関（ILO）の規制である。ILOは1998年に、経済グローバル化に伴う失業や格差拡大のなかで「労働における基本的原則および権利に関する宣言」（ILO新宣言）を出し、加盟国に労働基準に関する基本的な4原則と8条約を尊重し実行するように求めた。4原則とは、結社の自由および団体交渉権、強制労働の禁止、児童労働の廃止、雇用および職業における差別の排除である。ILOが定めた労働基準は、企業の社会的責任に関連して、先に挙げたOECDの多国籍企業ガイドラインや国連グローバル・コンパクトなど半ば公的な指針だけでなく、GRIやISOなど民間機関が定める基準でも採用されている。ラテンアメリカ諸国はそのほんどが、新宣言に関わる8つの条約のすべてを批准しているが、そのことは原則や権利が履行され順守されていることを意味するものではない。

　GVCの規制への試みは、個々の企業や国際機関だけでなく、地域統合のルールに基づいてもなされている。グアテマラの輸出加工業では違法な解雇、労働組合結成への妨害や労使交渉の拒否など労働法の不履行が横行しているが、こうしたなかでグアテマラの労働組合はアメリカ労働総同盟・産業別組合会議の支援を受けて、CAFTA（中米自由貿易協定）に対して労働法の履行を求めて仲裁の申し立てを行った。米国政府は労働法違反を認め、グアテマラ政府に対して改善案を求めたが、グアテマラ政府は応じていない（藤井 2015）。

　GVCを規制するのは企業の私的な統治、政府や国際機関による公的な統治

だけではない。労働者，消費者，市民，それらが組織する労働組合，消費者団体，NGO/NPO などによる規制，社会的統治もまた重要である。その統治の手段は，フェアトレードの認証制度に見られるような購買基準の設定（法制的統治），企業行動の監視や違反した場合の不買運動（審査的統治），新製品や流通ルート開発支援（実行的統治）がある。これらの社会的統治は企業の私的統治，政府や国際機関の公的統治を補完し，それらの限界を克服する。

　社会的統治の主体として消費者の役割はきわめて重要である。GVC によって調達される商品は，消費者がそれを購入することによってその価値が実現されるからである。消費者が購入しなければ GVC は成り立たない。したがって消費者がいかに消費をするか，どのような基準で商品を購入するかが，GVC に参加する生産者の労働条件や環境の改善を可能にする。消費国である先進国での反スウェットショップ（搾取工場）運動はその1つである。メキシコ，グアテマラ，エクアドル，ペルーなどラテンアメリカで広く行われている，コーヒー，チョコレート，民芸品などのフェアトレードはもう1つの運動である。メキシコチアパス州で実践されている，マヤビニック生産者協同組合とのコーヒーのフェアトレードと技術支援はその代表的な事例である。そこでは，生産者や消費者など当事者の間で自由な選択と公正な競争を通じて，当事者と地域社会のすべてが利益を享受しうる取引，すなわちフェアな取引を目指している（山本 2009）。フェアトレードの基礎にあるのは消費者の倫理性や責任である。ブラジルでは倫理的な消費を普及するため学校や社会で消費者教育を行っている。フェアトレードは生産者にとって企業に代わる，あるいは企業を補完する新たな市場を獲得する手段である。新たな販売先の確保は，生産者の企業との交渉力を高め，取引価格を引き上げることができる。

　ラテンアメリカにはデザインをつうじて商品の価値を高め，あるいは新しい商品を創造する運動がある。それらは新しい市場を開発することを可能にする。デザイン力の不足は，商品の販売を困難にし，あるいは販売を先進国のバイヤーに依存し，それらの結果，価格が低いものとする重要な要因である。こうしたなかでラテンアメリカ各国はデザイン振興政策をとり，また草の根レベルでデザイナーが零細な生産者を支援している。コスタリカでは，先住民の伝統的なデザインを利用したり，自然をモチーフにしたデザインによって衣類，鞄などを製品化する活動が活発である。ブラジルでも伝統工芸とモダンデザインの

交流による新しいデザインと製品の創造が活発である。それは単に製品の販売だけなく、貧困などの社会問題の緩和、伝統文化の保全と新しい文化の創造、零細中小企業の活性化、環境保全を促し、持続可能な社会の形成を目指すものである。アルゼンチンのブエノス・アイレスでは、市政府が中心になって、内外の市民組織や大学などと連携し、デザインやブランドの創造、デザイン教育、普及、展覧会の開催などを実施している。これらに共通するのはデザインを通じて社会を活性化し社会問題の解決を目指していることである。その活動は、ブエノス・アイレスに服飾、観光などの産業集積を生み、雇用の創造と貧困の軽減に寄与している（鈴木 2014）。

　グローバル化によって進行する貧困、格差、環境破壊などの災禍を阻止するには、GVC の社会的統治だけでは困難である。貧困、格差などは新自由主義のもとでのグローバル企業に好都合な制度改革によっても生じているからである。企業および経済エリートに対する所得税その他の税の軽減、労働規制の緩和と労働組合の弾圧、環境規制の緩和あるいは消極的姿勢などがそれである。貧困、格差、環境破壊をなくすには、こうしたグローバル企業に一方的に利する制度改革を反転させることが必要である。これに対し企業の社会による統治が資本の海外への逃避をもたらすという議論があろう。こうした脅しや恐れが、企業を傲慢にし、開発途上国に限らず先進国政府が強い規制をとることを逡巡することに繋がった。ラテンアメリカ、とりわけ交渉力が乏しい小国の場合がそうである。一国での規制や運動には限界がある。グローバル企業とその放恣に対抗するには、各国の労働者、消費者、市民の国際的な連携が不可欠である。くわえて、しばしば政府と企業が結託することを考えれば、GVC の社会的統治が機能するには、各国で政治を主権者の手に取り戻すこともまた必要である。

参考文献

内多允「世界のファッションを支える中米・カリブのアパレル・クラスター」田中祐二・小池洋一編『地域経済はよみがえるか——ラテンアメリカの産業クラスターに学ぶ』新評論、2010 年。

北野浩一「コスタリカの工業化の進展と課題」山岡加奈子編『岐路に立つコスタリカ——新自由主義か社会民主主義か』アジア経済研究所、2014 年。

小池洋一「ブラジルの大豆産業——アグリビジネスの持続性と条件」星野妙子編『ラテンアメリカ新一次産品輸出経済論——構造と戦略』アジア経済研究所，2007年．

清水達也「企業による生鮮農産物輸出の拡大——ペルー・アスパラガスの事例」『ラテンアメリカレポート』Vol. 24, No. 2, 2007年11月．

鈴木美和子『文化資本としてのデザイン活動——ラテンアメリカ諸国の新潮流』水曜社，2013年．

田中祐二・小池洋一編『地域経済はよみがえるか——ラテンアメリカの産業クラスターに学ぶ』新評論，2010年．

谷洋之「拡大するメキシコの温室トマト輸出と地域発展の可能性」『ラテンアメリカレポート』Vol. 24, No. 2, 2007年11月．

藤井嘉祥「グアテマラの輸出加工工業における社会的高度化の現状」『国際開発学研究』第15巻第2号，2016年3月．

村瀬幸代「比較優位の活用から競争優位の創出へ——チリ・ワインクラスター」田中祐二・小池洋一編『地域経済はよみがえるか——ラテンアメリカの産業クラスターに学ぶ』新評論，2010年．

山本純一「開発支援とフェアトレードにおける中間組織の役割——FTPの活動を事例として」田島英一・山本純一編『協働体主義——中間組織が開くオルタナティブ』慶應義塾大学出版会，2009年．

Bair, Jannifer and Gary Gereffi 2001 "Local Clusters in Global Chains: The Causes and Consequences of Export Dynamism in Torreon's Blue Jeans Industry," *World Development*, Vol. 29, No. 11, November.

Gereffi, Gary 1994, "The Organization of Buyer-Driven Commodity Chains: How U.S. retailers Shape Overseas Production Network," in Gary Gereffi and Miguel Korzeniewics eds., *Commodity Chains and Global Capitalism*, London: Praeger.

Humphrey, John and Hubert Schmitz 2000, "Governance and Upgrading: Linking Industrial Cluster and Global Value-chain Research," *IDS Working Paper*, No. 120.

Kaplinsky, Raphael 2000 "Spreading the Gains from Globalization: What Can Be Learned from Value Chain Analysis ?," *IDS Working Paper*, No. 110.

Schmitz, Hubert and Peter Knorringa 2000 "Learning from Global Buyers," *Journal of Development Studies*," Vol. 37, No. 2.

第6章　ラテンアメリカ経済社会の変化
　　　——ブラジルの住宅政策に焦点を当てて——

山　崎　圭　一

1　本章の目的と分析方法

基本的方法

　ラテンアメリカでは2000年代に経済成長を達成した国が多いが，貧困の象徴とも言えるスラム街は解消しないどころか増加している。この謎を検討することに主眼を置きつつ，本章は以下の2つの論点に取り組む。第1に，ラテンアメリカの経済社会の過去約30年の変化をできるだけ総合的に考察することである（第2節〜第3節）。第2に，ブラジルの住宅政策を検討することである（第4節）。1つ目の「経済社会の変化」について説明しておくと，その内容は広く，漠然としているので，本章では，市場，政府，家族・市民社会の3領域とミクロ，メゾ，マクロの3つの水準に分けて考察するという方法を採用してみたい。領域と水準についての3つの区分は社会常識に即したもので，特別な理論に基づく分け方ではない。これを仮に「ルーブリック方式」と呼ぶことにしよう。この整理法によって，20世紀が終わり21世紀に入って，ラテンアメリカの社会で何が変化したのかを総合的に理解できると考えている。なおルーブリック方式は，現状を均衡システムとして描くという方法ではない。その目的は，現実を矛盾や不均衡がみられる複雑性であると理解し，その特徴をそのまま記す方法である。この方法には，観察対象の経済が衰退や成長といった1つの方向へ向かっているかどうかを証明する，という目的はないが，「貧困の罠」「中所得国の罠」に陥っているという状況を市場現象に限らず広く社会全体の事例を挙げて説明したいと企図した。

　社会の構造と動態を記述する社会科学の方法としては，「素材と体制」（あるいはその間の中間システム），「国家と社会（市場，共同体）」の相互関係，あるいは資本主義体制の不安定性といった視点から分析することが本来大事である。

とくに国家の性格が資本主義の発達の中でどのように変容したのか，していないのかは，重要な問いである。しかし途上国については，数々の先行研究があるにせよ，国家も，またそれを含んだ資本主義体制全体も，依然として性格づけは難しい。ルーブリックによる整理はそのための準備作業と位置づけたい。

第2の目的であるブラジルの住宅政策の分析について補足しておくと，本章では国家についての以下の考え方が前提となっている。国家は社会（市場）に介入することで市場の失敗を解決する面もあるが，ここでは国家の経済活動をふくめて資本主義体制全体が，異なる完成図のピースと1～2枚のピースが入れ替わったジグソーパズルのように，どうやっても辻褄が合わない制度だと考えている。公共経済学のような立場，すなわち政府が市場に介入すれば不均衡が解消するという考え方は，とっていない。国家が社会（市場）に介入しても体制が有する矛盾は解消しないという性質は，ブラジルを含めたラテンアメリカの「国家と社会」にも当てはまると考えている。第5節では，ブラジルでは国家による市場介入（住宅政策分野）が少ないことを批判しているが，介入が増えれば住宅問題が解決するだろうと展望するわけではない。より大きな介入によって住宅問題はかなり緩和するだろうが，資本主義体制である限り矛盾は残ると思われる。

資本主義体制をやめることは現実的ではないかもしれないが，国家介入を増やす（新自由主義と決別する）というレベルを超えた，よりラディカルな，あるいはより高い志の改革が必要であろう。たとえば相続税や農地税が軽微で，大富豪や大地主が得をしているが，このままでよいのかという問題がある。そうした壁（構造問題）を突き抜けられない点も，「中所得国の罠」の一例であろう。また山口薫が近著『公共貨幣』で提唱している貨幣の国有化（「現代版のシカゴ・プラン*2」）は，金融資本との対決に導く発想かもしれないが，一考に値する根本的改革の一例といえる。

　　＊1　たとえば，核（原子力）と決別することも大事である。核兵器については現在世界に1万5000発以上あり，その縮減交渉が停滞している。原子力発電所については，日本の福島第一原発の過酷事故（2011年3月）を引き合いに出すまでもなく，危険性が高い。ラテンアメリカでは，メキシコ，アルゼンチンおよびブラジルに原子力発電所がある。使用済み核燃料（核のゴミ）をどうするのかとい

った難題もある。核（原子力）との決別も，高い志と言えよう。

*2　社会に流通する貨幣のうち，硬貨とお札（中央銀行券）は1割〜数割程度で，大部分は要求払預金といった準通貨などで，簡単に言えば銀行通帳に印字された数値である。日本の場合，1240兆円（2015年末）のマネー・ストック（M3）のうち日本銀行券など現金は約90兆円である。マネー・ストックの大部分は国家が印刷したものではなく，商業銀行各支店の与信判断によって融資実行時などに「無から創造」された，いわば泡のような数値である。銀行に対する借金が返済されると，その分マネー・ストックも泡がはじけるように消滅する。ちなみに商業銀行等が保有する日本国債は約300兆円だが，仮に完済されればマネー・ストックが約300兆円分消滅することになる。日本銀行というジャスダック上場企業の政策判断と金融機関各支店の「信用創造」に依存した，不確実なマネー管理を安定化する案として，貨幣の国有化がある。具体的には日本銀行を国有化して貨幣を国家発行にする。民間金融機関の「信用創造」に代えて，支払い準備率を100％（フル・リザーブ）に引き上げるのである（100万円の融資の実行には100万円のキャッシュが銀行の支店の金庫に存在するという状態）。これにより「貸し渋り」といった，商業銀行の慎重すぎる与信行動を変えられる可能性がある。むろん国営の紙幣が国際的信用を得られるかどうかの疑問は，当然湧くだろう。詳しくは山口薫の近著（2015）を参照のこと。なお米国緑の党が最新の綱領の第Ⅳ章「経済的正義と維持可能性」第Ⅰ節「銀行と保険の改革」において，以上のような考え方に基づいた米国連邦準備銀行の国有化案を採用している点は，注目に値する（http://www.gp.org/economic_justice_and_sustainability_2016/#ejBanking）。

日本を例にした説明

　3×3のルーブリック方式（表6-1）を分かりやすく説明するために，まず最初に日本を素材に考察しよう。過去約20年間に日本に生じた変化を振り返ってみたい。インターネットの普及といった生産力（または技術）の変化と環境問題（または外部性）については，全領域を横断する要素と考える。

　Aの領域では，いわゆる「日本的経営」がかなり崩れ始めたことが指摘できよう。終身雇用は今日必ずしも保障されないし，雇用契約については非正規職員が激増した。株式の持ち合いの解消が進み（どの程度進んだかは実証研究の課題），グループ内の所有（出資）に関する結束が緩んでいる。都市銀行はつぶさないという護送船団方式が1997年の北海道拓殖銀行倒産で終焉し，その後，

表6-1 「ルーブリック方式」

	市場領域	政府領域	家族・市民社会の領域
ミクロ（個人，企業）のレベル	A	B	C
メゾ（都市，農村）のレベル	D	E	F
マクロ（国，世界）のレベル	G	H	I

出所：筆者作成。

　銀行の倒産が相次いだ。銀行再編は3つのメガバンクの誕生に結果した。日本企業による国際的M＆Aが増えた。個人についてみると，企業に最近入社した若いサラリーマンは，上司との飲み会に付き合わないなど，日々の行動と意識が変化しつつある。また職場では男女共同参画が徐々に進められている。B領域では，行政機関への各種法令順守の導入が進んだ。たとえば公共調達については，随時契約が減り一般競争入札による発注先の決定が増えた。C領域では，最先端の情報通信技術が家族生活に変化をもたらした。小学生がスマホを使ってLINEをするようになり，それをめぐる友人間のトラブル対応に教師や親が苦慮するようになった。

　D領域では，中山間地域の過疎化が進み，「限界集落」から「消滅集落」へと状況が進んだ。地方都市の衰退も進み，首都圏への諸資源の集中傾向が続いている。E領域では，「地方分権化」が進んだが，事務の移譲が中心で，税源移譲や住民自治が進んだわけではない。「平成の市町村合併」が国の主導で強引に進められたが，地域によっては住民サービスの質が低下したなど，マイナスの事後評価も出始めている。F領域では，高齢化が進む中，地域コミュニティにおいて孤独死，直葬，無縁社会といった言葉で表現される問題が広まった。

　G領域ではグローバル化が進んだ。工場の海外移転による国内産業の空洞化が進んだ。たとえば親会社の工場が海外移転したために，その商品に関連する地域の専門企業が倒産した。また労働力の国際移動が活発化し，国内では多文化共生が重要課題として浮上した。H領域では長期化する不況への対応で財政出動が拡大し続け，政府公的債務が1000兆円を超えて，世界一の水準に達した。アベノミクスによる未曾有の金融緩和という景気浮揚政策の効果はあまりなく，当初の2％のインフレ目標も未達成である。I領域では，少子化の傾向が変わらず，全国的に都市か農村かにかかわらず小学校の閉鎖や統廃合が続いた。2011年3月の東日本大震災以降市民のボランティア活動が増えた。また

2014～15年は，安全保障関連法をめぐって，反対運動が起こり，新しいタイプの（未組織の）学生や子育て中の母親らの自発的な抗議運動が全国に拡がった。

9つの領域で生じた変化のうちいくつかは，相互に密接に関連している。総じて戦後の高度成長期に「福祉国家」といわれた状況が崩れ，個人とくに社会的弱者を保護する国家と家族の機能が大きく低下した状態へ変化したと言える。それは経済的な衰退過程でもあるが，その点の説明は本章で設定した課題を超えているので，さしあたり金子勝・児玉達彦の近著『日本病』に委ねたい（金子・児玉 2016）。

2　ラテンアメリカ地域の「ルーブリック方式」による素描

ラテンアメリカは，ハイチのような最貧困地域，メキシコやブラジルやチリのように経済発展が進んだ地域，ペルーなどその間の中間水準の地域など，少なくとも3つに分けることができるが，今回は全体をまとめて整理しよう。A領域については総じて大企業を含めて家族経営の会社が多いと言えよう。資本調達についてはまだまだ証券市場が小さいと言える。職場や生産現場ではジェンダー平等への取組みが導入されている。Bについては，行政の透明性へ向けての制度化は徐々に進んでいるので，数十年前と同じような賄賂社会ではないが，課題が多いことも事実である。Cについては全体にCCT（条件付き現金給付）の影響もあり就学率は増し，子供の教育水準が向上したと言えるが，小中学校のハード面の不足が顕著と言える。

D領域では，あいかわらず都市化が進んでいる。ラテンアメリカ・カリブ海地域全体の平均都市化率は，国連の報告書によれば，1980年頃は約60％であったが，現在は約80％である（DSEA/UN 2014, 8）。E領域では各国とも地方分権化が進んだが，基礎自治体の行政能力にはいまだ課題が多いと言える。F領域については，大都市の治安の悪さはラテンアメリカに共通する問題で，アジアの大都市との重要な違いである。E領域とも関わるが，警察や刑務所の腐敗が原因で犯罪者の逮捕率が少ないという事情が背景にある。

G領域では2000年代は一次産品の国際価格の高位安定で潤った経済が多いが，最近の価格低落でマイナス影響を受けている国も多い。生産性はラテンアメリカ全域で低いままで，イノベーションが十分に生じていない。国際競争力

のある製造業も少しは生まれているが，総じて一次産品輸出に依存した経済である。H領域では，2000年代の好況の影響で対外債務のリスクが若干低下した。しかし政府がインフラに十分投資してきていないので，「福祉国家」からほど遠い状況にあるし，ハイチなど国によっては「崩壊国家」に近い状況も認められる。政治面では2000年代「左派政権」ないし「中道左派」政権が十数カ国で成立した。I領域では，社会運営への住民の直接参加を進める取組みが各地で芽生えていて，市民社会が活性化していると言えるが，他方でマチスモといわれる男性優位主義（女性蔑視）の風潮もまだ強く，ジェンダー平等への意識的取組みは依然として重要である。

3　ブラジルの考察

ここではブラジルを中心に考察したい。Aについて，とくに企業システムや産業組織については小池洋一の研究が詳しい。雇用関係の柔軟化（有期雇用，フレックス・タイム制，一時的解雇など）がある程度進んだが，労組の抵抗が強く，制約された程度にとどまった。他方，非正規の労働者は増え，それへの依存が高まった（小池2014）。企業関係については，大企業でも伝統的な家族支配が強いが，少しずつ経営の脱家族支配が進む気運があるように思われる。日本と異なり高金利社会なので，資本調達に関して，間接金融（銀行融資）は主要形態ではない。直接金融については，証券市場も発展途上の段階と言える。CSRに取り組む企業が増え，国連グローバル・コンパクト（GC）に参加する企業が多い（2014年時点でブラジルGCネットワークの加入者は595社）。B領域について，日本の会計検査院にあたる連邦機関のTCU（Tribunal de Contas da União）による会計検査が強化されつつある。公務員による公金の不正利用や収賄は難しくなりつつある。C領域については，少子化が始まっており，合計特殊出生率は2000年の2.4から毎年逓減し，15年で1.72である（IBGEのウェブサイトの情報より）。また高齢化も進んでおり，独居老人をどう支援するかといった問題がある。スマートフォンは子供にも浸透しつつあり，小中学生の人気youtuber（ユーチューバー）もいて，文房具紹介といった短い動画を公開している。

D領域については，サンパウロ州やリオデジャネイロ州などといった「スデスチ（南東部）」に集中していた企業が，グローバル競争時代に対応するために，

賃金が低い後進地域へと移転する傾向が生じた。具体的にはバイア州，ペルナンブコ州，セアラ州などの「ノルデスチ（北東部）」地方へ移転した。たとえば靴産業でこの移転が生じたが，サンパウロ州フランカ市という靴の産地では空洞化が生じた。またブラジルのセラードという草原地帯（日本の面積の数倍の広さ）の多くの部分が大豆生産の農場へと転換し，そこで一定の雇用が生まれ，新しい集住地がたくさん誕生した。しかし全体としては，依然として雇用機会や情報はスデスチ地方に集中している。セラードの農業は，大型農機を利用した生産方法なので雇用を十分に生まなかったのである。E 領域については日本を含めた世界的傾向と同じように，「地方分権化」が進められた。たとえば SÚS（Sistema Único de Saúde，統一保健機構）の事務の地方移譲が進み，住民自治についても一部の自治体では「参加型予算」という形で進んだ。SÚS は診療時の自己負担ゼロという国民皆保険制度である。「参加型予算」は地域住民が市の予算（の一部）策定に直接参加する制度である。リオグランデドスル州の州都ポルト・アレグレ市がこれを実施している代表的な基礎自治体で，ほかに百数十の地方自治体（全基礎自治体数は約 5560 団体）で導入されている。ただし税源移譲は進んでいない。F 領域については，大都市の治安の悪さはラテンアメリカ全体の特徴と共通している。サンパウロ市での強盗発生率は，日本の約 500 倍である。

　G 領域では，マクロ経済が安定し，2000 年代から 2013 年ころまでは貿易収支も黒字基調で，対外債務の返済も進んだ。その要因として資源価格が国際的に高位で安定していたことが挙げられる。しかし生産性の向上は進まず，イノベーションはあまり生じていない（「中所得国の罠」の例）。エンブラエル社の小型ジェット旅客機は日本の航空会社も導入したヒット商品であるが，こうした成功例は少ない。H 領域では，財政はプライマリー収支を黒字に維持する政策が継続し，また財政投融資（強制貯蓄が原資）も高金利などにより停滞したため，社会インフラへの投資が遅れている。とくに学校，生活道路，上下水道，街灯，子供の居場所・遊び場などの不足が目立ち，この不足は 2013 年から 15 年にかけての抗議デモの全国的展開の理由の 1 つでもある。I 領域では，貧困への怒りに基づく社会行動だけでなく，税金の使途の透明性への疑念やサッカー・ワールドカップやオリンピック・パラリンピックといった国際イベント誘致の必要性への疑念などの，新しい高度な要求に基づく市民の行動が生まれた。

最後にルーブリック方式から離れて、ブラジルの中流階層について敷衍しておこう。2000年代の好況の中で2000万人が貧困層を脱して、ブラジルで「Cクラス」(A～Eの5階層の真ん中で、Aが最上層) と呼ばれる階層に合流した。ただし2013年からの景気悪化でまた貧困層に戻ったかもしれないとも言われている。戻っていないとすれば、約1億人がCクラスにいるが、日本の「中流階級」とはかなり異なるイメージを私たちは持つべきであろう。第1に幅が広く、1人あたり月額所得が、約1万～3万5000円の階層である。1世帯4人とすると、世帯所得で4万～14万円である。都市部の物価は日本並みだが、1人あたりGDPでは日本が約3万6000米ドル、ブラジルが約1万1000米ドルなので、ブラジルの所得水準は米ドル換算で、日本の約3分の1と言える。このことを考慮すると、世帯所得4万～14万円は、日本社会に置き換えれば約3倍の12万～42万円の水準かもしれない。かなり幅が広く、Cクラスの下層は非常に生活が苦しいと言えるし、Cクラスの上層は日本の「中流階級」の上層部ほどの裕福さはない。第2に生活は決して楽と言える階層ではない。というのは、学校、保健所、下水道・下水処理場、街灯、舗装道路、図書館、スポーツ施設など、社会的インフラが不足しているからである。

4 ブラジルの住宅政策

EとHの領域から住宅政策を選んで、ブラジルを素材に詳しく考察しよう。30年以上前に大学院でラテンアメリカの研究を始めたとき、スラム街に象徴される貧困の解消方法を考えようと住宅政策に焦点を当てることに決めたが、「この地域が経済成長を達成して、30年後にスラム街が消滅していたら、主たる研究テーマを失うリスクがある」と感じたことがある。地域の人々にとっては不幸にも、スラム街は消滅しなかった。それどころか、経済成長を達成したにもかかわらず、ブラジルではファヴェーラが過去30年の間に増加した。ファヴェーラの居住者数は、応用経済研究所 (IPEA) のウェブサイトの記事によれば、2010年時点で約1120万人である (http://www.ipea.gov.br/portal/index.php?option=com_content&view=article&id=20773)、1世帯約5人と考えれば、約200万戸である。これ以外に「コルチーソ (cortiço)」という、古い建物が賃貸住宅用に改築されずに違法に多くの家族に賃貸されているという問題もあるし、

それ以外の種類の不良住宅もある。

UNHABITAT のまとめでは，ラテンアメリカ・カリブ海地域のスラム人口は 1 億 1070 万人で，4200 万戸から 5200 万戸もの住宅のニーズがある (http://unhabitat.org/urban-themes/housing-slum-upgrading/)。

経済成長を達成したはずなのに，厳しい貧困問題が継続している。ブラジルで一体何が起こっているのであろうか。

ファヴェーラ

ファヴェーラは，農村から長距離バスに乗って鞄1つで都会に働きにきた貧しい人々が最初に暮らす場所である。土地市場が成立していない場所（傾斜地，川辺，公有地など）を不法占拠して，拾った廃材で掘立て小屋（基本的に平屋）を建てて暮らし始める。市当局による強制退去の対象だった時期もあるが，近年，とくに 1990 年代以降は社会的統合の観点から，5 年以上居住した人々には土地所有権が与えられている。この措置はローマ法に遡り，ポルトガル語では「ウズカピアォン（usucapião）」と呼ばれている（英語では usucaption）。

ファヴェーラは平穏なコミュニティだが，ごく一部にギャングがいる。フェルナンド・メイレレス監督の 2002 年の映画「シティ・オブ・ゴッド」がリオデジャネイロのファヴェーラのギャングを描いていた。登場人物の少年たちは役者ではなくギャング本人だったので，リアルであった。5 歳ぐらいでボスに命令されて殺人を始め，20 歳でボスになり，その後数年で敵対するグループに殺されるという，ギャングの短く壮絶な人生が描かれていた。2010 年には，同市のギャングが警察のヘリコプターを武器で打ち落としている。

ファヴェーラは 20 世紀初頭から増え，全国の大都市にある。有名な例は 1930 年代から形成され始めた，リオデジャネイロ市南部の Rocinha（ホシーニャ）地区である。ここは歴史が古いので，ほとんどの住宅はレンガなど不燃材料（市場で調達）で建てられており，掘立て小屋ではない。全国的には，国際的な NPO が開発支援をしているファヴェーラもある。一例は，サンパウロ市内のモンチ・アズール（Monte Azul）地区である。日本も 1988 年に設立された NPO 法人 CRI (Children's Resources International) が 30 年近く同地区で開発協力を展開している (http://www.cribrasil.org/index1.html)。CRI は，同地区での教育分野の活動については，ドイツのシュタイナー教育の方法を適用してい

る。

　クリチバ市の北に隣接するアルミランテ・タマンダレ（Almirante Tamandare）市のシコ・メンデス（Chico Mendes）地区を2008年に歩いていたことがある。ここはファヴェーラとは言われていないようだったが，貧困地区である。偶然会った市議会議員候補という人に「一番欠けているインフラは何か」と訊ねると，子供の遊び場，保健所，下水道などだと答えてくれた。同地区は生活道路が未舗装である。町役場で情報を得て「改良事例」を視察したのだが，土を固めただけの簡単な舗装の段階であった。1つひとつの家だけでなく，地区全体のインフラが不十分である。

　経済成長の中でファヴェーラが増えたと先述したが，2015年からブラジルを含めた南米で流行し始めた「ジカ熱（Zika Fever）」（新生児の小頭症の一因との疑いが強い）の問題も，このことに関係している。ヤブ蚊（ネッタイシマカとヒトスジシマカ）が，原因となるジカ・ウイルスの媒介者である（同じ蚊はデング熱とチクングニア熱のウイルスも媒介する）。ファヴェーラは，生活道路の舗装状況が悪い，ゴミの不法投棄が多いなど，公衆衛生状態がよくない。道の窪みや投棄されたゴミ（容器類や自動車のタイヤ等）に水たまりができて，そこにボウフラが湧いてヤブ蚊が増える。原因を完全に絶つことは容易ではない。

住宅市場は不均衡か

　住宅問題は経済成長にもかかわらず解消しないが，その第1の理由は，富豪は別にして，ミドルクラスは通常長期低利の住宅ローン，とくに公的機関のローンを活用して購入するので，公的な住宅金融制度の発達度合いが住宅問題解消にとって重要だという点である。第2に，グローバル化時代に対応するための都心の再開発で不動産価格が上昇している。第3に貧困層には公営住宅を提供するのが一般的な住宅政策と言えるが，ブラジル財政の財源の欠乏状況は厳しく，十分な量が供給されていない。公共的介入が少ないので解消していないと言えるが，住宅政策が現代福祉国家の重要な柱と考えるならば，住宅政策の不十分性は，とりもなおさずブラジルが十分な福祉国家ではないことを意味すると言える。

　ただし先進国の「福祉国家」は同時に「軍事国家」でもあり，理想の国家というわけではないし，「福祉国家」の日本にも大泉英次が分析しているように

住宅問題がいろいろと存在するので（大泉 2013），ブラジルがより十分な「福祉国家」になれば住宅問題がすべて解決するわけではない。

この「住宅不足」には，ポルトガル語では「住宅赤字」と直訳される déficit habitacional という用語が使われている。この「赤字」は経済学的には，間違いとも正しいとも言えない複雑な表現である。不足・赤字と言っても，人々は何らかの家（シェルター）に住んでいるのであるから，ごく一部のホームレスの状況を捨象すると，需給は一致していて，市場は均衡状態にあるように見える。この均衡論的見方は正しいであろうか。

市場均衡は商品についての概念であるが，ファヴェーラは不法占拠した土地の場合が多く，ファヴェーラに土地市場は基本的には成立していない。家屋の素材は，街でひろった廃材の場合が多く，市場で購入する商品としての建材を利用して造られた，商品としての家ではない。また居住者には住宅を購入する資力（所得）がないので，有効需要を構成していないと言える。すなわちスラム街の住宅は，市場外の現象と分類すべきであろう。したがってこの問題に，「需給の不均衡」といった市場の表現を適用することは，適切ではないように思われる。

他方，表6-2に整理したように，スラム街以外の不良住宅は，不良といえども商品として購入されているので，市場内の現象である。そこでは需給はほぼ一致しているのである。あるいは空き屋を考慮すると，住宅市場は，供給不足ではなく，「一定の」供給過剰になる傾向がある。なぜかというと，住宅は生鮮商品と違って劣化に時間がかかり，また購入者にとっては場所の選好もあるので，完成後すぐに売れるとは限らない商品だからである。「一定の」と形容した理由は，過剰な供給も生じにくいことを意味している。土地の自然的な供給制約を考えると，そのことは容易に理解できるであろう。このように，ある程度の質以上の住宅については，住宅市場は，均衡するか，一定の供給過剰になるのが，一般的と言える。

しかし，市場外に非商品としての劣悪な住宅にすむ人々が存在する。彼らの存在は，需要（デマンド）というよりも，基本的人権に裏付けられたニーズ，とくにベーシック・ヒューマン・ニーズを構成する。彼らへの住宅の提供は，したがって市場の論理ではなく，人権保障の論理で政府が責任をもつべきだと言える。ただし，市場外と説明したが，政府が提供するセーフティネットの外

表6-2 住宅市場の需給問題の整理

領域区分	供給側	需要側（またはニーズ側）	住宅の質	FJP（注）の定義による分類
市場外	市場外で建材調達（廃材利用），土地は不法占拠。	購買力がない（有効需要ではない）＝ニーズ	貧民窟（ファヴェーラ）	「住宅赤字」（2012年で約543万戸）
市場内	市場または政府が供給	空き屋，空き部屋	不良住宅（ただし商品）	
		購買力があるが，それは小さいので，良質の住宅は買えない層の有効需要		「不十分な」住宅
		空き屋，空き部屋	普通または普通以上の質の住宅，高級住宅	普通または普通以上の質の住宅
		購買力があり，普通またはそれ以上の質の住宅を購入することができる層の有効需要		

注：FJPは，Fundação João Pinheiro（ジョアン・ピニェイロ研究所）の略。
出所：筆者作成。

でもある。というのは政府や住宅供給機構が供給する低所得者向け公営住宅の家賃すら，彼らの所得では高すぎるのである。つまり社会から排除された状態に置かれていると言える。そこでファヴェーラといった貧民窟の状態については，社会的統合の一環として住宅政策が位置づけられるべきであろう。

ブラジルの「住宅赤字」概念

　以上の経済学的整理を踏まえつつ，ブラジルで住宅統計をとりまとめている代表的機関であるジョアン・ピニェイロ研究所（ミナス・ジェライス州）の「住宅赤字」統計をみておこう。これは表6-2に記したように，市場外のファヴェーラと市場内の劣悪な住宅をあわせた分け方で，素材的に定義されている。すなわち市場外での調達，素材が脆弱，複数世帯の同居，非常に高額の家賃，ローン負担が過大といった条件に当てはまる世帯が「住宅赤字」を構成する。これ以外に「不十分な質」の住宅というカテゴリーがあり，そこには，上水，電気，下水，ごみ収集のいずれかの欠如，トイレの欠如，ローン負担が重い，のいずれか1つに当てはまる住宅が算入される。「住宅赤字」は2006年がピークで800万戸弱に達したが，その後減少した。それでも2011年の数値で，543

表6-3 「住宅赤字」数が多い上位8州（2011年）

州 名	住宅赤字数（世帯数）	構成比（％）
サンパウロ	1,151,263	21.2
ミナス・ジェライス	482,949	8.9
マラニョン	407,626	7.5
バイア	379,160	7.0
パ ラ	256,212	4.7
セアラ	246,274	4.5
ペルナンブコ	240,850	4.4
パラナ	226,336	4.2
ブラジル全体	5,430,562	100.0

出所：FJP（2015, 33）の Tabela 3.1より抜粋。元のデータはブラジル地理統計院（IBGE）のブラジル全国家計調査による。

万戸を超える高い水準である（表6-3）。このことからも住宅政策が十分に機能していないことが分かる。

ブラジルにおける住宅金融と住宅政策——弱い公共的介入

最初に住宅金融制度から論じよう。住宅ローンはおもにミドル階層向けの制度と言える。日本はかつて郵便貯金を原資とする財政投融資制度の一環として，日本住宅金融公庫があり，低利・長期の住宅ローンを提供した。また同じ財投システムに日本住宅都市整備公団があり，公団住宅を建設し，その分譲ないし賃貸の事業を展開した。ブラジルの住宅金融制度は2本の柱から成る。1つ目の柱は1964年につくられた SFH（Sistema Financeiro de Habitação, 住宅金融システム）というブラジル版財政投融資である。原資は2通りあり，1つは FGTS（就業年限保障基金）といわれる，賃金の8％に当たる額が強制貯蓄にまわる仕組みである。これは雇用者（企業）側のみが負担する制度である。労働者は，不当解雇，定年退職，住宅購入時などに貯蓄を引き出して利用することができる。これは公的大衆住宅の供給に活用された。もう1つは SBPE（Sistema Brasileiro de Poupança e Empréstimo, ブラジル貯蓄・融資システム）で，これは自由意志による貯蓄制度であって，ミドル階層向けの融資に活用された。住宅供給政策の実行を担ったのは，国立住宅銀行（BNH：Banco Nacional de Habitação）で，

SFH の下で 1986 年までに約 500 万戸を供給した。当時は数百％のインフレになる年も多かったので，この問題への対応として，FCVS（Fundo de Compensação de Variações Salariais，賃金変動補償基金）が制度化された。ハイパー・インフレ期は，商品価格や国債や賃金や債務などいろいろな数値が物価上昇率に連動していたが，連動率は多様であった。賃金の調整率が債務の調整率を下回る時には住宅ローン負担が実質的に増えるが，その負担増を補償するための制度である。国立住宅銀行は 1986 年に倒産した。現在は連邦貯蓄銀行（CEF：Caixa Econômica Federal）がこの財投事業を継承している。

ブラジルのような貧しい人が多い国で住宅ローンを提供するビジネスは，返済不履行のリスクが高い。はたして金融機関は営業意欲を有するのであろうか。これに関して重要な制度が 2 つ目の柱の，1997 年につくられた SFI（Sistema de Financiamento Imobiliário，不動産金融システム）である。これはローンを提供する銀行を，ローンを証券化することで支援する制度で，米国の MBS（不動産抵当証券）に当たる。運営の原資は市場で投資家から調達された。この制度がつくられた 97 年は名目約 25％の高金利の時代なので（インフレは止まっていたので実質でも高い），そもそも上記の住宅ローンも十分に機能しなかった。そのため SFI の効果も限定的であった（Martins, Lundberg and Takeda 2011）。

この 2 本の柱で大衆向け住宅が公的に供給された。国際的にみると，ブラジルにおける住宅ローン総量の対 GDP 比は，圧倒的に少ない。IMF のスタッフの研究によれば，先進国における住宅ローン総量の対 GDP 比は，2001～05 年の平均で 20～80％の間にあったが，ブラジルは 1 ～ 2 ％であった（Cerutti, Dagher and Dell'Ariccia 2015）。

住宅財政についてはどうか。日本は都道府県営や市町村営の住宅があるが，ブラジルの地方財政には公営住宅を提供し運営する余力はない。しかし米州開発銀行などの融資をえて，いろいろな資金を組み合わせて，自治体などが公営住宅を提供している。最貧困地域つまりファヴェーラ地区の改良事業の場合，住宅だけではなく，都市整備，雇用創出，住民リーダー育成など複合的まちづくり事業となる。そのため事業ごとにコストと時間がかかり，実績は数万戸と限られている。事業の性質上やむをえない面がある。

総じて，現代ブラジルの住宅政策については，財政面でも金融面でも，過去数十年にわたって公共的介入が弱いという特徴が継続している。

第6章 ラテンアメリカ経済社会の変化

近年（労働者党政権）の政策

　米州開発銀行の融資による供給プログラムとして，1992年にHabitar-Brasil（ハビタル・ブラジル）が始まり，その後労働者党のルーラ政権を経てルセフ政権に継続した。財投システムのFGTSについては，BNHが倒産のあとCEF（連邦貯蓄銀行）が継承したが，これを活用した政策としては，PAR（Programa de Arrendamento Residencial，賃貸住宅建設支援計画），Pró-Moradia（不良住宅地区向け制度），Apoio á Produção（建設業者向け支援），Carta de Crédito Associativa（アソシエーションを対象としたローン），Carta de Crédito Individual（個人向けローン）がある。FGTSのほとんどの支出は，最後の2タイプのCarta de Créditoである。なお国庫（一般財源）の資源も少しは投じられており，それはFNHIS（Fundo Nacional de Habitação de Interesse Social，社会的利益住宅基金）と呼ばれる制度である。

　FGTSなどの原資を活用しつつ，低所得者層向け住宅供給を加速するため，とくに収入が月額で5000レアル以下の世帯を対象に2009年に開始したのが，「Minha Casa Minha Vida（私の家，私の人生）計画」で，労働者党政権の目玉政策の1つと言える。1600レアル以下の世帯にはより優遇された支援がある（1レアルは2016年2月時点で約30円）。2018年までに670万戸の供給が目標とされた（1年間で平均67万戸供給の計算になる）。低所得層向け政策として一定の成果を上げている。ただし極貧層向けの政策ではないので，ファヴェーラが解消するわけではない。

　2003年に労働者党政権に代わってから，労働省内に連帯経済局を創設するなど新自由主義とはかなり決別したが，12年以上も経っているのに大衆向け住宅の供給は不十分で，ファヴェーラは労働者党政権下でむしろ増えたのである。住宅だけでなく，学校教育，公衆衛生，舗装道路など生活インフラが不十分であり，2013年，15年と全国的にインフラ不足への抗議デモが広がった。労働者階級からも富裕層からも強く批判が出ており，2015年の秋以降ルセフ大統領は国会で弾劾される危機に直面し，実際に弾劾が成立して，2016年8月に罷免された。まさに「中所得国の罠」の状況と言えよう。「罠」から脱するためには，従来通りの住宅政策の繰り返しではなく，柔軟で自由な発想に基づいた，根本的に新しい改革が必要と言える。

5 「中所得国の罠」から抜け出せるか

　最初に「ルーブリック方式」で経済社会の変化を描写する方法を説明し（第1節），次にそれに従ってラテンアメリカ社会全体とブラジル社会の変化について考察した（第2節と第3節）。最後にブラジルの住宅政策の動向を考察したが，FGTSという財政投融資に依存した住宅ローンを軸にした政策であることを明らかにした。できるだけ低所得者をカバーしようとの努力はみえるが，ローン政策の性格に鑑みて，極貧層向けではない。また国際的にみて住宅ローンそのものの規模が圧倒的に小さいことを紹介した（第4節）。

　2002年に労働者階級のリーダー・ルーラ氏が大統領に選出されるという（就任は翌年1月），革命のような状況がブラジルで生じ，14年間労働者党政権が続いた。ラテンアメリカ全体でも「左派政権」あるいは「中道左派」が2000年代に増えた。しかし貧困の象徴のようなスラム問題はまったく解消しなかったことが明らかとなった。労働者党政権，「左派政権」の志は十分高いものではなく，「福祉国家」へと踏み出せなかったのである。

　「福祉国家」へ踏み出すという根本的な政策転換をしない限り，ファヴェーラ現象の解消は期待できないと言える。これまでの政策の延長では解決できないという意味では，「中所得国の罠」にはまっている状態と言える。ブラジルがこの「罠」から抜け出すことと，「福祉国家」へ踏み出すことは，同意義であろう。ただし，先述したように「福祉国家」で住宅問題が完全に解決するわけではない。「福祉国家」を超えるよりラディカルな改革も展望されてよいであろう。

参考文献
秋山祐子「サンパウロ大都市圏の居住用不動産市場の発展と今後の展望」『ラテン・アメリカ時報』No.1390，2010年春号．
大泉英次『不安定と格差の住宅市場論』白桃書房，2013年．
金子勝・児玉龍彦『日本病――長期衰退のダイナミクス』岩波書店，2016年．
小池洋一『社会自由主義国家――ブラジルの「第三の道」』新評論，2014年．
山口薫『公共貨幣――政府債務をゼロにする「現代版シカゴプラン」』東洋経済新報社，

2015年.

山崎圭一「ブラジル労働者党政権下での都市住宅政策の新自由主義的性格——ボトム・ミリオンズの未救済」『エコノミア』第63巻第1号,通巻171号,2012年5月(URL= http://hdl.handle.net/10131/8913).

DESA/UNS [The Department of Economic and Social Affairs of the United Nations Secretariat] *World Urbanization Prospects-The 2014 Revision*, New York : United Nations Secretariat, 2014.

FJP [Fundação João Pinheiro] *Déficit Habitacional no Brasil 2011-2012*, Belo Horizonte : FJP, 2015. (URL= http ://fjp.mg.gov.br/index.php/docman/cei/559-deficit-habitacional-2011-2012/file)

Cerutti, Eugenio, Jihad Dagher and Giovanni Dell'Ariccia, *Housing Finance and Real-Estate Booms : A Cross-Country Perspective*, IMF Staff Discussion Note, 2015. (URL= https://www.imf.org/external/pubs/ft/sdn/2015/sdn1512.pdf)

Martins, Bruno, Eduardo Lundberg and Tony Takeda, *Housing Finance in Brazil : Institutional Improvements and Recent Developments*, Washington, D. C. : Inter-American Development Bank (IDB Working Paper Series No. IDB-WP-269), 2011.

第7章　在米ラティーノの影響力
――求められる新しいラテンアメリカ・米国関係――

北條ゆかり

1　在米ラテンアメリカ移民の実像を探る

　世界中で経済格差がますます拡がる現在，西半球，言い換えれば米州（南北アメリカ大陸およびカリブ海域）の各国にとって，移民は重要な外交交渉の課題である。ラテンアメリカは過去1世紀余りの間に，移民の受け入れ地域から送り出し地域へと変貌した。域内移動もさかんではあるが，域外移動に偏りが見られ，その主たる行先は米国である。メキシコは，移民を通じた米国との関係を1世紀半にわたって，また中米諸国は約40年間，形づくってきた。本章では，第1節で米国におけるスペイン語圏ラテンアメリカ出身移民およびその子孫を指す「ヒスパニック／ラティーノ」の実態とその背景を探り，第2節と第3節でメキシコから米国への出移民および米国からの帰還と強制送還，そして中米北部3カ国（エルサルバドル，ホンジュラス，グアテマラ）からメキシコを越えて米国を目指す移民の歴史的経緯と今日の危機的状況に注目する。最後に第4節では米州において移民がどのようにして政治的・社会的・文化的境界を越える共存関係をもたらすきっかけとなりうるのかを考えたい。一般に使われている「不法移民」という表現の代わりに，本章では「移民法上の正規の書類を所持していない移民」（undocumented immigrants（英）；indocumentados（西））の意味で「非正規移民」を用いる。

移民はなぜ必要とされるのか
　米国移民政策研究所（Migration Policy Institute, MPI）の2015年次報告によれば，在米移民人口は4130万（2013年）に達し，これら第1世代にその子供たちである第2世代を合わせると約8000万，すなわち総人口の4人に1人となった。そのうちメキシコ出身者は28％を占め，外国生まれ人口の最大集団で

ある。1970～2013年の間に労働人口に占める外国人の割合は5％から17％に増加した。2013年に新たに帰化し市民権を得た者の55％は4州（カリフォルニア21％，ニューヨーク14％，フロリダ13％，テキサス7％）に集中していた。非正規移民1140万人の分布も同様であった。これらの州はラティーノ人口の割合の高い州でもある。さらに国勢調査局の全米コミュニティ調査ACS2014年版によれば，外国生まれは13.3％で（これは1860～1930年の時期の平均13％に等しい），うち51.6％がラテンアメリカ出身者である。

かつての移民の波に含まれていた文化的・民族的多様性に比べ，現代は移民の過半が1つの言語・民族集団に集中している。なかでも，メキシコ系移民ほど短期間に集中的に入り込んだエスニック集団はなかった。地続きで隣接している上に，米墨国境の歴史的変遷を思い起こせば，彼らの故国との絆がいかに強く太いものであるかは想像に難くない。かつてのヨーロッパ系移民と同様に吸収し統合することが，メキシコ系だけで3350万人超（Pew Research Center, 2013），ラテンアメリカ系全体では在米住民の6人に1人という現状下で可能なのか。米社会は多様性の意味変容の只中にある。

米国がラテンアメリカからの大量の移民を受け入れてきた構造的な要因を歴史的に探ってみよう。米国において白人集団は，19世紀以降のグローバルな産業経済の中で，白人とその他の人種との分断に基づく「二元的な労働市場」から利益を得てきた。一部の白人労働者は社会経済的に上昇し恩恵を享受できた一方，他の人種は法的にも構造上も底辺に固定されており，これを正当化し維持するための法体系が作り出された。

世界的に見れば，このシステムは植民地主義を通じて築き上げられたものである。ヨーロッパの人間は世界各地で他民族を植民地支配し，彼らの資源と強制労働から利益を得てきた。米国では奴隷制が二元的労働システムを維持するのに重要な役割を果たしていたが，19世紀末にはフィリピン，キューバ，プエルトリコのような植民地を獲得した。そればかりか米企業と市民は，中米にプランテーションを築き，安い労働力を用いてバナナプランテーションを展開したユナイテッド・フルーツ社（UFCO）の例にみられるように，国外においても二元的労働システムを通じて利益を得たのである。米国はブラジルの奴隷所有者やグアテマラのドイツ人農園主が米国市場向けに安価なコーヒーを供給してくれるよう，強制労働も利用し利益を上げた。メキシコは米国にとって重

宝な存在だった。米資本の鉱山会社が19世紀後半から両国で操業し，明らかな二重基準の賃金体系を敷いた。

メキシコ人労働者（様々な分野の米企業にその労働で貢献しているが，米国の法律が市民に与える恩恵へのアクセスは閉ざされている）を頼みとすることで，現在まで米国経済は下支えされてきている。その間，このシステムを維持するために，様々な法的かつ構造上のメカニズムが整えられてきた。初期には移民は労働者と法的に区別されていた。移民とはエリス島にやってきたヨーロッパ人のことであり，労働者とは新しく征服されたばかりの南西部で鉄道敷設や食料生産で白人の入植を支えるメキシコ人や中国人のことであった。彼らは定住し市民となることを想定されてはいなかった。南北戦争（1861～65年）後まで市民の身分は白人と定義される人々のためだけでしかなかったのである（Chomsky 2014：1-10）。

移民の非合法性は，米国の経済システムにとって有効に機能してきた。不安定で不規則な労働を引き受ける非正規移民を不可欠として米国の経済や国民生活が成り立っていると言っても過言ではない。重宝な労働力としては包摂しながらも，その再生産コストを社会全体で担うことはせず，市民としては外部化され重層的な社会的境界の底辺に位置づけられる存在が非正規移民である。さらに現代では，都市サービス産業のパート労働やベビーシッターなどの家事労働において「移民の女性化」が進行しており，主婦のいない専門職世帯は移民女性を雇うのが一般的となっている。このように，移民は米国社会にとって不可欠な人々なのである。

米国の移民政策はどう変遷してきたか

米国にとっての「移民問題」とは，移民が構成する国際社会と国民社会との間の関係性をめぐる議論である。それは外交，経済，福祉といった複数の国内政策領域にまたがる多面的な争点となる。

米国の移民法は当初から，メキシコ人を移民となりうる存在としてではなく，働くためにやってきた一時的滞在者として扱った。反移民感情は新しく到来したヨーロッパ人に向けられたのであり，メキシコ人に対してではなかった。1924年まで米墨国境地帯は事実上取り締まられてはいなかったため，メキシコ人は公然と流れ込んだ。移民とみなされてはいなかったため，1965年以前

は移民制限から除外されていた。彼らはいつでも国外追放しうる存在であり，事実，1930年代と50年代には大規模追放の対象とされた。

憲法修正第14条（1868年批准）を通じた生地主義による市民権授与は，アフリカ系アメリカ人への歴史的排除を改善するためのものであった。しかしそのために中国人のような他の非白人も生まれによって市民になれるという不都合が生じた。議会は1873年に中国人女性の入国を制限し，次いで1882年には中国人排斥法案を通過させた。それによってカリフォルニアの農場はいっそうメキシコ人労働に依存するようになった。彼らは中国人とは違い，収穫期が過ぎれば帰国する。国内に残留し市民になろうなどとはしなかった。季節作物の収穫に合わせて農場を移り歩く流動性の高い臨時要員として，小規模農場経営者の多い当時のカリフォルニアで必要とされていた。

この非公式の出稼ぎ労働形態は1940年代まで普及していたが，1942年，メキシコ政府との間で米国が締結した「ブラセロ・プログラム」という新たなシステム（後述）に切り替えられたことで，20年足らずの間に500万人近い労働者がもたらされた。1964年に打ち切られたのは，これらの一時雇用者への差別的な待遇が市民権運動の高まりを背景として問題視されたためである。しかしそうした労働者に依存していた経済構造も労働者自身も消滅したわけではなく，もとの非公式な雇用体系に戻っただけであった。

ところが，その旧来のシステムはにわかに違法となった。1965年に改正された移民法は，民族間・人種間の平等を求める国内外の動きに呼応し，それまでの人種別・国別の割当制を廃止する一方，西半球からの移民受け入れ枠を初めて設け，それを12万人と定めた。一見，都合の良い季節労働者として利用してきたメキシコ人を今後は移民としてみなすようになったかと思われるが，メキシコからの大量の労働者受け入れ実態に照らし合わせると，次のような別の解釈が成り立つ。すなわち彼らを新移民法のもとで他の諸国出身者と同等に扱うということは，今や「不法」と呼ぶことで現実には搾取しやすくなることを意味する。逆説的だが，移民改正法は正規・非正規両方の移民の増加をもたらし，エスニック集団間の均衡を突き崩すことになったと言える（Chomsky 2014：9-14）。

さらに，65年法施行はブラセロ協定の廃止と時期が重なったことでメキシコからの非正規移民を増大させたため，政界では移民問題が超党派的テーマで

あると認識されるようになった。同法は今日の米国の移民法の大枠を規定するものであり続けている。

民主・共和両党派間で呉越同舟的連合形成が成功したのが，包括的な非正規移民対策を目指した 1986 年の「移民改革・規制法」(IRCA) である。要件を満たした非正規移民 300 万人に合法的地位を与えると同時に，国境警備を強化し，非正規であることを知りながら雇用した者に罰則を設けた。しかし新規の非正規移民の抑止には実効性がなく，巨大な偽造書類市場を出現させた。

1990 年代初頭，最大の移民受け入れ州カリフォルニアでは湾岸戦争後の不況と冷戦終結の結果としての軍需急減により移民排斥運動が高まり，1994 年には「住民提案 187」のように非正規移民を社会的サービスから排除する法律が成立した。96 年の「非正規移民改正および移民責任法」(IIRIRA) では，社会的サービス給付において非正規移民だけを排除するのではなく，正規移民に対しても段階的に制限することが定められた。

ブッシュ（子）政権は，ラテンアメリカ系有権者の支持獲得を目指し，IRCA の方針に沿った改革を提唱した。しかし 2005 年 12 月，非正規入国を重罪の刑事犯罪とし，雇用者罰則強化と国境要塞化を求める強硬法案を下院が通過させた。これに対して，2006 年 3 〜 5 月にかけてラテンアメリカ系移民の抗議行動が全米を震撼させた。5 月 1 日には主要都市で 100 万人規模の抗議デモが展開される一方，移民がどれほど米社会に貢献してきたのかをアピールするため，サービス業や工事現場などでの就労ボイコット，米国産商品の不買運動が展開された。「今日はデモ行進し，明日は投票する！」と掲げたプラカードには，米社会を変えうる政治的影響力が自分たちにはあるという意識が明確に感じられた。オバマ政権の取組みについては第 4 節で取り上げる。

「ヒスパニック／ラティーノ」の高まる存在感

「ヒスパニック (Hispanics)」も「ラティーノ (Latinos)」もいずれも，自身または祖先がラテンアメリカ諸国出身者，あるいはそう自認し，米国に居住する人々のことであり，多くがスペイン語を話し，カトリック信者であるという共通点がある。人種区分ではなくエスニシティに基づく呼称であるため，白人，黒人，混血，先住民など多様な人種が含まれている。出身地も，世代も（移民第 1 世代からその子孫の第 2，第 3 世代以降），身分も（帰化，永住権保持，合法的労

働資格，非正規）様々である。10年に1度行われる国勢調査では，2000年から「ヒスパニック」に「ラティーノ」が並記されるようになった。まず「エスニシティ」を問う項目で「スペイン系／ヒスパニック／ラティーノ」か否かが問われ，その後「人種」の質問項目に答えるよう，順序が逆になった。人種に関する自己申告は，本人の帰属意識の表れであり，科学的根拠に基づくわけではないが，社会的に重要な意味合いを含んでいると言える。

「ヒスパニック」という呼称は，1970年以降公的機関によって用いられるようになり，広く米社会に浸透していった。しかし「イスパニア（Hispania）」すなわちスペインとの結び付きを彷彿させるため，植民地支配下の収奪の歴史に強い抵抗を覚える人々の間では「ラティーノ」がより好まれて用いられる。公的統計やマスメディアなどでは両者は同義的・互換的に使用されるが，当事者や研究者の多くは違いを認識し使い分けているようである。さらに，英語の「ヒスパニック」に対し，スペイン語の「ラティーノ」には男性形（latino）と女性形（latina）の区別があるため，両者の関係や女性の立場への言及がより簡潔であるとも言える（牛田2008：57-63）。本章では「ラティーノ」を用いることとする。ちなみに，国勢調査局では非ラティーノ系の白人を多数派（マジョリティ），それ以外の人種や民族を少数派（マイノリティ）と定義している。

2010年の国勢調査の結果では，ラティーノ人口は前回調査（2000年）から43.0％増加し（非ラティーノ人口の増加率は4.9％），米総人口に占める割合は12.5％から16.3％に上昇した。年間増加率は1990年代後半に4.8％に達したが，21世紀に入ってからは増加率が徐々に下がり，2010～14年にかけては2.2％となった。それでも図7-1に見られるように2014年時点では5540万人（総人口の17.4％）に達し，1970年以降増加の一途を辿っている。メキシコ出身者とその子孫を指す「メキシコ系」は，11％を占める米国最大のマイノリティ集団であり（約3500万人。このうちメキシコ生まれは3分の1），ラティーノの中で60％余りを占める最大グループでありつづけている。

ラティーノ人口の比率が高い州は，ニューメキシコ州（46.1％，100万人），テキサス州（38.1％，980万人），カリフォルニア州（18.1％，1440万人）など南西部諸州に集中し，ニュージャージー州（18.1％，160万人），ニューヨーク州（18.0％，350万人），イリノイ州（16.1％，210万人）が続く（Tabulations of the 2011 American Community Survey, Pew Research Center）。自治体（county）別でみ

第 I 部　ポスト新自由主義に向けた社会構想

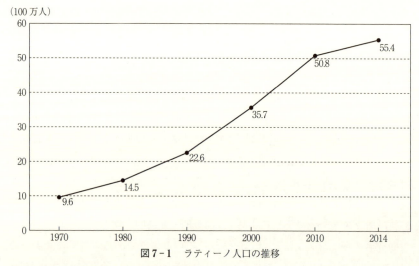

図 7-1　ラティーノ人口の推移

出所：1970〜80年は Decennial Censuses. 1990〜2014年は 7 月 1 日の推定, Passel & Cohn Intercensal Population estimates and Vintage 2014.

ると，(1)カリフォルニア州のロサンゼルス（490万人），(2)テキサス州のハリス（190万人），(3)フロリダ州のマイアミデイド（180万人）であった。ラティーノは平均年齢がどの人種・エスニック集団より低く 29 歳であるが，2000 年には 26 歳だったことから徐々に高齢化しつつあるとも言える。

　カリフォルニアは州別人口が最大（3880万人）で，GDP がブラジル一国のそれに相当するという全米で最も裕福な州であるために，全米の長期的社会変化を予想する際の参照点とされる。そのカリフォルニアにおいて，ラティーノ人口は 2014 年には 1499 万人に増加し，非ラティーノ白人人口 1492 万人を初めて上回ったことが明らかとなった（日刊紙 El País, 2015 年 7 月 9 日付）。同州のラティーノの平均年齢が全米レベルと同じ 29 歳であるのに対し，非ラティーノ白人は 45 歳で，州政府は 2060 年頃には 2 対 1 の割合になると予測している。

　このようなラティーノ人口動態は政治に多大な影響を及ぼしつつある。1976 年から 2008 年にかけてラティーノの有権者登録数は 4.6 倍（米国全体では 1.6 倍）に増加し，250 万人から 1160 万人となった。本年（2016 年）の大統領選では有権者数は 2730 万人（2008 年比 40％増）となり，その 44％がミレニアル世代（1980 年代から 2000 年代前半に生まれた世代）であり，全有権者の 12％を占め

る見込みである（PRC, Jan. 19, 2016；National Institute for Latino Policy, The NiLP Report on Latino Politics & Policy, Feb. 17, 2016）。

　ラティーノの政治的影響力は，教育委員会や地方政府の過半数支配，州知事・上院議員・市長の増加，そして最高裁判事指名にまで及んでいる。このような大躍進について，ニューヨーク在住のプエルトリコ系ジャーナリスト，フアン・ゴンサレスは5つの要因を指摘する。(1)市民権取得希望者の急増，(2)他集団よりも年齢の中央値が若い，(3)団結力ある全米レベルのラティーノ・ロビー，(4)労働者階層をも取り込んでラティーノ全体の地位向上を図る中産階層の台頭，(5)二大政党に囚われず政策本位で投票する第三勢力としての伸長（中川 2015：112-114）。

　(1)の背景には，過去20余年間の正規・非正規を問わず移民に対する福祉サービスや法的保護を制限あるいは拒否する住民提案の通過がある。(3)と(4)については一例として，1991年に設立された「全米ヒスパニック代表者会議」（NHLA：the National Hispanic Leadership Agenda）を挙げておこう。全米から集まる代表的なラティーノ組織と指導者の無党派連合である。ラティーノの市民権と公共政策に関わる全米および地域を代表する，様々な業種の40組織から構成されており，国のあらゆる事象においてラティーノ・コミュニティにより強い存在感と影響力をもたらすために全国のラティーノに結束を呼びかけている。(5)の関連では，高等教育の領域で，教授職に就くラティーノを増やす共同事業が始まっている。5つの代表的研究機関と3つの「ヒスパニック」移民学生支援機関（HSIs：Hispanic-serving institutions）を擁する8大学が，全国規模で短大と大学におけるラティーノ教授職者増員促進のためにチームを組んだ。総人口に占める18～44歳のラティーノの割合は20％であるが，そのうち全米で教授職に就いているのは4.1％にすぎない（National Institute for Latino Policy, The NiLP Report on Latino Politics & Policy, Jan. 31, 2016）。米社会において，様々な民族や集団の共存を可能にする条件整備のためにも，移民学生に対する高等教育の機会保障は重要な観点である。ラティーノはその労働力でこれまでもおおいに米社会を支えてきたが，近年の著しい政治的影響力のほかに，文化発信力と購買力の面でも存在感を高めつつある。

　ここで，ラティーノのアイデンティティについて考えてみよう。米国で暮らすメキシコ人は「メキシコ系」と一括りにされるが，越境し米国に入れば，当

人または祖先がメキシコ出身であるという共通意識はあっても一体性を備えているわけではない。逆に，ユカタン半島の出身地から米国へ移住したスペイン語話者の若者が，定住先でのコミュニティ活動を通じてマヤ民族としてのアイデンティティを獲得し，言語を習得するという場合もある。一方，非正規移民の両親のもとに国境の街サンディエゴで生まれ育った世代の1人，シナリオライターのラロ・アルカラス（Laro Alcaraz, 1964～）はこう語る。「バリオの暮らしを題材に若者が書いたコメディがインターネットで普及している。前にはなかったメキシコ人であることの自尊心が，今はある。」（日刊紙 El País のインタビュー）。カリフォルニア南部のチカーノ文化を，コメディやドラマの題材となりうる文化の1つとして承認し始めた世代が米社会に生まれている。『ボーダータウン』と題したアルカラスのアニメ作品はフォックス放送でテレビ放映され人気を博している。無知な人種差別主義者で社会の変化が気に入らない国境警備員と，彼よりましな生活を送るチカーノ（メキシコ系住民）の隣人とが繰り広げる喜劇である。もはやチカーノは，米社会ではメキシコ人として，メキシコ人からはグリンゴ（アメリカ人に対する蔑称）として扱われていた存在ではなくなりつつある。

2　越境する人々——メキシコと米国の間で

対米メキシコ移民はどのようにして「再征服」と言われるまでに増大していったのか，そしてメキシコもいかに中米からの移民の定住地となりつつあるのかを検証してみよう。メキシコが中米の近隣諸国にとっての通り道であるだけでなく，今や国際労働移動，亡命，人身売買の犠牲者を「受け入れる」国でもあることが分かるだろう。

対米メキシコ移民はいかに増加したか

メキシコと米国との間には3200キロに及ぶ長大な陸続きの国境が横たわり，現代世界で類を見ないほどの経済格差が顕在する境界地帯をなしている。全米移民（外国生まれ）人口の中でメキシコ人は28％（2013年）を，1100～1200万人と推計される非正規移民の中でも52.4％（590万人，2012年）を占める最大集団である（PRC, Nov. 18, 2014）。

現在の国境線が確定した歴史を辿ると，1835 年に当時メキシコ北部コアウイラ州の一部であったテハス（テキサス）でアングロ系入植者による反乱が始まり，メキシコから独立した。それをきっかけに生じた米墨戦争（1846~48 年）の後，メキシコはグアダルーペ・イダルゴ条約により今日の米国南西部（カリフォルニア，アリゾナ，ニューメキシコ，テキサス，ユタ，ネヴァダ，そしてコロラドの一部を合わせた約 240 万 km^2。1848 年当時のメキシコ領土の約 52％）をわずか 1500 万ドルで売却し，さらに 1853 年に米のメキシコ担当長官ガズデンの提案を受け入れ，大陸横断鉄道南部ルート敷設のためのメシーリャ盆地（7.8 万 km^2）を 1000 万ドルで売却した。こうして，メキシコはスペインから独立後 30 年足らずで国土の半分余を失い，米国は現在の国土の 3 分の 1 を獲得した。

新しい国境の北側に暮らしていたメキシコ系住民は米国市民となり財産は保証されることになっていたが，現実には所有地と権利をアングロ系入植者から死守する闘いを各地で強いられた末，材木業，鉱山業，農牧業，鉄道工事の分野で低賃金の移動労働者として生計を立てるようになった。19 世紀後半になると，カリフォルニアのゴールドラッシュによるフロンティア開拓やテキサスの牧牛業ブームにつれて，メキシコからの移民が始まったが，1890 年の統計ではまだ北部諸州から 7.5 万人程度が出向いていたにすぎなかった（黒田 2000：27-34）。

メキシコ移民が増加するのは 20 世紀に入ってからである。ポルフィリオ・ディアス独裁政権期（在任 1877~1911 年の事実上 35 年間）には外国資本の積極的誘致により一次産品輸出経済構造が確立し，モノカルチャーに根ざす大土地所有形態が一層強化され，農村人口の 9 割以上を占める土地を持たない小作農の貧困化が進んだ。都市部では産業発展とともに生まれた労働者層の運動も始まった。1910 年，ディアスの再選阻止を訴える民主化運動をきっかけとしてメキシコ革命が起こり，その後の動乱のなかで，生活状況の悪化，徴兵忌避，戦渦に巻き込まれる恐怖などから米国への移民が増加した。この時期に在米メキシコ人は 20 万人余（1910 年）から 48 万人（1920 年）へと倍増した。その後も出移民は続き，革命動乱の収束直後（1923~24 年）には 10 万人を超える大量移住を記録し，100 万人規模に至った。

1942 年には，第 2 次世界大戦による米国の労働力不足を補うため，両国間で「ブラセロ協定」（Programa Bracero，1964 年に中止）が結ばれ，さらに移民

が急増した。そのため米社会は拒否反応を示し始め，政府は非正規移民の一掃を掲げ「ウェットバック作戦」を展開し，100万人が国外退去となった。ウェットバックとは，国境線であるリオ・グランデを泳いで渡ることに因み，米国へ非正規に越境するメキシコ人に対する蔑称で，その大規模摘発が1954年に展開された。しかしブラセロと呼ばれる臨時季節労働者（原則1年契約）は農場を中心に安価な労働力を提供し続け，延べ500万人が合法的に入国した。

メキシコ移民がさらに急増し，米社会の最大エスニシティ集団となるに至るのは，1980年代に，債務危機を契機として新自由主義政策がメキシコでも導入されてからのことである。構造調整政策や国営企業の民営化などが次々と断行され，国民は急激なインフレと失業に苦しみ，仕事もなく食べていけなくなった膨大な人々が低廉な労働力の需要を高めていた米国へと流入した。さらに，1994年1月1日に貿易・金融市場の完全自由化を趣旨として構想された北米自由貿易協定（NAFTA）が発効すると，安価な米国産農産物が流れ込み農村を解体した結果，貧富の格差はますます拡大し，先住民族，零細農民，都市貧困層は北部国境へ移住しマキーラ（とくに国境地帯のメキシコ側に製造業が工場を立地する保税加工区）で働くか，命がけで越境せざるを得なくなった。その7割以上が最貧困地域の広がる南部出身者である。

一方で，国際通貨基金によればメキシコはGDPが1兆3270億米ドル（2013年），世界第14位という先進国並みの経済規模を誇る。それでも移民の波が止まないのは，移民の再生産メカニズムが働いているからである。わずかの余剰農作物を地元の市場で売ることで得ていた現金収入の道を断たれた先住民，職を求めて都市部に移住してもインフォーマル部門ですら仕事にありつけない農民，そうした人々は国内諸州の都市や首都に移住するよりも，可能なかぎり相互扶助組織や地縁ネットワークを駆使して米国への出稼ぎや移住を実現したいと考える。それは国境の両側にまたがって形成されている社会的ネットワークが有効に機能していることに根差している。

帰還し始めた移民たち

しかし，1970年代から増え続けてきたメキシコから米国への移民は，近年減少している。このことは単一国からの米国史上最大の移民流入が終焉したことを意味していると米紙は報じる（*The New York Times*, Nov. 19, 2015）。両国の

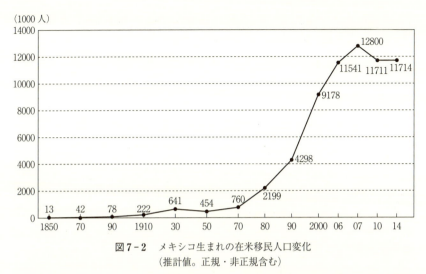

図7-2　メキシコ生まれの在米移民人口変化
（推計値。正規・非正規含む）

出所：*Pew Hispanic Center, April 15. 2009,* および U.S. Census Bureau 2006, 2010, 2014より筆者作成。

　複数の公的調査結果を総合すると，2009〜14年の間に100万人超のメキシコ人が母国へ帰還し，移住したのは87万人であったため，差し引きでは帰還者が14万人上回ったことが分かった。その多くは，故郷に職を見つけたわけではないが，家族との生活を願い自発的に帰国したという。その中には米国で生まれ市民権を持つ5歳以下の子供10万人も含まれる。学齢期の子供たちの身の上には，スペイン語を理解できず学校生活に馴染めない，在米メキシコ領事館への出生届を親が怠ったためにメキシコで就学すら認められないといった悲劇までもが生じている。

　メキシコからの対米移民が減ったのは，国境警備のハイテク化により越境が困難で危険となり，かつ密入国斡旋業者(コヨーテ)に支払う費用が高騰した上に，2008年の大恐慌以来の経済回復が思わしくなく建設業やその他の低廉労働の雇用があまり見込めないためである。米国にいてもメキシコと生活水準はさして変わらない，それなら家族とともに出身地で暮らすほうがよいと考える移民が33％（2015年）と，2007年時点より10ポイント増えている。2014年の非合法越境による強制送還者数は23万人で，これは1971年以来で最少となった。非正規移民として越境を試みる人が減少していることに疑いの余地はない。在米メ

キシコ人数は 2007 年の最大値 1280 万から 2014 年には 1170 万に,そのうち非合法移民は同時期に推計 690 万から 560 万に減少した (*PRC*, Nov. 19, 2015)。対米メキシコ移民は新しい段階に入り,もはや以前のように大挙して移住することはないとみられる (図 7-2)。

3 中米北部 3 カ国を逃れて北へ向かう人々

中米紛争と米国の介入

　中米ではスペインからの独立後,軍部と独裁者が長期にわたって政治的実権を握った。その要因は,寡頭勢力間での抗争に軍部が介入したことにもあったが,米国のもたらした影響が大きかった。米国政府が 19 世紀末から中米への進出を開始し権力者を支援したばかりか,第 2 次世界大戦後の冷戦構造の中で反共を掲げる軍事独裁政権を擁護したためである。以下,米国が中米にもたらした影響を時系列で詳述する。

　1920 年代,米資本ユナイテッド・フルーツ社 (UFCO) は,ホンジュラスを中心に中米・カリブ諸国に「バナナ共和国」を築き,カリブ海側平野部をバナナ大農園と化した。気候・地理的条件の悪いこの地域を持て余していた中米各国政府は,広大な土地を UFCO に鉄道建設と引き換えに譲渡し,輸出されるバナナには税制上の優遇措置を施した。UFCO は政権と結託して土地占有を進め,港湾施設,汽船会社,通信・流通系統等,バナナ輸出業とそれにまつわる事業すべてを支配下に収めた。こうして UFCO が中米に所有する土地は飛躍的に増殖し,中米随一の大地主に上りつめたが,耕作に利用していたのは所有地の 5 ％足らずに過ぎなかった。

　そこで,広大な休耕地を収用し,農民に分配することを考えたのがグアテマラのアルベンス政権であった。1952 年,農地改革法を制定し,54 年までに UFCO の休耕地 8 万ヘクタールの有償収用を試みたが,このことでグアテマラ政府は米国務省と対決することになった。1954 年,米国はアルベンスに対し反革命軍を送り込んだ。その後グアテマラは軍部の圧政下に入り,反政府勢力との間で 1996 年まで長期の内戦状態に陥った。とりわけリオス・モント政権 (在任 1982〜83 年) は,左翼ゲリラに協力的であると断定したマヤ系先住民の村を次々と破壊した。内戦 36 年間における犠牲者は 20 万人を超えた。かろ

うじて難を逃れた人々はメキシコに難民として流入し，なかにはさらに米国へと越境した人々もいた。レーガン政権はカーター前政権の「人権外交」を覆し，グアテマラやエルサルバドルの左派ゲリラ，1979年に成立したニカラグアのサンディニスタ革命政府に激しい対決姿勢で臨んだ。

　ニカラグアではサンディニスタ革命により，それまでソモサ独裁政権の下で支配階級を形成していた人々が米国に亡命した。80年代には反革命右派ゲリラ「コントラ」を米国が支援し，内戦が激化した。コントラの秘密基地がホンジュラスに置かれていたことは周知の事実である。エルサルバドルでは1980年から12年間にわたる内戦が続き，その間，1986年には大地震に見舞われ，国民経済は破綻の縁に立たされた。

　このように1970年代末から1980年代にかけての中米は米国の介入強化によって不幸にも「中米紛争」の舞台と化し，この時代に米国へ移住を余儀なくされた中米出身者は100万人規模に及んだ。1985～90年にかけて移民帰化局 (INS：Immigration and Naturalization Service. 現在は移民税関捜査局 ICE：Immigration and Customs Enforcement) に庇護申請した中米系移民は22.5万人に上った。根本原因はラテンアメリカにおける米国の行動にある。米国の外交政策と移民は直結しているのである。

ポスト冷戦期の暴力の要因と実態

　中米地峡部に位置するホンジュラス，エルサルバドル，グアテマラの3カ国は，人口10万人当たりの殺人率（人口10万人当たりの割合）が91.6（1位），70.2（2位），38.5（6位）と世界の最上位グループを占める。この3カ国では殺人率が30を超える状態が10年以上に及び，2000～12年の殺人件数は毎年1万件以上，合計で約14万件に上る（*Global Study on Homicide,* UNODC, 2013）。

　エルサルバドルとグアテマラでは1990年代に国内武力紛争が終結しており，和平協定に基づき反政府勢力の武装解除と合法政党への転換が完了し，定期的に選挙と政権交代が行われている。ホンジュラスは小規模なゲリラ運動を除き，20世紀後半を通じて国内武力紛争を経験していない。ところが，冷戦期よりも暴力の状況が悪化している。これら3カ国における暴力の蔓延は何に由来するものなのか。1つは，メキシコの麻薬カルテルが浸透したこと，もう1つは後述する青少年ギャングの犯罪集団「マラス」（maras）の増殖である。

1990年代後半から21世紀初頭,中米はメキシコの麻薬カルテルの密輸中継拠点となった。その始まりは,レーガン政権による南米－カリブ－南フロリダルートの鎮圧,コロンビア－メキシコルートの確立,中米紛争の終結による政情安定化などにあったが,殊に近年,メキシコのフェリペ・カルデロン（Felipe Calderón）前政権（2006〜12年）が大々的に「麻薬戦争」を展開し12万人超の死者を出したのに続き,ペニャ・ニエト（Peña Nieto）現政権も同様の路線を踏襲したために,越境犯罪組織が麻薬密輸の中継地をメキシコから中米に拡大したことが引き金となった。

国連薬物犯罪事務所によると,メキシコの現在の主要な犯罪組織,カルテル・デル・パシフィコとロス・セタスは,米国向けコカイン密輸取引の90％をメキシコから中米に移した。グアテマラでは両者が地元4組織を通じて争い,ベリーズはロス・セタスの,エルサルバドル,ニカラグア,コスタリカはパシフィコの縄張りとなっている。ホンジュラスに至っては,両マフィアのためのコロンビア,ベネズエラ,ボリビアからのコカインが殺到する中継地となっている。とりわけグアテマラはメキシコに隣接しているため,不可欠な通り道として拠点争奪が繰り広げられている（*InSight Crime*, 2013年6月2日）。

ホンジュラスにコカイン密輸の越境犯罪組織が殺到し始めた原因は,2009年,親米路線を転換しラテンアメリカ独自の統合構想として創設された米州ボリバル同盟に加盟しようとしたセラヤ政権に対しクーデタが起こり,その間に政治的空白と国際的孤立が生じたことにあった。いったん密輸の中継地点としての地位が確立されると,麻薬のほかに武器,盗品,偽造品,売春,人身取引など多種多様な違法商品と犯罪が横行する闇市場が形成された。その初期段階では越境犯罪組織,地元犯罪組織,政府関係者の間で縄張りや利益配分に関するルールが確立していないために激しい暴力が発生したのである（狐崎2015: 129-145）。

組織犯罪集団マラスは,パンディージャス（pandillas 徒党）とも称される。当初は,ロサンゼルスのチカーノの中から18番街を縄張りとする若者が中心となり犯罪集団「マラ18」（M18またはCalle 18）を結成した。そこへ1980年代半ばに,エルサルバドルから内戦を逃れてきた元警察官や元兵士を核に,13番街に「マラ・サルバトゥルチャ」（mara salvatrucha：MS13）がCalle18から自立し対抗組織として生まれた。maraは群衆を意味するmarabuntaに由来し,

trucha は抜け目のないという意味である（桜井・中原2014：290-294）。大都市の周縁部や貧困地区において世帯やコミュニティの崩壊、貧困と社会的排除に直面し、居場所を失ったストリートの青少年たちが、同朋意識や連帯感をもとに最低限の生活の場と身の安全を求めて組織化した。その後米国で移民排斥運動が起こり、1996年非正規移民改正および移民責任法、2001年反テロ法などによって大規模な強制送還政策がとられた結果、1998〜2012年に、中米3カ国に延べ67万人が送還されたが、そのうち犯罪者は3割にすぎない。米政府も中米各政府も、帰国後のモニタリングや社会復帰への支援を行っていないために、送還者とマラス、犯罪率の関係は不明であるが、中米紛争終結直後の時期に社会的包摂の受け皿がないまま送り返され放置されたことが、マラスの拡大要因となったことは疑い入れない（狐崎2015：151-152）。

麻薬戦争（麻薬組織撲滅のための軍事行動を含む政府の取組み）が逆効果であることは、メキシコと中米3カ国の経験が実証している。そして越境犯罪組織やマラスは、麻薬のみならず、ありとあらゆる違法商品の密輸や人身売買、身代金目的の誘拐などを生業としている。その運び屋として、最も弱い立場の移民が標的とされる。地元警察も、市や州当局の職員や管理職者も、また国政レベルの政治家までもが犯罪組織に買収されていることが重大な課題であり、捜査機関と司法制度の改革が焦眉の問題である。

軍や警察による強硬政策や厳罰主義は効果をもたらさず、越境犯罪組織やマラスの極度の暴力から逃れるために市民は国外への脱出を敢行する。しかし、数千〜1万ドルにも及ぶ脱出支援の手数料を米国にいる親族がたとえコヨーテに支払えたとしても、メキシコを陸路縦断する途上で遭遇する危険、米国との国境で検挙され強制送還される可能性はいずれも高い。

北へと逃れる子供と母親たち

1990年代に入り冷戦終結とともに政府・軍と反体制武装組織との和平協定が結ばれると、中米からの対米移民の勢いは弱まりはしたが、その数は決して減ることはなかった。それまでは政治的保護の求めに応じるために活動していた移民の社会的ネットワークが、今度は非正規の経済移民を手助けするようになった。1990年代末になると、エルサルバドル、ホンジュラス、ニカラグアからの非正規移民は、母国での一連の自然災害に配慮され、米国で一時的被保

護資格（TPS：Temporary Protected Status）を申請できるようになり，国外退去からの暫定的保護と労働許可を得た。この資格はホンジュラス人とニカラグア人に対しては2016年7月まで，エルサルバドル人に対しては同9月まで更新されている。くわえて，中米出身者の多くが「1997年ニカラグア人調整法および中米人救済法（NACARA：Nicaraguan Adjustment and Central American Relief Act）」を含む米政府が下した自由裁量措置によって在留を合法化することができた。

　それでも依然として中米からの非正規移民は増え続けている。2013年には，約320万人の中米移民が在米していた。その大半はエルサルバドル，グアテマラ，ホンジュラス出身で，米国内の移民4130万の7％を占めるようになった（*Migration Policy Institute*, Sep. 2, 2015）。

　中米移民をめぐって現在最も懸念されている事態は，家族に同伴されない単身の子供または子連れの母親がこれら3カ国を出てメキシコを縦断し，米国との国境を越えようとする数が激増していることである。2013年10月初めから9カ月足らずの翌年6月半ばまでに，親や成人の同伴者なしに単身でメキシコとの国境を越えて米国に密入国した子供が5.7万人に達した。うち4万人近くは13〜17歳，6〜12歳の子供も6000人を超え，5歳以下の子すら786人を数え，その4分の3は中米3カ国から来ていた。その前年度（2013年9月まで）にも3.9万人の子供が密入国で捕われているが，2014年4月に急増し始め，7月には月間1万631人の子供と1万6357組の親子連れが検挙され，最高記録となった。年度末まで3カ月以上を残しながらすでに前年度の1.5倍近い数に達したため，「問題」として浮上した（*PRC*, 2015）。

　最初に警鐘を鳴らしたのは国連高等難民弁務官事務所（UNHCR）である。Children on the Run（「逃亡する子供たち」）と題する報告書を発表し，米政府に対して国際的保護の考慮を要請した。ホンジュラスの首都テグシガルパからグアテマラとメキシコを抜け，米国の国境に至るには2600kmの道のりを命がけで旅しなければならない。これは，稚内から那覇までの直線距離にあたる。貨物列車の屋根に飛び乗り，砂漠を歩き，リオ・グランデを渡って，テキサス南部の国境に辿り着こうとするが，列車から振り落とされ落命したり，非正規ながらすでに米国に在住する親が大金を払ってコヨーテを雇っても，道中，そのコヨーテやギャングに襲われたりする可能性は高い。麻薬カルテルも密入国

斡旋に関係している。年間数千人がメキシコを通過中に誘拐される。組織犯罪集団や麻薬密輸業者は，移民資金を提供した在米親族から身代金が取れることを承知で移民を標的にする（Chomsky 2015：8）。子供たちにそうまでさせる理由は，マラスの増長など社会の暴力化による生命の危険，生き別れになっている肉親との合流願望，そして貧困である。米南部国境の収容施設は飽和状態となり，「ボーダー・クライシス（国境危機）」という見出しのニュースが飛び交う（Goodman, Amy, *Democracy Now!*, Jun. 12, 2014）。

2014年度の総検挙数は，単身の子供が6.9万人，子連れの母親が6.8万組を記録した。その後も2016年度の最初の4カ月間（2015年10月～2016年1月）に国境警備隊が逮捕した子供は2万455人，親子連れは2万4616組と，すでに2015年度年間数の半数に上っている。単身の子供を出身国別にみると，グアテマラ37％，エルサルバドル28％，メキシコ18％，ホンジュラス15％である（*Migration Information Source*, Migration Policy Institute, Feb. 18, 2016）。

問われる米・メキシコ政府の対応

米政府は，こうした移民の波を阻止するために検挙と強制退去に着手した。勾留施設が満杯のため召喚状とともに釈放したものの，指定された日にほとんどの者が出廷しないからである。移民税関捜査局（ICE）は全国的に捜査網を広げている。しかし，全米移民擁護弁護士会長は，彼らは亡命者として避難所を求めているのであるから，不法入国者として扱われるのではなく人道的な保護を与えられて然るべきだと述べる。

一方，メキシコ政府は，米国政府の依頼を受け，暴力の蔓延する中米から逃れてくる避難民に対する猛烈な攻撃を展開している。「南部国境計画」（Plan Frontera Sur）と銘打った取締りによって，2013年の7.8万件から2014年には倍以上の17万件の強制送還を行った（Ahmed, Azam, *New York Times*, Feb. 8, 2016）。2014年7月以来，メキシコ政府は南部国境地帯に300～600名の移民取締官を派遣し，同年9月～2015年3月の7カ月間で米政府の逮捕者数が7万人余だったのに対してメキシコ政府のそれは9.3万人に上った。1万8310人の単身未成年者が逮捕されているが，保護されたのはわずか18人（2014年）で，2016年度はさらに7割増となる見込みである。米国は自国の国境に避難民が押し寄せるのを防ぐためにメキシコに資金を提供し，今日のヨーロッパを

揺さぶる難民問題と同様の問題をメキシコに押し付けたのである（Nazario, Sonia, *New York Times*, Oct. 12, 2015）。

さらに 2016 年 2 月，英紙ザ・ガーディアンの報道によると，ヒューマン・ライツ・ウォッチを含む米墨の 5 つの組織が米国務省に対し FOIA（Freedom of Information Act）に依拠して「中米移民の流入を阻止するためにメキシコ移民局に支払われた財政支援の形と額」を公表するよう 2015 年 9 月来求めていた情報が明らかにされたという。当初メキシコに供与された額は 8600 万ドルであったが，2014 年 7 月以降「メリダ・イニシアティブ」（Iniciativa Mérida. 米国の対メキシコ・中米治安保全協定。2008 年 6 月発効）に 25 億ドルの予算が投じられた。そのうちどれだけが中米移民阻止に向けられたかは定かではない。しかも，南部国境を潜り抜けた移民を捕えるために 5000 名の兵士・警官が配置されていることが知られている（Castañeda, Jorge, *MILENIO.COM*, 22 feb. 2016）。

メキシコは人身売買の国際的連鎖の重大な一隅を占めている。移民の人権に関する国連特別報告者であるホルヘ・ブスタマンテは，「メキシコでは中米からの移民に対し，メキシコ移民が米国で受ける仕打ちよりひどい扱いをしている」と証言している（Núñez Jaime, p. 12）。メキシコの街を歩けば，路上で，公園で，地下鉄で，どこででも彼らを見かける。観光客などではない。メキシコ人の間で暮らしつづけている人たちである。メキシコは，移民の送出・通過・帰還の国であるばかりか，国際労働移民・亡命者・人身売買の犠牲者を「受け入れている」国でもある。

4 移民が外交関係にもたらしうる影響とは

米国社会で問われる移民の人権と処遇

国境取締り政策によって人道的危機が生じている。1990 年代半ばからメキシコとの国境警備のために米政府は膨大な予算をつぎ込んできたが，移民の越境を阻止できず，その一方で何千人もの死者を出し，筆舌に尽くしがたい人的被害を生んでいる。監視作戦 "Operation Gatekeeper" が開始された 1995 年以降の 10 年間足らずで，密入国の途上 3000 名が，2005 年にはさらに 500 名近くが落命した。米政府の統計によると，2013 年度に越境を試みて死亡した犠牲者数は 445 名，2014 年度は 307 名であったので，この数字は過去 15 年間

で最小値ではあった（*The Huffington Post*, Oct. 27, 2014）が，この統計はあくまでも遺体が発見された数字にすぎない。鋼鉄の高い壁の建造やハイテク技術を駆使した装置によりどんどん西から東へと越境ポイントが移行し，アリゾナ砂漠地帯で亡くなった消息不明者は数知れない。

オバマ政権は当初から包括的な移民制度改革を公約し，「政府は犯罪者や暴力団員など社会を害する人間を探し出して追放する。決して学生や，家族を養うただそれだけのためにここにいる普通の人を対象とはしない」と断りを入れておきながらも，野党共和党議員から他の法案での協力や譲歩を引き出すために国境取締り厳格化と非正規移民の検挙を進めてきた。それにもかかわらず，非正規移民の合法化や救済策は議会で承認を得られないまま，強制送還者数は過去最高の 200 万人近くに達した（過去 10 年間では 320 万人）。しかもそこには交通違反者や無犯罪歴者までもが含まれており，麻薬関連を含めた重罪犯は 20％（39.4 万人）にすぎない（*The New York Times*, Apr. 6, 2014）。この報道の情報源となった政府の内部資料が真実であるとするなら，政権と議会が移民家族を離散させてしまっていることになる。

国境警備の厳格化がもたらした唯一の想定外の効果は，非正規移民が滞在を長期化させたことであり，これは「籠の鳥」現象 "caging effect" と呼ばれ始めている。これに因んで故郷からの家族呼び寄せが増した。以前は大半が単身で越境する男性であったが，今では半数は女性と子供になった。こうした変化によって莫大な恩恵を被ったのは，国境地帯で暗躍するコヨーテである。当初は小規模に個人で請け負い，1 人当たりの手数料は 1990 年代始め 500 米ドル程度だったものが，組織犯罪と麻薬密輸に連鎖する複雑な徒党を組むようになり，現在ではその 10 倍以上を要求している（Seghetti, Lisa, *Border Security : Immigration enforcement Between Ports of Entry*, Congressional Research Service, Dec. 31, 2014）。

共和党タカ派の間ではメキシコとの国境を要塞化すべきだと喧伝されているが，これは 1980 年代当時の状況に基づく認識であり，今日の現実とはかけ離れている。米国への非合法移民の流入は 2005 年を頂点として減少し続けている。今日，1100 万人を切ったと推定され，それは 2003 年以来最も低い数値である（Benen, Steve, "Illegal immigration continues to decline, reaches 13-year low", MSNBC, Jan. 21, 2016）。なかでもラテンアメリカ諸国からの流入は，2008 年以

降アジアからの教育水準も収入も高い移民に抜かれ始めている。しかし,非合法移民の強制送還を最優先し,国境警備の強化を求める共和党と,移民制度の抜本的改革と密入国児童への人道的対応を主張する民主党との対立が続き,なんらの合意には至っていない。

共和党支持層が高齢化し移民に対する反感を強めていること,移民の増加によりWASPがマジョリティではなくなる日が迫っていることに見られるように,米国が歴史的転換期を迎えつつある現在,懸念が高まるのは無理のないことであろう。しかし,賢策と思しきは,移民を不審な侵入者と決めつけ一斉検挙を強化し国境に壁を築くことではなく,移民を望む人々が精査された上で入国できるよう,広範で効率的な法律に基づく移民制度を考案することであろう。

現状では,永住権を持つ移民であっても,帰化する代わりにグリーンカードを更新することを選ぶ者のほうが多い。市民権獲得には手続き料が680ドルもかかり,それは多くの労働者の2週間分の給料に相当するためである(20年前の1995年時点では225ドルであったが徐々に値上がりした)。グリーンカードなら450ドルで10年間有効の更新ができ,英語の試験がなく,認可率も高い。実際,グリーンカード保持者850万人(2011年)中,帰化したのはわずかに8%にすぎなかった。

包括的移民制度改革はどこへ行く

オバマ政権は非正規移民の正規化と国境取締り強化の両立を図ろうとしている。包括的移民改革反対派議員の多くが国境管理強化と非正規移民取締りを強く主張していることに配慮して,オバマ大統領は行き過ぎと思われるほどの国外退去者を排出していると見受けられる。しかし,オバマ政権の掲げてきた包括的移民制度改革の核心は,犯罪者の強制送還による安全保障にあるのではなく,要件を満たし高等教育を目指す若者の在留資格を正規化し救済することにあるとみなしうる。これについて詳しくみてみよう。

もともとは,非正規移民学生のために移民法上の地位を是正し,奨学金への応募や暫定的な労働を許可することを謳う法案「ドリーム・アクト」(DREAM Act : the Development, Relief and Education for Alien Minors Act)は,2001年8月1日,上院議員ディック・ダービン Dick Durbin(D)とオラン・ハッチ Orrin Hatch(D)によって提出された。非正規移民に対して要件を満たせば条件付

き居住資格が，次にさらに要件に見合えば永住権を与える段階的プロセスとして考案された。以後2年おきに4回上院に提起されたが，成立していなかった。オバマ大統領は2008年の大統領予備選で，「あらゆる人種やエスニック・グループ，性差別などの壁を乗り越え偉大な社会を作る」と抱負を述べ，一定条件を備えた非正規移民学生に対して，大学在学期間中の居住権を認め，さらに連邦や州レベルでの奨学金の受給資格や一定の労働を許可するとした「ドリーム・アクト」に対する支持を表明していた。就任後も，スペイン語ラジオ番組で，「私は『ドリーム・アクト』を100％支持する」と明言し，「より多くの生徒たちが大学に進学する機会を得，また奨学金やローンといった資金を得やすくするため，私の政権では教育に投資すべく基金を設ける」と述べた。オバマ氏は，イリノイ州選出連邦上院議員であった頃から，この法案を通過させることで，米国で成長した子供たちを2つの階級の市民に分けるようなことをなくしたいとの考えを公表していた（賀川2011：157-158）。

　「ドリーム・アクト」は州ごとに内容も異なる。少なくとも20州においてすでに移民学生のための授業料減免が採用されている。本法律は非正規移民学生に州民向け割引授業料や奨学金申請資格といった恩恵を授けているが，その運用面では州ごと，大学ごとに適用対象者の基準が異なる。

　「ドリーム・アクト」と「ダカ・プログラム」（DACA：the Deferred Action for Childhood Arrivals program）は混同されがちであるが，両者は別物である。ダカは，2012年6月にオバマ大統領が提出した行政措置（Executive action）であり，これにより推計150万人が，さらに2014年11月のダカによって390万人が申請し適用を受けると見込まれている（*Executive actions on immigration have long history*, Pew Research Center, Nov. 21, 2014）。16歳未満で米国に移住し，現在31歳以下であることなど基準を満たせば，国外退去を延期でき，米国で合法的に居住し，労働許可を申請でき，社会保障番号が得られる（ネブラスカ州では運転免許証も取得できる）。期限は2年間であるが，更新ができる。両者の違いは，ドリーム・アクトなら居住権そしていずれは市民権への道も拓けたはずであったが，ダカは労働許可と強制送還からの保護しか与えられない。2015年2月にダカは延長されるはずだったが，差し止め命令が出された。しかし，それによってダカが効力を失ったわけではなく，現在も申請と更新は可能である。ただし，差し止め命令が打ち切られるまでは，有効期限を3年に延長し，年齢制

限をなくす新しいダカの適用は受けられない。混乱しているのは学生当事者だけではなく，多くの教員，入試係官，奨学金カウンセラーも同様で，自分たちの州における移民政策を理解できていない。「カミング・アウト」することを恐れる学生は多いが，大学の担当者に相談することで，自分の身を守る道が拓ける可能性はある (5 facts you need to know about the DREAM Act, USA TODAY College, Feb. 26, 2015)。ダカの拡大と並行して，在留資格保持者または米国市民の親の在留を期限付きで合法化し労働許可を与える「ダパ・プログラム」(DAPA：the Deferred Action for Parents of Americans and Lawful Permanent Residents program) の実現をめぐる，非正規移民を含む家族の要求運動は続く。

　一方，かつてメキシコ政府によっても，米国との交渉において「包括的移民協定案（エンチラーダ・コンプレタ）」が提唱されたことがあった。提唱者はフォックス政権（2000～06年）の外務大臣カスタニェダ（Jorge Castañeda）である。その内容（5点）に注目しておきたい。すなわち，(1)一時的就労協定（ブラセロ協定の轍を踏むことなく，メキシコ人労働者に米国人と同等の権利が与えられる，農業ではなく工業とサービス業部門での試行的協定である，25～35万人規模を対象とすることで循環的性格を回復させる），(2)在米非正規移民の正規化，(3)メキシコの地方の発展推進協定（対米移民を長期的に減少させていくためには送出地域の発展が欠かせない），(4)国境地帯の治安強化協定の推進，(5)ビザに関する協定の再検討（NAFTAのメンバーである2国に対する特別協定を創設）の5点である（Novelo U., Federico, "Situación actual y perspectivas de la migración México-Estados Unidos", *The Journal of Intercultural Studies* 32, 関西外国語大学）。交渉の最中に9.11（同時多発テロ）が起こったため，移民制度改革が米議会で優位性を失い交渉が中断されてしまったのはいかにも残念であった。

移民がとりもつ共存世界の形成へ

　メキシコ社会開発相ホセ・アントニオ・メアデは，テキサス州ラレド市を訪問中，2016年2月20日のインタビューで，「両国の友好関係がこれまでに成し得たあらゆることを認めようとしない見解は，その豊かさや価値を壊し，両国がともに歩んできた歴史に傷をつけ，運命づけられている両国の未来を害するものにほかなりません」と両国の友好関係がもたらす恩恵を強調すると同時に，「米国にとってメキシコほど良き友人はないと私は思っています」と述べ，

大統領選共和党候補者の主張を直截に批判した。

　メキシコにはカナダに比して5倍の米国人が住み，その中には健やかに学校生活を送る子供たちが多く含まれている。米国へ移民するメキシコ人は減少しており，帰還者の方が多くなっていることも指摘し，現実離れした観点からメキシコ移民現象を捉えるとすれば，より良い公共政策の立案に繋がる要素を見失ってしまうことになるとして，社会開発省が推進する「3×1（トレス・ポル・ウノ）」プログラムのような社会政策は，移民の海外送金をもとに出身地の開発計画に寄与することを可能にしているとも述べた（日刊紙 *Milenio*）。楽観的な見解と言えようが，両国間のより対等な関係構築を目指す姿勢の表れでもある。移民を送り出している自治体の市長や知事をはじめ，大統領や大臣までもが，移民が多く住んでいる米国の都市を訪れ，故国との関係維持と送金での貢献を訴え期待をかけることは，今や政治家や議員の重要な任務となっている。

　両国にまたがって暮らす人々がいかにしてそれを可能にしているかについて，メキシコ人の視点から少し立ち入って考えてみよう。移民が増大してきた要因は賃金格差だけでは説明できない。その原動力となってきたのは，社会的ネットワークの醸成である。それは，親族はもちろん，子供の代父母にあたるコンパドレ，コマドレを含む友人，多くは同郷である移住先コミュニティの隣人，職場の同僚，教会に集う仲間，移民コミュニティのボランティア活動や権利拡張運動にともに参加する同志等々からなる。この紐帯が移民プロセスの中核的役割を果たす。この結び付きによって，移民する者は当初から，これら諸関係の持つ暗黙の「義理」に頼り，越境を企て，移住先の社会に落ち着くことができる。特定の目的地へと移住する決断の動機となるのは，そこに到着次第，力になってもらえる友人や親族がいることである。そうした縁故関係によって移民は職を得ることができ，時には移住する以前からすでに働き口を紹介されていることもある。どのように越境するか，目的地での雇用機会，住処，日常生活の情報も，この関係筋から得ることができ，定住を容易にしてくれる。こうした紐帯は移民の触媒であり，定着のための重要な手段である。英語のレッスンや職業訓練へのアクセス，運転免許証や社会保障番号の取得方法についても，この結び付きが頼りになる。特定の移民集団が一定の業種や商売に集中しているのは，このネットワークが中核となって，その分野で職を得やすくしているからである。

くわえて，ネットワークを通じて同郷団体（clubes de oribundos/Hometown Assotiations）を組織し，これを介して故郷の村に送金したり，故郷との精神的繋がりを保ったり，故郷の祝祭を移住先でも催したり，スポーツ大会を開催したりと活発に活動する。そして州レベルでの連合に発展させたことで，在外メキシコ人が母国に政治的に再編入するための法律や政策を策定するよう，政府に働きかけることができるまでになった。国境を越えて両国の地域社会の政治に関わり，利害を追求するようにもなっている。メキシコで1997年，外国在住市民に二重国籍を認めたことも，2005年，在外選挙権が法律上可能になったことも，移民ネットワークのもたらした成果と言える（北條 2011：52-57）。

両国間での共存関係構築がいかに重要であるかを説得的に語るメキシコ人ジャーナリストもいる。どれほど高い鋼鉄の壁を張り巡らせ，国境警備隊を増員し，国境封鎖を試みようと，その予算が法外なものとなるだけで，生死を賭けた移民の流入が途切れることはない。メキシコと米国の両経済システムは今や完全に統合されているも同然なのだから，その国境は透過性を備えていて然るべきであるという見方がある。国境で米政府によって繰り広げられている抑止行動は政治ショーに過ぎず，効果があるとはだれも思っていない。また，メキシコ人の労働力は，米社会が高齢化していく今後，ますます必要となるだろう。米国のメキシコに対する労働面での依存度の高さは，メキシコ側の貿易・金融面での依存度と同等である。ゆえに，北米の同盟国の領土内における人の自由な移動は，共通通貨導入よりも重要だという解釈もなされるほどである（北條 2011：59）。

移民はたしかに国家間の合意に至るまでには困難を極める問題である。しかし問題という言葉に含まれる厄介な，困った，という意味ではなく，人道上の課題であると同時に多様性によって社会に豊かさをもたらす契機とみなすこともできるだろう。移民するために人々は故郷から，家族から，生活環境から切り離され，命をも危険に曝す。必要とされているのは，人道上の解決策である。それは，グローバルな経済的融合の新しいモデルを創り出すことによって，地球上の資源を住民の間でより平等に再分配し，伝統的な農民の生活様式を尊重し促進する性質のものではないだろうか。

それに対し，米国の政策は対外的に不平等を助長している。国内では社会の不平等を保ち続け，低賃金労働への需要を維持している。米国民の誰もが，何

らかの形で非正規移民からの恩恵を受けている。農場労働，精肉加工業，清掃業，庭師，新聞配達，災害地の復興等々，ありとあらゆる商品とサービスの背後に移民労働がある。その存在は他の労働を生むことにも貢献している。消費者として他の労働者の仕事を維持してもいる。非正規移民をめぐる現行の「合法的不平等システム」は，グローバルシステムの国内再生産そのものである。「国家は，多国籍企業よりもはるかに複雑で豊かな機能を持っている。経済的利益という単一の論理だけでなく，矛盾し対立する社会の問題を調停して処理する能力がそれであり，格差を是正し再分配を行う役割を果たすのは，中央政府をもった国家以外にはない。ナショナリズムをあおるような民族という単位に代わって，グローバルな正義に目を向けた政府が求められている」と，国際労働力移動の研究で世界をリードしてきたＳ・サッセンは語っていた（『朝日新聞』2011 年 12 月 23 日）。

　移民と受入れ社会住民との共存は，文化的・政治的・経済的・社会的な多面的問いかけであると同時に，とりわけ人道的な問題である。米国は，移民が脅威であり内憂であるとして排外主義に陥ることなく，米州地域全体が共存していける未来を目指した移民政策を議論するよう望まれる。ラテンアメリカ諸国も，移民した自国民の尊厳を守り，彼らとの対話をより緊密化する努力を傾けねばなるまい。そしてまた，国益や市場原理が支配的に働き，移民の利益と人権を害する恐れがある時，それを抑制する規範として存在する ILO 諸条約や国際人権規約などに委ねるだけでなく，対話に基づく国際協調の継続が求められよう。

参考文献

牛田千鶴「米国のラティーノ社会——呼称をめぐるエスニシティと政治性」小池康弘編『現代中米・カリブを読む』山川出版社，2008 年。

賀川真理『カリフォルニア政治とラティーノ——公正な市民生活を求めるための闘い』晃洋書房，2011 年。

久保文明・松岡泰・西山隆行・東京財団「現代アメリカ」プロジェクト編著『マイノリティが変えるアメリカ政治——多民族社会の現状と将来』ＮＴＴ出版，2012 年。

黒田悦子『メキシコ系アメリカ人——越境した生活者』国立民族学博物館，2000 年。

狐崎知己「市民の安全保障のジレンマ——中米における安全保障の多様な罠」大串和雄編著『21 世紀の政治と暴力——グローバル化，民主主義，アイデンティティ』

晃洋書房，2015年。
桜井三枝子・中原篤史編著『ホンジュラスを知るための60章』明石書店，2014年。
中川正紀「ヒスパニック／ラティーノ」明石紀雄監修『新時代アメリカ社会を知るための60章』明石書店，2015年（初版2013年）。
北條ゆかり「メキシコからの対米移民——その変容と可能性」安原毅・牛田千鶴・加藤隆弘編『メキシコ　その現在と未来』行路社，2011年。
Chomsky, Aviva, *Undocumented. How Immigration Became Illegal,* Beacon Press, 2014.
Núñez Jaime, Víctor, *Los que llegan. Crónicas sobre la migración global en México,* DEBATE, 2012.

［付記］本章の執筆時点では，共和党の支配する議会に阻まれながらも，オバマ政権下で移民改革の実現が模索され続けていた。ところが，2017年1月の政権交代により，メキシコをはじめとするラテンアメリカと米国の関係は予断を許さない事態となった。今後の展開に注目しなければならない。

コラム2　米国のヒスパニック——カリフォルニアの「レコンキスタ」

総人口の3割に

米国西海岸の中心都市ロサンゼルスの地下鉄やバスの車内ではスペイン語が飛び交う。オフィスの机で働くのは白人だが，窓ふきや床掃除，地下の駐車場の管理など下働き労働者の大半が中南米から移民したヒスパニック系の人々だ。

カリフォルニア州からメキシコ系住民が消えたらどうなるかを描いた映画『メキシコ人のいない日』(2004年) は，3K職場で働く彼らなしにアメリカ経済は成り立たない現状を描いた。

2015年6月に米国勢調査局が発表した統計結果によると，2014年7月現在のカリフォルニア州のヒスパニック人口は1499万人で，白人の1490万人を抜いた。今や多数派だ。かつてメキシコの領土だっただけに，「レコンキスタ（再征服）」とも言える現象だ。

メキシコからの移民が大挙して流入したのは1980年代だ。メキシコの債務危機がきっかけだった。94年に北米自由貿易協定（NAFTA）が発効すると，失職したメキシコ農民が国境を越えた。つまりが経済難民なのだ。

全米規模でもヒスパニック系は着実に増えている。2000年に3530万人だったのが2010年には5050万人，2014年は5539万人である。総人口の内訳で，すでに2000年にヒスパニック系は黒人を抜いた。2050年には総人口の3割を占めると予測される。

亀裂の火種

正規の手続きを経ない不法移民も多い。2001年の9.11テロを機に米国政府は国境管理を厳しくし不法移民を締め出したが，命をかけても入国して来る人々を防ぎきれない。

政府はさじを投げ，2003年には不法滞在者に運転免許証を発給する法案がカリフォルニア州で成立した。05年にはロサンゼルス市長にメキシコ移民2世が就任した。今や企業はヒスパニック市民を最大の消費者とみて彼らに合う商品を開発し，政治家たちは演説にとり入れるべくスペイン語の学習に取り組む。

親が不法移民でも，アメリカで生まれた子は自動的に市民権を得る。中絶を禁じたカトリック教徒がほとんどだけに，子が多い。カリフォルニア州財務局は，2060年までにヒスパニック系は州人口の48％を占めると予測する。

こうした流れが白人たちの危機感や反発を招き，不法移民の流入を止めるためメキシコ国境に壁を築くと豪語したトランプの政権誕生へと繋がった。ヒスパニック系住民への嫌がらせが増える中，カリフォルニア州では米国からの離脱を目指す独立論が活発化するなど，米国の亀裂の火種となった。

（伊藤千尋）

第II部

ラテンアメリカ諸国の課題

五輪開催が迫るなか,ルセフ大統領の弾劾を求めるデモ
(2016年7月31日,ブラジル・リオデジャネイロ)(時事)

第8章　キューバ
——「平等主義社会」から「公正な社会」へ——

後 藤 政 子

1　なぜ，キューバ革命は生き永らえることができたのか

　2015年7月，キューバと米国の外交関係が復活した。アイゼンハワー政権が1961年1月に外交関係の断絶を発表してから実に54年ぶりのことである。
　1959年1月1日に革命が成功してから，キューバは武装侵攻や経済封鎖など，米国のあらゆる干渉にさらされてきた。1990年代には経済的に依存していたソ連が解体し，未曾有の経済危機に見舞われた。当時，世界は「新自由主義時代」であったが，新自由主義体制への転換を「良し」としなかったキューバは国際的に孤立した。米国は「カストロ政権打倒」の好機とばかりに経済封鎖を強化したため，経済は低迷を続けた。にもかかわらず，キューバは「第2の東欧」となることなく，国民を統合し，経済を回復軌道に乗せ，革命の基本理念を維持し続けた。関係改善後も「市場経済化」を求める米国に対し，独自の体制を維持する姿勢を示している。
　これほど厳しい状況にありながら，キューバ革命はなぜ「生き永らえる」ことができたのであろうか。米国政府が主張するように「カストロ独裁」のためであったならば，むしろ逆に，きわめて早い段階に崩壊していたはずである。米国のすぐ足元に位置し，国内には米国のグアンタナモ海軍基地も存在する。いわば「一寸先に敵がいる」状態のもとで，国民が独裁に苦しんでいるのであれば，米国の干渉に対して貧しい小国はひとたまりもない。
　実際，1961年4月には，米国政府は「独裁に苦しむ国民は歓呼して迎えるだろう」と傭兵軍を送り込んだ（プラヤ・ヒロン事件）。しかし，ほとんど武器らしい武器を持たない一般市民が命を賭して戦い，重武装の侵攻軍を数十時間で退けた。このあとも，侵攻失敗は米軍が直接関与しなかったためであるとして国防省やCIAは米軍による直接侵攻の姿勢を崩さなかったし，経済情勢を

悪化させて国民の不満を高めようとする米国の政策はずっと続いてきた。

　キューバ革命が生き永らえることができたのは，やはり，革命以来，指導部が腐敗することなく，「国民生活の保護」という革命の基本理念を維持し続けてきたためである。とはいえ，すべてがバラ色であったわけではなく，多くの悩みや問題はあった。

　米国の封じ込め政策のために国際的に孤立したキューバは，革命直後に社会主義圏に組み込まれ，社会主義国となったが，当時のソ連や中国とは異なる「平等主義」という独自の体制をとった。しかし，その後，社会主義体制のあり方は様々に変化してきた。米国の直接，間接の干渉に加え，国際情勢の変動に翻弄され，また貧しい発展途上国としての制約に縛られてきた結果であった。

　21世紀に入り，キューバは大きく変化している。60年間に及ぶ社会主義体制の「限界」を踏まえ，「国民生活を守る」という革命の基本理念を実現するにはどのような社会経済体制が相応しいかという観点から，言い換えれば，既存の社会主義理論から解放され，自由な発想のもとに，新しい社会体制を追求している。

　これは，革命直後から維持されてきた独自の「平等主義体制」を完全に放棄し，社会的経済的弱者の保護を中心とした「公正な社会」，言い換えれば「福祉社会」への転換である。今でもキューバは「社会主義の維持」を掲げているが，そこでは社会主義の概念は大きく変化している。

　キューバは革命後，どのような社会を目指し，どのような問題に直面してきたのか。その結果，今，どのような社会をつくろうとしているのか。本章ではこの点について，革命過程を振り返りながら考えてみたい。それは対米関係改善後のキューバの行方を考えるための一助になる。また，今日のグローバル化の時代においてキューバの目指す「福祉社会」が成功するか否かは，貧困や格差の問題に悩む日本その他のいわゆる先進諸国にとっても見逃すことはできない「実験」でもある。

2　革命——モンカダ兵営襲撃から革命政権成立まで

ゲバラがラテンアメリカの旅で求めたもの——20世紀ラテンアメリカの課題
　チェ・ゲバラは1953年に母国のアルゼンチンを発ち，2度目のラテンアメ

リカの旅に出立している。それは「真の革命とは何か」を見極めるための旅であった。

20世紀半ばのラテンアメリカでは社会変革を目指して多くの政権が成立し，運動が発展したが，米国の直接間接の干渉によって崩壊し，あるいはメキシコやボリビアの例にみられるように，「革命政権」や「民族主義政権」のもとでも抜本的な社会経済構造の転換はなされず，自立的発展は実現できなかった。いかにしたら米国や軍部やオリガルキア（寡頭支配層）の干渉を退け，社会変革を実現できるのか。どのような体制のもとで貧困問題の解決や自立的発展は可能か。当時のラテンアメリカの課題はここにあり，ゲバラもその解答を探し求めていた。

ボリビアでは「革命のなし崩し的後退」を，次に訪れたグアテマラでは反革命軍の侵攻による革命政権の崩壊を体験したあと，ゲバラはメキシコに辿り着いた。ここで，モンカダ兵営襲撃に失敗し亡命していたフィデル・カストロと出会い，死を賭しても社会変革を実現するという確固たる意志，現実を見据えたうえで打ち出された革命戦略，そして革命後の社会構想に共鳴したゲバラは，「この男にかけてみよう」と運命を共にする。

2年間のゲリラ戦を経て革命は1959年1月1日に成功するが，米国の事実上の植民地と言われたキューバで革命が成功し，しかも，米国の干渉に耐え，革命が維持されてきたことは「奇跡」であった。しかし，そこには，スペイン植民地時代から独立後に至る様々な運動の失敗の経験が生かされていた。

キューバ革命は「キューバ独立の父」といわれる，第2次独立戦争（1895～98年）の指導者ホセ・マルティの思想を実現したものである。フィデル・カストロは「師マルティの弟子である」と自称するほどマルティを崇拝しており，革命運動の戦略や戦術からも，また，革命成功後の社会建設のあり方からも，マルティの思想や生き様が彷彿とする。

ホセ・マルティの社会理念は基本的には，(1)「すべての人々の自由と平等」と「助け合いの社会」にあり，しかし同時に，(2)「最も虐げられた人々の解放を最優先課題とする」という点にあった。カストロにとって革命成功以来の半世紀はこの理念を実現するために七転八倒し続けてきた過程であった。

以下，その軌跡を辿ってみたい。

モンカダ兵営襲撃──なぜ若者による行動だったのか

1953年7月26日,フィデル・カストロら121人の若者が東部のサンティアゴ・デ・クーバにあるモンカダ兵営を襲撃した。「キューバ革命の始まり」である。これは既成政党とは一線を画する「マルティ生誕100周年世代」を名乗る若者による行動であった。

兵営襲撃によってバティスタ軍事政権の基盤を揺るがし,革命を起こそうというのであれば,首都ハバナにあるキューバ第1の兵営であるコルンビア兵営を襲撃しなければならない。なぜ第2のモンカダ兵営だったのか。なぜ,既成政党と一線を画した若者による行動だったのか。ここに米国の事実上の植民地であったキューバでなぜ革命が成功し,社会変革が実現したかを解く1つのカギがある。

カストロが目指していたのは兵営襲撃を機に,市民蜂起を呼びかけるためであった。しかし,市民が蜂起すれば,そのままバティスタ政権崩壊や社会変革に繋がるとは考えていなかった。そのためには市民の「意識化」と,市民蜂起を組織化し,具体的な変革プログラムに沿って運動を進める指導勢力が必要である。

一方,既成政党を排し,若者の手で行動を起こしたのは「バティスタ無きバティスタ体制」の維持を阻止するためであった。

バティスタは大統領選挙での敗北が予想されたため1953年3月にクーデタによって権力を握った。これに対し,二大政党のアウテンティコ党(キューバ革命党真性派)やオルトドクソ党(キューバ革命党正統派)はバティスタとの話し合いや米国の介入による政権交代に向けて動いていた。それは「バティスタ無きバティスタ体制の維持」であり,社会変革には繋がらない。

アウテンティコ党は1933年のマチャド独裁(1925~33年)崩壊後,「革新政党」として大きな政治的影響力を有し,1940年には大土地所有制の廃止を盛り込んだ進歩的な憲法も制定されている。その後,44年から52年まで政権を担当したが,改革にはまったく着手せず,汚職に明け暮れるだけであった。「何もできなかった」のは,砂糖モノカルチャー経済のもとで,米国のキューバ支配が土地独占を軸として経済全体に及び,そのために政治的にも従属していたためである。農民など圧倒的多数の国民の貧困問題を解決し,自立的経済発展を実現するには,何よりも米国の砂糖会社による土地独占を解体しなけれ

ばならないが,たとえ遊休地であってもその土地に手をつければ米国の干渉は避けられない。

アウテンティコ党政権の腐敗ぶりを批判し,同党から分裂し成立したのがオルトドクソ党である。多くの国民は「誠実な政治家であれば改革ができる」と期待を寄せていたが,米国のキューバ支配構造を考えれば,誠実な政治家であるだけでは社会変革は実行できない。

社会変革は国民に依拠しつつ進めなければならない。しかし,そのためには国民の「意識化」が必要である。カストロは「闘いが国民の意識化を進める」と考えていた。兵営襲撃はその第一歩であった。その後,事態はその通りに進んでいく。

兵営襲撃が失敗し,山中に逃れたカストロは捕えられ,裁判にかけられたが,裁判は市民病院の一室で,弁護士もつけられず密かに行われた。事件を闇に葬るためであった。情報統制のためにほとんどの国民は事件の存在すら知らなかった。そのため,カストロは被告人でありながら自ら法衣をまとい弁護席に立って陳述を行い,襲撃の目的や経緯,バティスタ政権による残虐な弾圧の実態,国民の窮状などを明らかにして,バティスタ政権排除の必要性を訴えるとともに,政権をとった場合に実施する政策を示した。

その後,カストロらはピノス島(現「青年の島」)のモデロ監獄に移送される。カストロは日の差し込まない独房で裁判の陳述を再構築し,レモンの汁で紙片に記した。それは地下ルートを通じて配布され,国民の広く知るところとなった。

カストロら襲撃参加メンバーは55年5月に釈放され,直後に革命運動体「7月26日運動」が結成された。「陳述」はその綱領となった。

最後まで「すべての勢力の統一」を目指す

メキシコに亡命したカストロらは1956年末にグランマ号に乗り組み,キューバ東部に上陸し,シエラ・マエストラでゲリラ戦を開始した。当時は様々な勢力がそれぞれの思惑に従い,ヘゲモニーを握るべく活動を行っており,「7月26日運動」は反バティスタ勢力のなかでは「1つの勢力」にすぎなかった。シエラ・マエストラのゲリラ部隊が中心勢力として認められるのはかなり遅く,革命成功の数カ月前,すなわち1958年8月にゲリラ部隊が政府軍の最終攻勢

を打破し，国民の圧倒的多数がゲリラ部隊によるバティスタ打倒に期待するようになってからのことである。

しかし，その後もカストロは最後まであらゆる勢力との協力や協調を目指した。革命の勝利のためにはすべての勢力の統一が不可欠であるという，マルティの考えに基づくものであった。既成の政治勢力がもつ影響力は依然として大きく，バティスタとの話し合いや米国の介入が行われれば，多くの犠牲を賭した闘いは無に帰する。

政府軍の最終攻勢が打破された直後に臨時革命政府が樹立され，臨時大統領にマヌエル・ウルティアが指名された。ウルティアは「モンカダ裁判」の際に，あらゆる合法的手段が奪われているときには武装抵抗は憲法上許されると宣言していた最高裁の判事である。指名したのはカストロであり，既成政党勢力もこれを受け入れた。「誠実な人物であるだけでは社会は変えられない」と主張していたカストロが，なぜウルティアを大統領に指名したのであろうか。反バティスタ派軍人のクーデタや米国の介入を阻止し，「バティスタ無きバティスタ政権」の成立を回避するには，すべての勢力を統一して革命を成功に導くことが必要であった。国民の「意識化」が進めば社会変革に乗り出すときは来る。カストロはそれに賭けたのである。

1959年1月1日の革命成功とともにウルティア政府が正式に発足するが，首相は弁護士のミロ・カルドナであり，その他の閣僚も銀行家や会計士など7月26日運動とは無縁の人々から構成されていた。7月26日運動からはアルマンド・ハーツ（教育相）とファウスティノ・ペレス（不正取得資産回復相）が入閣しただけであった。カストロ自身も「ブルジョアジーの臭いがする政府」と評していた。

革命の分水嶺――農業改革

しかし，革命政府は短時日のうちに7月26日運動の社会変革派の手に移った。

きっかけは59年2月のミロ・カルドナ首相の辞表提出である。大統領就任を望んでいたミロ・カルドナの「辞任劇」であったが，政治混乱が米国の介入に繋がることを恐れたカストロが7月26日運動メンバーの強い要請を受ける形で，首相への権限集中を条件に就任した。ウルティア政権が「何もしない政

府」であることを目の当たりにした国民は歓迎した。カストロの首相就任とともに，人種差別の撤廃や家賃の引き下げなど「ごく当たり前の政策」が次々と実施され，国民の熱狂的支持はますます高まっていった。

事実の経過のなかで国民の「意識化」が進み，7月26日運動改革派の政権掌握が可能になったのである。

5月17日，農業改革法が成立した。これは革命の分水嶺となった。

農業改革の実施はモンカダ裁判の「陳述」に含まれ，法案作成はウルティア政府閣僚のソリ・マリンに委ねられていたが，何もなされなかった。改革法公布と同時に米国の干渉が始まり，「ブルジョアジーの臭いがする」閣僚は辞任し，7月26日運動内部の「バティスタ無きバティスタ派」が離反した。7月にはウルティア大統領も辞任し，代わってオスバルド・ドルティコスが就任した。これにより政府は7月26日運動の社会改革派の手に移った。

米国からの輸入が滞り始め，60年3月にはハバナ湾でベルギーから購入した武器を運んできたフランス船籍のクーブル号の爆発事件が起き，6月には米系石油会社がソ連原油の精製を拒否した。ついに，1961年4月17日には中部のプラヤ・ヒロンに傭兵軍が上陸した。

カストロが「キューバ革命は社会主義革命である」と宣言するのは上陸前日の16日，侵攻に備えた米軍の空爆による死者の葬儀の席上であった。「革命当初に95％なり96％の国民が革命を支持していたとすれば，農業改革実施後の急進化に対し，90％の国民がますます戦闘的になり，革命と一体化していった」とカストロが語っているように（『カストロ・革命を語る』），正当な権利の行使に対して理不尽な攻撃を仕掛ける米国を前に，圧倒的多数の国民が社会主義化を当然のものとして受け入れた。

20世紀半ばのラテンアメリカの左翼勢力の間では「二段革命論」が主流を占めていた。社会主義段階への移行はカストロの念頭にもあったが，それは遠い将来の課題であった。しかし，そのための条件は早い時期に熟した。

3 「社会主義へ」

理想主義社会を目指して

米国の干渉に対抗する形で米系資産を接収していった結果，国有部門が圧倒

的部分を占め，社会主義計画経済が可能になった。農業改革の完全実施により大土地所有制が解体され，ソ連の援助により資金も確保されて，社会経済発展の条件も整った。

だが，キューバはソ連や中国などと同じ社会主義体制はとらなかった。「理想主義体制」あるいは「平等主義体制」と呼ばれる独自の体制を追求したのである。基本的な生活物資は配給制度により国民に平等に配分され，医療と教育は無料となり，その他の社会サービスもごく低い料金に抑えられた。生活するにはほとんどお金がかからず，そのために賃金体系も格差のきわめて小さなものとなった。

このような理想主義体制が導入されたのは指導者のカストロがソ連などの既存の社会主義体制に疑念を抱いていたためでもあるが，基本的には「すべての人々の解放」というマルティの理念に沿ったものであった。マルティ主義とマルクス主義理論を融合したものとして，「社会主義と共産主義の同時実現」と名づけられた。

実は，理想主義体制を取り入れる直接のきっかけとなったのは物資不足であった。米国の経済封鎖のために日用品が不足していたところに，工業化政策が進められたために，物資不足に拍車がかかった。1963年頃からのことである。そのため「金のある者だけが食べられるのは良くない」という理由で，不足する物資を次々と配給に組み込んでいった。そこから，経済が発展し物が豊かになるとともに配給物資を増やしていけば，最終的に共産主義社会が実現するだろう，と考えられたのである。

貧しい発展途上国としての制約もあった。発展資金の不足である。革命直後のキューバは砂糖のモノカルチャー経済のもとで国民生活はきわめて貧しく，生活水準の引き上げとそのための経済発展が急務であった。ソ連から「寛大な援助」が与えられたとはいえ，米国の封じ込め政策のために国際的に孤立し，社会主義圏以外の諸国との経済関係は限られていた。

「経済が発展し，国民への分配のためのパイが大きくなるまで待つか」，それとも，「乏しきを分かち合うか」。これに対し，キューバは「経済が成長するまで餓死する子供を手をこまぬいて見ていることはできない」として，「平等主義体制」を選んだ。

米国の制裁と発展途上国という制約は，その後，21世紀に至るまでキュー

バにつきまとうことになる。平等主義体制をとったあと,キューバの社会主義体制のあり方は紆余曲折を経ることになるが,それはこの2つの制約の狭間で呻吟し続けてきた過程でもあった。

20世紀半ばには,一般的に,古い経済構造をもつ発展途上国が一足飛びに社会主義へ移行することは想定されていなかった。いわんや,「社会主義と共産主義社会の同時実現」などは論外であり,当時,経済建設の支援のためにキューバを訪れていたベトレームらヨーロッパのマルクス主義経済学者の目には「暴挙」と映った。そのため,ゲバラとベトレームらの間で「大論争」が繰り広げられることになった。

この論争は,生産向上のためには経済的利益を中心とした「物質的刺激」か,人間の意識を重視した「精神的刺激」かという「刺激論争」という形をとったが,ベトレームや旧共産党(人民社会党)の論客らは,生産力と生産関係の一致という理論に沿って,反対の論陣をはった。

これに対し,ゲバラは,生産力と生産関係の一致や「物質的刺激」の必要性を認めつつも,「物質的刺激」を優先すれば共産主義への移行段階で禍根を残すとして,両者のバランスある導入を主張した。

しかし,ゲバラの,というよりも,カストロらキューバの指導者の念頭にあったのは,キューバ固有の条件である。すなわち,「国民の圧倒的多数を占める貧困層の生活向上は急務であり,乏しい物資を公平に分かち合い,また限られた資金を合理的に活用する以外にない」ということであった。しかも,革命直後には多くの技術者が亡命し,小学校すら出ていない管理者の手で農場や工場を運営しなければならなかった。国民の教育水準があがるまで,わずかな技術者の手で中央集権的な経済運営を行う以外に選択肢はなかった。

非常時態勢のもとで進んだ平等主義体制の制度化

平等主義体制は配給制度とともに始まったが,その制度化は60年代後半に「1000万トン計画」実現のための制度整備という形で,いわば非常時態勢のもとで進んだ。

「1000万トン計画」とは1970年までに砂糖生産を1000万トンにまで高めるという砂糖の大増産政策である。革命直前の砂糖生産能力は680万トンであり,かなり高い目標である。全面的な工業化政策が資金不足を引き起こして限界に

突き当たったため,ソ連の提案に従い,伝統的輸出農産物である砂糖の輸出拡大によって外貨を獲得し,発展資金に充てるというものであった。革命前のモノカルチャー経済に戻ることであり,抵抗があったが,工業化は,生活物資や住宅用の建築資材のほか,砂糖生産の近代化のための肥料や農業機械などの重化学工業に絞ることとして,1965年から始まった。

まず1963年に,第2次農業改革法が制定された。反政府派の富農や中農を排除して砂糖生産を確保するためである。これにより5カバジェリーア(約68ヘクタール)以上の農地が接収され,国営農場と小農の2本立てとなった(農地面積ではそれぞれ60％と40％)。1968年には1000万トン計画のための「大攻勢」,すなわち国民の総動員体制が始まり,様々な職場からサトウキビ刈り取り隊が派遣された。これに対し,「国民全員が自発労働に励んでいる時に儲けているのは良くない」として小規模の企業や商店が国有化され,非農業部門では90％から100％が国有部門となった。同じく,1968年には同一労働同一賃金を規定した新賃金体系が導入され,労働組合も時間外手当を返上したことから,新人も熟練労働者も,働いても働かなくても,同じ賃金となった。自由市場も廃止され,すべて配給制となった。

「ソ連化」の時代へ

しかし,「1000万トン計画」体制のもとで経済運営は混乱した。というよりも無きに等しかった。1967年からは国全体の経済計画も作成されず,企業別の計画もなかった。それどころか,簿記も行われず,依頼があれば工場を動かし,出荷するという有様であった。トラックが来ないために刈り取ったサトウキビが何日も放置され,動員された人々が所在無げに遊んでいるというのも日常茶飯事であった。サトウキビは苗が植えられてから4年間収穫できるが,知識のない動員隊員によって根こそぎ切り取られてしまうなど,「素人の作業」の限界もあった。

こうして,1970年の砂糖生産は850万トンにとどまった。すべての努力が砂糖生産に向けられたため消費物資の生産にまで手が回らず,物資不足は激しくなっていた。計画が達成されれば生活が向上すると期待していた国民は,「あれほど頑張ったのに」と労働意欲を失った。

「独自の社会主義」が失敗であったとすれば,既存の社会主義理論を受け入

れざるを得ない。こうして1975年の第1回共産党大会で当時のソ連で実施されていた経済体制が導入された。1976年には新憲法も制定されたが、「マルクス・レーニン主義」が前面に打ち出されたものとなった。「ソ連化」と言われる時代の始まりである。

それでも、独自性を維持しようとする努力は見られた。新たに導入された経済運営体制は経済運営計画化制度（SDPE）と呼ばれた。国有企業に利潤原則を取り入れたもので、企業は国から資金を借り入れて生産し、元本や利子などを支払えば利潤を再投資や労働者への報奨金などに充てることができる。しかし、実際には多くの規制が残されていた。賃金体系は依然として国によって決定され、生産指標も細かく指示されていた。賃金格差は小さく、配給制度も維持された。市場原理の導入が必要であることは政府の中でも合意事項になっていたが、厳しい経済情勢のもとで依然として資金や資源は限られ、無駄は許されなかったのである。また、「経済自由化」のしわ寄せが弱者に集中することは避けなければならなかった。

しかしながら、既存の社会主義理論の「正しさ」が認められたことによって、いわゆるソ連派の発言力が増し、マルティ主義に代わり「マルクス・レーニン主義イデオロギー」が風靡するようになった。社会主義リアリズムが評価され、宗教はアヘンであるという思想が広がり、イデオロギー的多様性も背後に追いやられた。

4　「社会主義」を見直す

それは1980年代に始まった

だが、「ソ連化の時代」は長くは続かず、1980年代に入るや、見直しが始まった。それは、ソ連型体制の是非だけではなく、「社会主義の見直し」にまで進んだ。

きっかけは1980年4月の「マリエル港大量難民事件」である。ハバナ郊外のマリエル港から総計12万5000人の難民が米国に脱出した事件であるが、初めは、革命直後の富裕層の亡命者と同じく「グサーノ」（蛆虫）とみなされていた。しかし、研究機関の調査により、豊かな生活を求めて脱出した「経済難民」であることが明らかになった。難民のなかには若者や一般労働者、さらに

は黒人も含まれていたのである。ここから「革命から20年も経過したのに，なぜ生活がよくならないのか」という疑問が発せられ，議論が巻き起こった。

他方，物資不足が続くなかで，職場の物資を横流ししたり，国有企業が生産ノルマはそっちのけで儲かる副業に専念したり，報奨金をごまかしたりするなど，企業の自由裁量権を悪用した不正が広がっていた。

これに対し，1984年，フィデル・カストロが「75年体制の行き過ぎと誤りの修正」を打ち出した。これを受けて1986年の第3回党大会で75年体制の「修正過程」の開始が決定され，「社会の総点検」が始まった。すると，様々な問題が明らかになり，議論はソ連型経済体制の是非にとどまらず，「革命の成果」にも及んだ。

たとえば，確かに医療制度には素晴らしいものがあるが，薬や医療機器の不足のために実態が伴っていない。黒人や女性は完全に平等になったといわれるが，西欧文化ばかりが評価され，黒人文化が「遅れたもの」として蔑まれている。テレビのホームドラマには黒人がほとんど出てこない。妻が台所に立ち，夫は居間でテレビを見ているというシーンが当然のごとく放映される…等々。

議論や見直しは教育，文化など，あらゆる分野に広がっていき，80年代の社会は変化し始めた。

その1つが宗教の再評価である。

フィデル・カストロは，宗教信徒の役割に強い印象を受けたのは1971年11月にアジェンデ政権下のチリを訪れたときだったという。1979年には中米のニカラグアでも社会主義革命が成功し，信教の自由と多党制を規定した憲法が制定されている。ラテンアメリカでは1960年代末から「キリスト教は貧しい人々の解放のための宗教である」という解放の神学思想が広がり，貧しいキリスト教徒が社会変革に大きな役割を果たし始めていた。

1980年7月のモンカダ兵営襲撃記念日の演説で，カストロは，キューバ革命も含め世界各地でキリスト教の信徒が革命闘争で重要な役割を果たしていると指摘し，「マルクス・レーニン主義者とキリスト教徒との同盟」に言及した。このあと，1983年にはブラジルの解放の神学者フレイ・ベトとの対話集『カストロと宗教』が出版され，書店に長蛇の列ができるなど大フィーバーを巻き起こした。企画が持ち上がったのが1979年，対話が行われたのは1981年である。

性的少数者の復権も始まった。1981年には文化省が人間の性の多様性という観点からホモ・セクシュアルの排斥を非とする声明を出し、1989年には性教育全国センター（CENESEX）が創立されてセクシャル問題の研究が始まった。所長はマリエラ・カストロ・エスピン、すなわちラウル・カストロ議長と長い間キューバ女性連合会長を務めたビルマ・エスピンの娘である。

フィデル・カストロはニカラグアのトマス・ボルヘとの対話集『一粒のトウモロコシ』（1992年発行。対話は同年4月に行われた）のなかで、ホモ・セクシュアルは人間の自然な傾向であると述べている。性的少数者はそれまで差別され、「1000万トン計画」が行われた1960年代には「労働による矯正」を強いられたりしたが、この年から兵役にもつくことができるようになった。ホモ・セクシュアル問題を扱った映画「イチゴとチョコレート」は日本でもよく知られているが、原作の「オオカミ、森、新しい人間」（セネル・パス作）が発表されたのは1990年である。

このように、1980年代には人間の多様性が認識され、「キューバ革命は本来、多様な人々、多様なイデオロギーに支えられた革命だった」として、革命の原点に立ち戻り、新しい体制が模索され始めた。その意味で1980年代は「社会主義キューバ」の転換期であった。

ところで、実は、マリエル港事件に関する研究調査がきっかけとなり社会の見直しが始まったように、このような社会の変化の背後には厚い知識人層が形成されたことがあった。教育の発展により、革命直後の非識字者が圧倒的多数を占める社会から高学歴社会へと変化し、革命指導部と知識人とのコラボレーションのもとで社会の転換が進められるようになったのである。マルティが掲げていた「知の社会」の実現である。

ソ連解体の衝撃――一進一退の改革

平等主義体制も、また「ソ連型体制」も限界があるとすれば、いかなる政治経済体制をとるべきか。1990年3月、ラウル・カストロ第2書記は第4回共産党大会の開催に向けて、「中央集権でも、分権でもない、新しい体制」について、国民的議論を巻き起こすよう呼びかけた。「ベルリンの壁」が崩壊し、ソ連解体も必至と見られていたときである。

第4回党大会は1991年10月に開かれた。市場原理を部分的に導入した経済

体制の導入が決定され、翌年にはマルティ主義を前面に打ち出した新憲法も制定された。

党大会が終了した直後にはソ連が解体して未曾有の経済危機に見舞われた。米国は、好機とばかりに、経済封鎖を強化してカストロ体制を倒すべくキューバ民主主義法（トリチェリ法）を制定した。

初め政府は、「国民生活を守るために」、不足する物資はすべて配給に組み込み、赤字企業を財政補填で維持するなどした。しかし、物資不足がさらに深刻になり、闇市場が広がり、財政も破綻するに及んで、党大会で決定された「体制転換」を実施しながら経済危機を克服する方向に転じた。こうして、一般市民のドル所有の合法化を皮切りに、1994年から、第4回党大会で決定されていた農産物の自由市場再開、国営農場の協同組合農場への転換、個人営業や小農民の拡大、国有企業の規制緩和など「経済自由化」が進んだ。

しかし、厳しい経済状況はその後も長い間、続き、発展資金も枯渇した。一方、所得格差が拡大するなかで貧困問題も顕在化し、社会的経済的弱者の保護が求められた。そのため、規制緩和により矛盾が露呈すると、その矛盾に対処するために規制を強化するという風に、改革は一進一退を繰り返し、「経済自由化政策」と中央集権的経済運営体制が統一性を欠いたまま混在することになった。

「経済悪化の悪循環」

その結果、起きたのが「経済悪化の悪循環」である。

経済が発展しないのは米国の経済封鎖のためだけではなく、中央集権的経済運営体制にも原因があることが認識され、1990年代から「部分的な経済自由化政策」が進められてきたが、むしろそのために逆に経済は悪化した。

最も深刻な問題は職場で得る賃金が意味をもたなくなっていたことである。配給が減少し、自由市場で生活必需品を手に入れなければならないが、価格は高く、一般市民には手が届かなかった。そのため賃金だけでは生活できなくなり、労働意欲は失われた。くわえて、高収入を求めて観光業や個人営業などに優れた人材が流出し、物資の横流しなど不正行為が蔓延した。その結果、国営企業の生産低迷に拍車がかかり、物資はますます不足した。

「革命の成果」も綻びを見せ始めていた。教材や医薬品などの欠如、教員や

医師などの人材流出のために，世界に誇る高度な教育や医療も実態が伴わなくなっていた。

それだけではない。「経済自由化」は社会的経済的弱者にしわ寄せされていた。高学歴者などの「強者」は観光業や個人営業に転職して「小金持ち」となる者が多かったが，知識や技術をもたない低学歴者，なかでも黒人や女性などの「弱者」は国営企業に止まり，低所得層となった。財政再建のために国営企業のリストラが進むと，失業者や貧困層も増えた。

革命の基本理念を維持するためにも経済の活性化が不可欠であった。しかも，「平等主義体制」や「中央集権的経済運営体制」の維持は，財政的にも，また生産や生産効率の向上という点からも，限界があることは明らかであった。新しい発想で，国民生活を保護するための体制を求めなければならない。

5　21世紀のキューバ——「公正な社会」へ向けて

「フィデル・カストロの警告」——第6回共産党大会の体制転換へ
最初に口火を切ったのはフィデル・カストロ議長であった。

2005年11月，カストロはハバナ大学で学生を前に講演を行い，「革命は崩壊する。破壊するのは彼らではない。われわれ自身だ」と警告し，「もはや，これまでのような丸抱えの国民生活の保護は維持できなくなった。最も大事なのは人間の命だ。新自由主義はこれに反する。既存の社会主義にも誤りがあった。21世紀にふさわしい新しい社会主義とはいかなるものか。新しい時代を担う諸君は知力を尽くし追求してほしい」と訴えた。病気のためにラウル・カストロ副議長に権限を委譲する8カ月前のことである。

これを受けて，まず政府指導部と知識人の間で体制論議が活発となり，職場や大衆団体などの「国民的討論」を経て，2011年の第6回共産党大会で社会経済体制の抜本的転換が決定された。

これは「キューバ社会主義モデルの現代化」と名づけられているが，「平等主義社会」から「公正な社会」へ，すなわち，「福祉社会」への転換を目指したものであった。

新しい経済体制は国有部門，外資部門，民間部門，協同組合部門から成る。第4回共産党大会で決定された体制と変わらないように見えるが，大きな相違

は、これまでは、個人営業などの民間部門は、経済再生のための「必要悪」と考えられ、多くの規制が課されていたが、これからは民間部門は「社会主義の一員」として大幅に拡大され、発展のための制度も整備されるという点である。

農業部門では第4回党大会以来、国有農場の整理が進められ、すでに協同組合農場と小農が中心となっていたが、新たに国有地を永代貸与して借地農が形成される。土地所有限度も、小農も含めて大幅に拡大されるため、いわゆる中農も増加する。

これに対し、農業以外の部門では依然として国有企業が中心になる。国家の経済主権を残すためであるが、しかし、「国有企業でも生産性を高められることを示そう」ということで、大幅に市場原理を取り入れ、独立採算制に移行することになった。また、農業では革命直後の第1次農業改革から協同組合が推進されてきたが、製造業やサービス業でも初めて協同組合形態が取り入れられることになった。協同組合社会主義論が初めて受け入れられたことになる。そのため、キューバの所有形態は「社会的所有」と規定された。

市場原理の導入が進めば所得格差も拡大する。新しい体制の特徴は所得格差の存在を前提としたものとなっている。しかし、あくまでも格差はリーズナブルなものにとどめられる。社会政策も「すべての国民に平等な保護制度」から社会的経済的弱者を守ることを中心とした制度になる。したがって配給制度も完全撤廃され、国民は社会保険料や税金など応分の負担が求められる。

共産党の一党支配をめぐって

第6回党大会は社会経済体制の転換を決定したものであり、党の体制など政治問題については翌年1月に開かれた第1回党総会で議論された。この時、ラウル・カストロ第一書記は演説のなかで、一党制の問題が議論の俎上にのぼったことを明らかにした。しかし、結論としては「米国の干渉が続く限り、1つの党のもとに国民が結束していかなければならない」として、一党制が維持されることになった。米国の制裁法では「米国が認める民主政府が実現するまで制裁を続けることが規定されており、多党制をとれば、野党は米国が支援する"民主勢力"となる」というのである。そのため、「党内における反対意見の存在を当然のものとみなし、異見の発表の場を確保すること」が最重要課題の1つとされた。

キューバ共産党は1965年に成立している。米国の武力干渉や経済的封じ込め政策が激化したときであり，革命勢力の統一が必要であるとして，カストロらの7月26日運動を中心に，革命幹部会と人民社会党（旧共産党）を統合したものであった。入党条件もマルクス・レーニン主義を信じるか否かではなく，革命の基本理念を守るか否かにおかれ，党内には宗教の信者をはじめ，様々なイデオロギーを持つ人々が加わっている。また，党員になれる最低年齢の30歳以上の国民のほぼ10人に1人が党員であるというように（2012年），国民的基盤は広い。黒人や混血や女性の割合も人口構成とほぼ同じである。「一党制のなかの多党制」ということもできる。

しかし，代表民主主義制度と国民の政治参加制度の融合を理想とするキューバにとって，いまだに米国の介入が続いているとはいえ，一党制と議会制度の関係は悩ましい問題でもある。そのため，たとえば第6回党大会では，最重要課題であった社会経済体制の転換について事前に地域組織や職場集会，女性連合など大衆団体の基礎組織で「国民的討論」を行い，州議会で意見を集約したうえで，党大会で決定された。その後の第7回党大会では逆の形になり，党大会で決定された事項を「国民的討論」にかけ，しかる後に党大会で正式決定し，議会にかけるという方向がとられた。

これに対し，第7回党大会の「社会主義発展の経済社会モデルの概念化」に関するセッションでは「民主主義と市民社会の関係」が主要課題の1つとなり，一党制を含む政治体制の転換が射程に入り始めている。

ラウル・カストロ政権——革命後世代への橋渡し政権

ラウル・カストロは2006年7月に病に陥ったフィデル・カストロから国家評議会議長と共産党第1書記の職務を委譲されたあと，憲法や党の規定に従い，2008年2月の国会で国家評議会議長に就任し，その後，2011年4月の第6回共産党大会で共産党第1書記に任命された。

ラウル・カストロ政権の役割は，これまでに見てきたことからも分かるように，フィデル・カストロ政権のもとで決定された方針に沿って，「新しい社会主義」への転換のための作業を開始し，革命後世代に橋渡しすることにある。

新しい「キューバ社会主義モデル」は第6回共産党大会で決定され，その後，2016年の第7回党大会でもその維持が再確認された。

一方，指導部の若返りも進み，国家評議会だけはまだ多くの「歴史的革命家」が残っているが，国会，州議会，地区議会や共産党書記局などでは40代から50代の革命後世代が圧倒的多数を占め，あと一歩で最高指導部を握るというところまで至っている。ナンバー2のディアス・カネル国家評議会第1副議長と今日の最重要課題である経済体制転換の最高責任者のマリオ・ムリージョ経済相はともに50代の革命後世代である。

第7回党大会では，第1回党総会でラウルにより提案された，共産党と国家機構の重職の任期は2期まで，国と党の重職は70歳まで，中央委員会委員は将来的に60歳未満とすることが決まった。これに沿って第7回党大会で新たに選出された政治局と中央委員会のメンバー（それぞれ17人中5人，142人中55人）はすべて60歳未満となった。

米・キューバ関係改善

2014年12月17日，オバマ大統領はキューバとの関係改善に乗り出すことを発表した。2009年に第1次オバマ政権が発足してから経済封鎖は緩和されるどころか，キューバと取引をする米銀や外国銀行への圧力など，金融面を中心に厳しい制裁が続いていたため，米国でも，またキューバでも，国民にとっては寝耳に水であった。

オバマ大統領が初当選したとき，キューバ国内でも制裁解除への期待が高まった。これに対しフィデル・カストロ議長（当時）は，オバマ氏は誠実な人間だが，「米国の限界」を乗り越えられるかどうか，と楽観ムードを引き締めていた。

実は，第1次オバマ政権の発足時に，共和党のリチャード・ルーガー上院議員が外交委員会に対し制裁解除を含むキューバとの関係改善を提案した報告書を提出していた（Changing Cuba Policy-In the United States National Interest）。特使の派遣，対話や協力関係の開始，食料や医薬品の輸出規制緩和，IMFや世銀の融資解禁，テロ支援国家リストからの除外など，関係改善へ向けた短期，中期の政策が具体的に提示され，大統領権限でどこまで制裁解除が可能であるかについても細かく記されていた。オバマ大統領にとって「米国の限界」を乗り越えるために6年の歳月を要したことになる。

関係改善発表のあと米国政府の対応は早く，年明けの1月15日には財務省

と商務省が制裁緩和措置を発表し,同22日には第1回交渉が始まった。その後,5月29日にキューバはテロ支援国家リストから削除され,7月20日には両国の利益代表部が大使館に昇格して,61年に米国が断交してから54年ぶりに外交関係が復活した。

　米国がキューバとの関係改善に踏み出したのは米国の国際的ヘゲモニーの後退のためである。米国の一極支配体制は後退し,中国の台頭をはじめ,世界は多極化している。2014年の国連総会におけるキューバ制裁解除決議に対し反対票を投じたのは米国とイスラエルだけであった。また,「裏庭」とみなしてきたラテンアメリカでは貿易も資本の関係も米国一辺倒ではなくなり,保守政権も含めた「米国離れ」が著しくなった。

　米国の国内世論も変化した。かつて米国市民にとってキューバは「悪魔の国」であったが,今では関係改善を望む人々が半数を超えている。全国レベルでも「強く支持する」(30%)と「どちらかと言えば支持する」(26%)を合わせると56%に達した(Atlantic Council, Ardienne Archt Latin America Center の2014年の調査)。キューバ移民が多く住み,反カストロ強硬派の牙城と言われるフロリダ州のマイアミ・デイドでも63%が制裁解除を望んでいる(フロリダ国際大学の2014年の調査)。これはキューバ移民の世代交代が進んだこと,また1980年代以降,「出稼ぎ」を目的とする難民が増えたためである。

　米国の経済界も制裁法廃止に積極的である。キューバは「最後の経済フロンティア」であり,また,カリブ海の中央に位置し,国民の教育レベルも高く,政治も安定しており,南北アメリカ向けの生産基地としても,また貿易の拠点としても,恰好の地である。

世界一厳しい米国の制裁法——目的はキューバの市場経済化と「民主化」
　現在,適用されている米国の制裁法は1996年に制定された「キューバの自由と民主主義連帯法」(ヘルムズ・バートン法)である。ソ連解体直後の1992年にはブッシュ(父)政権が経済危機を利用してカストロ政権を一挙に倒すために「キューバ民主主義法」(トリチェリ法)を制定したが,キューバが経済危機を乗り切ったために「効果がなかった」としてさらに制裁を強化したものである。

　ヘルムズ・バートン法は世界一厳しい制裁法と言われる。制裁がキューバだ

けではなく，キューバと関係を持つすべての国に及ぶためである。世界規模の制裁と言われるゆえんである。

たとえば第3国で製造された物資であってもキューバ産品がわずかでも含まれていれば，米国に輸出できない。それどころか，キューバの港を「通過した」積み荷も同じである。

また，キューバと取引をすれば第3国の企業や個人，さらには政府にまで厳しい制裁が科される。発展途上国であれば，援助削減も覚悟しなければならない。制裁を賭してまで人口わずか1000万人程度のカリブ海の小国と関係を持とうとする企業や国は限られるであろう。

制裁の厳しさもさることながら，米国のキューバ制裁法の特徴は，その目的がキューバの市場経済化と「民主化」に置かれていることにある。

ヘルムズ・バートン法では，制裁の目的は「人権を侵害し，テロを輸出しているカストロ政権を倒し，民主政府を確立すること」(Section 2) と規定され，「東欧の変動の際に実行した政策が有効であった」として，経済的に締めつけ国民の不満を高めること，国内の「民主勢力」を支援して「民主政府」を樹立すること，国際人権団体やNGOに働きかけ，人権侵害国であることを国際的にアピールすることなど，具体的な政策が挙げられている。

しかも，制裁は「民主政府」の成立まで続けられる。民主政府の要件は自由選挙の実施と市場経済化であり (Section 205, 206)，「自由選挙」であったか否か，成立した「民主政府」が要件を満たしているか否かは，米国政府が判断する。いうまでもなく，カストロ兄弟の自由選挙への出馬も禁止されており，したがって「民主政府」は「米国が支援する民主勢力」から成る政府となる。

国内民主勢力の支援のための予算も毎年組まれ，ハバナの米国利益代表部（現大使館）を通じて国内の「民主勢力」に与えられてきた。両国間では国交回復後も交渉が続いているが，キューバが国内の「民主勢力」への支援停止を求め続けているのもそのためである。

関係改善発表直後の2015年1月に財務省と商務省により発表された制裁緩和措置も，米国側企業の経済進出のほか，民間企業の拡大や非政府系団体の支援を目的としたものに限られていたのもそのためである。

2015年7月には半世紀ぶりに国交回復が実現したが，その直後の記者会見でケリー米国務長官とブルーノ・ロドリゲス・キューバ外相はともに「深い相

違の存在」を指摘した。そのため，その後も交渉が続いているが，米国は依然として市場経済化と「民主化」を求め，これに対しキューバは制裁法の完全撤廃と国家主権の尊重，すなわち国民の合意に基づく体制選択の自由を訴えている。

米国は新自由主義経済体制と代表民主主義制度こそ「民主的」であるという立場を堅持し，これに対しキューバは，市場原理一辺倒の新自由主義経済体制は圧倒的多数の人々を排除するものであり，また，国民の政治参加を伴わない西欧的代表民主主義制度は必ずしも民主的とは言えないとしている。

両国間には今日の世界における2つの価値観がせめぎ合っている。

公正な社会は実現できるか

2014年末に関係改善が発表された時，キューバ国内の反応は「これで新しいシステムが機能する」というものであった。経済が改善すれば第6回党大会で決定された新しい体制が動き出し，革命の基本理念を維持できるというのである。新たに形成された革命後世代の指導者のもとで「公正な社会」づくりは進められていくことであろう。

対米関係改善発表直後からヨーロッパ，アジア，アラブ，アフリカなど世界のほぼすべての諸国の首脳がハバナを訪れ，経済協力が進展している。パリクラブやロシアとの債務交渉も合意した。米国企業の進出意欲も強く，通信業や航空業などを中心に国営企業との合弁事業も始まった。「蟻の穴が堤防を崩壊させるように」，米国の経済進出が制裁法廃止に繋がる可能性はある。

しかし，その一方では，新しい経済体制そのものが「市場化がさらなる市場化を呼ぶ」可能性を孕んでいる。国有部門や協同組合部門では経済効率向上が重視され，「社会主義体制の一員」と位置づけられた民間部門も拡大する。経済再生のカギとして外資導入が進められていけば「グローバル・スタンダード」への適合圧力も強まる。

「経済自由化」はまた，「革命の成果」を蝕んでいる。たとえば，キューバは制度的に人種の平等が完全に保障されていることで知られているが，「経済自由化」が進むとともに「心の内なる差別意識」が表面化し，貧困層の黒人も増えている。学歴や技術を持たない黒人たちは個人営業など「実入りの多い」職業につくことができず，また外国人が好まないという理由で観光業から排除さ

れるためである。

　グローバル化の時代にあって，固有の体制を維持できるどうか。これからもキューバにとって試練は続きそうである。

参考文献
ホセ・マルティ（後藤政子監修）「ホセ・マルティ選集3　共生する革命」日本経済評論社，1999年。
フィデル・カストロ（工藤多香子ほか訳）『キューバ革命勝利への道——フィデル・カストロ自伝』明石書店，2014年。
フィデル・カストロ，フレイ・ベト（後藤政子編訳）『カストロ　革命を語る』同文館，1995年。
後藤政子『キューバ現代史——革命から対米関係改善まで』明石書店，2016年。
後藤政子・樋口聡編著『キューバを知るための52章』明石書店，2009年。
後藤政子『キューバは今』御茶の水書房，2001年。
キューバ教育省（後藤政子訳）『キューバの歴史』明石書店，2011年。
ラファエル・エルナンデス「キューバ社会主義の移行に関する政治力学」『アジア・アフリカ研究』第55巻第1号，2015年。
Salim Lamrani, *The Economic War against Cuba : A Historical and Legal Perspective on the U. S. Blockade*, Monthly Review Press, 2013.
＊フィデル・カストロの演説は，http://www.cuba.cu/gobierno/discursos/（スペイン語，英語，フランス語，ポルトガル語，イタリア語，ドイツ語，ロシア語，アラビア語）。また，キューバ国内でどのような課題が議論されているかについては，http://temas.cult.cu/。

第9章　ベネズエラ
―― 社会的政治的多様性と反新自由主義 ――

スティブ・エルナー

（河合恒生訳）

1　チャビスタの改革

　1999年から始まるウゴ・チャベスとその後のニコラス・マドゥロの政権期の特徴は，変化と急進化にあり，それはエリート以外の社会集団に様々な衝撃を与え，その一部を犠牲にし，他の一部の利益を追求したこともあった。それぞれの局面では，そのプログラムや，目標や，スローガン，またチャビスタ運動（the Chavista movement）の中でどの潮流を優先とするかは，各局面で異なっていた。その急進化の過程は，運動内部の諸セクターの要求や指導者たちのイデオロギー的視点によって変わったが，大きくは反政府勢力の行動や戦術に対応したものであった。

　チャベス政府はそれぞれ異なる優先課題を掲げて以下の5つの段階を経過し，それぞれ次のような特徴がある。すなわち(1) 1999～2000年，穏健な経済政策と言説。(2) 2001～04年，反自由主義的法制化。(3) 2005～06年，私有財産の再定義と社会主義志向の言説による新しい経済モデルの枠組みの提示。(4) 2007～08年，基本的産業の国有化。(5) 2009～11年，様々な理由による多数の企業の政府による接収，最も重要な理由は民間企業との対抗にあった。

　これらの変革は一部の社会集団の支持を獲得したが，それ以外の集団を疎外することになった。たとえば，第1段階の特徴であるチャビスタ運動の穏健さと既存の政党システムに対する批判は，中間層を惹きつけ，1998年の最初の大統領選挙と2000年の第2回大統領選挙では，そのかなりの部分がチャベスを支持して投票した。しかし，第2期では急進性を強め，非特権層の側に立つことがはっきりしたために，反政府姿勢や抗議行動を強め，2002年4月のクーデタの試みとその後の8カ月にわたるゼネストに繋がっていった。

全体的に政治的変革，とりわけ社会主義建設は内部の鋭い矛盾対立を生み出し，その対立は様々な戦線で表れ，チャビスモとその運動の一体性と活力を掘り崩していった。チャビスモ内部の様々な政治的潮流や分派は，世界的な左翼の様々な伝統とチャビスタ運動内部の階級的基盤の相違から生じている。たとえば第3段階で，政府が周辺化されたセクターの住民を多数統合し，にわかづくりの労働者協同組合に大規模な資金を計上した。この計画に貧困層は大規模に取り込まれたのだが，労働組合員の多くはその実効性と生産性という点から非常に懐疑的で，労働法の制定と組合の組織化を避けるためにそれを批判した。さらにベネズエラ共産党（PCV）のような正統マルクス主義者たちは，2006年から政府によって推進された協同組合も，また地域協議会も「資本との対決にはなっていない」し，「労働組合活動を優先する」べきであると主張した。

　同様に，第4段階，第5段階の時期に接収された企業の労働者たちは，チャビスタ運動の「社会主義的人道主義」の旗にみあった労働者の利益と完全な雇用保障の実質的な改善を要求し，同時に基本的社会主義目標として政策決定に労働者も参加させるように主張している。一方，中間層に属するチャビスタたちは，国有企業管理者たちに，共感を示している。政策決定に労働者を参加させると，現実的ではない不当な経済的要求の代弁者になるのではないかと恐れる国有企業管理者は，労働者に対し，国有企業と民間企業の区別を要求しており，国有企業に対する要求を控えるようにと主張している。国家主義者のチャビスタ，すなわち，国有企業の管理者は，労働運動の最も戦闘的な分派が国有の鉄鋼，アルミニウム，その他のグアヤナ地域の重工業において混乱をもたらし，存続を脅かしていると非難している。

　この3つの主要な社会グループはチャビスモ内の異なった思想系列に属し，異なる利害，ときには対立する利害を擁護している。つまり組織された労働者階級，中間層，そして非正規の経済で働く人々，その多くは農村の多数の労働力，団体交渉権や労働組合組織を持たない小企業で働く人々からなる，これまで未組織の排除されてきた人々である。非正規経済セクターは，70年代の石油ブームの時期に史上最低に減少した後，80年代，90年代のグローバリゼーションと新自由主義政策により増大した（2011年にILOはベネズエラの非正規セクターの雇用は農業以外の労働力の47.5％を占めると報告した。これは控えめな数字であるが，南米諸国9カ国の中で下から3番目にあたる）。後者の2つの集団は，だい

たいにおいて階層としての明確な立場を示す政治的一体性を持っていない。3つの集団が優先する課題は異なり，その掲げるスローガンも，計画も目標も異なっているが，一方では，程度の差はあるが，重なり合う部分も多い。

　それぞれの社会集団には要求や優先すべき政策に違いがあるが，それに加えて，チャビスタ運動内部には様々な社会主義の潮流の違いから生じる3つの長期的ビジョンが存在している。1つの潮流は，社会主義革命のカギとなるべき主体は組織された労働者階級だとする正統マルクス主義の立場を主張する。第2の潮流は，チェ・ゲバラを偶像化し，連帯などの革命的価値を強調し，「それぞれが，彼または彼女の必要に応じて」という共産主義的原理を掲げる。第3の潮流は，75年間存在したソビエト社会主義の戦略と優先課題に沿った経済的目標と産業の発展を主張する。第1の潮流は，組織労働者に，第2の潮流は未組織労働者に，第3の潮流は中間層に偏重している。

　このように，チャビスタ運動を構成する様々な潮流は社会的基盤が異なっており，そのために，ベネズエラの経済モデルが意味することも，各潮流にとって違いがある。この経済モデルは，結局は，経済的攪乱を含む強力な反政府派の策略に対する政府の一連の対応の結果であった。それについてはこの論文の最初の部分で明らかにする。政府は，反政府派の行動に効果的に対処し，同時にチャビスタ運動内部の3潮流の支持を維持していかなければならない。そのため，民主制の枠内で長期的に変化を実現するうえで，複雑な問題に直面している。もし政府が決定をする際，イデオロギー的判断を基本にしたり，チャビスモ内部の政治的諸潮流の力関係だけを考慮したり，一般的に社会主義に賛成か反対かで対処したりしていれば，チャビスタ運動の直面した課題は比較的単純で，これほど変数の多いものとはならなかったろう。チャビスタ運動と諸社会集団の間のイデオロギー的潮流の関係，民主的自由と，チャビスモ内部，およびチャビスモと民主的反対派の間の紛争と動員というコンテクストのなかで，社会主義的変革の実現は困難になった。その結果，ベネズエラは20世紀の非民主的社会主義の経験と区別されないまま終わってしまった。

　マドゥロ大統領のもとでこれらの状況は変化する。チャベスとは異なり，2013年12月のムニシピオ（地区）選挙でのチャビスタ運動の勝利や2014年2月から5月の反対派の暴力的戦術の失敗のような好機を利用して，変革を深化させるということをしなかった。チャビスタ運動急進派は，マドゥロは大胆さ

に欠けていると指摘する。彼らは，たとえば，「チャベスは生きている，戦いは続く」というスローガンを「チャベスは生きている，祖国は続く」に変えた決定を，政治的後退，指導部の革命的熱意の減少の現れと批判している。2014年には政治的暴力は広範囲に達しており，そのようなときに政府が民間セクターとの対話を強調したことは，ボリバル革命の歴史的敵対者への譲歩となると急進派は言明する。アントニオ・アポンテ（Antonio Aponte）と60年代にゲリラだったトビ・バルデラマ（Toby Valderrama）を，マドゥロは直接批判して，「いまは自己批判の時期だ。だからブルジョアに，平和の敵に，われわれの手を差し出す（中略）われわれは制御できない資本主義の怪物を制御したいと思っていた」と書いた。

　こうした批判からは，極端な分極化と紛争というコンテクストのなかで大きな変革へ向けて漸進的な民主的道をとろうとしている政府をいかに評価すべきかという問題がでてくる。「永続革命」の用語をしばしば思い起させる人々の言うように，公約も含め，変革の深化を緩めるべき時期なのか。すなわち，恒久革命を想起させる人々が言うように，「すべてが失われたというサインなのか」。たしかに，歴史においては構造的変革に取り組み，政府が最初は前進するものの，次第に後退しはじめ，闘争を完全に放棄してしまうことがよく見られる。他方，チャビスタ運動の穏健派のなかには「一歩後退，二歩前進」というネップの時期のレーニンのスローガンが，マドゥロの下でのベネズエラでは適用されるのもよいのではないかと言う人々もある。

　この章では，チャビスタ政府と運動の全般的説明を試みる。とりわけ，ごく最近までのチャビスタ運動内部の潮流とチャビスタ運動支持の社会集団に影響を与えた3つの分野を検討する。それは第1に国有化と接収問題，第2にチャビスタ運動の労働運動内部の葛藤，第3に住民協議会運動の強化の3つである。国有企業の接収問題については，政府はすべての事例で補償を行ったが，すべての重要な社会計画が弱体になる恐れがあったとしても，なぜそのような経費のかかるやり方をしたのかをあきらかにする。これらの3つの課題を取り上げるのは，チャビスモ内部には見解や利害の対立があることを示すためである。

2 接 収

　大規模，中規模企業の広範な接収は，第4段階，第5段階の特徴であった。この政策は，鉄鋼，電力，電気通信のような基本的産業の国家管理と，その他の重要な分野，とりわけ食糧加工業，流通，金融業における民間企業との競争を基礎とした混合経済という方針に基づくものである。

　この変革は様々な社会集団と政治的潮流に，異なる影響を与えた。接収した企業の所有者に補償金が支払われ，国家にとって大きな負担になり，住民の見捨てられてきた諸セクターのための優先課題であった社会的諸計画を後回しにすることになった。同時にこの接収によって，コミュニティにではなく，政府の配慮が生産現場にかなり向かうことになり，それによって政策決定への労働者の参加やその利益を擁護する法律が制定され，労働者階級は，労働運動の団結等の様々な目的を達成できる機会をえた。最後に，企業の接収は変革過程深化のシグナルとなり，チャビスタ運動内部の穏健派よりもチャビスタ運動急進派によって歓迎された。これについては後でまた論じる。

　この接収をもたらした事態について，以下においては，ベネズエラで進行する変革の複雑さを明らかにする。チャビスタ運動内におけるそれぞれの社会的・政治的潮流は政策決定全体に重要な影響を与えてきた。それにもかかわらず，政府は一度，妥協と譲歩を拒否すると，接収の政策を実施した。これによって，接収は国有企業の組織労働者の特別扱いなどの問題を引き起こし，それぞれがその立場をあきらかにする結果になった。すなわち，接収はチャビスタ運動内部の諸潮流を分断するものとなったのである。

　接収の波は，反政府派と強く結び付いた民間セクターによる政治的，経済的挑戦への対応であり，チャビスタ運動の急進派が主張していたイデオロギー的構想とはまったく異なる。最も重要な経済集団が，自分たちの基本的利害が脅かされていると気づいたときは，歴史上いつもみられたように，重要な物品を不足状態にした。それは2002年から03年の2カ月のゼネストの時期と政府主導の憲法改正の国民投票に先立つ数カ月の時期に起こった。基本的に4つの要素が絡み合っていた。物資不足，価格投機，政府の経済統制，接収である。4つの要素がそれぞれ影響し合い，それが相乗効果をもたらした。政府は，たと

えば，2003年にゼネスト期間中に，価格と為替の統制による物資不足に政治的に対処しようとした。これらの政策は，民間セクターによる生産の縮小を促し，価格統制を逃れるために隣接諸国への輸出を含めて，流通の代替経路を作り出した。これに対し，政府は市場の空白を埋めるために企業の接収で対応した。これらの対策は民間セクターを脅かし，通常の生産と流通を維持させようとするためのものであった。

2007年以後の接収は，政治的，イデオロギー的目的というより，基本的生産物の価格を規制する2003年の政令により始まった国家と民間セクターとの一連の闘争の論理的帰結であった。この政令は2002年から03年にわたる2カ月のゼネストによって生じた物価上昇に対処するために施行されたものである。

FEDECAMARASはチャベス政権打倒のためにゼネストという手段をとったのであるが，FEDECAMARASが成立以来60年の間，特定の経済的要求の分野を超えて，指導的なアクターとして政治分野に足を踏み入れたのはこれが初めてであった。この後，物資不足は69カ条の憲法修正提案に関わる2007年12月の国民投票に先立つ数カ月に頂点に達する。財界は国民投票が基本的利益を脅かす，とりわけ私的所有のシステムを掘り崩すとみたのであった。

物資不足，闇市場，密輸の原因は政治的側面に加えて，価格統制のもとにおいて，流通網を通じて超過利潤をえようとする衝動にある。たしかに，ある産物の統制価格と市場価格の差が大きければ大きいほど，それによって生じた不法なメカニズムは複雑で広範囲なものになる。ガソリン価格は世界でも最も安価であるとされている。これに対し，政府は隣国コロンビアに不当に持ち出されるのを阻止するために国境を接する州では，石油スタンドで石油を配給せざるをえなかった。同様に，2010年に通貨管理委員会（CADIVI）は，厳しい複雑な規則を制定した。それは国外でベネズエラの観光客が公的為替レートを巧妙に利用して編み出した不正取引を阻止するためだった。おそらくそれは自由市場取引の半分に及んでいた。建設業においては，卸売業者は，鋼棒とセメントを法的に設定された価格に違反しても，自営業者よりもあまり非難しない大手建設業者に販売する。そのため自営業者たちは基本的資材の不足に直面した。典型的なのは，食品卸売業者で，食料品店には統制価格よりも高く製品を売りつけ，食料品店はそれを街頭販売人や友人，その他の常連に転売する。この過程で，一定の商品が人為的物資不足をつくりだすために買いだめされ，これが

闇市場を生み出す。転売者は，政府の安い統制価格で購入して，市場価格でそれを不法に売り，流通網の恒常的たかりになりはてる。

価格規制の執行機関（INDEPABIS）（Instituto para la Defensa de las Personas en el Acceso a los Bienes y Servicios，2008年8月設立）のアンソアテギ地域事務所コーディネーターであるアルキメデス・バリオスによれば，「大規模生産者は，価格統制を迂回するために弱者を利用する場合が多い。国家はそのような迂回策のすべてと闘うために超人的努力をすることになる」と言う。しかし，彼はさらに，彼の事務所が大規模生産者と流通業者の不当な営業を懲罰するため，それを立証しようとしても，小規模小売業者たちの協力を得られないと語っている。

政府は，INDEPABIS，さらにその後継機関である適正価格監督庁（la Superintendencia Nacional para la Defensa de los Derechos：SUNDDE，2014年1月設立）を通じて，闇市場での販売を止めるための様々な計画を試みた。その際には，庶民が不当な商取引を告発し，それを政府が受けて接収したり，統制物資を配分したりするという形が一般的であった。

この接収は主として物資不足に対処するために計画された。しかし他の目的もあった。2007～08年に実施された鋼鉄，電気通信，電力，石油のような基幹産業の国家管理は，かつて1930年代に生じたナショナリズム運動の目標でもあったのであり，1961年憲法（96条）に法制化されていた。さらに政府は，2009年に，国有石油会社PDVSAの仕事をしていたスリア州の75社を超える請負会社とグアヤナ・ベネズエラ公社と関連する企業を接収した。それによって労働者に安定した職業を保障し，外部委託を削減しようとした。この政策もチャビスタ運動の掲げた旗であった。

つまり，接収の決定は，基本的には民間の敵対的なセクターの商取引への対応であった。それにもかかわらず，別の問題が絡み合い，この政策はチャビスタ支持派の運動の内部で特定の利害や立場にも影響をおよぼした。チャビスタ運動の労働運動指導者たちは，外部委託の慣行を排除するよう圧力をかけ，接収でそれを抑制しようとした。しかし政府の管理者たちはその目的を達成するようには行動をしていない。さらに，チャビスタ運動の過激派は接収を歓迎した。ベネズエラにおける「革命過程」が停滞していないことを示すものと見えたためである。対照的に，与党連合に所属していた穏健派集団である「みんな

のための祖国」(PPT) の指導者たちはすくなくともその政策を批判し，2010年にチャビスタ陣営を脱退した。

3　地域協議会と非統合諸セクター

　地域協議会は，バリオ・アデントロ（医療サービス）やメルカル（食糧直販店），ミシオン・リバス（高等教育），ミシオン・スクレ（大学教育）のような社会計画と並んで，主に貧しい地域で展開された。地域協議会は2006年の地域協議会法の制定後，ベネズエラ全域で展開され，歴史的にもユニークな政策で，公共事業の計画をたて，資金を要求し，実行した。地域協議会の行動への参加は，住民の排除されてきたセクターの人間形成に大きな影響を与えた。彼らの大部分は，このような性格の政策決定に直接的に関わった経験はこれまでになかった。しかし，労働者階級へのインパクトは少なかった。彼らはかなりの期間，異なる組織的アイデンティティをもっていたからである。すなわち，労組のメンバーというアイデンティティであり，地理的なベースによるものではないのである。したがって，たとえば「ミシオン・バリオ・アデントロ」は住民の排除されてきたセクターの人々には恩恵となるが，多数の労働組合の労働者や専門職の人々は民間の保険や社会保障，被雇用者の掛け金を財源とする健康保険政策で守られている。

　地域協議会への参加の経験で，多くの住民たちは政府官僚に対して不信感を抱いている。この官僚の態度は自治を主張する労働者の指導者たちと同じである。このような不信感は，一部は国の役人たちとの関係から来ている。官僚はこのプロジェクトの実現可能性に懐疑的であり，また，地域の指導者たちの組織的経験不足の問題もあって，提案の承認をためらっている。国の役人の一部強硬派は時には政府内部で批判すら行っている。非特権層のコミュニティに対する柔軟な政策は正式に決まったものであるのに，「扇動者」たちが反対しているという理由である。

　さらに地域協議会のメンバーたちは，チャビスタ運動の政治家に奉仕する国の役人の画策を快く思わないことが多い。政治家たちは社会組織を操り，政治的野心を実現しようとするからである。こうした批判は，トロツキストやリバタリアンも含め，チャビスタ運動急進派にも向かう。なぜならばこれらの人々

は，彼らは「古い国家」を本質的に反革命的と規定し，「革命の中の革命」を呼びかけているからである。

地域協議会計画を実施する政府はより広範囲な地域で，共同体協議会計画の推進策の一環として，地域協議会を共同体に統合しようとしている。それはベネズエラの変革の過程を新たな段階に進めることを目指すものである。地域共同体組織法（2010年）は，地域共同体を地域協議会とは異なり，行政の第4レベル（中央政府，州，地方自治体政府の下）として構想しており，国家計画と調和のとれた計画を立案するものとされている。この法律が成立してから数カ月間で，全国の「移行期地域共同体」は120設立されており，公認されれば，それぞれの地域の計画を作成する。その際には，個別の地域協議会に与えられた資金よりもさらに多額の歳出になる。

4　チャビスモ内部のビジョンと利害の対立

チャビスモの激しい言葉づかいと2005年以降の革命的社会主義への取り組みにもかかわらず，チャビスタ運動穏健派は中間層の姿勢と利害を反映しているために，その影響はそれほど小さくなっていない。穏健派は労働者の法外な利益や効果的な管理の行き届かない社会的計画には慎重である。

彼らは軍部の強力な支持を得ており，企業管理者よりも，むしろテクノクラートと同じ判断基準を持っている。穏健派は，1999〜2001年の期間にチャベスの右腕であったルイス・ミキレナに，その後は，退役空軍将校ルイス・アルフォンソ・ダビラに率いられてきた。現在はその後継者があとを継いでいるが，ミキレナもダビラもベネズエラのモデルとしてはキューバ社会主義を拒否し，一層の急進化よりも基盤固めを主張していた。ダビラが2003年のチャビスタ党内部の選挙で完敗してチャビスタ運動から脱退したあとには，もう1人の退役将校で元副大統領であったディオスダド・カベジョ（彼は1992年にチャベスの率いたクーデタに参加していた）が，経済政策では穏健な立場をとり，この派のリーダーとなった。軍部将校たちの昇進にかなりの影響力を行使しているカベジョと大統領になる以前の外相時代のマドゥロは，ともにチャビスタ運動の全国的指導者であり，政府でも党の指導部でも，最も支持者を増やしていた。マドゥロはとりわけ労働運動に影響力をもっており，傾向としては労働者のた

めの政策をとっているといえる。

　カベジョとマドゥロとは対照的に，一般のチャビスタ運動活動家の多くは，チャビスタ政府と党官僚に非常に批判的であり，よりラディカルな政策を支持する。彼らの立場は，労働組合の自治を強く主張し，労働運動への国家介入を拒否する労働組合員の考え方と，住民協議会問題への国家の過剰な干渉と役人による妨害に反対するバリオの住民の立場を反映したものであり，こうした反官僚の立場は，とりわけカベジョに向けられているが，マドゥロをも公的に厳しく批判している。シンクタンク「セントゥロ・インテルナシオナル・ミランダ」（CIM）やチャビスタ運動支持のオンライン出版物「アポレア」（Aporrea）に所属するチャビスタ運動の知識人グループもこうした反官僚の立場に与している。チャベスの人事に対しては，元ゲリラ戦士フェルナンド・ソト・ロハスの 2010 年の国会議長や，歯に衣を着せずにものをいうイリス・バレラの 11 年の刑務サービス相の任命を含め，反官僚派のチャビスタは多くの場合，歓迎した。こうした人事により，チャベスは自分の支持者たちの団結を巧みに利用するとともに，政府が穏健派や「官僚」（あるいは軍部将校たち）に乗っ取られ，また，本格的な変革を放棄したという印象を回避させるだけの能力をもっていたのである。これに対し，マドゥロ大統領は，政府や党の地位に急進派を取り込むことによって多様性を維持するということはしなかった。

　チャビスタ運動内の社会的亀裂を明らかにするものが 1 つある。それは政府の無償供与政策である。それは非特権層に利益を与えたが，中間層の中に放漫財政だとする恐れを広げている。伝統的に，この試みはおろかなポプリスモに関連づけられ，政府が票を確保するために，スラムの住民にトタンを配給するたぐいとみなされてきた。チャベスの下では，社会プログラムをめぐって 2 つの論法が用いられている。すなわち，社会正義と社会主義の下での商取引の経済的可能性である。政府は無料ないしは多額の補助金が支給される物品やサービス，たとえば，ノートや教科書，学生のためのコンピュータ，住宅，ハリケーン被災者らへの一定の物品，60 歳以上の人々への地下鉄乗車券，一般の人々への古典文学書等々は，「社会主義的人道主義」の実現であるとして，正当化している。また，とりわけ貧困者のための低価格で，条件が有利な割賦販売，電気器具（極貧層への利息なしのクレジット）から「社会主義アレパ」（ベネズエラの主食）までは，経済的不公正と新自由主義型資本主義の不当な利潤を

あらわにするのに役立つものである。それにもかかわらず，チャビスタ運動の言説は，非特権層に対する国家の「社会的負債」を強調するものであるため，政府が，貧困層を利用して，国有企業の損失を回避し，貧困層に負っている負債を回収しようとしているのだと思わせてしまっている。

公的機関は，ローンや債務の取り消しを保障する効果的メカニズム（支払い可能性分析や給与からの天引きなど）をつくろうとしてきた。しかしこれらの努力は，チャベスが，貧困層には差別的な，厳しい条件が課されている資本主義の融資慣行を攻撃する際に出てきたものにすぎない。一方では非特権層に無料で物品とサービスを提供する社会的計画と，他方では，一定の顧客をターゲットとする許容しうる商業戦略とを区別することができていない。反対派はそれを利用して「ポプリスト的施し」として批判している。反チャビスタの「あまりにも気前が良すぎる」という主張は中間層チャビスタの中でも一定の支持を得ている。

5 チャベス死後の展開

2013年3月のチャベスの死後，大統領に就任したニコラス・マドゥロは，厳しい経済的，政治的課題に直面した。第1に，マドゥロは国内通貨（ボリバル）の激しい減価を受け継いだ。それは12年後半から始まった。その時，チャベスは癌で死の激痛に襲われていたが，政府による対策はただちに必要とされていた。そのあとを継いでマドゥロが大統領に就任したが，ボリバルの価値を引き下げるような政策をとれば，それがどんなものであってもインフレ・スパイラルを引き起こす。

マドゥロが就任してから，反対派は数多くの破壊的な，時には暴力的な抗議を行い，治安部隊の10人の隊員を含む数十人の死者を出してきた。加害者たちは，その行動を軽視する世界のメディアや米国政府から力を得ていた。米国政府は事実に反するにもかかわらず人権侵害だという理由でベネズエラ政府に制裁を加えていた。

2015年2月に政府は経済政策を発表した。マドゥロが採ったのは，市場あるいは生産コストとまったく同期しない規制価格と，市況とペッグする価格の中間の政策であった。一方，経済的現実を直視し，政府は外貨の売買と取引の

自由市場を合法化し，法の規制のもとに置こうとした。それまではその取引は闇市場のもとで行われていたのである。他方，市場経済から逸脱して，マドゥロは基本的商品の輸入のためのドルの為替レートを6.3ボリバルに固定した。このレートは公開市場の27分1にあたる。

過去3年間，公式為替レートと非公式レートの格差は大きく，深刻な問題を生み出していた。密輸，隠匿，価格投機である。闇市場はまた資金洗浄の絶好の場を提供している。政府は外貨だけではなく，基本的商品にも人為的に低い価格を設定している。密輸と不足する物資の闇市場問題に対処するためである。最もわかりやすい人為的価格の例が石油である。それは世界中で最も安い。補助金付き価格政策により，国有企業はコスト以下で販売せざるをえず，その活力は掘り崩されている。対照的に民間企業は価格統制を迂回することもできる。規制されていない産物として販売するために生産物の中身を変えるのである。

最近の外資の公開市場法は，投機を阻止するための政策である。ここまで主として闇市場のドル価を決定していたのは，マイアミで運営される公然たる反チャビスタのオンライン「今日のドル」であり，ボリバルの急速な価値の下落は少なくとも一部は政治的意図によるものであったと言える。新しい為替政策の目的は，実はこのほかにもある。すなわち輸出を促進することである。企業は公開市場のレートで利益を本国に送金できるようになるからだ。

政府は物資隠匿，密輸，価格投機を禁止する法の適用の厳格化を避けようともしてきた。一方で，価格適正監督庁（la Superintendencia para la Defensa de los Derechos Socioeconómicos：SUNDDE）を通じて，罰金を科し，商品を没収し，大規模なものも含めて商業施設の数百店を接収した。最近数カ月の間に，エレラ C. A. の8つの倉庫や生産物の独占的販売店ケロッグ，ネッスル，ジェネラル・ミルズ，プロクター＆ギャンブル，ファイザーを接収し，寡占薬局ファルマトドの指導的幹部を拘束した。

不法蓄財をしているエレラ C. A. のような大企業は小規模企業よりも損失は大きくならざるをえない。この点では政治的目的は機能し始めている。こうした企業が物資の隠匿や，闇市場や密輸に関与しているということであれば，強力な集団が政府に経済戦争を仕掛けているという主張が信憑性をもつからである。

他方では，「経済戦争」への対応には限界と欠陥がある。最も重要なことは，

政府が，密輸や隠匿，価格投機を阻止するための活動について，広くプロパガンダを行いながらも，その証拠や法的手続きについて詳細な情報を公衆に提供できないでいることである。そのために，一般のチャビスタのなかにも，政府はたしかに，大企業には一定の制裁を科してはいるが，トラック運転手，小規模商人，非正規経済のメンバーに対して行っているのと同じように，強力な経済的利益集団に立ち向かっているのだろうかと，疑念を感じる者たちがいる。明らかにマドゥロは（平和的対話で表明したように），伝統的な合法的チャンネルでは，FEDECAMARASの主張に従い，危機状況のもとでは正当化される措置をすぐさまとるのではなく，むしろ，制裁を課すより先に擁護の権利を与えてきた。

マドゥロに対して左翼批判派は，「経済戦争」への政府の対応を守勢で受動的だと批判している。これに対して，政府の助言者であり大学の教授であるフディス・バレンシアは，政府の動きを「反撃」と見るべきだと主張している。マドゥロの行動に対する評価のどちらがベストかは別として，民間セクターの行動への規制に関するマドゥロの政策を見るならば，政府が単に受動的で，代替政策を持っていないとする主張には無理がある。

マドゥロは，「現状では思い切った経済政策を実施する政治的条件がない。そのようなことをすれば妥協を拒否する過激な反対派が利用する」と主張している。ホセ・ビセンテ・ランヘルに対しても，マドゥロは，「石油価格の問題は，常にベネズエラ国民の感性に関わる微妙な問題だ」と言っている。また「ベネズエラの投機マフィア」がいる状況では，「そのような決定をすれば，問題を悪化させる可能性がある」，また「政府は行動する適切な時期を待つ必要がある」とも言う。

左翼の強硬論者と教条主義者達たちは，市場の重要性を無視し，闇市場は投機者たちが作りだしたものであるとし，それは政府の有効な取り締まりで解消できると言う。その対極にあるチャベス支持の経済学者のなかには，公開市場のレートに政府の交換レートをペッグするように要求する人々がある。このプランは，抽象論としては筋がとおっているが，その後に起こる有害な社会的効果を無視している。人為的低価格は基本的生産物の輸入の際の通貨の過大評価によって可能になったものであり，それは生産と商業を刺激するためでもあったが，それをやめることは主に住民の極貧層に打撃を与えることになる。

政府は過激な反対派の計画を非難してきた。それは店の外にどこまでも続く長い列をたきつけて，体制変革に向けて暴力的混乱をつくりだそうとするものだからだ。連邦区長エルネスト・ビジェガスは，チャビスタに対し挑発に乗らないよう警告を発し，「あなたがたが戦線にいるときに，人々に略奪を呼びかける潜入者をみたら，平和のシンボルで応酬しなさい」と語っている。事態を爆発させるのは反対派である。彼らは 10 年以上にわたり，非民主的道で権力への可能性を切り開いてきたのだ。マドゥロは 2 月にクーデタ計画の疑惑の証拠をあきらかにし，そのために大カラカス・メトロポリタノ地区（Región Metropolitana de Caracas；RMC）市長アントニオ・レデスマは，現在，投獄中で，裁判を待っている。

ベネズエラ政府は未知の海域にいることを知っている。この国では，民主的社会主義を推進してきた政府のなかでも，歴史上，類がないほど，激しい政治的分極化が起きている。それはチャビスタ運動が権力の座についてから，16 年間も続いてきた。物不足や市場の役割という厄介な問題が生み出す課題は社会主義に取り組むすべての政府が経験してきたことである。たとえば，ソ連は，どうにかして解決しなければならない問題として，大規模な闇市場から生じた腐敗に悩まされたし，キューバも最近，同じ困難に取り組んでいる。

政府が物品および外貨の公定価格と自由市場での価格の大きな差を減らすまでは，密輸と腐敗は事実上，避けられないだろう。それは民間セクターの無法な政治的動機をもつ強力なメンバーたちによって増幅されている。通貨や物品の補助金付きの価格は新自由主義に対する正しい修正措置となる。しかしチャビスタ政府は，生産コストと市場価格の中間値を見極め，行き過ぎを避ける必要はある。

6　空虚なシグニファイアとチャビスタ運動内の葛藤

ウゴ・チャベスは，大統領として 14 年間にわたり，しばしば対立する内部の様々なセクターの熱烈な支持をしっかりと確保し，分裂を避けるために確固たる行動をとってきた。一方で，公認された路線を受け入れようとしない内部の反対派に厳しくあたった。たとえば，チャベスは，ある時点ではチャベスと同盟する PPT を激しく批判した（この党にはカラカス元市長アリストブロ・イスト

ゥリスなどの PPT 党内の忠実な支持者がいた)。PPT は 2000 年 7 月の大統領選挙の候補者としてチャベスを支持することを拒否したのである。もう 1 つの同盟者であるベネズエラ共産党 (PCV) は 2008 年の地方選挙では，様々な州でチャビスタ運動とは別の候補者名簿で戦った。チャベスはそれを「反革命」として攻撃した。

　他方，チャベスは，チャビスタ運動内の穏健派と過激派の均衡を維持しようとしていた。一方では，どちらかと言えば穏健派に位置するチャビスタ運動の軍部将校たちに特権を与えた。これに対し，2003 年にはウィリアム・ララを避け，PSUV の最高責任者として軍部のフランシスコ・アメリアチ (Francisco Ameliach) を任命した。ララはダビラのライバルであり，ダビラよりも左派に位置していた。ララの支持者たちはかつて，PSUV 結成の前の運動，第 5 共和国運動 MVR の指導権をめぐって，運動内選挙で圧勝していた。

　さらにチャビスタ運動の指導部が掲げたスローガンと方針はラクラウの「空虚なシグニファイア」(empty signifier) と等しく，その方針は歓迎されるが，様々な政治的社会的セクターに，それぞれの関心と利害に基づいて，様々に解釈される。たとえば，チャビスタ運動は，一般的に，チャベスがしばしば繰り返してきた「団結，団結，さらなる団結」というスローガンを，共通の敵に立ち向かうために，考え方やスタイルの違いを覆い隠そうとする呼びかけとみなしてきた。しかし，カベジョやマドゥロのような国家主義的アプローチをとる人々は，特別なコンテクストのもとでこのスローガンを利用している。すなわち日和見主義者と批判される国家官僚の罷免を求める過激派や一般党員による要求は分裂をもたらし，敵の手中に陥るものだと言うのである。これに対し，チャベスが 10 年に様々な政党と運動の広範な同盟形成のために，「5 つの戦略的方針」として知られる呼びかけをしたときには，チャビスタ内部の反対派である急進派は，むしろこのスローガンを利用し，PSUV の左派を中心とした，親政府組織の設立とメンバーの参加を呼びかけた。

　同様に，チャベスがキューバやその指導者たちを全面的に賞賛することに対しても，いくつかのチャビスタ運動の潮流のなかには，様々な見方がある。チャビスタ運動穏健派は，キューバとの関係を国家主権の防衛以上のものと考えていない。一方，急進的潮流は，それをキューバ政府がとっている社会主義的政策の擁護とみなしている。人間的価値に重きを置く革命を目指すチャビスタ

たちは，キューバとの関係をベネズエラの物質的利害よりも国際的連帯の呼びかけであると捉えている。

　チャベスが，突然，一般党員の立場にたって運動内の官僚的構造や党の指導部と対決していることを示す事態があった。これは下からのラディカルなアプローチを支持する人々（労働運動内の自治派など）に対して，チャベスは真に自分たちの立場にいると確信させる事件であった。その2つの例が，08年の街頭での流血の衝突の最中に行われた Sidor (Siderúrgica de Orinoco C. A.) の接収の決定（この時には金属労働組合 Sutiss のトップであるチャビスタ運動指導者を排除した）と，全国指導部と地域指導部の勧告に反対して，2010年に国会への PSUV の代表選出の党内選挙を呼びかけた決定である。ところが，その一方で，チャベスは穏健派指導者の軍部出身のディオスダド・カベジョを党と政府の指導者として指名した。一般党員がほとんど支持していなかった人物である。

　これまで，チャビスタ運動の多様性と反対派陣営の諸行動に対するチャベス政府の対応について述べてきた。このような困難はどこの政府であれ，直面するものだが，ベネズエラの事例は困難の度合いが激しい。最も重要なのは，鋭い社会的政治的分極化というコンテクストのもとで急進的な変革のために民主的な道をとるということは，その戦いの場で対決する両サイドの社会的政治的集団に特別な機会を提供するということである。政府の示す脆弱性は，敵対勢力が採用する攻撃的な戦術の結果であり，したがって，チャビスタ運動の一般党員たちの要求と希望に積極的に応え，その動員に依拠していかなければならない。

　さらにベネズエラの労働組合運動は，チリやボリビアに比べて伝統的に脆弱であり，1917年のロシアや1949年の中国とは異なり，革命過程を指導する労働者階級の政党が存在しない。そのためチャビスタ運動の社会的，政治的多様性と複雑さは一層大きくなっている。

　政府は，チャビスタ運動の人民セクターの側に立つという立場から強力な経済グループに対して明白な譲歩の政策を採ることはなかったが，同時に民主制を維持するという立場により，経済的破壊活動に対しても弾圧を避けてきた。そのため政府は複雑な法的手続きを工夫することにより物不足に対処した。それが問題を複雑にし，結果として広範な接収をもたらした。これは，1930年代にソ連において，富農（クラーク）が物資不足をもたらしたため，政府が富

農を一掃したのとはまったく対照的である。企業の接収は，チャビスモの中心的社会構成を代表する3つのセクターに様々な形でインパクトを与えた。

　チャビスタ運動内の利害や考え方の相違は，内部の緊張を必然的に生み出す。たとえば，急進的労働運動指導者たちは，労働者管理，週労働時間の削減，完全な雇用確保，最終月の賃金を基準にした退職手当というかつて行われていた制度の復活等を掲げた。ある時点では，チャベス大統領はこれらの要求をすべて支持しているように見えた。チャベスは2007年の憲法改正提案の際，週36時間労働を盛り込み，石油，鉄鋼，電力産業での外部委託を削減して，国が労働者に賃金を支払うことによって雇用の安定を高め，さらに，労働者の決定への参加制度をつくるため，グアヤナの社会主義計画を開始した。ところが，多くのPSUVの指導者たちは，こうした政策が経済的には不可能ではないかと恐れ保留していた。その結果，労働者評議会の承認，週労働時間の削減，労働法に違反した雇用者への厳しい対策，旧制度の復活を含む労働法案は国会で長期間にわたって棚上げされることになった。また，PDVSA社長のラファエル・ラミレスが石油労働者統一連合（FUTPV）のリーダーシップを無視しようとしたのも，戦闘的なチャビスタ党員への抵抗のためであった。FUTPVのメンバーはチャビスタであり，事実として労働省により厳選された人々であるが，ラミレスは彼らに対し「アデコ」（Adeco＝民主行動党の追随者）というレッテルを貼っていた（訳注：民主行動党は1941年結成，1959年政権を獲得。COPEI（キリスト教社会党）と二大政党制を確立，1999年，チャベス当選で二大政党支配崩壊）。

　チャビスタ運動内部には，優先すべき課題，ビジョン，見解について違いが存在する。それは社会的基盤に基づくものである。中間層や排除されてきた階層の多くのチャビスタ党員たちは，労働組合の役割について疑念を感じており，労働者をできるだけ背後に追いやりたいと考えている。そのため，政府役人たちは，これまで，企業と契約を結ぶよりも，むしろそのコミュニティで直接労働者を雇用することにより，国家資金による公共事業を行ってきた。これによって，建設労働者の組合あるいは「偽装組合」からの圧力にいくらかでも対抗できると考えられている。労働組合や偽装労働組合の中には，強圧的な戦術をとって，生産性を低めるような雇用慣行を押し付けようとするところがあるのだ。さらにグアヤナの産業地域における労働紛争は全国的な建設資材の不足の一員となっており，それがまた労働組合にたいする一部のチャビスタの否定的，

あるいは批判的態度を増幅している。最後に,チャビスタ運動とマドゥロに対する反対派は,若干の無料の,あるいは高度に補助された物品やサービスの政府によるばらまき政策を激しく(また,誇張して)非難した。一部のチャビスタ運動支持者も,貧しい人たちへの施しであるとして,批判している。

　チャビスタ運動の政治的アクターのイメージには,政治的にも社会的にも肯定的なものから否定的なものまである。中間層に属する官僚たちは,ボリバル革命の参加の思想への抵抗者,あるいは非特権層の極端で非現実的な要求を阻止しようとしているとみなされている。戦闘的チャビスタ運動の労働組合員たちは実現不可能な物質的利益を獲得しようとする,あるいは社会主義的民主主義の核心である労働者管理などのようなものを推進しようとしているとみなされている。さらに,まず労働者協同組合を,次いで住民協議会を作った排除されてきた階層の人々は,内部統制がないため巨額の公的資金を浪費している,あるいは1999年憲法に規定された「参加型民主主義」の思想の実現のために国家の官僚と対決しているとみなされている。

　チャビスタ運動内部のそれぞれのグループは,各自の期待を高め,政府を公然と批判するようになっているが,その勢力図に変化はない。チャビスタ政府の正当性を認めようとしない頑強な敵を前にして,チャビスモは,労働組合の党員とチャビスタ官僚にしばしば敵対する疎外された階層の確固たる支持に依拠しなければならない。しかし,同時に,権力を握った革命家が,労働者国家の存在を宣言し,あるいは中間層の価値を排除するための「文化革命」や,官僚制を廃止するための「革命のなかの革命」を開始するために十分な主体的条件が整っているわけでも,政治的に強固になっているわけでもない。

　つまり,近年,変化は深まったとはいえ,多様な階層からなる,イデオロギー的に多様な同盟というチャビスタ運動の性格は変わらず,そこから生じる運動内部の緊張も続いている。

参考文献

Barrios, Arquimedes, Personal interview. Barcelona, Anzoátegui, August 24, 2011.
Corrales, Javier, "Conflicting Goals in Venezuela's Foreign Policy," in Ralph S. Clem and Anthony P. Maingot (eds.), *Venezuela's Petro-Diplomacy*, Gainesville: University Press of Florida, 2011.

Delgado Herrera, José Gregorio, *Comentarios a la nueva Ley Orgánica de los Consejos Comunales*, Valencia (Venezuela): Vadell Hermanos, 2010.

Dirección General de la Investigación y Desarrollo Legislativo, "Papel de los consejos comunales ?" *Debatiendo las Políticas Sociales* 1(1), 2010.

Ellner, Steve, *Rethinking Venezuelan Politics: Class, Conflict and the Chavez Phenomenon*, Boulder CO: Lynne Rienner Publishers, 2008.

Eusse, Pedro [interviewed by Susan Spronk and Jessery R. Webber], "The Labor Movement and Socialist Struggle in Venezuela Today," *The Bullet: Socialist Project*, 394 (July 22), 2010. http://www.socialistproject.ca/bullet/394.php

Figuera, Oscar, "Discurso de Oscar Figuera en el acto de instalación del 14 Congreso del PCV," Tribuna Popular 193, 64 (August 19-Septemer 15): Especial 1-2, 2001.

García Puerta, Francis, Interview with Director of National Assembly's Dirección de Investigación en Políticas Sociales, *Caracas, September* 15, 2011.

Harnecker, Marta, "Latin America and Twenty-First Century Socialism: Inventing to Avoid Mistakes," *Monthly Review* [special issue "Twenty-First Century Socialism - the Latin American Challenge"] 62(3), 2010.

Hawkins, Kirk A., *Venezuela's Chavismo and Populism in Comparative Perspective*, *Cambridge*, Great Britain: University of Cambridge Press, 2010.

ILO [International Labour Organization] Department of Statistics, Statistical Update on Employment in the Informal Economy (June), 2011.

Laclau, Ernesto, *On Populist Reason*, London: Verso, 2005.

Monedero, Juan Carlos, "La reinvención revolucionaria de Venezuela y los fantasmas del pasado," *Comuna: Pensamiento Crítico en la Revolución* [Centro Internacional Miranda] 1(0), 2009.

Webber, Jefffery R. and Susan Spronk [interviewers], "Voices from Venezuela on Worker Control and Bureaucracy in the Bolivarian Revolution," *Against the Current* 148 (September-October), 2010.

(原題: Steve Ellner, Social and Political Diversity and Antineoliberalism in Venezuela)

第10章　ブラジル
── ラテンアメリカの経済動向との比較と「中所得国の罠」──

田 中 祐 二

1　「中所得国の罠」と構造転換アプローチ

ブラジルとラテンアメリカの長期経済動向とワシントン・コンセンサス

　多くのラテンアメリカ諸国は1990年代よりそれまでの輸入代替工業化過程から外向的な輸出志向型工業化へ大きく舵を切った。ブラジルにおいては1990年にコロール大統領が経済開放政策に踏み切り，94年のカルドーゾ財務大臣（翌年大統領就任）のレアル計画によるハイパーインフレーションの収束を中心とするマクロ経済の安定を実現して後，98年に通貨危機を迎える。以降，為替と貿易の自由化を実現しブラジル経済はグローバリゼーションの波にさらされることになる。ラテンアメリカのこのような政策転換の根底には，成長する東アジア経済に対する国際競争上の劣位の認識をベースに，一次産品輸出国への逆戻りを避けんがために，国際競争を利用して当該国の産業の生産性を高める狙いがあったものと考えられる。

　しかるに，事態は好転するどころかむしろ悪化の様相を呈している。戦後1950年代から70年代にかけてのブラジル経済では，自動車，石油化学，鉄鋼等の基幹産業が発展した。世界大戦後の数十年間GDP平均成長率は世界の中でも上位に位置し，74年までのそれは7.4％であった。70年代は2度のオイルショックを経験しているものの，70年から80年までのGDP年平均成長率は8.5％を記録するに至っており，この10年で1人あたり国民所得は4倍になり80年には2200ドルになっている。これが，輸入代替工業化政策の成果であった。

　そして迎えたのが1980年代の累積債務，財政赤字およびハイパーインフレーションのトリレンマに陥った経済である。このことは，ワシントン・コンセンサスに基づく構造調整政策のもとで，これから議論する経済構造の転換の動

態に必要な諸能力が削がれていったことを意味している。そして，90年代以降経済開放政策が本格化するに従い，90年を含む数年のマイナス成長率は存在するものの，2000～10年の10年間は平均して2.5％水準を維持している。とはいえ，70年代に実現した「ブラジルの奇跡」の状況は戻っていない。

米国までの「距離」と「中所得国の罠」

図10-1は1950年と2009年の各国の1人あたり所得のアメリカ合衆国のそれに対する比率を示している。ブラジルは50年には20％に届いていなかったのが2009年には伸びてその値をわずかに超えるに至っているものの，東アジアの台湾および韓国の伸びに遠く及んでいない。この両国は50年には1人あたりGDPの対米比率はブラジルより低位であったが，09年にはそれぞれ70％および60％に拡大している。かたや，ブラジルと同地域であるラテンアメリカ諸国に目を向けると，メキシコおよびチリはわずかに改善しているが，50年に最も裕福な中所得国であったアルゼンチンとベネズエラは09年にはその比率を大きく低下させている。

ラテンアメリカ諸国の同様の比率を時系列で見てみよう（図10-2）。20世紀の初頭には同比率が70％あるいは50％をそれぞれ超えていたアルゼンチンおよびチリが10数～30％圏内で停滞したまま，他のラテンアメリカ諸国の数値圏に収束していることがうかがえる。その内実は1982年以降全体的に低下しており，2006年にわずかに上昇傾向を示しているにすぎない。アルゼンチンの同比率は2001年の金融危機以降増加しており，最近の財輸出に反映している。また，メキシコとブラジルは共に停滞したままであり，チリは天然資源の成長の結果上昇している（Lin and Treichel 2012：3）。

さて，世界銀行によれば2012年においては，中所得国とは1人あたり所得が1035～1万2616ドル圏内の103カ国である。同銀は上位中所得国として55カ国，下位中所得国として48カ国（4085ドル未満）を挙げている。そして，「中所得国の罠」とはこれらの国のうち相対的に長期的に停滞し，中所得から高所得への転換を果たせないままでいる状態に陥っている諸国のことを指して言われた概念である（World Bank 2013）。

Felipe［2012］は1950年から2010年までの期間の124カ国を，高所得国，上位中所得国，低位中所得国および低所得国に4分類して，その構成経緯を示

第Ⅱ部　ラテンアメリカ諸国の課題

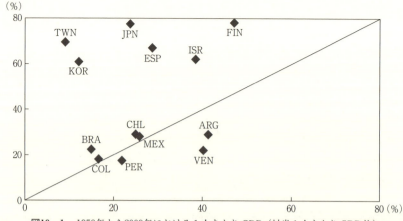

図10-1　1950年から2009年における1人あたりGDP（対米1人あたりGDP比）

注：ARG アルゼンチン，BRA ブラジル，CHL チリ，COL コロンビア，ESP スペイン，FIN フィンランド，ISR イスラエル，JPN 日本，KOR 韓国，MEX メキシコ，PER ペルー，VEN ベネズエラ

出所：Jankowska *et al*. 2012, Figure 1より。

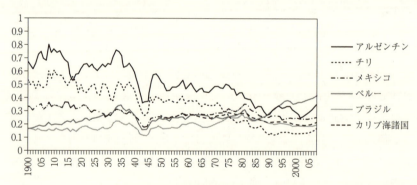

図10-2　ラテンアメリカおよびカリブ海諸国の1人あたりGDPの対米比（1900～2005年）
出所：Lin and Treichel 2014：Figure 1より。

している（図10-3）。低所得グループに属する国数は，1950年の82カ国から2010年の40カ国へ減少している。10年ごとにみると，1950年代は最も大きな減少を経験しており，13カ国が低位中所得国の仲間入りを果たしている。同様に，60年代は11カ国，70年代はもう11カ国が上昇したが，1980年から2000年代初頭までは動きはほとんどない。さらに，2001年以降コロンビア，コンゴ，ホンジュラス，モザンビーク，ミャンマー，パキスタン，ベトナムの

第**10**章　ブラジル

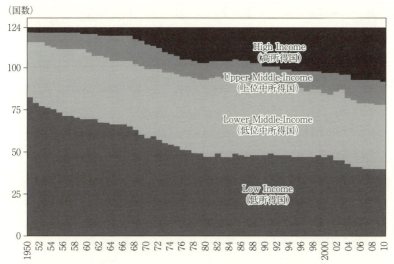

図10-3　1950～2010年までの所得グループ別構成

出所：Felipe 2012：Figure 1より。

8カ国が低位中所得国グループに加わり，総合的に見れば1950年以降2010年までに82カ国の低所得国グループから42カ国が抜け出している。地域別に見れば，この42カ国中14カ国がアジア地域，10カ国がラテンアメリカ，9カ国が中東および北アフリカ地域，5カ国がヨーロッパ，そして4カ国がサハラ以南アフリカ地域となっている。

1950年には39の中所得国が存在していたが（低位中所得国が33カ国，上位中所得国が6カ国），その数は1980年に56カ国に拡大している（低位中所得国が46カ国，上位中所得国が10カ国）。コロンビア，ナミビア，ペルーおよび南アフリカは1950年以来低位中所得国のままである。

図10-3のように，高所得グループ諸国は大きく拡大しており，とくに1960年代末葉から1980年までと1980年末葉から2010年までの拡大が顕著である。前者の期間は，マディソンが"golden age"と称した期間と重なっている。すなわち，1人あたり所得が年約3％で成長し，あらゆる地域でどの先行期間よりも良好な経済実績を示し，米国よりも急速な成長を実現したほとんどの国で1人あたり所得と生産性の収束が見られた期間である（Maddison 2001：6 and 9）。後者の期間は多くの非ヨーロッパ諸国が高所得国グループに到達し

ており，とくに東アジア地域（韓国，シンガポール，台湾）とラテンアメリカ地域（アルゼンチンおよびチリ）で，この成長が生じた。総合的に見れば，1960年時の4カ国（全世界の3％）から1980年の21カ国（17％）に，1990年の23カ国（19％）から2010年の32カ国（26％）へと増えている。

ラテンアメリカおよびブラジルの中所得国存続期間とブラジルの成長率

表10-1はラテンアメリカおよびアジアの中所得国について，1950年から2010年までの間に上位中所得国あるいは低位中所得国に存在しつづけた年数を表している。表の左側は低位中所得国に存在しつづけた年数を示しているが，アジアに比べてラテンアメリカ諸国は圧倒的に長期間存在しつづけ上位中所得国への転換を果たせていないことを物語っている。たとえば，50年以上このグループに止まっている国はブラジル53年，コロンビア61年，エクアドル58年，グアテマラ60年，ジャマイカ56年，パナマ56年そしてペルー61年となっている。アジアは比較的ラテンアメリカよりも後発であるので，年数が低く出ている傾向はあるが，ラテンアメリカの長期停滞は動かぬ事実である。右側の上位中所得国についても，ベネズエラは60年の長きにわたってその位置に存在しつづけている。このようにラテンアメリカは中所得に止まっている国が極端に多く，成長過程に諸問題が存在すると判断せざるを得ない。

パルマ（Jose Gabriel Palma）はブラジルの新しい発展戦略の起源を，1980年代の対外的および国内的な否定的ショックに対するサッチャー－レーガンの新自由主義経済政策の適用に求めているが，よりプラグマティックで想像力に富む方法で改革を履行したアジアで起こったことと異なるものだとしている（Palma 2012：3）。

このサッチャー－レーガン改革によって世界経済の減速が顕著になり，1950～80年の間に4.9％だった年平均成長率は1980～2011年の間には3.3％へ低下している。ところが，ブラジル以外のラテンアメリカでは平均で5％から2.6％へ低下しているのに対して，ブラジルのそれはもっと劇的で，6.8％から2.6％への低下となっている。中所得国関連で言えば，第3期 NICS（newly industrializing countries）である中国，インドおよびベトナムはこの一般的減速の例外となっているし，第2期 NICS であるマレーシア，タイおよびインドネシアは1997年の通貨危機の時ですら成長率の安定を保っており，第1

表10-1 ラテンアメリカとアジア諸国の中所得国グループ期間

2010年までに低位中所得国グループに存在し続けた国	その存在期間（年数）	2010年までに上位中所得国グループに存在し続けた国	その存在期間（年数）
カンボジア	6	中　国	2
インド	9	タ　イ	7
インドネシア	25	マレーシア	15
ミャンマー	7	ウルグアイ	15
パキスタン	6	ベネズエラ（ボリバル共和国）	60
フィリピン	34	コスタリカ	5
スリランカ	28	メキシコ	8
ベトナム	9		
ボリビア（多民族国）	45		
ブラジル	53		
コロンビア	61		
ドミニカ共和国	38		
エクアドル	58		
エルサルバドル	47		
グアテマラ	60		
ジャマイカ	56		
パナマ	56		
パラグアイ	38		
ペルー	61		

出所：Felipe et al. (2012).
　　　Eva Paus 2014：Table 1A より。

期NICSである韓国，香港，シンガポールおよび台湾は成長率は低下しているがその程度は小さい。そのような中，ブラジルを除くラテンアメリカ諸国は半減し，ブラジルに至っては3分の2も低下している。したがって，ブラジルの成長率ランキングは前者の時期では上位10位を占めていたのが，後者の時期では58位と変わっている。

構造転換アプローチと中所得国存在期間

　中所得国の発展構造をどのように捉えればよいのか。マクミランとロドリックは，経済発展は構造転換を伴うものであり，貧困からうまく抜け出してより豊かになった国は農業や他の伝統的製品から離れて自国生産物を多様化することができた国であるという。労働と他の資源が農業から近代的経済活動に移っていくに伴って，生産性は上昇し所得は拡大する。この構造転換が起こるスピードが発展する成功国と停滞する非成功国を区別する主要因である（McMillan and Rodric 2011：1）。

　たとえば，戦後の日本は大きく言って繊維・衣料から鉄鋼，家電，自動車へと比較優位部門が次々に転換していった。この成長産業である輸出産業（比較優位産業）は賃金変動に伴う相対価格の変化に応じて入れ替わるのであって，基本的には労働集約部門から資本集約部門，そして知識集約部門へ移行している。このスムーズな移行が経済発展を保証するということになる。今，仮に，繊維・衣料部門において賃金上昇に伴い海外との競争が困難になったとしよう。一般的に当該部門は海外移転を果たし，残された労働力は新しく比較優位になったばかりの鉄鋼部門に吸収されることになる。これでうまく経済の構造転換が進み発展が保証されることになる。

　ところが，何らかの理由で新しい産業の発展が遅れ，そこに労働力を移動できないとすれば，輸出ができなくなるばかりでなく進入する輸入品との競争で経営が不可能になるか，やむなく倒産・失業を回避しようと既存繊維・衣料産業の関税保護に踏み切ることになる。構造転換が進まなければ，成長産業での発展を実現するどころか，関税保護に頼ってなんとか既存産業の延命を図るという事態に陥るのであり，当然市場は国内に限定される。

　中所得国の罠に陥った国とは，このような仕組みで生産性と成長がスローダウンし，長期的にその所得グループに止まり高所得国に移動できずにいる国のことである。そこで，中所得国の内でどれくらい中所得国に止まっているのかが問題となる。つまり，「構造転換が起こるスピードが発展する成功国と停滞する非成功国を区別する主要因」となるわけである。

2　プロダクト・スペースと構造転換

構造転換の評価手段

　プロダクト・スペース（Product Space）はハウスマン-クリンガーによって開発された概念で，特定の時期のある国の貿易状況を評価するのみでなく，輸出産業間の関係（近接性）を分類することができる分析枠組みである（Hausmann and Klinger 2007）。したがって，これによって，次のことが明らかになる。まず，産業間の関係性と近接性が示されるが，近接性は構造転換して近接の比較優位部門が現れることを念頭に次のような状況を考えたものである。すなわち，

ある国が顕示比較優位（Revealed Comparative Advantage：RCA）を持つある財を輸出する際に，当該国でRCAを持つ財Aと財Bを考えた場合，両財はその国で比較優位であることによって生産可能空間 product space を持つが，両財の生産の前提となる技術の種類と程度，それを開発発展させる人的資本の種類と程度，それに必要な生産要素の種類と程度などの違いが distance（隔たり）として捉えられ，これの二乗が転換のコストと関係する。これは，目下，財Aが product space をもち，次の財Bは潜在的な比較優位財である場合に，後者の product space が現れて比較優位財になるまでの転換にかかるコストを念頭にモデル化したものである。

　RCAはベラ・バラッサ（Bela Balassa）による概念で，製品iの世界貿易（輸出）シェアに対するC国における輸出製品iのシェアの比率である。ある国の輸出バスケットにおける製品iのシェアが，世界における同一物のシェアよりも大きければその国は製品iにおいて比較優位を持つことを表している。

　PRODY変数も，ハウスマン－クリンガーの概念で，ある製品の輸出国の1人あたりGDPが国と製品に関するRCAをウェートとして平均されたもの。簡単に言えば，PRODY変数は「当該製品に関する所得水準」を表現しており，より高いPRODYは高所得国によって輸出された製品となり，それゆえこの変数は当該製品に内在しているソフィスティケーション水準や付加価値の水準を計る（評価する）ことになる。さらに，このPRODY変数を用いてEXPYという変数を組み立てる。EXPYとはある国によって輸出される製品のPRODYの加重平均であるが，それは相対的輸出シェアでウェートされた平均値である。したがって，EXPYは当該国の輸出バスケットのソフィスティケーション水準を示し，1人あたりGDP成長の予言者と見なされる。

成功国韓国のプロダクト・スペース

　上に見たように，個別製品のソフィスティケーション水準であるPRODYを用いて当該国輸出品全体のソフィスティケーション水準であるEXPYを購買力平価により算定した値と多様化水準の相関を示したのが図10–4である。

　1963～2009年の間の韓国の輸出構造は劇的に変化している。63年の初めには1を超えるRCAをもつ少数の産業が存在していた（果実，精肉，鉄鋼，小さな電気モーターなど）。70年代初頭には軽工業における強力な多様化によって，

第Ⅱ部　ラテンアメリカ諸国の課題

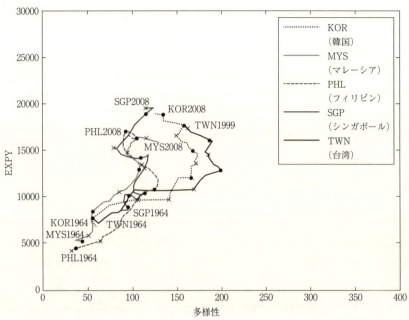

図10-4　アジア諸国におけるEXPYと多様性の相関

出所：Jankowska et al. 2012：Figure 1より抽出。

　競争的RCAをもつ製品が7分野にわたって多数登場した。すなわち，繊維，自転車，基礎的な事務機器を含む簡易機械，ミシン，電気計算機，汽車および家具日用品分野に多様化している。70年代および80年代では，さらに重工業化へと進む。韓国のプロダクト・スペース・マップでは衣料クラスター，電子クラスター，自動車，鉄鋼における輸出能力が形成された（Jankwaska et al. 2012：29-30）。

　プロダクト・スペースの中心部分の拡大は機械やエレクトロニクスにおける多くの関連製品間の輸出能力を発展させる経路をつくるが，こういった新製品への移行が顕著になり，韓国ではもはや競争的でない産業の生産を縮小するようになる。すなわち，1990年代には衣料クラスターのRCAが消滅し，農業や軽工業（衣料，繊維，木材加工，産業関連鉱物）が競争力を喪失し，電子情報端末機器，作業トラック，繊維機械および鉄鋼・合金製品のような中核機械の新しい分野が現れることになる。したがって図においては高付加価値を生むEXPYの上昇を続けながらも多様性がむしろ減少していることがうかがえる。

「このような新しい産業への多様化と経済が競争優位を喪失した部門を置き去りにしていく動態的過程は，プロダクト・スペース・マップにおいて時間経過と共に現れる RCA の活動的で継続転換的パターンにはっきりと反映している」(*ibid.*: 30)。

ラテンアメリカおよびブラジル

以上のような「RCA の活動的で継続転換的パターン」は相対価格の変化に照応した経済的構造転換あるいは比較優位部門の転換連鎖 (Ozawa 1991: 35-38) の経済法則に則った歴史過程である。そして，この過程は，あくなき技術革新競争による資本集約財の価値引き下げとそれと同時に起こる労働集約財の相対的価格上昇を通じて，一次産品生産，労働集約的軽工業，資本集約的重化学工業，知識集約的活動へと継続的転換を実現して，経済発展過程を展開していく。しかるに，戦後ラテンアメリカは労働集約型軽工業段階を飛び越えて資本集約型部門における輸入代替過程を実施し，1960 年代以降欧米から自動車をはじめ電気産業の直接投資を導入し工業化を図る。農鉱業である一次産品部門から排出された大量の労働力を資本集約型産業が受け止めることができなかったことは，以後格差拡大を示すジニ係数の下方硬直的高位となって現れる。

ジャンコウスカは次のようにみている。「成功裏な構造転換の重要要件は伝統的部門から労働力を適切なシェアで吸収することができる近代部門の能力である。(中略) ラテンアメリカは農業における労働力シェアの減少部分を製造業部門が償うことができない点が特徴的である。(中略) アジア NICS は 1 人あたり所得の取得に繋がっていく構造転換過程によって特徴づけられている。つまり，その生産性が伝統的部門のそれよりも高いこと，そしてそれが賃金部門の大きなシェアに生産性で取得された利得を流し込むために著しく労働集約的であること，この 2 つの条件を近代部門は同時に満たすからである」(Jankowska A., *et al.* 2012: 13)。

表 10-2 は，2000 年代におけるラテンアメリカの部門別雇用シェアの変化を表している。一次産品部門の一部を占める農林漁業部門では，エルサルバドル，ニカラグアおよびパナマではそれぞれ製造業の生産性に及ばないものの雇用シェアは伸びているが，残りの国では軒並み減少している。とくにボリビア，

表10-2 2000年代におけるラテンアメリカの部門別雇用シェアの変化

	農業,森林,漁業	鉱業,採石	製造業	建設業	卸売り,小売り,宿泊,レストラン	公共事業,輸送,倉庫,コミュニケーション	金融,保険,不動産	コミュニティ,社会,個人サービス
アルゼンチン	n.a.	**0.10**	−0.22	(3.24)	−0.37	(0.71)	(0.42)	−3.88
ボリビア(多民族国)	−10.05	−0.04	−0.11	(2.05)	(1.35)	**2.01**	**1.61**	(3.17)
ブラジル	−6.13	**0.06**	−1.04	(1.32)	(2.23)	**0.88**	**1.97**	(0.71)
チリ	−2.87	**0.88**	−0.82	(0.83)	−0.41	−0.09	**0.73**	(1.74)
コロンビア	−3.00	**0.06**	−0.90	**0.82**	(1.54)	**1.85**	**2.64**	−3.01
コスタリカ	−2.50	−0.02	−3.10	−0.41	−1.88	(1.83)	(2.73)	(3.35)
ドミニカ共和国	−1.74	(0.13)	−3.82	(0.41)	(0.84)	**0.40**	**0.53**	(3.27)
エクアドル	−3.46	−0.03	−1.66	**0.45**	(2.04)	**1.34**	**2.45**	−1.12
エルサルバドル	(1.23)	−0.08	−2.55	−0.59	(0.03)	0.00	**1.30**	(0.67)
グアテマラ	−1.16	−0.06	−1.32	(0.13)	−4.18	**1.42**	**1.35**	**3.83**
ホンジュラス	−0.74	(0.17)	−2.06	(0.12)	(1.77)	**0.22**	**0.27**	**0.25**
メキシコ	−4.14	**0.10**	−2.41	**1.18**	(3.01)	**0.17**	**2.81**	−0.71
ニカラグア	(1.65)	**0.18**	−1.73	(0.18)	(1.26)	−0.18	**0.45**	−1.82
パナマ	(2.90)	−0.22	−8.49	**2.89**	−3.59	**3.89**	−1.44	(4.05)
パラグアイ	−8.78	n.a.	0.21	(2.29)	(2.30)	**0.72**	**1.23**	(2.02)
ペルー	−7.51	**0.66**	1.06	(1.21)	(1.80)	(1.27)	**1.11**	(0.40)
ウルグアイ	−0.47	n.a.	−0.96	(1.10)	−0.32	(0.65)	**1.48**	−1.47
ベネズエラ(ボリバル共和国)	−2.12	**0.75**	−0.88	**0.41**	−2.62	(2.48)	**0.51**	(1.48)

注1. Weller and Kaldewei [2013] のデータより計算。
 2. 太字の数値は当該部門の生産性が当該期間末に製造業部門より高かったことを示している。
 3. 括弧内の数値は当該部門の生産性が当該期間末に製造業部門より低かったことを示している。
 4. n.a. は不適用を示している。
出所:Eva Paus 2014:Table 10より。

　パラグアイ,ペルーそしてブラジルではそれぞれ 10.05％,8.78％,7.51％そして 6.13％と比較的大きく低下している。一次産品部門のもう1つの部分である鉱物・採石部門で雇用が減っている国は6カ国と限られており,むしろ増えているアルゼンチン,ブラジル,チリ,コロンビア,メキシコ,ニカラグア,ペルーおよびベネズエラでは,製造業の生産性を凌駕している。

　かたや,肝心の製造業部門であるが,パラグアイとペルーを除くすべてのラテンアメリカ諸国でシェアを減らしている。この両国のうちパラグアイの当該部門はサービス部門である公益・保管・運輸通信業部門および金融・保険・不動産部門よりも生産性が低く,ペルーも鉱物・採石業および金融・保険・不動産部門より低い。すなわち,農業部門の雇用減少分はおおむね製造業には向かわずにサービス業に向かっており,製造業のシェアが低下していない2国でもその生産性は他部門には及んでいない。そして,最後に考察される点は,雇用拡大分野であるサービス業はおおむね公益・保管・運輸通信業部門および金融・保険・不動産部門であったということ,しかも雇用変化率それ自体の数値

がまことに小さいということである。

　さて，経済の発展は一般的に GDP 成長率で考えることができるが，これは1年間にその国が生産した付加価値合計の増加率である。したがって，生産性が上昇しても，あるいは仮に生産性が不変であっても生産人口が拡大すれば付加価値合計は増加する。さらに，生産性だけを考えると個別資本（企業）あるいは産業部門内の技術革新による利潤率の増加を伴う生産性の上昇によりもちろん成長率は上昇するが，この点が不変でも労働力の部門間移動すなわち生産性の低い部門の縮小・閉鎖により高い部門へ労働力が移動することでもまた，経済成長を実現することができる。この点は何か新しいことを言っているように見えるが，実は一次産品部門から製造業部門への構造転換そのものである。そしてここでの主張は，部門内技術革新による経済成長の側面を捨象して，構造転換のみで成長ができることを確認して，その上でラテンアメリカにはまさにこの点が欠けているということである。構造転換アプローチの所以である。

　マクミラン―ロドリックはその共同論文の冒頭で「労働と他の資源がそれほど生産的でない部門からより生産的な部門へ移動する場合，たとえ諸部門内の生産性成長率がゼロであったとしてもその経済は成長する」(McMillan and Rodrik 2011：1）と述べ，構造転換の貢献を部門内生産性のそれと区別するモデルを開発して実証研究している。その結果が図10-5にまとめられている。

　ラテンアメリカにおいて，1950年から2005年まではおおむね年間4％の急速な労働生産性成長を経験した。その半分が構造転換によるものであった。75年から90年までは債務危機に入り構造転換による成長はかろうじてプラス(0.2％）であったが，部門内生産性成長が-0.5％となり，「失われた10年」と言われる事態に陥った。90年以降は成長に転じたが，構造転換の貢献が-0.25に逆転したので75年以前の水準には回復しなかった。しかも，90年代以降，アルゼンチン，ブラジル，コロンビアは雇用が数％・ポイント増加している点を考慮に入れると，先進製造業による技術進歩による合理化によって解雇された労働力は失業するのではなくより生産的でない部門に雇用されるので，「製造業における合理化は生産性引き下げ型構造転換（the productivity-reducing structural change）といった事態を犠牲にしておこっている」(McMillan and Rodrik 2011：15）と言える。

　さて，以上のような特徴を持つラテンアメリカの輸出品のソフィスティケー

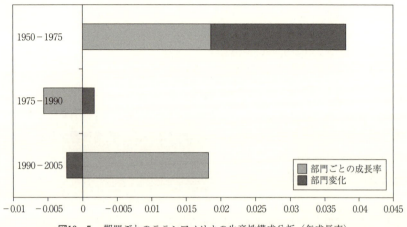

図10-5 期間ごとのラテンアメリカの生産性構成分析（年成長率）
出所：McMillan and Rodrik 2011：Figure 7より。

ション度を示す EXPY はどのようになっているかを考察しておく。図10-6はブラジル，コロンビアおよびメキシコの輸出製品の多様性と EXPY の関係を示している。ブラジルでは1962年の非有機的化学製品，旅客列車からコーヒーや食用ナッツまでプロダクト・スペースを持っており，さらに70年代までに農業関連製品と鉱物資源に RCA を維持しながら鉄鋼，印刷機械，電気抵抗器，トラクター，放送用機械，化学製品の能力をつけた。また，80年代に重化学製品に RCA を持つ製品を拡大している。

2000年代を通じて，メキシコと同様に輸出構造が狭くなり強力に特化が進んだ。それは機械，鉱山関連活動，自動車，鉄鋼および石油精製への特化が進んだことを示している。また，韓国およびメキシコと比較すれば，ブラジルは多くの製品への多角化を推進したが，衣料とエレクトロニクスに重要な比較優位を獲得することができなかった。したがって，EXPY 水準はアジアの諸国（図10-4）やメキシコと比べて低いものであった（図10-6）。

メキシコは1963年の化学化合物，リード（引き紐），鉱物・金属製品および木材加工に加え，果実，ナッツおよびコーヒーのような農産加工品に RCA を持っていたが，80年代以降多様化が進むと同時にプロダクト・スペースの新分野への移行は縮小して，エレクトロニクスと自動車関連機械に特化したが，特定のエレクトロニクスの比較優位は2009年に喪失している。

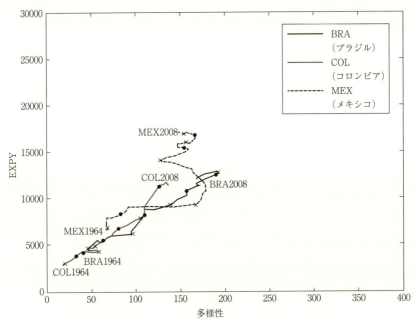

図10-6 ラテンアメリカ諸国における EXPY と多様性の相関
出所：Jankowska et al. 2012：Figure 1より抽出。

　ブラジルとメキシコの EXPY 指標は主要輸出の構造転換が債務危機後の80年代中葉に制限され妨げられたことを示している。この点については，韓国の大企業が新しい目標部門における生産活動を引き受け，既存部門における生産性拡大政策へのシフトが同国で起こったことが，上記ラテンアメリカ２国との決定的違いを示している（Jankwska et al. 2012：33-34）。

3　構造転換を阻止する要因と直接投資流出入
——ブラジルとラテンアメリカ

イノベーション支援体制の脆弱性

　エバ・ポーズによればワシントン・コンセンサス（Washington Consensus）体制は持続可能な成長に必要な生産能力を生み出さなかったという（Paus 2014：10）。ワシントン・コンセンサスとは，発展途上国の1980年代の債務危機や1990年代の通貨危機発生時に，米国政府や，IMF（国際通貨基金），世界銀行等のワシントンに本拠を置く国際機関が当該発展途上国に勧告した政策の総称を

言う。その勧告は，IMFが発展途上国に短期融資を行う際の条件（コンディショナリティ）である財政緊縮，金融引き締めなどが中心となっており，これらが持続可能な成長に必要なイノベーション能力の高度化政策を封殺してしまったと，ポーズは論じている。

イノベーションは多大な時間を要し，正しいインセンティブ構造にサポートされなければならならず，それに必要な民間部門と公的研究機関との協力には慎重な調整が不可欠であるが，ラテンアメリカ諸国の金融危機時におけるIMFの強力なデフレ政策が一連の研究開発措置を不可能にした。これが当該地域の「中所得国の罠」の主たる原因である。その最たるものが，リスクをとることを困難にする金融資本へのアクセスの制限である。2012年におけるラテンアメリカの国内信用（domestic credit）の対GDP比は48％である。中所得国平均が83％，東南アジアおよび太平洋諸国で120％，G8（主要8カ国首脳会議：フランス，米国，イギリス，ドイツ，日本，イタリア，カナダ，ロシア）は200％（2010年までに）と比較するだけで十分である（法外な日本は324％）。一般的に信用の拡大が経済成長に寄与していると見なされ，国内信用供与額のみならず直接投資流入額も大きく関係していると考えられる。この点についてはその流出の意義と共に後に述べる。さらに議論を絞って，イノベーション能力を示すR&D（研究開発）支出の対GDP比率に関して，2010年の中国では1.75％（World Bank 2012：176）で，ブラジルを除くラテンアメリカ諸国の2倍以上を示している。

また，以上見てきたイノベーションに対する投入を映し出す鏡として，その結果である産出については，特許出願件数をみることで考察することができる。1995年から2010年までの期間にアルゼンチン，ブラジルおよびメキシコの3カ国に対して米国特許局によって認可された特許数はそれぞれ644，1422および1086件であり，中国，韓国および台湾のそれぞれ1万330，6万3320および6万9792件に対してあまりにも少ない。

技術的なキャッチアップに成功した国の基本指標である全特許公開数（居住者と非居住者による合計公開数）に対する居住者によるそれの比率を，ラテンアメリカの特許公開数の80％以上を占めるアルゼンチン，ブラジルおよびメキシコと中国を比べたのが表10-3である。ラテンアメリカ3カ国では1985年から2009年までの全特許公開件数は3倍以上に増加しているにもかかわらず，

表10-3 特許公開

	南米, カリブ海沿岸諸国			東アジア, 太平洋沿岸諸国（中国除く）			中国		
	居住者	合計	居住者／合計(%)	居住者	合計	居住者／合計(%)	居住者	合計	居住者／合計(%)
1985	3,019	12,996	23	203	4,434	5	4,065	8,558	47
1990	4,419	17,630	25	370	6,327	6	5,832	10,137	58
1995	4,150	19,121	22	669	13,700	5	10,011	18,699	54
2000	4,855	43,890	11	1,147	20,134	6	25,346	51,906	49
2005	5,836	44,138	13	8,181	27,588	30	93,485	173,327	54
2009	5,012	40,590	12	11,291	30,428	37	229,096	314,604	73

出所：Paus 2014：Table 21より。

居住者の比率は半分に低下している。一方で，中国は件数自体40倍近く増加しているばかりでなく，居住者比率も2倍近くに増加している。いずれにしても，ラテンアメリカ諸国のイノベーションに対する政府支援は脆弱であり，ワシントン・コンセンサスに従った政府の経済政策は，短期的成果を追求するあまり学習時間を要するイノベーション活動に注目するに至らなかったと言える。

為替の過大評価問題——ブラジルおよびラテンアメリカ

ブレッセル・ペレイラは「オランダ病とは，不確定期間に当該国の通貨の過大評価を維持する低価格で豊富な天然資源・人的資源が存在している状況から生じる市場の失敗である」(Bresser-Pereira 2008：47) という。この認識は，ブラジルにおいては供給サイドのキャッチアップは既に完了し，とくに乗用車，航空機，携帯電話・同部品部門などでは絶対的優位を獲得しているにもかかわらず，為替レート水準が高めに推移することにより，製造業の低成長率とそれによる高失業を引き起こしている，という内容である。そして，考えられている「貿易財産業のために筋道をつくったであろう為替レート水準」よりも高い，いわば「為替レートの過大評価」によって，製造業部門において利益になる投資機会の慢性的不足が現れている，と説明される。

ペレイラはこのオランダ病を市場の失敗であると言う。なぜなら，経常収支を均衡させる為替レート（市場為替レート）と，効率的で技術的に洗練された部門が存立可能となる（すなわち効率的産業が競争市場で存立可能であると経済が予言できるところの）為替レートとの間に，相違が存在するからである (Bresser-Pereira 2008：52)。

　供給サイドの条件が整っている場合は，輸出の継続的増加とこれにより利益の出る投資機会の拡大のためには競争的為替レートが必要である。日本やその他のアジアの小国，あるいは中国やインドではこの類の政策を実施している。とくに通貨危機以後のこれらの国のマクロ経済政策は，厳格な財政再建，低利子率，競争的為替レート政策であり，オランダ病を中和する政策であるが，中東，アフリカおよびラテンアメリカにはこの種の政策が存在しない。

　同様の点はマクミラン-ロドリックによっても指摘されている。ラテンアメリカとアフリカではそれぞれディスインフレーション的金融政策と巨額の対外援助流入によって引き起こされた通貨の過大評価が起こっており，これが貿易財を縮小させ製造業近代部門を直撃した。逆に，アジア諸国では，貿易財産業を振興する明白な目的で競争的実質為替レート政策を用いた（McMillan and Rodrik 2011：23)。ここで，ラテンアメリカに関して，ブレッセル・ペレイラとマクミラン-ロドリックとの相違は，後者が当該地域の為替高を高金利政策による資本流入に求めているのに対して，前者は低価格資源の輸出に求めている点である。いずれにしても，為替レートの過剰評価が起こっていることは，構造転換に必要な先進製造業の成長を大きく妨げている。

直接投資流出入と産業転換

　さて，十分な研究開発投資および競争的為替レートといった政策項目は，多かれ少なかれ経済構造転換に必要な新産業創出・育成に関係しているのであるが，逆に衰退していく産業の行方をどのように考えるのかという問題が存在する。すなわち，比較優位を失って衰退を余儀なくされる部門がサービスならびに農業ではなく同様の産業部門（製造業）の別の成長部門に転換する場合は，どうなるのかという論点である。完全市場と違って独占・寡占部門が並立して規模の経済が存在する今日の市場においては，各部門利潤率は，一般的利潤率（平均利潤率）に均等化せず階層化して他部門への参入を困難にしている（村岡 1968：190-198)。この場合は当該国で比較優位を失った産業は Outbound FDI (outbound foreign direct investment：対外直接投資) としてより高利潤を求めて外国に進出する。つまり，比較優位を失ったいわば比較劣位部門が対外直接投資となって外国市場に展開して比較優位を獲得する態様が順貿易型直接投資

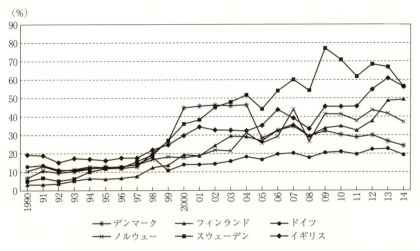

図10-7　対内直接投資ストックの対GDP比（ヨーロッパ）

(pro-trade FDI) と考えられてきた（小島1987：32-34；小島2004：49-52）。そして，この劣位産業の当該市場からの退出に入れ替わって新たな比較優位産業が生成・発展して取って代わるならば，スムーズな構造転換あるいは産業部門転換（連鎖）が起こることになる。

　さらに，この新たに生成・発展する産業はひとり当該国民経済内で単独で発展するわけではなく，一般的に当然それは比較優位形成と結び付いており，外国資本を引き付けることになる。つまり，比較優位部門への対内直接投資（in-bound FDI）が，まさに比較優位産業すなわち成長産業に発展しつつある部門に流入して，技術ならびに情報の移転が起こり，当該部門を比較優位・成長産業に仕上げること，あるいはすでに比較優位を獲得している部門に補完的技術を供給して多国籍企業にとって投資先である当該経済に新たな創造資産を形成すること（多国籍企業にとっても新しい優位の獲得）が，最近戦略的提携と共に，頻繁に見られる（Dunning and Narula 1996：11）。こういった，対外・対内直接投資とこれまで述べてきた産業構造の転換を有機的に結び付けて展開したのが，動学的比較優位（dynamic comparative advantage）論である。

　このように考えるならば，ラテンアメリカにおける構造転換の遅れは，対外・対内直接投資額（ストック額）の対GDP比の水準を見ることによって，ある程度評価できるであろう。図10-7は北ヨーロッパ諸国の対内直接投資スト

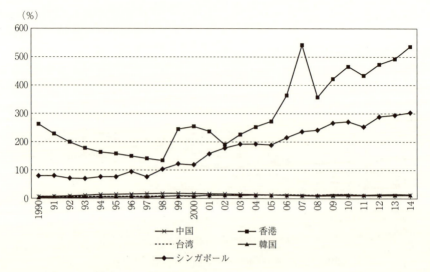

図10-8　対内直接投資ストックの対GDP比（アジア）

ック額の対GDP比を示している。スウェーデンの60〜70％を筆頭にイギリス，フィンランド，およびノルウェーが60〜40％近辺で推移し，1990年末から2000年前半に45％を超えていたデンマークは最近はドイツと共に20％台となっている。図10-8は成長アジアを代表するシンガポール，香港，韓国，台湾および中国であるが，香港およびシンガポールといった都市国家では数百％と法外に高い。続く韓国は対外直接投資の形態をとらず政府借款経由となっており，また台湾は非直接投資形態（non-equity mode）である委託生産が主たる内容であるので，共に比率は小さい。

さて，図10-9はラテンアメリカ諸国の対内直接投資額の対GDP比を示している。ラテンアメリカで異色を放つチリは一次産品およびその関連商品の輸出志向型経済発展を展開し，外資の比率はきわめて高いものの，自由化による所得格差が高く1人あたり所得額は伸び悩んでいる（1万3340ドルでアルゼンチンと肩を並べている：IMF 2016）。他のラテンアメリカ諸国については，30％水準を超えて2000年代に入ると，徐々にその比率を増加させているが，上記で考察したヨーロッパやアジアの国と比べて格段に低い。

先に考察したヨーロッパ諸国の1人あたり所得はノルウェーの7万4820ドル（世界第4位）からドイツの4万990ドル（第20位）までベスト20に入って

第10章　ブラジル

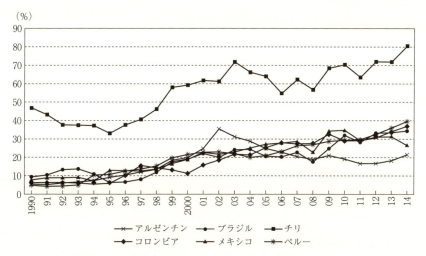

図10-9　対内直接投資ストックの対GDP比（ラテンアメリカ）

いる（日本は3万2480ドルで第26位）。また，アジア諸国については，シンガポールおよび香港がそれぞれ5万2890ドル，4万2390ドルで第7位と第18位で，韓国および台湾もそれぞれ2万7200ドル，2万2290ドルと中所得国から脱出している。

　ラテンアメリカは，アルゼンチンおよびチリがそれぞれ1万3590ドル，1万3340ドルで世界銀行2012年の基準の中所得国上限1万2616ドルをかろうじて超えているが，その他の諸国はメキシコ9010ドル，ブラジル8670ドル，コロンビア6080ドルおよびペルー6020ドルである。以上見たように，直接投資の流入は新産業創出により経済構造転換を加速する役割を果たし，ひいてはGDP成長および1人あたり所得の拡大に結果すると考えられるが，その対GDP比率の低位はラテンアメリカの「中所得国の罠」からの脱出を遅らせていると言える。

　逆に，直接投資の流出（outbound FDI）については，先にも指摘したように国内衰退部門の海外流出を意味する一面を持つので，この動きの活性化あるいは停滞の動向は，とくに後者の停滞状態は非効率部門の残存という意味で成長率に影響するであろう。図10-10はヨーロッパ諸国の対GDP直接投資流出ストック額比率を示している。スウェーデン，フィンランド，デンマークおよびイギリスが50～70％の範囲で高率で推移し，ノルウェーとドイツが40％台で

第Ⅱ部　ラテンアメリカ諸国の課題

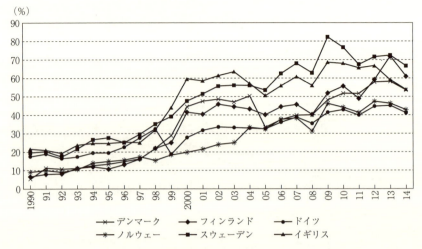

図10-10　対外直接投資流出ストック額の対 GDP 比（ヨーロッパ）

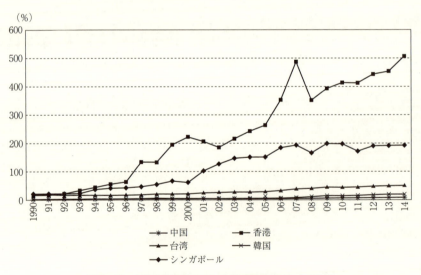

図10-11　対外直接投資ストック額の対 GDP 比（アジア）

高い比率で企業は海外流出（進出）している。続いてアジアでは，2014年には香港が500％に達しているのに続き，シンガポールが190％，台湾が48％水準となっている（図10-11）。これに対して，図10-12はラテンアメリカ諸国の状況を示している。市場開放を大胆に行ったチリは相変わらず2014年には

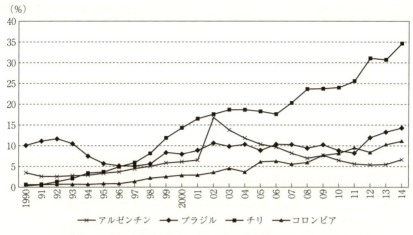

図10-12　対外直接投資ストック額の対 GDP 比（ラテンアメリカ）

　34％とこの地域にしては高い比率を示しているが，ブラジル，コロンビアおよびアルゼンチンは5〜15％の低い範囲で推移している。対外直接投資の理論は，国内経済の所有上の優位が発展する場合と比較劣位産業の国外流出，すなわち比較劣位から優位へ部門転換する動態的発展を保証する意味での劣位部門の直接投資流出を明らかにしてきたが，ヨーロッパ，アジアおよびラテンアメリカ諸国を比較すればラテンアメリカの労働力の部門間移動が活性化していない状況がここからも見て取れるのである。

4　ブラジル経済の減速と「中所得国の罠」

　ブラジルの GDP 成長率は，先にも述べたように輸入代替期から経済自由化に転換して大きく低下したのに引き続き，後者の時期も一時的に高い成長7.5％を示した2010年以降低水準が続き（2011年から15年までそれぞれ，3.91％，1.92％，3.02％，0.10％そして−3.85％），BRICs の中でブラジルの影が薄れつつある。
　2010年までの経済成長パフォーマンスは，ブレッセル・ペレイラが「オランダ病」として特徴づけた通貨の過大評価の原因である国際資源価格の上昇と，カルドーゾ＝ルーラ＝ルセフ政権下で貧困層の低所得構造の再分配を下支えし

た社会政策「ボルサ・エスコーラ」および「ボルサ・ファミリア」などによって，ある程度実現されたと言える。しかし，前者のような経済現象は長期的に構造化するものでなく，2011年に終わりを迎える。たとえば，ブラジルは中国，オーストラリアに次いで世界第3位の鉄鉱石輸出国である。2004年までの20年間はトンあたり10〜15ドルで安定的に推移していたが，以後上昇に転じ，2011年初頭には190ドルと10倍以上にもなる。しかし，同年後半期以降急激に下落し，16年初頭には40ドル台にまで低落するに至っている。

ワシントン・コンセンサスによる財政支出のイノベーション支援体制の脆弱性とそれに影響を受けた部門内・個別資本内イノベーションの不足に加え，これまで考察してきたような産業構造の転換の失敗によって，資源価格の低迷という外部経済の悪化を償ってさらに成長を維持することがとうていできなかったと考えられる。さらに，それに追い打ちをかけたのが，ブラジル政治に付きもののルセフ大統領に降りかかった汚職問題である。経済の減速によって貧困・格差が顕在化し，その政治経済をめぐる動きは，もっと直近のいわゆる「五輪問題」（ワールドカップやオリンピックの開催よりも貧困撲滅・教育充実を優先せよというスローガンで，市民である主権者が権利を主張し始めた最近の問題）を契機に深刻な社会問題となって現れた。国際テロが吹き荒れる中，リオデジャネイロ・オリンピックの順調・安全な開催が注目の的になっているその奥に，以上述べてきた構造的諸問題が横たわっているのである。

参考文献

小島清『雁行型経済発展論』（第2巻）文眞堂，2004年。
小島清「貿易志向型海外直接投資――小島理論の骨格」『世界経済評論』1987年6月。
村岡俊三「資本輸出論序説」『研究年報 経済学』（東北大学経済学部）第29巻第3・4号，1968年。
Bresser-Pereira, L. C., "Dutch disease and its neutralization: a Ricardian approach", *Brazilian Journal of Political Economy*, Vol. 28 No. 1., 2008.
Dunning, H. J. and Narula, R., "The Investment Development Path Revisited," in Dunning, H. J. and Narula, R., eds., *Foreign Direct Investment and Governments: Catalysts for Economic Restructuring*, Routledge, 1996.
Felipe, J, *Tracking the Middle-Income Trap: What is It, Who is in It, and Why? Part 1*, ADB Economics Working Paper No. 306, Asian Development Bank, 2012.

Hausmann, R. and Klinger, B., *The Structure of the Product Space and the Evolution of Comparative Advantage*, CID Working Paper No. 146, Center for International Development at Harvard University, 2007.

Lin, J. Y. and Treichel, V., Learning from China's Rise to Escape the Middle-Income Trap A New Structural Economics Approach to Latin America, Policy Research Working Paper 6165, The World Bank, 2014.

Maddison, A., *Growth and Interaction in the World Economy : The Roots of Modernity*, The AEI Press, 2001.

McMillan, M. S. and Rodrik, D., Globalization, Structural Change and Productivity Growth, Working Paper 17143, National Bureau of Economic Research, 2011.

Jankowska, A., Nagengast, A. and Perea, J. R., The Product Space and the Middle-Income Trap : Comparing Asian and Latin American Experiences, Working Paper No. 311, OECD Development Centre, 2012.

Ozawa, T., "Foreign Direct Investment and Economic Development," *Transnational Corporations*, vol. I, no. 1., 1991.

Palma J. G., "Was Brazil's recent growth acceleration the world's most overrated boom ?", Cambridge Working Papers in Economics 1248, University of CAMBRIDGE, 2012.

Paus, E., *Latin America and the Middle-Income Trap*, ECLAC, 2014.

Weller and Kaldewei, *Empleo, crecimiento sostenible e igualda*, CEPAL, Naciones Unida, 2013.

World Bank, *China 2030 : Building a Modern, Harmonious, and Creative High-Income Society*, Development Research Center of the State Council. 2013.

第11章　メキシコ
——新自由主義と麻薬取引と暴力——

ビクトル・ロペス・ビジャファニェ

（後藤政子訳）

1　安全な国メキシコの変貌

　メキシコは，他の世界の多くの諸国と同じように第2次世界大戦後に経済発展ブームを経験した。1950年から1970年までのGDP成長率は年平均6.5％であった。とくに重要なのは，犯罪や暴力がたいへん少なく，ラテンアメリカのなかで最も安全な国と考えられていたことである。そのため，メキシコは世界システムのなかでは"半"周辺国に位置づけられ，中米経済の核となった。また，20世紀のほとんどの時期には，本格的な資源の搾取に抗することができた。しかし，こうした時代は終焉した。

　過去の「安全な時代」について少し敷衍しておくならば，メキシコは一党制を基礎とした強権的政治体制にあり，それが犯罪の少なさに繋がったということもできる。それでも，反政府派や反体制派に対しては暴力が振るわれ，1968年10月2日には学生運動が弾圧され，70年代には反体制派やゲリラに対しては「汚い戦争」が宣告されている。

　1980年代には新自由主義政策が導入され，麻薬カルテルや暴力が拡大し，状況はまったく変化した。2000年からは犯罪の大波が押し寄せ，メキシコを荒廃させた。メキシコに何が起きたのだろうか。なぜ，そのような事態に至ったのか。これには多くの要因が関わっているが，メキシコの破局ともいうべきこの現象を理解するカギとなる要素をいくつか挙げてみたい。それは，第1に，米国における高い麻薬の大量消費こそが麻薬カルテル拡大の推進力となったこと。第2に，1990年代から麻薬ルートがコロンビアからメキシコに移ったこと。第3に，メキシコにおける1982年以降の新自由主義政策がメキシコの多くの貧しい農業地帯の社会関係を破壊し，麻薬カルテルがその犯罪活動の新し

いテリトリーとしたこと，そして，土地が麻薬の生産に充てられたこと。第4に政府や警察の腐敗が増大したこと，である。今日のメキシコの暴力の激化はこれらの要素を抜きにしては考えられない。

　メキシコの「麻薬戦争」による死者は2006年から2012年までに6万人，さらに暴力による行方不明者は2万6000人に上ると推定されている。この時期に大統領を務めたフェリペ・カルデロンは麻薬カルテルのリーダーを標的としたが，その戦略こそが何十億にもなる麻薬産業内部の暴力的な権力闘争を生み出したといわれており，そのためにメキシコは世界でも最も暴力の激しい国の1つとなった（国連とWHOの2014年報告 Global Report on Violence Prevention では第14位）。この国連報告によれば，2013年にはメキシコでは2万2732人が殺された。米国は1万4827人であった。また，ロンドンの国際戦略研究所は，2014年にはメキシコはシリアとイラクに次いで，最も暴力的犯罪が多い国だったとしている。

2　メキシコにおける新自由主義政策

　メキシコで第2次大戦後以来とられてきた混合経済は，社会計画に重点をおき，広範な公的経済活動を推進するものであった。しかし，この経済モデルは1982年に終止符を打たれ，以後，新自由主義モデルが導入された。

　これは国や国民にとっては巨大な社会的，経済的，政治的変化を意味した。新自由主義モデルによって米国との経済統合が深まり，1994年には北米自由貿易協定（NAFTA）が調印された。また，メキシコの大規模民間経済グループが強化された。貧しい農業共同体への公的支援が廃止され，多くの農民が米国へ職を求めて移民せざるを得なくなった。すなわちメキシコ国民の貧困化と格差の拡大である。このような新たな社会的経済的条件は麻薬や犯罪のカルテルの台頭にとって肥沃な土壌となった。ここで見逃せないのは，メキシコは少なくとも2度の大きな金融経済危機を経験していることである。1度目は1982年であり，2度目は1994年から1995年だが，いずれも1982年以来の経済成長の低迷によりもたらされたものであった。

　1980年代は通貨の下落，石油バブルの崩壊，債務危機の時代であったが，資本家階級による略奪の条件は整っていた。公的マネーと輸入代替政策が国家

資産を膨張させていた。革命の時に闘い，また，国民の圧力の前に，少なくともある程度は非エリートのための政策をとってきたエリートたちは姿を消していた。新自由主義化の中心となったのは米国のエリート大学でテクノクラート的手法とインストゥルメンタルな思考の訓練を受けてきた学者たちである。それは1910年代の革命時代への正面からの拒絶であった。1988年から1994年までに国有企業のまさに85％が民営化された。こうした反革命的な政策が新自由主義の贈り物を増やし，労働者や農民の犠牲において，内外の民間企業を富ませることになった。

　1982年のメキシコの債務危機は1970年代に多額の信用が入ってきたためである。70年代には石油価格の上昇によって石油化学企業は膨大な利益を得た。これらの利益は資本の再投資先を求めていた大規模な商業銀行に流れこみ，その多くはメキシコなどの第三世界諸国にハイリスク・ローンという形で投資された。しかし，1979年には状況は変化した。米国の連邦準備局が利子率を上げたのである。その結果，債務国の借り入れコストは大幅に上昇した。その一方で米国が景気低迷に陥り，また世界の商品価格が下落したために，債務支払いのための資金流入が停滞した。第三世界諸国の多くが債務支払いのデフォルトに走れば大規模な金融危機が勃発し，大きな商業銀行が破綻する。これを阻止するためにG7の強国が乗り出し，IMFや世界銀行を利用して第三世界諸国の救済を開始した。しかし，その政策パッケージは第三世界諸国に大幅な新自由主義政策を迫るものであった。すなわち構造調整計画（SAPs）である。これには以下のものが含まれていた。

- 「労働の柔軟化」の拡大（これは最低賃金にキャップをするものである）と労働組合と労働者の交渉力を削ぐための政策。
- 教育や保健などの社会支出のカットと結びつけられた増税。これは債務支払い資金を確保するためである。
- 公益事業に従事する企業や公共輸送などの公共セクターの民営化。
- 国際資本の流入や流出に対する制約を撤廃するための金融自由化。これは外国企業や外国銀行による購入への規制撤廃と一体になっていた。

　構造調整計画は30年間続いたが，メキシコのような第三世界諸国の多くは，

貧困から脱出することも，国民の福祉問題を解決することもできなかった。しかし，構造調整計画によって企業は労働者や自然資源の搾取のための新たな機会を得ることができ，大いに利益を得た。だが，メキシコの多くの労働者の苦しみは増し，80年代は「失われた10年」として知られるようになった。

民営化はメキシコの大規模な国営電話会社 TELEMEX にも及んだ。新たにその所有者となったカルロス・スリムは世界の最も裕福な人間の1人となった。最近では，新政権の発足とともに新自由主義改革は最高潮に達し，メキシコの国営石油会社（1938年に国有化された）の部分的民営化が実行された。

こうして大規模な公共福祉の民営化が進むことになったが，その過程において所有の民主化への努力はなされなかった。コミュニティが国有企業を買い上げたり，運営したりする機会はまったく与えられなかったのである。2012年から大統領を務めるエンリケ・ペニャ・ニエトは，メキシコは前進しつつあると言っているが，問題は，彼が言う進歩とは何を意味するのか，その中にはこれまで豊かではなかった人々は含まれるのか，である。新自由主義政策は，政府によって腐敗に終止符を打つための万能薬として喧伝されている。しかし，腐敗は公共部門だけに限られない。腐敗は，国内でも，また世界でも，政府その他の機関で権力を持つ立場にあるすべてのエリートを覆い尽くしている。そして，民営化計画が実行されるときには彼らの期待通りに，すなわち腐敗した形で進む。要するに，植民地主義のそれとまったく異ならないやり方，言い換えれば，少数のエリート（この場合はテクノクラートや企業関係者）を利する利益誘導型慣行である。メキシコはその良い例と言える。エリートはすべてを売却し，賃金を引き下げ，国や国民を横暴な民間の独裁者に引き渡すのである。

農民の経済的政治的な行動力もまた，新自由主義改革によってマイナスの影響を受けている。かつての共有地は改革によって個人のものとなり，そのために共同体内部に分裂が生まれ，歴史的社会的文化的生活形態の安定が崩れている。メキシコでは1930年代から土地は法律上，集団的に保有されてきたが，1992年以後の自由主義的土地改革のもとで，その構造は変化した。土地を個人に分割しなければならなくなり，その結果，住民間に紛争が起きた。土地の分配や紛争のモニターはすべて政治エリートによってコントロールされた。そのため，農民はさらに弱体化し，市場改革に対して集団として組織化を進めたり，意見を述べたりすることができなくなった。市場化に対して公けに抵抗し

た農民はチアパスだけであり、そのために、ここでは土地の自由化は最小限にとどめられた。チアパスでは1994年からサパティスタの反乱が起き、これまでに多くの共同体自治区が作られていることを想起したい。

　メキシコの労働者も新自由主義政策の影響を受けている。賃金は新自由主義改革とともに低下している。1982年から1996年までに実質賃金は80％という驚くべき率で低下した。1990年代末にはわずかに回復したが、その後、2000年には再び低下し、20年間で3分の2にまで減少した。2004年の最低賃金は1日およそ3.96米ドル、2015年は4.68米ドルである。

　政府は経済再生のために賃金を低下させている。これはブームにある自動車産業でもある程度起きている。メキシコの自動車産業の労働者は、多くの場合、中国の同じ労働者よりも賃金が低い。組み立てラインでは1時間当たり平均3.60米ドルから3.90米ドルの間である。次に低い国は台湾で、1時間当たり平均7.50米ドル。その上がブラジルで、11.40米ドル。最も高いのがドイツで、組み立てライン労働者は平均52米ドルである。第2位がベルギーの41.70米ドル、次いでカナダの40.40米ドルである。メキシコは西側世界の中国になりつつある。

　メキシコのおよそ60％の労働者の年間所得は貧困ライン以下である。メキシコ政府は、都市部では1人当たり1日1.90米ドル以下、農村部では1.50米ドル以下を貧困ラインとしている。5人家族の場合、政府の貧困レベルを超えるには最低賃金のおよそ3倍の収入が必要である。

　新自由主義政策によってメキシコは経済的にも政治的にも米国にさらに近づいた。両国は2000マイルの国境で接しており、グローバル・ノースとグローバル・サウスが出会っている世界唯一の場所である。米国とメキシコの国境がユニークであるように、両国の関係もまた、ユニークである。支配階級の見方からすれば、NAFTAはメキシコを米国の経済的政治的軌道に組み込むための法的構造である。30年にわたるその歴史を見れば、結果は明らかである。企業が大いに利益を上げ、労働者階級は、米国でも、またメキシコでも、生活水準の低下に苦しんでいる。

　米国市場では外国の生産物はNAFTA以前から存在していた。しかし、1994年から急増している。米・メキシコ間の貿易総額は2014年には5340億ドルであった。これは米国とラテンアメリカの総貿易額の60％にあたる。今

第11章　メキシコ

日ではメキシコで生産されたもののおよそ3分の1が輸出されている（驚異的な数字である。その意味するところはすぐに落ち込むということだ）。すなわち、メキシコの労働者階級は負け戦をしているということである。時間給で測れば、毎年、輸入物資のために多くを支払い、輸出のために自分を安く売っている。

　資本主義の伝統的な発展モデルからみても、マキラドーラ・システム（米・メキシコ国境地帯の米国所有の外国工場）は、明らかにメキシコの工業化を後退させた。メキシコでは1940年代から60年代半ばまで、輸入代替として知られる国内消費向け生産が主要な経済モデルとなっていた。これは国家介入による工業化に重点が置かれていた。輸入代替モデルでは戦略産業は関税で守られ、また、技術水準の向上と、それに伴う労働者の教育水準の引き上げが必要であった。

　これに対し、輸出向け生産モデル（その中心を占めるのがマキラドーラである）では、低廉な労働と低い技術に依存し、生産物の圧倒的部分は輸出される。これは米国自身がその工業化過程において避けてきたものである。米国が急速な工業化に成功した背景には多くの理由があるが、最も重要なのは貿易政策であった。2世紀のほとんどの期間において、米国の貿易政策の特徴は国際競争から若い産業を守るための高関税その他の政策にあったのだ。

　1960年代半ばから、米国は南の工業の未発達な諸国に対する立場を大きく変化させた。自国で行ってきたような保護的な貿易政策を進めるのではなく、新自由主義的メンタリティに基づき、国境を開き、物資やサービスや金融の自由なフローをよびかけている。新自由主義のエコノミストたちが頭を悩ませているのは、いかにしてオープンな市場を純粋に機能させるかである。人々が日々の生活で何を必要としているかなどは念頭にない。厄介な人々、とくに、食べ物や住まいや教育や健康などを必要とする、貧しい大衆のことなど問題でなければ、新自由主義モデルは厳密に科学的に機能し得る。しかし、現実の世界はそうはなっていない。新自由主義は圧倒的多数の貧しい人々や労働者階級を荒廃させている。これは、メキシコはもちろん、米国も同様である。

　南の支配エリート、すなわち、「新しいテクノクラット」は、その多くが米国の大学で訓練を受けている。彼らはこうした新自由主義の構想に全体として同意している。米国のエリートとほぼ同じように新自由主義モデルのもとで利益を得ている。しかし、南のエリートたちは国民の十分な支援を得ることがで

きず，IMFの支援なくしては新自由主義を開始することができない。IMFがこれらのエリートにその政策の受け入れを強要していることは民主主義の直接の横領である。

新自由主義モデルは経済決定権を政治の領域から奪うことにより企業の力を拡大した。政府の後退は民主主義の後退を意味する。これこそスローガンとならなければならない。車の免許証を得るために長い列を作らなければならない人々は，多くの場合，所得税など払いたいとは思わないし，今日の政治階層が好ましくない協定を結んでいることを知っている。しかし，民主主義の後退は企業支配の拡大であり，考える人間であれば，原則的にも，行動としても，反対するだろう。

近年ではメキシコのGDP成長率は低迷し，メキシコの社会的な必要を満たすには不十分となった。メキシコ移民が職を求めて米国にわたるのはそのためである。2000年から2012年のGDP成長率は2.0％であり，メキシコの必要に応えることができない（2013年の成長率は1.1％にすぎなかった。近年では最低である）。2012年に新政権が発足し，新しい改革パッケージが出された。それには労働，教育，金融，財政，通信，エネルギーなど様々な分野が含まれていた。

すなわち，さらなる新自由主義改革の実施である。たとえば，2012年11月に採択された労働改革はフォーマル経済をさらに競争的にし，正規労働の増加，国の税収の拡大，労働生産性の引き上げなどによってインフォーマル経済を縮小させるものとなっている。メキシコの賃金は低いが，その一方で，労働生産性はOECDの平均を下回っている。この新しい労働法では，労働契約をさらに柔軟にし，また，雇用に際しては年功よりも生産性を重視することが規定されている。その目的は労働力の競争性を高めることにあることが分かる。

エネルギー改革はメキシコが埋蔵する石油やガスのポテンシャルを高め，制約を廃止することを追求したものである。メキシコ政府は，PEMEXの大幅な民営化を否定しているものの，多くが望んでいるは，エネルギー改革によって，一方では，民間投資家が深海開発（メキシコの石油の半分は未開発の深海にある），シェール・ガス，精製においてPEMEXとのリスク・シェアリング契約に参入できるようにすること，他方では，PEMEXがその利益を再投資できるようにすることによって，政府を石油収入から乳離れさせ，税収拡大政策の方向に

第11章 メキシコ

仕向けていくこと，である。

　エネルギー改革は，深海やその他の成熟した油田に民間投資を惹きつけることを目的としている。メキシコ政府の推定では，改革により，石油生産は2025年には1日400万バレルに達し，また，2018年末にはGDPの成長率への貢献は1％となり，50万人の雇用が生み出される。

　新しい改革は，新しいビジネスに魅力的な機会を開き，外資の参入を拡大するポテンシャルをもっている。問題はこれらの改革がメキシコ経済の基本的かつ慢性的な問題の解決を念頭に置いたものなのかどうか，また，当面は厳しい状況に耐えなければならないとしても，将来的に経済成長率を少なくとも5～6％にまで高めることができるのかどうかである。

　メキシコの所得格差はOECD諸国の中でも最も高い部類に属しており，新自由主義政策のために近年では拡大している。2000年代半ばには不平等は縮小したが，近年では経済低迷のために再び上昇し，2012年には最上位10％の平均所得は最下位10％の30.5倍となった。1980年代半ばは22倍だった。2012年は1990年代半ばの33.5倍よりは低いが，OECDの平均は2013年には9.6倍である。

　新自由主義政策の直接の影響は雇用の機会を求めて米国に行く膨大な失業者の発生にも表れている。メキシコで十分な雇用が提供できないために，米国が選択地となっているのである。不法移民は国境地帯では今に始まったことではないが，1980年代には大幅に急増し，2004年には歴史上見られない程，拡大した。今日では米国には1200万人の不法移民労働者がいるとされているが，その半分以上はメキシコからであり，4分の1は他のラテンアメリカ諸国である。

　不法移民がいなければ，米国の経済のほとんどは賃金引き上げなど，労働条件を向上させたり，店を閉鎖したりしなければならないであろう。米国の果実や野菜の90％は不法移民労働が収穫しているとみられている。肉のパッケージ産業では半分以上が不法移民である。ホテルもレストランも不法移民労働者に頼っている。季節的な建設業でも彼らへの依存が高まっている。米国の労働力の10％は不法移民であり，そのほとんどはメキシコ人である。

　不法移民労働者は米国経済への重要な補助金である。そのほとんどは10代後半から30代前半であり，米国には十分に要件を満たした大人の労働者とし

てやってくる。社会はその教育や訓練には責任を負わない。多くの労働者は職に就くためには偽の社会保障カードを買わなければならない。将来の利益など何ら期待できないまま，社会保障トラストに毎週，金を支払うことになる。

ほとんどの不法移民労働者にとって移民を選択することは簡単なことではない。多くの場合，人々は家族をあとに残し，何千マイルもの危険に満ちた，先の見えない旅に乗り出す。軍事的に固く守られた国境を越え，しばしば何日も砂漠を歩き続けなければならない。毎日1人の移民労働者が国境を越えようとして死んでいる。彼らは「不法者」として見知らぬ国に入る。言葉も不十分であり，常に追放の恐怖にさらされている。彼らが米国にやってくるのは，新自由主義政策が母国では何らオルタナティブを提供してくれないためである。新自由主義モデルは終わりなく続くように見え，メキシコの農村から大量のエクソダスを生み出し続けている。それによって家族の構造や共同体の基礎は損傷している。メキシコに入ってくる送金は2014年には240億ドル近くにも上った。観光や外国直接投資を上回る額である。メキシコの最貧地帯では収入の19.5％にもなる。

3 米国とメキシコの麻薬貿易

新自由主義政策はメキシコの農業システムに対しても破壊的なインパクトを与えている。メキシコ農村の危機が始まるのは1980年代末である。メキシコ政府が新自由主義政策を実施し始め，とくに小規模や中規模の生産者への農業補助金や支援プログラムをカットしたときである。NAFTAが発足すると，中小規模の農業生産者は，膨大な補助金を受け，機械化された米国の生産者や，国際穀物市場を独占的に支配する多国籍企業との競争に耐えることができなかった。1994年以来，メキシコのとうもろこし価格は実質的に70％以上下落している。米国から低価格の輸入品が大量に入ってきたためであり，国内生産者は国内市場を失うことになった。トウモロコシ，豆類，ミルクに対する保護関税も2008年にはなくなった。その他のほとんどの農産物についても2003年1月にNAFTAとの関連で関税が廃止されており，国民の4分の1の人々の生活が脅威にさらされた。

多くの農民は自家用消費と国内市場のためにトウモロコシを栽培し，学費，

第11章 メキシコ

機器,調理器具,薬など,農民の家庭では生産できない物資を購入するための資金としていた。国内市場の価格低下のために,農民は自家用消費のための生産を続けながら,他に収入源を求めざるを得なくなった。今,見られるのは麻薬作物が栽培されている土地の増加である。これは米国の麻薬市場と価格の上昇によるものであり,1990年から2010年には2200以上の地区で,本来,気候的にはトウモロコシ生産に適している地域がマリファナとケシの栽培に向けられている,という研究もある。この研究では,麻薬カルテルの取引や麻薬取引グループによる殺害を含め,農作物生産の変化が麻薬取引に与えている影響についても明らかにされているが,トウモロコシ価格の変化がメキシコの麻薬取引の増加と,麻薬部門の拡大による暴力を生み出している。

シナロア州はギャングや大規模マリファナ栽培で最も悪名高い地域だが,「ゴールデン・トライアングル」と呼ばれる地帯の農民たちは,もはや作物を植えることはできない,と言っている。農産物価格は全体でこの5年間に1キログラム当たり100ドルから25ドル以下にまで落ちているのである。

米国ではヘロインの大量流入により,大変な結果が起きている。米国連邦政府の資料によれば,米国の麻薬使用は2007年から2012年までに79％増加し,過剰使用による死亡や「緊急な公衆衛生の危機の増大」を引き起こしている。DEA（米国麻薬取締局）の職員によれば,かつては米国で売られるヘロインの最大の供給地はコロンビアであったが,今ではメキシコがコロンビアを超えた。米国へのヘロイン供給の90％以上はコロンビアとメキシコの2カ国によって占められているが,そのほとんどはメキシコの麻薬取引者の手で運ばれる。地域全体が巨大な麻薬農場なのであり,それは何十年にもわたる現象なのである。

多くの農民にとって,こうした地域で生活するには他に選択肢がない。ケシもまた,ミチョアカン,ゲレロ,オアハカなどの南部の州で栽培されている。いずれも所得がきわめて低い地域である。メキシコ北部でも,最も所得の高い農場労働者ですら一日30〜40ドルである。彼らはとうもろこし,豆類,その他の食糧なども栽培しているが,狭い農地では生活費をねん出することはできない。

では,なぜメキシコが米国の麻薬市場の供給地となったのかを理解するために,米国の2013年以来のマリファナその他の非合法物資の利用状況やトレンドをいくつか見てみよう。

- 2013年には米国の非合法麻薬の常用者は，12歳以上では2460万人と推定されている。12歳以上の国民の9.4％である。2006年の麻薬使用健康全国調査によれば，12歳以上のコカイン使用経験者は3530万人であった。
- 2013年の12歳以上の非合法麻薬の常用者（9.4％）は2010年（8.9％）と2012年（9.2％）とは同程度だが，これは2002年から2009年までの期間と2011年の数値を上回る。
- 2013年には非合法麻薬の中で最もよく使用されていたのはマリファナであり，常用者は1980万人に上った。
- マリファナ以外の非合法麻薬の常用者は12歳以上では推定870万人であった（3.3％）。

メキシコを通じて米国に入るコカインは90％である。しかし，メキシコは米国におけるマリファナとメタンフェタミン（興奮剤）の主要な供給者でもある。メキシコの麻薬カルテルは米国での麻薬販売により190億ドルから290億ドルを得ている。

2000年から2010年の全国調査によれば，米国のマリファナ消費量は2006年から2010年までの期間と比べ30％以上増加した。これに対しコカインは半減している。一方，ヘロインの使用量はこの20年間，あまり変化していない。マリファナ使用者の増加は，麻薬を毎日，あるいはほぼ毎日使用していると報告している人々が増えていることと関係している。メタンフェタミンの消費は2000年代前半に急増し，その後，減少しているが，この調査にあたった人々によれば，2008年から2010年の期間の麻薬使用の推定額について信頼し得る情報は得られていないという。

米国の麻薬使用者はこの10年間にコカイン，ヘロイン，マリファナ，メタンフェタミンに年間1000億ドルを使ったとされている。2000年から2010年の年ごとの額はあまり変わらないが，内容は変化している。2000年にはマリファナよりもコカインの方が多かったが，2010年には順位が逆転した。いずれにせよ，米国人は2000年から2010年にコカイン，ヘロイン，マリファナ，メタンフェタミンに1兆ドルを使ったことが推定される。

経済が立ち直れば「ストリート・ドラッグのシャンペン」といわれる米国のコカイン利用者は増えるであろう。これはフロリダ州デイビーにあるノバ・サ

ダンイースト大学の薬物利用・健康不平等に関する応用調査センターの疫学者，ジェイムズ・ホールの予測である。

現在，メキシコは米国市場に対するヘロインの最大の供給地の1つであり，メタンフェタミンとマリファナの最大の供給地である。メキシコではこれらの麻薬の生産が増加しており，米法務省によれば，南西部国境での押収額も増えている。今日ではメキシコから米国に入るコカインは90％以上に上る。これは2003年の77％を上回る。公式の数字では，麻薬取引額はメキシコの年間GDP1.2兆ドルの3〜4％，総額は300億ドル，雇用は少なくとも50万人になる。

4　爆発する暴力

フェリペ・カルデロン大統領（2006〜12年）は，米国政府に鼓舞され，2006年12月から「麻薬への戦争」に積極的に乗り出した。4万5000人以上の兵士を動員し，ピーク時には全国に9万6000人以上を配置した。任期中の治安予算は警察，陸軍，海軍を含め600％増加した。これによって基本的な必要やインフラのための支出は減少した。

しかし，カルデロンの軍事攻勢はカルテルのプレゼンスをほとんど縮小させることはなかった。カルテルのリーダーに対する厳しい取り締まりによって組織は細分化し（メキシコで活動する大きな麻薬カルテルは7つある），70から80の新たな麻薬取引ギャングが出現した。後継争いや縄張り争いが激しくなった。暴力はカルテルの枠を超えて広がっていった。殺害された市長や前市長は40人以上，市評議会その他のメンバーも数十人に上った。誘拐や恐喝は日常茶飯事となり，一般市民の虐殺も増加した。暴力は麻薬カルテルを超えて，市民，ジャーナリスト，移民，市民組織の指導者に及んだ。

エンリケ・ペニャ・ニエト大統領も前政権のメキシコ社会の軍事化を継承し，法の遂行のために軍への支援を2007年の2倍にした。不法逮捕，誘拐，治安部隊による超法規的殺害などの人権侵害が続いた。就任後20カ月間（2012年12月から2014年6月）に麻薬戦争にかかわる暴力行為のために5万7899人が死亡した（殺人や虐殺）。これはカルデロン前政権の最初の20カ月（4万3694人）を上回る。米国務省の2013年の人権報告書ですら次のように結論づけて

いる。「腐敗を理由とする逮捕はいくつかあったが、公務員による人権侵害行為が処罰されない状態が広がり、文民と軍の双方の権限に問題がある」。

しかしながら、この麻薬戦争は米国に支えられたものである。すなわち、いわゆるメリダ・イニシアティブ、すなわち、米国・中米間の治安協力協定によるものである。この協定ではメキシコ、中米、ハイチ、ドミニカ共和国におよそ14億ドルの資金が与えられるが、そのほとんどはメキシコ向けであり、組織暴力の解体、米国の南部国境の強化、メキシコの制度的能力の改善、麻薬需要の削減を目的としている。2010年にはこの協定は、暴力の背後にある社会経済的要素に重点を置いた「ビヨンド・メリダ」によってリニューアルされた。

この数年来、麻薬の売人に関する情報収集のために武器を搭載しないドローンが送られたり、CIA要員や退役軍人がメキシコの基地に派遣されたりしている。また、メキシコの連邦警察官に対して盗聴や尋問や、手足となるインフォーマントに関する訓練を行っている。米国はまた、自国側の国境の安全を強化するため、年間におよそ30億ドルをパトロールに費やしている。2万人以上のパトロール隊員が配置されているが、これは10年前の2倍にあたる。

これに対し、米国は、メキシコの麻薬戦争の国内要因をなくすために必要なことは行っていない。米国の麻薬の消費や需要は高止まりしており、小火器は米国からメキシコに流入し続けている。2004年以来、メキシコに持ち込まれた小火器が暴力の拡大に油を注いでいるのである。小火器が関わる犯罪の割合は急増しており、2004年から2012年までの10年足らずの間に58％から65％に増えた。ピークに達したのは2011年で、犯罪の78％に小火器が関係していた。

メキシコで最も一般的な小火器はAR-15とAK-47であり、ともに襲撃用武器とされている。当然のことながら、犯罪組織で最も用いられているのはこの武器である。

米国は世界最大の武器産業国の1つである。世界の十大武器製造企業のうち8社が米国に基盤をもっている。2004年に「連邦襲撃用武器の禁止」(FAWB)の期限が切れると、米国の武器生産者はAR-15ライフルなどの大口径の武器の生産を再開した。米国のライフル生産は2004年の130万丁から2012年には310万丁にまで増えている。米・メキシコ国境を越えて入ってくる小火器は25万3000丁と推定されている。

第11章 メキシコ

　メキシコでは銃に関する法律や規則はかなり規制が強いが、米国民の多くは、米国憲法の2度目の改定によって武器の所有は保護されていると考えている。AR-15やAK-47のライフルはメキシコに入ってくる武器の中では最も多く、次いでピストル、散弾銃、リボルバーの順になっている。つまり、米国とメキシコの武器取引者はほぼ自動的にライフルやピストルを扱っているということになる。しかし、大口径の0.50ライフルはヘリコプターも打ち落とすことができる。このほか手榴弾も密輸されている。

　米国の南部国境地帯では、銃に関する法律は州によって異なる。毎月武器の購入が規制される州もあれば、無制限に入手できる州もある。カリフォルニアは武器規制が最も厳しい。これに対しニュー・メキシコやアリゾナは最も緩い。コロンビアの麻薬カルテルが解体されたおかげで、1980年代末にはメキシコの麻薬組織が優位を占めるようになった。コロンビア・ルートが破壊されたことにより、メキシコのギャングがコロンビアの運び人から「卸」になったのである。

　軍に対する厳しい法的な統制がないまま、麻薬カルテルとの戦争が繰り広げられたことによって、メキシコの1つの側面である人権侵害が浮上した。エンリケ・ペニャ・ニエト大統領は、2012年12月に就任したときに、前任者のフェリペ・カルデロン大統領が開始した「麻薬への戦争」は治安部隊による深刻な侵害行為をもたらした、と認めた。また、2013年初頭には、政府は、2007年以来、2万6000人以上が行方不明となったことを明らかにし（これは「人道の危機」と名づけられた）、被害者の権利を守るための広範な法律を公布した。

　しかしながら、政府は、ペニャ・ニエトの在任中のものも含め、組織犯罪に対する闘いの過程で生じた数多くの殺害、強制失踪、兵士や警察による拷問を追及するという点では、ほとんど何もしなかった。人権侵害で非難された軍のメンバーはバイアスのかかった軍事裁判制度のもとで起訴され続け、無罪となっている。

　メキシコの治安部隊は、カルデロン大統領（2006～12年）が「麻薬への戦争」を開始してから広範な強制失踪に加担している。ペニャ・ニエト政権下でもすべての治安組織が強制失踪を続け、時には犯罪集団と直接協力している。2013年6月には全国人権委員会（CNDH）は、国家の要員の関わりが明白な2443件の失踪について調査を行っている、としている。

メキシコは麻薬関連の犯罪や組織犯罪との闘いにおいて大幅に軍に依存してきた。そのため広範な人権侵害が起きている。メキシコの全国人権委員会（CNDH）は2006年12月から2013年9月までに軍の手になる侵害に関する申し立てを8150件受け取り，軍人が深刻な人権侵害に関わった116件のケースについて報告書を出している。

これらの侵害行為を起こした軍人は事実上，まったく裁判にかけられていない。ほとんどの場合，独立性や透明性に欠けた軍の司法システムのもとで調査され，裁判が行われ続けているためである。軍の検察局は，2007年1月から2013年半ばまでの市民に対する軍人の侵害行為について5600件の事案について調査したこと明らかにしているが，2012年10月までに軍事法廷は38人について人権侵害の判断を下したにすぎない。

拷問は自白や情報を引き出すために広く行われている。そのほとんどは，被害者が不法に逮捕されてから検察に引き渡されるまでの間に行われる。この間には軍事基地その他の非合法な拘留場所にとどめ置かれ，しばしば外部との接触を断たれる。殴打，水責め，電気ショック，性的拷問などが多い。裁判は，憲法で禁止されているにもかかわらず，拷問で得られた自白に沿って行われることが多い。2003年から2012年8月まで報告された302件のうち，128件に拷問の痕跡があった。

ジャーナリストもまた，麻薬への戦争の影響を受けている。とくに犯罪について報道したり，役人を批判したりする人々が迫害や攻撃に直面する。全国人権委員会（CNDH）によれば，2000年から2013年8月までに少なくとも85人のジャーナリストが殺害され，さらに2005年から2013年4月までに20人が行方不明になった。政府当局はジャーナリストに対する犯罪の適切な調査を行っておらず，動機は職業上の理由だとするだけである。

人権擁護者や活動家も同様であり，しばしば「メガプロジェク」（大規模投資事業）のインフラや資源開発に反対したという理由だけで，迫害や攻撃を受け続けている。国連人権高等弁務官事務所によれば，2010年11月から2012年12月までに記録された人権擁護者への89件の攻撃のなかに，人権侵害にあたるものはなかった。

前にも記したように，米国は2007年に，メリダ・イニシアティブを通じて，執行年度を定めないまま，組織犯罪との闘いのための援助パッケージを提供す

第**11**章 メキシコ

ることをメキシコと合意している。このうちの15％は，米国務省が，メキシコ政府は人権に関する要件を満たしていると判断したという報告を提出したのちに執行される。しかし，この要件は意味がない。というのは，米国務省は議会に対して資金の支出を求める際に，要件は満たされている，しかし逆の状況が存在することはまったく明らかであり，要件を満たすために前進するか否かは，不透明かつ不完全であると，繰り返し報告しているからである。

　超法規的な，その場での，あるいは恣意的な殺害を調査する米国の特別調査委員会は，2013年の4月から5月にかけてメキシコに事実調査使節団を派遣し，治安部隊による超法規的殺害行為は広範に行われており，経過や原因が明らかにされていないことが多い，と報告している。

　この最も悪名高い例はイグアラの町で起きた43人の学生の行方不明であり，メキシコ社会に大きなショックを与えた。2014年9月26日の夜，シティから80マイル先のイグアラ市で，制服を着た警官が大学から来た学生のバス5台と，プロのサッカーチームを乗せた1台のバスを襲った。身元不明の3人の殺し屋とともに警官たちは6人を銃殺し，20人以上を負傷させ，43人が「行方不明」になった。犠牲者の1人の遺体が翌朝，野原の中で発見された。顔を切られていた。2マイルもないところにあり，組織犯罪との闘いを任務としていた第27歩兵大隊基地の兵士たちは任務を遂行しなかった。

　このほかにも，近年，メキシコでは数知れない，恐るべき事件が起きている。そのいくつかを記してしみると，2010年8月にはテキサスとメキシコの国境に接したタマウリパスのサン・フェルナンドで72人の移民の死体が発見された。2013年6月30日にはメキシコ州のトラトラヤ地区のペドロ・リモンでメキシコ軍の第102大隊と犯罪グループとみなされた人々とが衝突し，22人の若者が死亡した。大隊側は無傷であった。人権団体の調査によれば，若者たちは至近距離から銃撃されたことが分かった。地域の目撃者たちはのちに，学生たちの多くは両手を挙げて降参してから殺されたと語っている。彼らは21人が殺されたと言っている。これに対し全国人権委員会は処刑の跡がはっきり見られるのは15人だとしている。目撃者や身体の状況から明らかなのは，軍が事件を武装対決の口実にしようとしていることである。

　「これらの（イグアラとトラトラヤ）事件はメキシコ史上最悪の残虐行為である。しかし，例外的な事件ではない。これらの殺害や行方不明はさらに広範な

形の侵害行為を写し出すものであり，大きくはメキシコ政府が長い間，問題に対処できなかった結果である」。これはヒューマン・ライツ・ウォッチのアメリカ大陸局長ホセ・ミゲル・ビバンコの言である。

ヒューマン・ライツ・ウォッチの「ワールド・リポート2014」によれば，ペニャ・ニエト政権期には，あらゆる治安機関のメンバーが，時には犯罪グループとの直接の協力のもとに，強制失踪を実行し続けている。また，2013年6月にはメキシコの全国人権委員会（CNDH）は，国家機関のメンバーの関与が明らかな2443件の失踪事件について調査している，と語っていた。

不処罰と正義の欠如はメキシコでは当たり前のことになっている。2013年には93.8％の犯罪が処罰されず，あるいは調査すらなされなかった。多くの犯罪が当局に報告されていない。結果が期待されていないためであり，女性や先住民の場合には，再度犠牲になったり，差別されたりする恐れがあるためであり，あるいは当局が犯罪者と共謀して活動する懸念があるためである。行方不明のうち調査の対象となっているのは1％にすぎない。2014年のアメリカス・バロメーターの調査では，不処罰と法の執行に対する公衆の不信感は，メキシコはラテンアメリカで最も高いグループに属する。

警察や軍のメンバーによる拷問は，2014年にアムネスティ・インターナショナルがリリースした報告では，過去10年間の麻薬への戦争中に600％上昇した。この報告では，拷問その他の邪悪な対応の深刻な増加，拷問や不処罰の文化の拡大，連邦裁判所で有罪となったのはわずか7件，州レベルではさらに少ないこと，が指摘されている。

メキシコ国民に対する犯罪，暴力，人権侵害についてみてきたが，ここから分かるのは，メキシコでは恐るべき悪が起きている，ということである。一方では，米国の政策がこの人間にとっての厄災を支え，促進している。2007年以来，メリダ・イニシアティブは，犯罪と闘い，公共の安全を向上させるのではなく，社会の抗議を抑圧し，腐敗を覆い隠し，犯罪活動から利益を引き出す大統領を支えてきた。米国政府は中国やベネズエラの人権侵害に対してはきわめて強硬なスタンスをとってきたが，メキシコの人権侵害に対しては，こうした残虐行為が「麻薬戦争」の時期におきているにもかかわらず，ほとんど何もしていない。メキシコは米国の経済的植民地，政治的保護国のようなものになった。ここから，なぜ米国がメキシコに対して自分勝手な振る舞いをするのか

が見えてくるであろう。
　他方，メキシコは，アセモグルとロビンソンが「利益誘導型エリート」（extractivist elite）と名づけるものによって統治されている。メキシコ国民の幸福ではなく，主として経済権力と富を拡大するために資金を抽出し，市民の政治的権利を制限することに関心をもつ人々である。

参考文献

Acemoglu, D., Robinson, J. A., *Why Nations Fail. The Origins of Power, Prosperity and Poverty,* New York: Crown, 2012. Publishers. http://biblio.juridicas.unam.mx/revista/pdf/MexicanLawReview/14/arc/arc3.pdf

Bender, J., *"Nearly Eight Years Into The Drug War, These Are Mexico's 7 Most Notorious Cartels,"* Business Insider, October 20, 2014.

Dube O., Garcia-Ponce O, Thom K., *"From Maize to Haze : Agricultural Shocks and the Growth of the Mexican Drug Sector,"* Center for Global Development, *Working Paper* 355, December 22, Washington DC. US, 2014.

Human Rights Watch World Report（Mexico Chapter）, 2014.

Redmon, H., *"The Political Economy of Mexico's Drug War,"* International Socialist Review, Issue 90, July, 2013.

Weigand, E., and Villarreal, S. *"Regulatory Challenges for Preventing Firearms Smuggling into Mexico,"* Mexican Law Review, Volumen VII, N 2, 2015.

（原題：Víctor López Villafañe, Neoliberaliem, Drug Trade and Violence in Mexico.）

コラム3　サパティスタ運動の現在──メキシコからの手紙

チアパスの蜂起から世界の運動へ

サパティスタ民族解放軍（EZLN）がメキシコ南部のチアパス州で蜂起し公に姿を現してから，2015年12月で21年になる。EZLNが最初の歩みを踏み出したのは41年前である。その歴史は4段階に分けることができる。すなわち，(1)民族解放軍（FLN）のチアパス到着，(2)エミリアノ・サパタ・ゲリラの「核」の形成，(3)1994年1月1日の蜂起のための準備と実行，(4)停戦と，大きな政治的社会的抵抗のための闘いの開始（これは2015年中も続いている）である。

サパティスタ運動は，チアパスの外部ではあまり知られていない現実を世界に知らせた。政治的社会的闘争の基本路線として追求してきたのは，「真の人間」，「存在することと行為すること」，「従属しつつ命じること」〔訳注：上意下達ではなく参加民主主義を基礎とすること〕である。今日，サパティスタ運動は，社会的排除と略奪と先住民の搾取を終わらせるための政治的社会的運動となった。問題は，抵抗に立ち上がったこの共同体だけに限られない。それは，チアパスや，その境界の向こうにあるメキシコや，さらには世界，すなわち，彼らの言う「地球」の先住民共同体のいくつかにとって，保健，教育，生産に関するオルタナティブの構築の過程ともなったのである。

たとえば，ヤキ民族の水と土地のための闘いや，全国先住民会議（CNI）に所属する，メキシコ州のソチクアウトラなどの共同体による土地と母なる自然を守るための闘い，そして，最も最近の例では，2014年9月26日にゲレロ州アジョツィナパのマヌエル・イシドロ・ブルゴス師範学校の43人の学生を生きて返すよう求めた行動がある。この運動では，学生を返せという点を軸にして，連携や統一の芽が生まれている。さらに，サパティスタの支持者やその他の運動も反体制闘争のために手を結んでいる。

カラコル

サパティスタ民族解放軍の政治的社会的闘いのなかから，自治のための1つの地域組織が成立した。これはサン・アンドレス協定〔訳注：1996年に政府とEZLNの間で署名され，先住民共同体の自治などが合意された〕によって実現したものだが，これに基づきサパティスタ反乱自治区（MAREZ）がつくられた。それぞれ3から5くらいの地域ごとに形成されている。各地域は40から60の村からなるが，いくつかの自治区が合同してゾーン，すなわち「カラコル」をつくっている。カラコルには，レアリダー，モレリア，ガルチャ，ロベルト・バリオス，オベンティクがある（Subcomandante Moisés, 05 de mayo de 2015）。

カラコルには「良き政府評議会」が置かれている。これは，共同体政府の統治のため

の市民の代表であり，協力，互助，連帯，仲間としての団結，民族や地区や地域やさらにはゾーン間の「平等と公正」を原則としている。当然のことながら，この原則を守るためには，共同体の内部に入り，サパティスタ先住民共同体の間に「平等と公正」は存在しているか，サパティスタ運動のなかに本当に階層が存在していないか，すなわち，住民の階層化や差別が存在していないかを見極めなければならないだろう。

　サパティスタ運動は，そのプレゼンスを拡大し続けるために，「銀河系間エンカウンター」などの一連のエンカウンターを行ってきた。最近では，サパティスタの集い（compartición）や学校がある。これは2015年5月に「資本主義のヒドラに対する批判的思考」というセミナーをもって終了した。目的は，考えを交換しあったり，質問したり，疑問を出したりすることによって，資本主義体制に対する疑問を共有しあったり，峻別したりすることにある。ただし，理論だけに頼るのではなく，理論と実践を組み合わせることが大事である。ガレアーノも言っている。「もうたくさんだ。(中略) 実践無き理論，理論無き実践なんて」と（Sup-Galeano, 04 de mayo de 2015）。理論と実践の結合こそ，人生のあり方や生き方を知り，改善するための道である。

　人が行っていることや，人が書いていることを何でも受け入れてはならない。疑問を持つ能力を高めていくことが重要である。実際，セミナー以来，サパティスタは，サパティスタ先住民からメキシコのアカデミアのインテリ（左派も右派も含めて）に至る，様々なアクターの考え方と交流しようとしてきた。

生き続けるサパティスタ

　最後にサパティスタ運動について考える際に重要な点をいくつか挙げておきたい。(1)サパティスタ運動は，成立以来ずっと，土地のための闘いと先住民共同体の生活条件の改善を目的としてきた。その結果，30年以上にわたる闘いによって，ローカルな，また，国際的な闘争や抵抗の社会運動が形成された。(2)サパティスタが打ち立てた網の目や結節点は，計画的なものもあれば，そうではないものもあるが，抵抗を続けるための基盤となった。(3)今日，サパティスタ運動は大きな結集力や影響力をもち，国際的にも認知されている。しかし，ローカルな面では「あまり影響力をもたない」。(4)サパティスタ運動のおかげで，チアパスは資本主義のメキシコの内部において，今日も生き，そして存在している。(5)サパティスタの経済は，サパティスタが実行してきた農業，畜産，商業，手工業等々の多様な活動と，内外の様々なアクターの経済的支援のおかげで生き延びている。(6)チアパスの先住民や農民の共同体の生活は固有の歴史をもっており，今日，様々なアクター，すなわち，EZLNのシンパサイザー，EZLNからの離脱者，政治集団に属する人々，どのような組織にも関わっていない人々の歴史とは「共通」のものではない。(7)先住民共同体やサパティスタ運動にとって，とりわけ何が重要であるかと言えば，それは組織の形である。モイセス司令官がいうように，「どのようにして，い

つ，どこで，などといったことはどうでもよい．大事なのは，各自の形，手段，方法で組織された，ということだ」．組織とは，社会の主体やその共同体の福祉のために，議論し，意見を共有し合い，合意に到達することである．

参考文献

Sup-Galeano, 04 de mayo de 2015.. "*El método, la bibliografía y un Drone en las profundidades de las montañas del Sureste mexicano.*" http://enlacezapatista.ezln.org.mx/2015/05/04/el-metodo-la-bibliografia-y-un-drone-en-las-profundidades-de-las-montanas-del-sureste-mexicano-supgaleano-4-de-mayo-de-2015/（2015年5月5日参照）

Sub comandante Moisés, 05 de mayo de 2015. "*Economía política desde las comunidades I y II*".：http://enlacezapatista.ezln.org.mx/2015/05/05/economia-politica-desde-las-comunidades-ii-subcomandante-insurgente-moises-5-de-mayo/（2015年6月5日参照）

（レイナ・カタリーナ・ペレス・アルカサル，フェルナンド・エルナンデス・ペレス／後藤政子訳）

（原題：Reyna Catalina Pérez Alcázar, Fernando Hérnandez Pérez, El Zapatismo hoy：morir es vivir eternamente EZLN.)

第12章　コスタリカ
——エコツーリズムと新自由主義——

小澤卓也

1　コスタリカへの新たな眼差し

「私たちは生物多様性の大切さや環境保護の重要性を学ぶことができました。また，コスタリカが自然保護のために大きな努力をしていることも，この目で見ることができました（中略）それらの活動は地域的に限定されたものに見えました。一方，コスタリカでは経済自由化が進行しています。そのために開発が急激に進み，自然保護にも影響が出ています。いま，コスタリカに限らず，世界各地で経済開発が進み，気候の変動や森林の消滅などが深刻な問題になっています。〈自然保護の先進国〉といわれるコスタリカですが，そのための取り組みや現状，問題点などをしっかりと把握していこうと思います」

これは，神奈川大学スペイン語学科メディア教材作成プロジェクトチーム（指導教員＝後藤政子）がつくった『自然保護と経済発展〜コスタリカの旅から〜』（DVD，2010年）というドキュメンタリーのラストシーンを飾る印象的なナレーションの一部である。知的好奇心に満ちた若い学生たちが，自らの取材を通してコスタリカ社会の現状について柔軟に思考し，それを率直な言葉で表現していてじつに勉強になる。

学生たちは，コスタリカの自然，歴史，文化に触れつつ，環境保護やエコツーリズムへの取り組みを紹介している。自然の保護と地域経済の活性化を実現するための努力に感銘を受けながらも，彼らはエコツーリズムが地域的に限定的で，自国の発展モデルにはならないと語るコスタリカ観光局（ICT）顧問の見解にもしっかりと耳を傾けている。さらに，農園の拡大や農薬による昆虫への被害，あるいは遺伝子組み換え作物の導入による固有種の消失を憂慮する現

地研究員の批判も真摯に受け止めていて感心させられる。

また，2012年には武田淳が，海外青年協力隊の経験を活かしつつ，コスタリカにおけるエコツーリズム・イメージの創造とその最近の変化について優れた論考を発表している。武田は「エコツーリズム発祥の国」と称されるコスタリカにおいて，エコツーリズムという言葉が非常に曖昧かつ抽象的に使用され，内実を伴わないエコツーリズムのイメージが一人歩きしているとのではないかと警告する。日本におけるエコツーリズム論の多くがこのイメージに振り回されている可能性も考慮すると，これは重要な指摘だと言えよう。

じつのところ，日本におけるコスタリカの学問的研究にはまだ十分な蓄積がない。美しい大自然に恵まれ，平和や人権に関しても独特の取り組みを行ってきたコスタリカは，過度に美化され，エキゾチックな南国の楽園として紹介されることも多い。そうした現状を打破し，より客観的かつ学問的な視点からコスタリカ研究をさらに前進させることが必要であることを，先に紹介した2つの研究・調査は私たちに教えてくれる。

現在，日本政府は「クール・ジャパン」などの標語を掲げて観光に力を入れている。屋久島，白神山地，知床，小笠原諸島などの世界自然遺産を抱える日本にとって，観光地における利潤の追求と自然環境の保護を両立しようとするコスタリカのエコツーリズムから学ぶことは多いはずだ。本章では，近年国内外で発表された優れたコスタリカ研究を参照しながら，そのエコツーリズムの現状と課題について考察したい。

2　「エコツーリズム発祥の国」の歩み

観光業の発展とエコツーリズムの誕生

エコツーリズムの国際的潮流はそれ以前のマスツーリズムに対する批判から起こる。1980年代，大量の観光客（マスツーリスト）が特定の空間へ不断に押し寄せた結果，自然環境はもとより現地の社会・文化的環境に一方的な悪影響が及ぶようになった。しかも建設される観光関連施設はたいてい外部からの資本によるもので，現地人の経済的利益は限定的なものとなる。これに対して，マスツーリズムとは正反対に自然環境に優しく，現地の人たちが利益を得られる上に，観光客も満足できるオルタナティブ・ツーリズムの1つとしてエコツ

ーリズムが誕生した。

　マーサ・ハニーはエコツーリズムを次のように定義している。自然のある場所への旅でありながら、自然環境への影響を最小限に抑え、その保護に関する意識を喚起し、その保護と現地住人のエンパワーメントに向けた直接的な財政的利益をもたらし、土着文化を敬うとともに、現地社会の人権および民主主義運動を支援するものである、と。エコツーリズムは旅行者が豊かな自然を満喫するだけでなく、自然と共存する人々をも尊重し、その社会のさらなる民主化を促進するものでなければならないというのだ。

　では、コスタリカのエコツーリズムへの取り組みは、いつ、どのように本格化するのか。アンドリュー・ミラーは、コスタリカにエコツーリズムが誕生し得た重要な歴史的要素を2点挙げている。まず第1に、常備軍の廃止を盛り込んだ1949年憲法（現行憲法）が制定されたことで、「コスタリカ社会に非暴力主義が蔓延した」点である。その上で観光業に経済的活路を見出したコスタリカは、1955年にコスタリカ観光局（ICT）を創設し、早くも「経済的領域と社会的領域の間のバランスを保ち、環境保護、文化、施設を維持しながら、観光業全体の発展を促進し、コスタリカ人の生活の質を向上させる」というミッションを掲げている。後年のエコツーリズムに繋がる先進的な内容である。

　第2に、ミラーは1950～60年代に経済的に成長を遂げた中間層の存在を挙げている。この時代は、イバン・モリーナとスティーヴン・パーマーも指摘するように、公教育に多くの資金が割かれて10歳以上の識字率が90％を越え、公務員の数が急速に増加する（1948～79年の間にその数は9倍に増えて13万人に達する）など、中米で突出した中流階級の広がりが特徴的に見られる時代である。

　この「中流階級の黄金時代」における重要な財源こそが、急速に生産を拡大されたパイナップルやサトウキビなどの農産物と、グアナカステ県を中心に新たに開拓された大規模牧場で生産される牛肉や乳製品であった。1970年代前半まで辺境地域の森林に必ずしも大きな価値を見出さなかったコスタリカ国民は、70年代後半に深刻な環境破壊に直面することになり、80年代に債務危機を克服すべく観光業に注目するようになるにつれ、環境倫理も重視するようになった。その後のコスタリカは、エコツーリズムの実現に向けて積極的に取り組みながら、2021年までのカーボンニュートラルの実現を宣言するに至った。

　コスタリカ人のエコツーリズムに対する意識が大きく変化した1980年代に

ついて語る上でとりわけ重要なのは，ダニエル・オドゥベル政権下で誕生した国立公園庁（SPN, 1977年設置）とルイス・モンヘ政権下で議会を通過した観光産業発展法（観光開発誘導法，1985年）である。農業省の管轄下に置かれたSPNは国立公園に指定された土地を没収する権限を持ち，国立公園法に基づいて国立公園の入場料を設定したり，公園内での規則を定めたりする役割も担った。この組織こそがコスタリカにおける実際の国立公園の管理や運営の要となるもので，1994年に改組されて国家保全地域機構（SINAC）となった後も，現在に至るまでエコツアーの舞台となる自然環境を監視している。

他方で観光産業発展法は，今日に連なるコスタリカ観光業の基盤を法的に規定している。この法規の第1条では観光産業が公益を担うと明言されており，旅行に関連するホテル業，国内外の航空業や海運業，旅行代理業，レンタカー業，飲食業に対する投資について免税措置を認める内容となっている。当時のモンヘ政権は，ニカラグア革命以降の中米全域を巻き込んだ軍事紛争から脱するために永世中立宣言（1983年）を行い，コスタリカの平和国家イメージを世界にアピールしている（この平和イメージは，次のオスカル・アリアス大統領のノーベル平和賞受賞〈1987年〉によってさらに強化される）。観光業はそうした歴史的文脈で発展していくのである。

観光産業発展法の第6条においては，次の7項目に留意することが求められている。すなわち，(1)国際収支の改善，(2)国産原材料の使用，(3)直接・間接的な雇用の創出，(4)地域発展への効果，(5)国内旅行者の求める多様化への早急な対処，(6)国内外の観光に対する需要の拡大，(7)他セクターへの利益，である。このように，政府にとってのコスタリカ観光は，国家と当該観光地の双方に利益や雇用をもたらし，他セクターの利益誘導も期待されるものであり，その発展においては自国内の原材料や労働者を利用し，国内外の旅行者の多様なニーズにも応えながら拡大を続けるものと規定された。

この観光新法に則ってエコツーリズムの発展プランを策定し，投資家から資本を集め，業務全体の管理・運営と評価を行う役割を担うのが既述のコスタリカ観光局（ICT）である。その役割は時代とともに変化しているが，2002～10年にかけて実施された「持続的発展のための一般計画」においては，いっそう経済的利益を高めるための，より支持層の広い，持続可能で，家族を基盤としたエコツーリズムの徹底を目標に掲げている。

ICTは自然・社会・文化の資源を管理する持続可能なモデルを実践するエコツーリズム企業にサステイナブル・ツーリズム認定証（持続的観光事業認定証，CST）を発行している。ICTは以下の4項目をチェックし，そのポイントを1～5枚の木の葉マークで表すことで各企業のエコツーリズムへの取り組みを評価している。その4項目とは，(1)自然と生物の間の相互影響（企業とそれを取り巻く自然環境の間の相互関係）の評価，(2)インフラストラクチャーとサービス（企業とそのインフラストラクチャー内でのマネージメント・ポリシーとオペレーション・システム）の評価，(3)外部顧客（企業が実施する持続的政策に参加するために招かれた顧客の行動の管理状況）の評価，(4)社会経済的関係（企業と地元のコミュニティや一般住民との相互関係）の評価，である。

つまり，エコツーリズム企業と周辺の自然環境との健全な関係，すべての施設内における健全で環境に優しい企業運営システム，企業のために働く外部の協力者・労働者の行動管理，地元社会との協力関係などが評価の対象とされている。これらの基準を満たした企業にはCSTが発行され，その企業はエコツーリズム企業としてステータスが格上げされるという仕組みになっている。このことは，武田が見抜いているように，周辺の中米諸国のように世界的に有名な先住民遺跡を持たないコスタリカにとって，自然それ自体の価値を高めていく観光戦略こそが重要であることと関連している。

この評価と認証の仕組みを通じて，ICTはエコツーリズムの精神を民間企業にも徹底させようとしている。ウェブ上で公開されているPEN（Programa Estado de la Nación）のデータによれば，この認証を得たのは2004年度にはわずか20企業だったが，2013年には304企業にまで増加している。2013年の観光関連企業総数は1367社だから，CSTを取得したエコツーリズム企業は全体の22.2％ということになる。また，2010年以降，国立公園を訪れた旅行者数も徐々に増加しており，2012～13年には年間160万人にのぼっている。すなわち，エコツーリズムは拡大の過程にあると言ってよいだろう。

エコツーリズムの社会的意義

NHK制作の『世界のエコツアー：地球を感じる旅』（DVD, 2010年）は，軽快なテンポに乗せて世界各地のエコツアーを視聴者に疑似体験させてくれる。コスタリカのエコツアーも紹介されており，登場するエコツーリストたちが熱

帯雲霧林，熱帯湿潤林，熱帯乾燥林の3タイプに分類されたコスタリカの森林地帯（モンテベルデ自然保護区，リンコンデラビエハ国立公園，サンタロサ国立公園）を順にめぐっていく構成になっている。

　印象的なのは，自然保全地域に研究所が設置され，そこで国内の50万種を超える全生物の標本・目録を作るという壮大な計画が進められていることが紹介されているシーンだ。出演のエコツアーガイドは，次のように説明する。「ここで働いている調査員やそのアシスタント，食堂のコックさんまで，みんな地元の人なんです。ここの自然を守ることが，地元の人たちの仕事を生み出すんです。以前は牧場で働いていた人や，ハンターだった人も，今ではここの仕事で生活の糧を得て自然を守ることを考えるようになっているんです」。

　この言葉には，ICTが目指すエコツーリズムのエッセンスが集約されているように思う。自然環境保護のために現地住民を雇用して生活を安定させ，またエコツーリズムを通じて地域経済を活性化させて直接的な経済的利益をもたらし，長期にわたって持続可能な環境保護システムを確立するというものである。大自然とともに貧しく暮らすか，開発によって破壊された自然と引き替えに豊かな生活を得るかの狭間で苦悩してきた現地住民のジレンマを解消するものでもある。実際に，エコツーリズム産業の従業員がマスツーリズム産業の従業員よりも高い月収を得ている事例もある。

　さらに，カレン・ストッカーやミラーによれば，エコツーリズムは，以下のような副次的プラス効果をコスタリカ社会にもたらしているという。

　(1)インフラストラクチャーの整備：旅行者の便宜を考慮し，必要に応じて道路の舗装や，携帯電話やインターネットなどの通信回線網が整備される。あるジャム生産組合のある地域では観光客が現地の学校を訪問し，そこで生徒の演じる伝統舞踊を鑑賞したあと，組合が販売する現地産のジャムを購入したり，学校の施設拡充のために寄付したりするツアーもある。

　(2)教育水準の向上：エコツーリズム実践し続けるには高度な知識とスキルを身につけた専門家が必要となるため，現地住民の教育レベルが向上する。とくに環境に関連するハイテク分野の知識や技術が高まり，英語を中心とした外国語を習得することでマルチリンガルな社会環境が創出される。また，地域社会全体の教育レベルの底上げによって，以前には軽視される傾向にあった女性の教育レベルも上昇する。

(3)異文化理解の高まり：近年では観光客がコスタリカの家庭にホームステイしながら小規模単位で実施されるエコツーリズムも増えてきている。そうした環境のなかで，コスタリカ人と観光客との間の異文化交流が進展し，相互理解に基づいた友好関係が構築される下地となる。

　以上のように，コスタリカのエコツーリズムには，単に自然環境を保護しながらそれを観光資源として現地社会を経済的に潤すだけでなく，その生活や文化にも進歩的な変化を与える可能性がある。自然を価値の高い観光資源へと高めていき，それを自国の肯定的なイメージと結び付けて国際社会に定着させ，多くの外国人観光客を集めようというコスタリカの試みには学ぶところが多い。

　では，それにもかかわらず，なぜいまだにエコツーリズムはニッチなセクターに過ぎないとICTでさえ認めなければならない現状であるのか。このことを理解するには，まず現在のコスタリカ観光業を規定している最近の経済的変化について整理したうえで，そのエコツーリズムへの影響について考察する必要がある。とくに新自由主義の波が押し寄せてくるなかで，米国と自由貿易協定を結んだことで生じる経済システムの変化やその社会的インパクトについて分析・検討することはきわめて重要である。

3　米国への依存と変容するコスタリカ

インテル社の招致とフリーゾーン

　コスタリカ政府と市民の間には，経済危機の超克と新自由主義の導入をめぐる論争があった。コーヒーやバナナに代表されるように，コスタリカには19世紀以来ずっとコスタリカ経済を支え，農村に住むコスタリカ人のアイデンティティと密接に結び付いてきた農作物がいくつかある。こうした伝統農業中心の産業構造を見直し，積極的に新自由主義を受け入れながら，後述する米国・中米・ドミニカ共和国自由貿易協定（CAFTA-DR）への参加の道筋をつけたのが，ホセ＝マリア・フィゲーレス政権（1994～98年）であった。

　当時，コーヒーは国際市場における価格変動に悩まされ，バナナは自然災害や病害虫の被害を受けるなど，伝統農業をめぐる状況は悪化していた。これに対してフィゲーレスは，自国へのインテル社（1992年以来世界第1位のシェアを維持する米国の半導体メーカー）の招致と新しい産業としてのエコツーリズムの

発展を重視した。外資系のハイテク製造業とエコツーリズムの両輪によってコスタリカ経済を復興させようとしたのである。

インテル社は，中南米における新規生産拠点候補地だったメキシコ，コスタリカ，チリの中から最終的にコスタリカを選択した。インテル社はその理由について，安定した政治社会，高い教育水準と容易なハイテク技術者の調達，米国市場と距離が近いこと，豊かな自然と豊富な地下水の確保，工場予定地が国際空港に近いこと，フリーゾーン制度による優遇措置などを挙げている。

インテルの進出と輸出フリーゾーン制度の創出によってコスタリカ経済は変貌を遂げた。インテルのマイクロプロセッサー製造工場は1998年に創業されるが，同年の輸出額はいきなり9億6000万ドルにのぼって早くも繊維製品やバナナを上回る輸出品目になり，その翌年には同社の輸出額が総輸出額の38％におよんだ。これにより，コスタリカに20年ぶりの貿易黒字がもたらさせることにもなった。後の世界的なIT産業の低迷を受けてもなお，21世紀初頭にかけてインテル社製品はコスタリカ最大の輸出品目であった。

ミゲル＝アンヘル・ロドリゲス政権（1998〜2002年）は，さらに外資系ハイテク産業の誘致を加速化し，レメック社などの通信機器部品，アボット社やバクスター社などの医療機器，あるいは電子機器やソフトウェアなどのメーカーがコスタリカに進出することになった。やってきた企業のほとんどが米国の多国籍企業であり，次のアベル・パチェコ政権（2002〜06年）時代にはヒューレットパッカード社やIBM社も競うように進出している。

国内総生産の産業別構成比で見ると，1980年代に2次産業が1次産業を上回り，その後1次産業と3次産業の割合が徐々に減っていくのに反比例して2次産業の割合は増えていった。2000年のデータによれば，コスタリカは，1次産業＝11.6％，2次産業＝56.8％，3次産業＝31.6％からなる工業国へと変貌していることが分かる。

他方，フリーゾーン制度の法的な整備はすでに1990年から進められており，この制度の適用を受けた外資系企業は，原材料，機械部品，機械・設備およびそれに伴う部品の輸入税，輸出税などを免税される。さらに，最初の8〜12年間における100％の所得税免除やそれに続く5〜6年間の所得税の50％軽減など，かなり手厚い優遇措置が設けられていた。資本税，不動産譲渡税，市税，特許税も免除され，利益送金も無税という徹底ぶりである。

だが、この制度は自由競争の原則に反するとして、世界貿易機関（WTO）から撤廃を求められたため、コスタリカは2010年までに同制度を完全に撤廃すると公約した。これに代わる新たな枠組みが、先に述べたCAFTA-DRだった。2004年に米国、中米、ドミニカ共和国の間で結ばれたこの協定（米国との交渉が長引いたコスタリカでは2009年に発効）は、米国側からすれば北米自由貿易協定（NAFTA）に基づく北米地域の新自由主義経済圏をさらに中米・カリブ地域へと拡大するものだと言えよう。これにより、貿易、投資、サービス、知的財産、労働、そして環境などの幅広い分野に関して加盟国間の合意が成立し、米国からコスタリカへの直接投資や企業進出がさらに容易になった。

コスタリカ観光と米国

コスタリカにおける観光業の発展について考察する上で、最も重要な民間の非営利・非政府組織がコスタリカ投資促進機構（CINDE）である。これはコスタリカの経済危機を救済しようとした米国国際開発庁（USAID：米国大統領直属〈1998年以降国務省に配属〉の組織で、米国の国益に合致する形で健康や人権擁護も含めた途上地域の社会経済的支援を行う組織）の要請を受けて1982年に創設されたコスタリカ側の受け入れ組織で、外国からの投資を集める拠点となっている。

とりわけレーガン＝ブッシュ時代の米国は、冷戦の最前線と化して不安定となった中米の民間セクターを懸命に支援しており、中米で最も政情の安定したコスタリカを共産主義陣営に対する防波堤にすべく積極的な投資を指示していた。1983～90年に米国からCINDEに寄せられた投資総額は4700万ドルだとする試算もある。

資金の潤沢なCINDEは、コスタリカ政府からの独立性を保ちながら独自の開発計画を立案・実行することもでき、投資先として伝統農業とは異なる新しい産業を模索していた。とくにNAFTAが発効した1994年以降、繊維産業などにおいて非熟練・低賃金労働者を求める米国企業はコスタリカからメキシコへ拠点を移し始めていた。コスタリカは中米最大の繊維製品輸出国の地位から転落しようとしていたのである。こうした状況が、フィゲーレス大統領の政策決定に多大な影響を及ぼしていた。

こうして、エコツーリズムはメキシコなど周辺諸国と差異化しうる価値の高い新産業として再注目され、すぐにコスタリカで最も多くの外貨を獲得する産

表12-1　コスタリカ観光業に占める直接投資元と出身地（地域別）

地域	直接投資全体に占める割合（2011年／％）	旅行者の出身地域（2012年／％）
米　国	62.7	53.0
Ｅ　Ｕ	14.1	14.0
南　米	4.0	5.0
中　米	3.8	25.0
アジア	0.2	──
その他	15.2	3.0

出典：Miller, Table 4.3, p.86 より筆者作成。

業となった。これに付随する宿泊施設への外国人投資も盛んであり，武田の調査によれば，エコツアーで世界的に有名なマヌエルアントニオ国立公園周辺に存在する72軒の宿泊施設のうち約67％が外国人によって経営され，さらにそのうちの83％が一泊100ドルを超える高級宿だという。このように，中央政府が慢性的な財政赤字を抱える中で，CINDEを通じて集められた米国を中心とする外資がコスタリカの観光業を支えているのである。

　PEN, ICT, CINDE によれば，コスタリカ観光業への外資導入額は，2006～09年度にはおよそ1億3600ドルから3億2100万ドルの間で推移している。同年期のコスタリカにおける観光業の収入はおよそ16億3470万ドルから21億8670万ドルの間で上下動を繰り返している。たとえば2006年度の数値で比較すると，観光収入は伝統農産物（コーヒー，バナナ，パイナップルなど）の輸出額全体の約1.8倍に相当する（インテル社はさらにその1.1倍の輸出額）。

　ただし，国内総生産（GDP）に対する割合でみると，観光業の収入は2005年の8.0％を頂点にその後むしろゆっくりと下降線を辿っており，2013年には4.8％まで落ち込んでいる。これには2006年以降，国民1人あたりの国内総生産値が減少していることも反映されているわけだが，それでもCSTを求める観光業者が増えていることから，やはりエコツーリズムをセールスポイントとするツアーは現在に至るまで停滞した経済を打開するための重要産業と見なされていると言えよう。

　そしてコスタリカ観光業に対する最大の投資者が米国人に他ならない。表12-1に示されているように，米国はたった一国でEU全体の4.5倍もの投資を行っている。中南米諸国やアジアからの直接投資も，全体から見ればそれほど重要ではない。「旅行者の出身地域」を見てもやはり米国人が過半数を占め

ている。2つのデータを見比べると，米国とEUの直接投資額の全体に占める割合が，旅行者数の割合にほぼ呼応していることが分かる。コスタリカの観光業は，米国からの資本と観光客によって支えられていると言ってよいだろう。

それでは，なぜ米国出身の観光客がコスタリカに集まってくるのか。よく指摘される3つのファクターについて整理しておきたい。

(1)アクセシビリティ：中米地峡にあるコスタリカは距離的に米国に近く，ロサンゼルスから5時間半ほどでコスタリカの首都サンホセに到着する航空便もある。このフライト時間はロサンゼルス〜ニューヨーク間のフライト時間とほぼ同じである。マイアミやダラスなどの南部の都市に暮らす米国人ならば，むしろ東部あるいは西部の都市に向かうよりもフライト時間は短い。つまり米国人にとってコスタリカは，短時間で気軽に訪れることのできる熱帯のリゾート地だと言える。とくに2002年にデルタ航空が米国本土からの直行便を就航させたことは，米国からのさらなる投資と観光客を招くことに繋がった。

(2)政治社会的安定性：多くの中米諸国が軍事独裁，内戦，革命などの経験をしているが，1949年以降のコスタリカはそうした深刻な状況に陥らなかった中米で数少ない国家である。米国人はメキシコやキューバなどで資産を没収された経験をもつので，こうした政治的安定性には敏感である。また，コスタリカは治安の面でも周辺諸国に比して良好で，米国人にとっては投資先としても観光地としても安定した状況にある。

(3)高い教育水準：現在のコスタリカは高い識字率（97.6％・2011年）で知られているが，米国人観光客にとって重要なのは観光やエコツーリズムに関する専門的知識をもつだけでなく，それを英語で説明することができる語学能力である。とくにモンテベルデ自然保護区では，かつて朝鮮戦争の徴兵を逃れた米国のクエーカー教徒たちのコミュニティが存在していたこともあり，周辺住民が英語に触れる機会も多かった。こうした環境に後述する近年の熱心な英語教育が加味され，コスタリカでは英語習得者が増大している。

以上のように，コスタリカの観光業にとって米国からの資本と旅行者の受け入れこそがこの産業の成否を左右するのであり，米国の投資業やビジネスにとってもコスタリカの観光業は魅力的なコンテンツだと言える。当然のことながらコスタリカのエコツーリズムも，こうした観光全般をめぐるコスタリカと米国の相関関係に立脚しているのである。

拡大する貧困と格差

　新自由主義時代の到来はコスタリカの観光業とエコツーリズムに変化をもたらすことになるのだが，それについて考察する前に，まずコスタリカにおける新自由主義の浸透とその一般的な社会的影響について整理しておきたい。
　1980 年代にかつての社会民主主義モデルから舵を切り始めたコスタリカでは，2007 年に国民のほぼ半数が反対する中で CAFTA-DR が批准され，2009 年に発効することになった（農業，通信，保険などの分野においてコスタリカ-米国間の交渉が長引いたため，協定が実際に発効するまでに 1 年以上を要した）。社会民主主義時代の価値観がすべて失われたわけではないが，大きな歴史的文脈から見れば，コスタリカ社会は新自由主義を受容する選択をしたと言える。この決定は何に由来しているのか。
　まず，慢性的な貧困問題が挙げられる。狐崎知己は，少なくとも 1992 年までに生じたコスタリカの貧困問題が，大都市の集中する中央高原（中央盆地）地帯と北部・南部の農村部の著しい地域格差を伴って現在に至っていると主張している。2011 年におけるコスタリカの貧困率は 21.6％，最貧困率は 6.4％であり，貧困者の数では都市部が 55％と 45％の農村部を上回っているものの，経済の成長効果と成果の分配効果なども勘案して貧困の深さを表す貧困ギャップ率で比較するならば，都市部 5.9 に対して農村部は 6.8（2009 年）となり，農村部の貧困の方がより深刻である。このことは物質面だけでなく，高等教育を受けたり情報ネットワークへアクセスしたりする機会の多少など広範な生活水準における都市農村間格差に繋がっていると，狐崎は主張している。
　くわえて狐崎は，こうした状況が外国資本を受け入れた農村が人的資本の積極的な開発をもたらさない非伝統的農産物（たとえばパイナップルや観葉植物など）の生産に依存していった過程と密接な関係にあるとしており，現状が変わらなければ「コスタリカの所得格差は世界的に高い部類に属することになろう」と述べている。つまり新自由主義経済の浸透によって，コスタリカにおける地域間格差はさらに拡大すると予測されているのだ。
　こうした貧困問題は，かつてコスタリカが世界に誇ってきた良好な治安にも影響を及ぼしている。この傾向は 20 世紀末から加速化しており，2004 年に筆者がコスタリカの犯罪に詳しいホセ＝ダニエル・ヒルに対して行ったインタビューにおいても，すでにその深刻さが指摘されていた。ヒルは，とりわけ

2001年以降に貧困問題が顕著となった結果，麻薬乱用，銃器などを使用した暴力犯罪，売春，賭博行為，アルコール依存，物乞いなどが増加し，コスタリカの治安が脅かされていると実体験を交えつつ述べている。

　PENによれば，人口10万人あたりの殺人件数は，2002〜06年の5年間には平均7.08人だったが，2007〜11年の5年間では平均10.28人と増えている。世界銀行によれば，2010年のコスタリカの人口10万人あたり殺人件数は10人であり，周辺の中米諸国（ホンジュラス＝91人〈世界最大値〉，エルサルバドル＝70人，グアテマラ＝39人，パナマ＝20人，ニカラグア＝13人）に比べれば低い数値だが，米国の5人，キューバや日本の0人（1人以下）よりは高い。同年にコスタリカと同じ10人を記録したのは，バルバドス，ボリビア，ペルー，パラグアイ，ロシア，モンゴルなどである。現在のコスタリカは中米で最も治安の良い国だとは言えるが，世界レベルで見ると際だって安全とは言えない。

　では，観光業はどうだろうか。PENによれば，コスタリカへの外国人観光客数は増加傾向にあり，個別には利益の上がっている観光地もあるが，CAFTA-DRが発効した2009年以降，GNPに占める観光業全体の割合は漸次的に減少している。2008年にはGNPの7.3％を占めていた観光業が2013年には4.8％に落ち込み，観光企業やホテルの数も頭打ちとなっている。コスタリカの観光業界は，全体としてはCAFTA-DRからそれほど大きな恩恵を受けているとは言えず，むしろ伸び悩んでいるように見える。

4　新自由主義時代の観光とエコツーリズム

プライベート・ビーチとアドベンチャー・ツーリズム

　外国企業の進出が当該の地域社会との軋轢を生むことは少なくない。とくに美しい景色の海岸地帯では，外国資本によって様々な飲食店やアミューズメント施設の完備した巨大な観光ホテル（多くの場合，米国資本のチェーン・ホテル）が建設された結果，その周辺がプライベート・ビーチとされてしまい，地元のコスタリカ人が容易にアクセスできなくなるという問題も発生している。エコツーリズムを掲げるコスタリカだが，米国との密接な経済関係ゆえにこうした「メガツーリズム」を完全に制御することは困難である。

　ストッカーによれば，とくに地元住民から多く寄せられる不満に飲料水枯渇

の問題がある。巨大宿泊施設が大量の水を消費すると，地元住民へ水が十分に行き渡らなくなることがある。なかには，700室もある巨大ホテルが無許可で周辺の水を施設内に引いているケースも報告されている。たとえ地元に雇用や経済的利益をもたらしたとしても，こうした観光業のあり方は，自然環境への人為的影響を極力減らし，土着文化と現地住民の人権を尊重することを掲げるエコツーリズムの精神に反している。

　一方，内陸部の森林地帯では別の問題が起こっている。1990年代から一部のエコツーリズムが，いわゆる「アドベンチャー・ツーリズム」と呼ばれるものに変質していったのである。とくにコスタリカでは，カノピー（キャノピー）・ツアーが盛んであるが，これは森林や山岳地帯にワイヤーを張りめぐらせ，そこに参加者をハーネスと滑車でつり下げ，高所から低所へと空中を滑走させて樹上に設置されたプラットフォームを回っていくというアトラクションである。「ジップライン」とも呼ばれる，このスリルと興奮を楽しむアトラクションを提供するツアーは，森林や自然について考え，そこから学ぶことを目的とするエコツアーとは趣旨の異なるものである。

　ストッカーによる現地取材によれば，このカノピー・ツアーに集まるのは「冒険を求める」若い旅行者たちであり，エコツーリズムに関心を持つ旅行者たちとはまったく客層が異なるという。こうしたツアーでは，自然をじっくりと観察しながら自然環境保護の重要性について考えることは副次的な目的となる。このアドベンチャー・ツーリズムは，観光地に雇用や利益を生み出したり，ある種の地域活性化をもたらしたりするかもしれないが，自然環境の保護や自然と共存して暮らす人々の土着文化について学ぶというエコツーリズム本来の目的から離れてしまうことになりかねない。

発展のキーワードとしての英語

　米国の資本家や旅行者は，英語を操れるコスタリカ人観光業者が多いことを評価し，観光に従事するコスタリカ人も自らの英語能力の向上を肯定的に捉えている。そこで，このコスタリカ観光業の発展にとってのカギとも言える英語の学習が，いつ，どのような経緯で強化されることになったのかを整理しながら，これについて検討してみたい。

　コスタリカの英語教育が強化されたのは，インテル社を招致したフィゲーレ

ス政権の時代である。このとき公教育省は「英語を学んだ者は，コスタリカの社会，経済，そして技術的な発展に貢献する」とし，1997年，小学校1年時からの英語学習を義務づけ，同時に中等教育以上の英語教育も英会話を中心に強化した。この決定がインテル社の工場が稼働する前年になされたことは偶然ではない。

　コスタリカの高い教育水準を表向きには評価していたが，じつのところインテル社はその教育制度を信頼しておらず，教育システムの変更を求めていた。ある研究者は，コスタリカでは1年生となった小学生が順調に5年生となる確率は80％にとどまり，中学を終える率は30％に過ぎないと指摘している。また，コスタリカでは総人口の2.1％が高等教育機関に在籍しているものの，フルタイムの学生は64％に過ぎず，残り36％は勤労学生であり，25歳以上の学生が全体の3分の1にのぼる（2000年）。インテル社はこうした教育事情を知っていて，コスタリカ政府と以下の点で合意したのかもしれない。

〔初等・中等教育レベル〕
(1)教育プログラムにおける「インテル・イノベーション」を実現するため，コスタリカの小中学校の実験室を近代化する。そのためにインテル社は110万ドル以上にのぼるマイクロプロセッサーをコスタリカに贈与する。
(2)コンピュータ教育プログラムの導入。
(3)インテル社の未来構想に必要な技術分野の小中学校教師を9000人育成する。
(4)科学的研究を促進するための「科学者としての子供」プログラムの実施。

〔高等教育レベル〕
(1)コスタリカ科学技術インスティテュート（ITCR：科学技術に特化した国立大学），コスタリカ大学（UCR：コスタリカ随一の総合大学），コスタリカ学習インスティテュート（INA：英語，観光，コンピュータ，調度品作製などについて教育する私立技術専門学校）の教育プログラム強化。
(2)ITCRにおける英語教育の強化。
(3)ITCRにおける新技術分野（半導体製造，マイクロエレクトロニクス，物質科学など）に焦点をあてた1年間の修了プログラムや1年間の準学士号の導入。
(4)物理および技術の分野におけるUCRと電気系職業専門学校との連携。

(5)インテル社の電気,電子工学,コンピューティング,生産管理工学への支援。

　一見して分かるように,この教育改革にはインテル社の利害が色濃く反映されている。たった1社でコスタリカの伝統農業や観光業の輸出額を上回る利益(2006年)をあげていたことを考慮すれば,この巨大多国籍企業の高い発言力は当然のことであろう。当時,インテル社が目指していた積極的なIT化を通じて生産性・効率性・利益率を向上させるという「インテル・イノベーション」がコスタリカの子供たちの人格形成にとって重要な初等・中等教育においても徹底され,インテル社が求める専門技術者を育成すべくコンピュータや科学技術の教育に重点が置かれるべきだとされた。
　高等教育においても,インテル社はマイクロプロセッサーなどの製造に不可欠なハイテク教育の充実を急務とし,そのための国立大学と私立専門学校の協力・提携関係をも求めている。そうして育成したコスタリカの専門技術者に英語を習得させ,インテル社での就労もスムーズに進むように計画されていると考えて良いだろう。
　また,INAにおいて英語と観光の双方の教育強化を求めている点は注目に値する。既述の通り,フィゲーレス大統領とその後の大統領たちは,コスタリカ経済を建て直すために米国を中心とする外資系企業の招致とエコツーリズムを重視した。インテル社はそうした動きに合わせ,コスタリカ観光業にとっても必要であり,同時にコスタリカの労働力を必要とする自社の将来にとっても望ましい英語教育の強化を求めたのである。
　米国企業のニーズに応えながら資金を引き出し,自国民に専門技術や英語を習得させ,さらにはエコツーリズム発展の進路を開いたと見るならば,これはコスタリカ側にとって望ましい結果だと言える。しかし,圧倒的な経済格差を前提に,巨大企業が自社の利益を拡大するためにコスタリカの教育制度に介入したと捉えることもできる。教育への介入さえ認めたコスタリカ政府が,利益追求を重視する巨大企業に対してエコツーリズムの精神を受け入れさせるのは容易ではないだろう。
　また,英語や専門的知識・技術を身につけたコスタリカ人が目指すのは,その能力やスキルに対して高価な報酬を与えてくれるインテル社などの米国企業である。同じ観光業に就職するにも米国企業の方が収入も高い。コスタリカの

優秀な人材が米国に流出してしまうという問題はすでに1990年代から深刻化していたが、英語を習得した若く優秀な人材の間でこうした動きが加速化していくことも考えられる。

さらにストッカーの観光地調査によれば、英語を習得させるために子供を高校に通わせる地元民は増えているが、大学進学率は上がっていない。これは、高い役職に就かない限り、観光業で働く専門的知識をもった大卒者の給料はホテルのメイドとほぼ同等であり、観光客向けレストランの従業員の半額程度に過ぎないからだという。こうした現状は、持続可能なエコツーリズムを目指すコスタリカにとって好ましいとは言えないだろう。

観光地の麻薬と性

外国人旅行者とふれ合うことでコスタリカ人の異文化理解が深まっていくことが、エコツーリズムが現地社会にもたらすプラス効果だと主張する者は多い。とくにホームステイをしたり、現地の風習や文化に直接触れる企画が盛り込まれたりしているエコツアーの場合、その効果は大きいと言えるだろう。

しかしながら、異文化接触には様々な側面があり、アクター間の所得レベルや文化の違いによって好ましくない効果が現れることもある。ストッカーの現地調査によれば、外国人観光客によって麻薬が持ち込まれ、現地で暮らす若者の一部を蝕んでいると主張する地元住民は多い。そして、コスタリカを訪れたヨーロッパ人観光客は、その原因を米国からの観光客および非合法長期滞在者だと証言している。

地元で麻薬撲滅運動に従事しているある女性は、麻薬を乱用する若者の多くは観光客向けのバーに立ち寄って観光客との接触を通じてマリファナやクラックやコカインなどのドラッグを体験するのだとしており、「麻薬問題は明らかに観光業と関連している」と証言している。物価の違いから、先進国の観光客は本国よりも安い価格で薬物を購入することができるという。若者の薬物使用はコスタリカ特有の問題ではないにせよ、このまま放置しておいてよい問題ではない。

同様に、観光地における売春の問題も現地住民から指摘されている。売春はコスタリカにおいては合法なのだが、これは保守的な地域共同体の道徳観とは合わないものであり、観光化以前には現地でほとんど見られない現象だった と

ストッカーは説明している。売春は（都市部を除けば）内陸部よりも海岸部の観光地で多く見られ，ツアー・バンに売春婦が同乗したり，観光者向けのバーにいるほとんどすべての女性が売春婦だったりすることもあるという。彼女たちは観光客の集まるバーを巡回しているケースが多い。

　ある女性ツアーガイドの証言によれば，観光地にいる売春婦は若く，義務教育もきちんと終えていて，自ら望めば他の職業に就けそうな女性がほとんどだという。少ない雇用機会や将来への絶望感，あるいは貧困などから，彼女たちは売春せざるを得ないようである。エコツーリズムが女性の教育機会を拡大することもある一方で，観光客——とくに経済的に豊かな外国人観光客——の金を求めて売春に走る女性も現れており，さらに彼女らを求めるセックス・ツーリズムも後を絶たないのは皮肉なことである。

　さらにストッカーは，セックス・ツーリズムとはニュアンスの異なる「ロマンス・ツーリズム」の存在も指摘している。これはセックス・ツーリズムとは違い，観光客が現地人を性的に搾取することを目的とするものではなく，異文化交流を目指してツアー客と現地人との感情的な結び付きに重点を置く旅行形態である。これには米国を中心とする先進国から多くの女性観光客も参加しており，そこで芽生えた「ロマンス」の結果として現地のコスタリカ人男性と性交渉をもつことも少なくない。国際結婚に至ることもあるが，短いコスタリカ滞在中の「ロマンティックな思い出」となるケースが多いようだ。

　こうしたロマンス・ツアーには様々な形態があり，女性観光客とコスタリカ人男性とのこうした関係が自由恋愛なのか，それとも経済格差を前提とした「性的な経済交流」なのかについては判別が難しい。とはいえ，ストッカーは，性交渉に積極的な若い外国人女性とそれに群がるコスタリカ人男性，性的関係と引き換えに米国人女性から定期的に生活資金の援助を受けている若い現地人男性，そして現地の男性と「必ず」性的関係を結ぶという米国人女性留学生などの証言を得ている。それらから推察するに，ロマンス・ツーリズムとセックス・ツーリズムの境界線は，場合によっては曖昧なものだといえそうだ。

　以上に示した薬物使用や性的搾取（あるいは開放的な性関係）は，コスタリカに限らず世界各国の観光地でしばしば見受けられるものであり，エコツーリズムに伴う特有の問題ではない。だが，コスタリカのエコツーリズムから学ぶためには，その理想と現実の境界線や隔たりをしっかりと把握することが重要で

あり，観光地の現実を知るには住民の証言に対して真摯に耳を傾けなければならない。現在のエコツーリズムを改善するためのヒントは，そうした現場の声からこそ得られるはずだ。

5 エコツーリズムの未来に向けて

1970年代に環境問題に直面し，1980年代に債務危機に瀕したコスタリカは，エコツーリズムを基軸とする観光業の発展を通じてこれら2つの問題を一挙に解決しようと試みた。「人間の安全保障」にも関わる自然環境の保護を通じて自国の肯定的なイメージを国際社会に印象づけ，外国からの観光客を集めて外貨を獲得し，地元に雇用，経済的利益，教育的効果を生み出そうとするのが，コスタリカが目指すエコツーリズムの特色である。石油や天然ガスなどの地下資源にも乏しい「持たざる小国」でありながら，唯一の豊富な資源とも言える大自然を十分に活かすために知恵を絞り，努力を重ね，国際的な評判を獲得するに至ったコスタリカの見事な手腕には，学ぶべきところが多い。

しかしながら，ICT自身も認めているように，実際のエコツーリズムはいまだ発展モデルとはなり得ず，しかも近い将来にこれが観光の主流となり，主力としてコスタリカ経済を牽引するだろうという安直な予想も立てられない現状がある。エコツーリズムの理念と現実の間には大きなギャップがあり，それが本章の冒頭部で紹介した大学生グループを悩ませ，武田淳をしてコスタリカにおけるエコツーリズム・イメージの一人歩きに対する疑問を抱かせたのではないだろうか。

コスタリカがエコツーリズムの理念と精神を観光事業全体に敷衍できずにいる最大の原因は，観光業を含むコスタリカ経済の米国への依存体質にあると見てよい。とくに1994年以降のコスタリカは経済再建のために自ら新自由主義を受容し，その一環として米国資本を積極的に導入し，米国企業の誘致に血道を上げた。その結果，観光における米国の影響力も増大し，米国資本の観光業者と観光客がコスタリカの観光業を支えるようになった。いまやコスタリカの観光業は，米国人の協力がなければ成立しないだろう。

利にさとい米国企業のなかには，何よりも合理的な利潤の追求を重視する企業も多い。自然環境について学ぶよりも，スリルや興奮を求める観光客が多け

れば、そのニーズに応える企業もあるだろう。もちろん、エコツーリズムの理念と精神の遵守を掲げる米国人観光業者も存在するが、米国（および米国の大企業）とコスタリカの間の著しい経済格差（観光地となる農村・漁村部は、コスタリカの都市部よりもさらに貧困に悩まされている）を考慮すると、経済的利益よりも現地の環境や人権を優先するエコツーリズムが現地で本当に実践されているのかを判断するには、第三者機関による慎重な検証が必要とされる。

いまのところ、エコツーリズムの理念・精神は、コスタリカ社会はもとより観光業界においても、十分に定着しているとは言いがたい。政治的な創造力にあふれ、国際舞台における情報発信力にも秀でたコスタリカの人々は、こうした現状をどのように改革していくだろうか。今後もその動向を注視しておく必要がありそうだ。

参考文献

江口信清・藤巻正己編著『貧困の超克とツーリズム』明石書店、2010年。

小澤卓也「コスタリカの治安と暴力犯罪に関する一考察――その現状と問題」『アジア・アフリカ研究』Vol. 45, No. 1, 通巻375号、アジア・アフリカ研究所、2005年。

国本伊代編著『コスタリカを知るための55章』第2刷、明石書店、2006年。

狐崎知己「コスタリカにおける地域格差と新たな農村開発戦略」山岡加奈子編『岐路に立つコスタリカ――新自由主義か社会民主主義か』アジア経済研究所、2014年。

JBIC「中米諸国の開発戦略」『JBICI Research Paper』No. 23, 国際協力銀行開発金融研究所、2003年。

武田淳「コスタリカにおける〈エコツーリズム〉イメージの創造と近年の変化」『日本国際観光学会論文集』第19号、2012年。

モリーナ、イバン、スティーヴン・パーマー著（国本伊代・小澤卓也訳）『コスタリカの歴史――コスタリカ高校歴史教科書』明石書店、2007年。

Honey, Martha, *Ecotourism and Sustainable Development : Who Owens Paradise ?* 2nd Ed., Washington, D. C., Island Press, 2008.

Miller, Andrew, *Ecotourism Development in Costa Rica : The Search For Oro Verde*, Lanham : Lexington Books, 2012.

Stocker, Karen, *Tourism and Cultural Change in Costa Rica : Pitfalls and Possibilities*, Lanham : Lexington Books, 2013.

第13章　アルゼンチン
―― ペロニズムという政治現象を読み解くために ――

アレハンドロ・M・シュナイダー
（後藤政子訳）

　20世紀半ば以来，アルゼンチン社会，とくに労働者階級は，主として1つの政治運動，すなわちペロニズム（これはフスティシアリスモ＝正義主義としても知られている）を抜きにして語ることはできない。成立以来，今日に至るまで，フスティシアリスタ党（訳注：以下，ペロニスタ党）はアルゼンチンの主要な全国的政治勢力であったし（また，今もそうである），労働者のほとんどは，自分はペロニスタだと考えている。しかし，ペロニスタ党は，成立以来，社会的構成も，綱領も，一貫してはいなかった。むしろ，イデオロギーや言説の一部が変化し，あるいは維持されたことによって，長く生き続けてきたと言える。

　この章ではペロニズムが現代アルゼンチンにおいて果たしてきた役割について，いくつかの観点から考えてみたい。

　ペロニズムは70年以上前に，労働者階級との密接な関係のもとに生まれた。1940年代半ばにフアン・ドミンゴ・ペロンを中心として，他のラテンアメリカ諸国のポプリスモと考えられている運動（メキシコのカルデナス主義やブラジルのヴァルガス主義）と同様，1929年の大恐慌とオリガルキア（寡頭支配層）政治体制の終焉を受けて成立した。それ以来，ペロニスタ党は何度も政権を握ってきた。ペロン（1946～52～55年），エクトル・カンポラとラウル・ラスティリ（1973年），ペロン（1973～74年），マリア・E・マルティネス・デ・ペロン（1974～96年），カルロス・メネム（1989～95～99年），エドゥアルド・ドゥアルデ（2002～03年），ネストル・キルチネル（2003～07年），クリスティナ・フェルナンデス・デ・キルチネル（2007～11～15年）である。

　ここでは紙面の都合上，これらのすべての政府について分析することはできないので，労働運動との関係を中心にみていきたい。労働者はアルゼンチン社会の最も重要な社会的主体であったし，また，ペロニズムは政治に関わる際に

は常に労働者を主要な「相手」としてきたからである。成立以来70年の間には客観的，主観的な大きな変化があり，それによって労働運動の活動や，労働運動や，その政治運動との関係は影響を受けてきた。しかし，本質的に変わらない課題や問題は存在する。

この章の課題は，ペロニズムがアルゼンチン社会において果たして来た役割を理解するために，それに関わる問題を検討することにある。そのためにまず，ペロニズム運動の成立時の問題について考え，次いで，最近の30年間の党の変化について分析する。

1　ペロニズムの成立

第1次および第2次ペロン政権（1946～55年）

ペロニズムが成立したのは，アルゼンチンが深い経済的社会的変動を経験したとき（1930年から第2次世界大戦まで）である。この時期には急速な工業化と都市化が始まり，その結果，膨大な労働者が農村地帯からブエノス・アイレス市やその周辺に移り住み，労働者階級が大きく膨張した。そこから様々な左翼的潮流の労働組合運動が始まり，これに対し様々なセクターの支配階級が懸念を抱くようになった。このような変化が起きたのは，ごまかしやクーデタなどによって政権を掌握していた時代であったことも念頭においておきたい。

こうした変動を前に，ペロンらの運動は1つの政治的回答を出した。ペロンにとって主要な課題は，労働運動が急進化し，反資本主義体制に向かうことを避けることであった。そのため，彼は労働者の経済的社会的政治的要求を所得分配の改善を通じて解消し，また，党という形を通じて政治参加制度に組み込み，選挙によって要求を取り込むようにしたのである。

大きく言えば，第1次および第2次ペロン政権（1946～55年）は，大恐慌に対処するため，1930年代に始まる工業化政策を継承した。経済面では農牧ブルジョアジーではなく，製造業の企業家の側に立ち，強力な国家介入を行うものであった。製造業の振興は，経済の戦略部門（鉄道，製鉄，エネルギー，銀行，商業，貿易等）における国家のプレゼンスの拡大によるものであり，これによって完全雇用が実現した。賃金引上げ，ボーナスの供与，クレジット政策の拡大が可能になり，所得の再分配が実現したのである。それは住民の消費拡大を

促し，アルゼンチン史上初めて労働者階級は経済的社会的に豊かになった。

しかしながら，1940年代末になるとこのような状況は変化した。非耐久消費財生産の発展を基礎とする資本の蓄積モデルが危機に陥ったのである。生産拡大が限界に達したのは，1つには，生産向上が工業技術の革新よりも，労働力の大量利用によるものだったためである。しかも，アルゼンチン経済の機能は農牧生産物の輸出価格にかかっていた。ところが，ヨーロッパの生産能力が徐々に復活し，食糧の需要は後退していた。

こうした経済危機の中で第2次ペロン政権は発足した。第1次政権時代と異なり，インフレ収拾，消費や公共支出の削減，内部蓄積の重視，労働生産性の向上などのために，一連の「正統派」政策が取られた。

それにもかかわらず，労働者階級は経済や社会で中心的役割を占めていた。生産を担うとともに，工業製品の消費者だったからである。そのため，年金の増額，8時間労働制の確立，賃上げなどを可能とする一連の法律が制定された。それだけではなく，政府は労働組合の組織化と新しい労働団体の形成を進めた。しかし，いずれも国の管理のもとに置かれた。これによって労働者や組合の権利が容認され，労働組合が強化されるなど，労働組合運動が発展した。とはいえ，こうした労組の拡大も緊張や矛盾と無縁であったわけではない。労働組合が党の体制に組み込まれ，政府に従属していたためである。

労働運動の取り込み

所得再分配についても，ペロニズムは労働者やその家族に対する保健衛生政策や住宅政策を転換した。政府は1917年のメキシコ憲法をモデルとした新たな社会制度をとり入れ，子供から老人に至るまで幅広く，社会的権利を与えた。これによって大部分の国民は，有給休暇，住宅取得，無償の保健や教育の権利など，社会的権利を得た。同じく，労働者は，それまでは想像だにできなかった政治機関の役職（下院議員，上院議員，大使館の担当官など）につくなど，政治的分野でもこれまでにない役割を担い始めた。女性たちも選挙権，被選挙権を含め，参政権を得た。これらの政治的社会的成果はペロンとその妻のエバ・ドゥアルテ・デ・ペロンの手になるものである。彼らは主に国庫と民間の企業家からの資金によって社会支援機関（「エバ・ペロン財団」）を運営した。

これらの人々はそれまで政治的に排除されていた人々である。ペロンの目的

は，あらゆる参加から除外されていた住民の支持を獲得することにあった。この財団もそのための手段であった。母子家庭や地方から出てきた女性のための一時避難所が作られ，保健用資材の援助のために内陸部に衛生列車が送られたり，子供や若者の政治教育のために「子供の街」などが作られた。ペロニズムの枠内で若者世代を統合するために教育改革も実施された。こうして，メディアを，ある程度ではあるが，支配したり，祖国というシンボルや学校のハンドブックを利用するなど，あらゆる宣伝手段を使い，国家の側からの社会全体の統合が企図された。ペロニズムは，他の強権的な政治体制と同様に，公共空間と私的空間の領域を曖昧なものにした。ペロニズムの活動が，そのイデオロギーによるリクルート（取り込み）政策や統合政策に反対する様々な集団に疑問視される理由は，疑いなくそこにある。

　このように，初期のペロン政権時代には，社会，とりわけ労働運動に変化が起きた。労働運動は，20世紀初頭のような支配階級との対立ではなく，階級和解に基礎をおいた哲学の上に立ち，新たな政治的アイデンティティを獲得した。こうして大きな労働組合に組織された労働者は大きな圧力や交渉力を手にし，国家により規制された福祉資本主義の枠内での主要な社会勢力となったのである。

　労働者はペロニズムのなかでは主要な社会アクターであり，ペロンは彼らをペロニズムの「背骨」とみなしていた。こうして労働者階級の政治活動が活発化した。それは体制によって指導され，統制されたものではあったが，アルゼンチン史上初の政治システムへの積極的参加となった。しかしながら，確かにその成果はあり，また，実際に様々な権利が認められたとはいえ，ペロニズムの活動は政治潮流の左傾化を阻んだ。労働者階級のなかに強固な改革意識を生み出し，社会の内部に資本主義のあり方を問い，急進的なオルタナティブが成立するのを妨げたのである。

　一方，労働運動は，政治的経済的重みをもつようになったことで，中間層や市民内部の様々な保守的集団のなかに強力な反対を生み出した。このときから，また今日においても，これほどの帰依と反対をもたらした指導者は存在しない。ペロンが労働者や貧困セクターに対して示した思いやりは，社会の区分システムを変え，その結果として，小ブルジョアジーや大ブルジョアジーのなかに，労働世界に対する強く，かつあからさまな蔑みを生んでいる。

2 ペロン亡命から復帰へ

政治活動禁止の時代――依然として強固なペロニズム

　第2次ペロン政権は1955年にクーデタによって崩壊した。以後，1983年までアルゼンチンの政治はきわめて不安定になり，その影響はあらゆる局面にみられた。右派政権や軍事政権が続き，選挙を通じて成立した文民政権はいずれも任期を全うできなかった。その背後には主に2つの問題があった。1つは，支配階級の様々なセクターが，ペロン政権下で労働者が獲得した多くの社会的経済的権利を廃止しようとしたことである。第2に，前の点とも関係するが，この間には，ペロン派が政権に復帰した1973年から76年までを除いて，ペロニズム運動が政治面で禁止されたことである。

　この禁止期間中，すなわち，1955年から73年までは，ペロニズムは，とくに労働者階級やその政治団体，すなわち労働組合や各企業の「内部委員会」〔訳注：経営者と交渉にあたる労働者代表委員会〕などで，政治運動としての立場を強めた。迫害や弾圧にもかかわらず，主役としての役割を果たし始めたのである。ペロンの政治的リーダーシップについては一部の労働運動から疑問視されることもあったが，全体としては，その和解主義イデオロギー（これは労働者がイデオロギー的に急進化し，反資本主義に向かうことを避けるためのものであった）は受け入れられていた。多くの労働者は亡命中のペロンに変わらぬ忠誠心を抱いていた。1946年から55年までに得られた便益は大きく，それ以前や以後の政府とは違うものと考えられたためである。

　つまり，ペロニズム運動への政治的迫害（弾圧，選挙への参加制限，ペロンの亡命など）に加え，労働者にとって不利で，害を与える経済政策のために，ペロニズムは権力の強力なオルタナティブとなった。その結果，1973年，ペロンは圧倒的な支持のもとに大統領に返り咲く。

ペロン帰国，そして軍政時代へ

　ペロンが帰国したときには政治的緊張が高まっていた。社会的抗議が高レベルに達し，労働の場で階級的立場を掲げる労組が大幅に増え，様々な左翼組織が大きく発展していた。ペロン政府は，カンポラ，ラスティリ，そしてその後

継者(マルティネス・デ・ペロン)もそうであったが、主として、労働者階級や学生の高レベルな社会紛争に終止符を打つことを目指した。しかし、逆に新たな問題を引き起こし、社会は一層、不安定化した。

これに対し、ペロンは様々な合法的、強権的手段に訴え、社会紛争を制御し、また、ペロンのリーダーシップに疑問を呈し、オルタナティブとして社会主義を掲げる左派を排除した。しかし、こうした社会的政治的抗議を抑制するための手段も失敗に終わった。

1974年にペロンが死去すると、妻が政権を引き継いだが、緊張は倍加した。社会的緊張の激化に加え、経済指標も悪化し、経済権力を握るセクターが軍と手を結んでクーデタを実行した。1976年の自称「全国再編成過程」である。

軍事独裁政権は1940年代に確立した労働市場を再編しようとした。そのためには、それまでに労働者階級が獲得したすべての社会的経済的権利に終止符を打つ必要があった。軍事政権は激しい抑圧手段(投獄、強制的失踪、拷問など)によって労働者を屈服させようとした。これらの抑圧は労働運動内部で活動していたグループ、とくに左派やペロニズムの上にのしかかった。ペロニスタ党の労働者のなかには政府と協力した指導者もあったが、投獄されたり、亡命したりした人々もあった。さらに急進的なセクターの人々は誘拐されたり、虐殺されたりした。

このような恐怖の体制にもかかわらず、労働者たちは軍事独裁に対し様々な形で反対運動や抵抗を行った。また、様々な人権団体がジェノサイドを非難した。1982年に英国に対するマルビナス戦争に敗北すると、1983年に選挙が行われ、民主主義体制が再生した。

3 民政復活——ペロニズムの変貌

アルフォンシン政権——中間層の獲得を目指すペロニスタ党

この選挙は今日の民主主義体制の始まりを意味するものであった。このときには急進市民連合(UCR)のラウル・アルフォンシンが大統領となった。これは前代未聞の現象であった。制限のない選挙であったにもかかわらず、ペロニズムが初めて敗北したのだ。

この敗北はペロニスタ党に大きな政治危機をもたらした。指導部の(部分的

第**13**章　アルゼンチン

ではあったが）世代交代を生んだのである。これは重要であった。労働者階級も大きく変化していた。軍事独裁政権の社会経済政策によって製造業の労働者が減少し，第3部門のサラリーマンが増加していたのである。それはペロニズムの概念や綱領や党員構成に影響を与えた。

ところが，労働組合の指導者は（ペロニズムに大いに同化していた），労組の力を削ごうとする新政権の法律を阻止することに成功した。そのため，ペロニズムは，政治的局面が変わっていたにもかからず，自らが持つ力を感じ始めていた。

1985年からの民主化時代には，ペロニズムは，革新的潮流（同じく自称である）の指導部のもとで，軍事独裁後の体制に適合しようとした。その主要目標は，ペロニズムをヨーロッパ風の大衆政党に変えることであった。そのためには，これまでのような労働組合に基礎を置く組織から，地域レベルで組織された党に転換することが必要であった。これはペロニズムに反対していた中間層や専門職の取り込みを意味した。その一方で，民主主義的価値を中心にすえた（アルフォンシンと同様の）新しい言説を打ち出した。

こうしてペロニズムは灰の中から立ち上がった。その最初の表れは，ペロニスタ党が1987年4月の聖週間の軍部の反乱において大きな役割を果たしたことである。党はアルフォンシンの軍に対する姿勢をほめたたえたのだ。第2の表れは1987年9月のブエノス・アイレス州知事の選挙戦と，その勝利であった。このときにはアントニオ・カフィエロが当選したのだが，彼は党刷新の中心人物となり，制度を信頼し，尊重するという党のイメージを高めた。この知事選では，党は1983年の選挙とはまったく異なる選挙手法や，ボキャブラリーや，共和主義的メッセージを用いた。たとえば，大衆集会は他の候補との議論や広告やテレビ番組への出演などにとって代わった。政治的自由や民主主義といった価値の尊重を中心に据えることで，中間層を惹きつけようとしたのである。

労働紛争は，1983年以来，大幅に増加していた。新政権の発足を好機と見て，労働者は賃金改善の要求を出したり，独裁政権中に解雇された労働者の再雇用を要求した。

他方，政府は，経営者や労働者の代表との話し合いを通じて，経済的問題に関する協約メカニズムを打ち立てようとした。このころ，CGT（労働者総同盟）

はペロニズムを信奉する人々が指導部を握っており,賃金,集団契約,社会事業関連法に関する主要な交渉者となった。しかし交渉はほとんどが失敗に終わった。それを象徴するのはアルフォンシン時代の3度のゼネストである。

メネム政権——ペロニズムの新しい政府スタイル

80年代末になると,アルフォンシン政権にとって混乱は倍加した。労働問題に加え,軍事蜂起やインフレ悪化問題が起きた。力を行使した賃上げ要求が増えたほか,食糧を求めるスーパーマーケットの略奪などもいくつかの市で起きた。

こうしてペロニズムによる政権掌握が期待され始めた。党内で候補者選出のための最初の選挙が行われた。勝利したのはラ・リオハ州知事のカルロス・メネムであった。彼は1989年の大統領選挙の候補者となる。

メネムは,表面的には伝統やペロニズムのシンボルに訴えているように見えたが,イデオロギー的には大きく転換していた。世界で起きていた現象と同じものであり,党大会でも1980年代半ばに提案されていた。

メネムは1990年代の国際的な変化にいち早く適応した。これはラテンアメリカにおける新自由主義と軌を一にするものである。彼は,「帝国主義に立ち向かう」ナショナリズムの擁護を基礎とした古典的ペロニズムのレトリックをわきに追いやり,米国や国際金融機関に適合しようとしていた。そのため,就任後,数週間もたたないうちに,ワシントン・コンセンサスに基づく指針を体系的に適用していった。また,すぐさま,対外貿易を大幅に開放する経済政策や公共企業の民営化を開始した。これは過去のペロニスタ政府の工業発展政策や福祉政策に反するものでもあった。

それとともにペロン主義の政治的イデオロギー的再編が進んでいった。メネムは演説や行動で,新自由主義思想や,先に述べた党内の「刷新」の潮流への同化を強めた。とはいえ,これは実際には直線的に進んだわけでも,急展開したわけでもなかった。任期中には,古典的ペロニズム風の権力スタイルをとったかと思えば,強いカウディージョ的な面を見せたりした。また,テレビ番組など様々なメディアを利用した。同時に,歴史的ペロニズム(労働者階級や国の利益と結合した社会運動)の伝統的ディスコースを放棄し,「友愛」,「国民の団結」,「アルゼンチン人の間の平和」,「第一世界への参入」の必要性などを訴え

た。ビジネスや，スポーツや，芸術世界などで秀でた多くの民間の人物を，イデオロギーとは無関係に，政府に組み入れた。

変化する労働者階級——ペロニスタの分裂

メネムの経済政策は高収入のセクターの手に富を集中させた。経済の一次産業化や外国への身売りも起きた。その結果，失業や半失業，荷重労働の指数も上昇した。

他方，雇用契約の規定も変化した。有期雇用が一般化した。3年から6カ月の使用期間が制度化され（理由や保障のない解雇の容認），保障額も削減されるなどした。団体交渉では双方が交渉レベルを選択することができるようになり，賃金引き上げは生産性と結びつけられ，賃金が食券で支払われたり，労働災害に対する企業側の義務が変更されたりした。

1990年代には，団体交渉を中心とするシステムが消滅した。これは第1次ペロン政権以来実施されてき主要な制度の1つである。労働市場の変化により，経営者は労働者が拡散したのを利用して，契約や労働条件を柔軟化した。これによって，労組の圧力や交渉力は後退した。労働者の立場が弱体化したことによって，経営側の意思が押しつけられ，労働の場における組織化や闘争は沈滞した。

これは労働組合トップの大多数のふるまいが変化したこととも無関係ではなかった。労働市場の柔軟化は，賃金労働者に対する資本側の攻勢を強めることになったが，その一方で，労組指導部に対する交渉や取り込みのための戦略が取られた。その結果，少なからずの組合指導者が新自由主義モデルと協調する「企業家組合員」となり，公営企業の民営化，社会事業の規制緩和，年金や労働災害のための保険ファンドの設置，労働者の不安定雇用などに加担した。労働組合指導者は官僚となったのである。労働運動の内部で資本主義を目指す階層となり，一般労働者の利益から日ごとに距離を置いていった。

メネム第1次政権が始まった直後に，CGTは，政府の政策を前に分裂した。支配的潮流となったのは，新しい政治的情勢に適応する派であった。社会事業の資金を動かすなど，コーポレイティブな利益の保持を優先した。組合部門が新自由主義的政策を受け入れたことにより，ペロニスタ政府はその経済政策の適用にあたり一定の合法性を手にした。

このような状況が2年続いたあと，新自由主義政策に疑問を呈する組合グループが誕生した。アルゼンチン労働者中央本部（CTA），アルゼンチン労働者運動（MTA），階級主義闘争派（CCC）などである。

1990年代以来，労働紛争の数は減少傾向が続いていた。メネム政権初期には，組合運動は主に，実質賃金の下落を防止したり，公営企業を守ることに向けられていた。その後，解雇や停職，賃金支払いの遅滞などに関する要求が出されるようになった。第2次政権下（1995～99年）では不況のために，労働紛争の数は減少し，雇用の確保に重点が移った。

民主主義体制の危機――続く短命政権

そのなかで，UCRのフェルナンド・デ・ラ・ルアが大統領に就任した（1999～2001年）。彼はメネムの経済政策を継承した。これは労働改革が採択されるとともに一層進展した。この労働改革法に対しては，90年代半ばにも様々な州で反対運動が展開されたものである。商店などの略奪が多発するなど社会紛争が増大した。生活レベルの低下，国民の不信の拡大，弾圧強化などのためであった。一連のデモが繰り返されたあと，大統領は辞任した。これは支配階級に大きなインパクトを与えた。様々なセクターの労働者階級や中間層による運動によって，民主的に選出された大統領が放逐されたのはアルゼンチン史上初めてだったのである。

急進党大統領の辞任のあと，4人の大統領が跡を継ぎ，制度危機を乗り切ろうとした。このうちの最後の大統領エドゥアルド・ドゥアルデ（2002～03年）は，組合指導者と一連の協定を結び，ある程度，政治情勢を鎮静化することができた。しかし，失業者とはうまくいかず，抗議行動は続いた。行動は止まず，2002年6月には警察の弾圧のためにデモ参加者2名が死亡した。これを機にドゥアルデは選挙を前倒しすることを決定した。選挙ではネストル・キルチネルが当選した。再び，ペロニスタが大統領に返り咲いたのである。

4　ネストル・キルチネル政権

新しいペロニズムの追求

キルチネル政権は2003年に発足した。キルチネル政権（2003～07年）と妻の

フェルナンデス・デ・キルチネル政権（2007～15年）の10年間には新しいペロニズムの形が取られた。全体として広範な経済の再生が実現し，雇用も増え，20世紀末から21世紀初頭まで続いた不況のサイクルに終止符が打たれた。

一方，経済的政治的危機にもかかわらず，1990年代に始まる資本主義の再編過程は続いた。労働の柔軟化，第一次産品輸出の自由化（とくに大豆，石油，鉱産物），民営化，金融部門の拡大が推進された。

同時に，キルチネル大統領は，2001年の危機の際には大きな疑問が呈されていた共和主義的制度の回復に着手した。大統領と民主主義システムの主要なアクターの力を強化することによって，市民社会と政治社会との社会協約を復活しようとしたのである。そのため，問題視されていた数人の最高裁判事が更迭され，独裁時代の抑圧に関わった軍人の文民法廷での裁判の再開など，人権組織が求めていた政策も実施された。

経済が回復したことによって，労働者階級は，賃金構成の改善という歴史的要求を再び行うことができるようになった。これは再開された労働協約に関する団体交渉を通じて実施された。それ以来，毎年，見直しを行う合意事項は増えていった。しかしながら，すべての賃金生活者がこうした協約に包含されたわけではなかった。インフォーマルな労働者が相当数，存在し続けていたからである。その結果，この10年間には雇用は増加したが，圧倒的な労働力の不安定化は続いた。

協約の締結により，組合員に対する労働組合の役割は高まった。一方，何人かの労働者代表が国に返還された公営企業の経営委員会に入った。その結果，労働組合指導部とキルチネル政権の関係は素晴らしいものとなった。CGTとの安定的協約の追求は，政権の合法性の獲得や，（部分的ではあったが）消費能力を拡大し，生産性を引き上げるという大統領のプロジェクトにとって，中心的柱の1つであった。しかしながら，政権初期のCGTに対する厚遇と利益供与は，政治的な対立と経済危機の悪化のために，2010年から変化していく。

こうしたCGTとの協約にもかかわらず，多くの労働紛争が起きた。賃金の引き上げを求めたものであり，また不安定雇用が進んだことによるものであった。なかでも，最も大きな反響を呼んだのは，指導部とは無関係に下部組織，とくに各企業の内部委員会や労組代表が主体になって行った闘争である。しかし，中には大規模なものもあったが，かつてのように既成制度のあり方を転換

するには至らなかった。

フェルナンデス・デ・キルチネル政権——分極化が進むアルゼンチン社会

　2007年にはクリスティナ・フェルナンデスが大統領となった。これはドゥアルデ，キルチネル両政権のもとで実現された経済回復とガバナビリティの回復によるところが大きい。

　フェルナンデス政権は，夫のキルチネル政権と同様，個人的な力の行使を強く意識した政権だが，決して制度を破壊することはなかった。しかし，政権の政策によって（とりわけ第2次政権では）社会の分極化が大きく進んだ。とくに確執が深まったのは農牧セクター，大メディア，異なる潮流の労組である。

　なかでも最もインパクトが大きかったのは農牧生産者との紛争である。政府が一部の一次産品の輸出に課す徴収金を変更したことによるものだが，野党や主要なメディアが農牧生産者と結びつき，4カ月近くにわたって操業停止や道路の封鎖や動員が繰り広げられた。農業部門の企業による力の行使は，社会の政治的分極化が依然として続いていることを示すものであった。これはフェルナンデス政権の終焉に繋がることになる。

　このような国民間の対立は，ペロン政権時代以来，アルゼンチンには存在しなかった。すべての政治的アクターやメディアが対立的な言辞を弄する時代が始まった。政府に一体感を感じていた人々ですら反対派となった。

　フェルナンデス政権の末期のやり方も分裂を促進した。これは統計機関に介入することによって公式の数値を操作し，インフレや貧困の拡大を認めようとしなかったことから始まった。このような姿勢はそれまで政府の強力な同盟者であった労働組合との紛争ももたらした。キルチネル，フェルナンデス両政権下では，戦線内部における労組指導部の存在は非常に大きくなっていたのだ。

　この30年間における，政府と労働組合指導部との関係は，常に一定というわけではなかった。キルチネル政権が始まってからフェルナンデス第1次政権半ばまでは，労働組合の中心人物であるウゴ・モヤノとの関係は協定によって安定していた。しかし，ペロニスタ党の候補者リストに労組の指導者が入るなどの問題が起きると，新自由主義経済モデルへの批判も相まって，大統領と労組幹部の様々なセクターとの間に対立が起きた。そのなかで，ウゴ・モヤノなどのCGT内部の反対派は，パブロ・ミケリらCTAの一部とともに2012年

11月に反政府ゼネストを行った。以来，労働運動は5つの全国組織に分裂した。一方は，CGT，CGT 反対派，CGT AZUL y BLANCA，もう一方は CTA と CTA 反対派である。

　同じく重要なのは，これと並行して，2011年にフェルナンデス再選を支持していた有権者のなかに亀裂が起きたことである。その原因の1つに政権末期の経済情勢の悪化がある。これはとくに，IMF との債務の契約をキャンセルし，中央銀行の資金を利用したことによるものであった。くわえて，貿易赤字が減少したために（燃料輸入の拡大による），外貨準備が急減した。そのため政府はドルの購入を大幅に制限した。外貨へのアクセスの制限はアルゼンチンでは最も不人気な政策の1つである。

　こうした政策は，政権初期の支持層であった中間層を中心に大きな影響を与えた。他の要因も重なり合い，ペロン派の有権者は徐々に他の政治グループに拡散していった。その結果，2015年の大統領選挙ではフェルナンデスが支持する候補者が敗北し，企業家のマウリシオ・マクリが当選した。

5　ペロニズムに阻まれた左翼労働運動の発展——結論に代えて

　70年間にわたり，ペロニズムはアルゼンチンの政治における主要なアクターであり続けた。ペロニズムは，クーデタや選挙での敗北など，様々な制度的破綻に対しても適応力を発揮した。このように長期にわたり存続できたのは，内外の情勢の変化に対し，その言説を再編し，プラグマティックに対応してきたことによる。この点について興味深いのは，ペロンの第1次，第2次政権が第2次世界大戦の終結に伴う世界情勢の変動に対応するために，他のラテンアメリカ諸国政府のポプリスタ政策を導入したことである。同様に，第3次ペロン政権では国際情勢に二重の変化が起きた。一方では，南米南部で軍事政権が発足し，他方では学生運動が高揚した。その後，メネム政権はラテンアメリカを覆う新自由主義の波に身を投じ，キルチネル政権とフェルナンデス政権も，ラテンアメリカの「進歩的政権」を自称しながら，同様の道を歩んだ。

　他方，ペロニズムは歴史的に労働者階級の要求の充足を目指してきたが，ある時には中間層の様々な要求にも耳を傾けた。労働者階級とともに中間層へ接近したのは，政府の政策が住民の消費拡大に向けられたときである。しかし，

近年のペロニズムの政策は資本主義的なガバナビリティの枠内にとどまっている。

表面から判断すれば別の見方も出てくるかもしれないが，しかし，ペロニズムは資本・労働間の紛争を避けるためのイデオロギー運動である。このように考えるならば，アルゼンチンにおいて，なぜ，労働運動内部での左翼勢力の発展が大きな障害にぶつかるのかが理解できる。

最後に，重要なのは，ペロニズムは，その成立から今日に至るまで，様々な社会集団すなわち，軍，企業家グループ，カトリック教会等々において，大きな存在だったということである。他の政党組織とは異なり，ペロニズムは，何十年にもわたり，これらのセクターの要求の一部を，部分的に（あるいは全面的に）充足しようとしてきた。ここからもまた，ペロニズムがアルゼンチンの社会や政治において，なぜ長期にわたり存在し続けてきたのかが見えてくる。

（原題：Alejandro M. Schneider, El peronismo: Algunas cuestiones para aproximarse a este fenómeno político.）

第14章 チ リ
―― コンセルタシオン政権と新自由主義の行方 ――

岡 本 哲 史

1 分析の視角

　南米の小国チリは，20世紀に世界で最も激烈な形で新自由主義の波に飲み込まれた国の1つである。新自由主義政策の萌芽的な採用は1950年代後半にも見られたが，それが本格的かつ自覚的に採用されたのは，1973年から16年半続いたA・ピノチェ（Pinochet）による軍事独裁政権の時代であった。軍政は，逮捕，拷問，拉致，処刑という血なまぐさい手法を総動員して国民の抵抗を抑え込み，世界で初めて反ケインズ主義という明確なイデオロギー的アイデンティティを有した新自由主義政策を徹底した形で実施し世界を驚かせた。
　軍政が採用した新自由主義とは，フリードマンやハイエクなどが提唱した新古典派経済学の政策イデオロギーのことであり，一言で言えば，国家の経済介入や規制を最小化し，経済社会の隅々にまで市場原理（＝利潤原理）を張り巡らせて，企業の自由競争と福祉に頼らない国民の自助努力によって経済成長と社会発展を促そうという経済思想のことである。チリの場合，貿易の自由化や直接投資の奨励という，以前にもあった自由化政策に加え，福祉国家の解体（公企業の払い下げ，医療・年金・教育の民営化，社会支出の削減）という，これまでとはベクトルの向きが根本的に異なる政策が想像を絶する抑圧体制の下で実施されていった。
　チリはその後長い苦難の歴史を経て1990年，ようやく民主体制を回復する。軍は兵舎に戻り政権は文民の手に戻った。このときから2010年までの20年間，軍にかわりチリで政権を担ったのは，反軍政諸政党の連合体であるコンセルタシオンであった。
　コンセルタシオン（正式名称は，「民主主義を希求する政党協約 Concertación de Partidos por la Democracia」）とは，1989年3月に大統領としての任期が切れる

独裁者ピノチェが，その後さらに8年間大統領として居座るか否かを問う国民投票（1988年10月実施）の際に，反軍政諸党が大同団結して結成した政党連合のことである。コンセルタシオンはこの国民投票に勝利した後，1989年，93年，2000年，06年の大統領選挙でも連勝し，1990年から2010年まで，コンセルタシオン政権と総称される4つの中道～中道左派政権を打ち立てた。すなわち，P・エイルウィン（Aylwin, キリスト教民主党DC, 1990～94年），E・フレイ・ルイス・タグレ（Frei Ruiz-Tagle, キリスト教民主党DC, 1994～2000年），R・ラゴス（Lagos, 民主主義希求党PPD, 2000～06年），M・バチェレ（Bachelet, 社会党PS, 2006～10年）の4政権である。

　20年もの間，同一の政党連合が崩壊せずに政権を維持し続けたというのは，ラテンアメリカではもちろんのこと，世界でもあまり例のない政治現象であり，国民からの支持率も総じて高かった。しかし，どのような権力も必ず腐敗する。長期政権ならばなおさらである。かつては，軍政の打倒，民主主義の回復・強化という点で一致団結し，その倫理性が高く評価されたコンセルタシオンであったが，2002年頃から汚職スキャンダルが続発するようになり，政府人事などをめぐる政争の激化と相まって，国民の期待とコンセルタシオンの結集力が低下し始める。その結果，2010年の大統領選挙ではコンセルタシオンから立候補したフレイ元大統領が敗北し，軍政期を除けば実に52年ぶりとなる右派政権（S・ピニェラPiñera, 国民革新党RN, 2010～14年）の誕生を許してしまった。

　コンセルタシオンの成立経緯からして，歴代コンセルタシオン政権の課題が軍政期の負の遺産の克服であったことは容易に想像できよう。しかし，民主化や人権問題の追及のように躊躇なく方向性が定まった負の遺産とは異なり，軍政期の新自由主義政策を負の遺産と捉えるかどうかについては，国民の間ではもちろんこと，コンセルタシオン内部でも意見が分かれた。新自由主義を徹底批判する左派からは「コンセルタシオンこそピノチェの最大の継承者である」と揶揄され，右派からは，「国家財政を浪費するポピュリズム政権」と批判される。真実はどこにあるのだろうか。

　本章では，コンセルタシオン政権下のチリが軍政期の負の遺産をどのように克服してきたのか，とくに，軍政期の新自由主義政策をどのように変え，あるいは変えなかったのかを考察し，政策からうかがわれるコンセルタシオン政権

の性格を可能な限り長期の視野にたって分析してみたい。

2 コンセルタシオン政権の功績

　多くの論者が一致してコンセルタシオン政権の功績だと考えているのは，(1)軍政による人権侵害被害の真相究明と民主化の促進，(2)貧困の削減，(3)安定した経済成長，という3つの分野である。

人権問題への対応と民主体制の強化
　人権侵害の真相究明は民主化の直後から始まった。エイルウィン大統領は，1990年4月に「真実と和解の国民委員会（Comisión Nacional de Verdad y Reconciliación，通称レティグRettig委員会）」を，92年2月には「賠償と和解の国家機構（Corporación Nacional de Reparación y Roconciliación）」を設置して人権侵害状況の調査を行い，総勢3195名に上る死者・行方不明者1人ひとりの被害状況（死者数の推計には異説もある）を明らかにして被害者遺族への国家賠償の取り組みを開始した。

　もちろん，軍政期の闇を追及する試みは決して平坦な道のりではなかったが，1998年10月，ピノチェがロンドン滞在中に「ジェノサイドの容疑」で逮捕されて以降状況が一変する。2000年3月，イギリスでの軟禁生活を解かれチリに帰国すると，今度はチリの司法によって裁かれる立場へと転落し，ピノチェと軍の権威は失墜してしまったのである。この頃になると，軍自体がピノチェ時代の組織的な人権侵害を認め，かつての秘密警察長官が逮捕起訴されるなど，政治と軍の関係は大きく変化し始めた。

　ピノチェの裁判は，激しい法廷闘争に持ち込まれたため進展しなかったが，政府による真相究明の努力はその後も続けられ，2003年9月に設置された「政治犯と拷問に関する国民委員会（Comisión Nacional sobre Prisión Política y Tortura．通称バレチValech委員会）」は，2014年12月，3万4690人の政治犯と2万8459人の拷問被害の実態を明らかにし，以後，国家賠償の取り組みが強化された（ラゴス期）。また，2005年6月には，人権調査や政策勧告などを行うINDH（「人権のための国民機構Instituto Nacional de Derechos Humanos」）を設立する法案が提出され，4年後の2009年11月（バチェレ期）に成立，発足する

運びとなった。

　このような政軍関係の変化を受け，軍政が新自由主義の理念を具現化した1980年憲法の権威主義的な制度設計にも改革のメスが届くようになる。コンセルタシオンは世論を追い風に野党との交渉を粘り強く進め，2005年8月，ラゴス政権の下でようやく憲法の一部改正にこぎ着けることができたのである。この憲法改正によってピノチェが自分ならびに軍の組織的保身のために導入した様々な非民主的な政治規定（上院の任命議員制度や終身議員制度，軍の最高司令官の非解任特権）が廃止されると同時に，軍の政治介入を可能にしていた憲法裁判所や国家安全保障会議の構成や位置づけが民主的なものへと変更された。

貧困の削減

　貧困削減も，コンセルタシオン期の功績としてよく指摘される項目である。
　軍政末期の1987年には人口比で45.1％の人々が貧困ラインとされる所得水準を下回っていたが，90年以後この数字は劇的に低下し，2009年には15.1％のレベルにまで下がっている。また，貧困ラインの水準をより低く設定し最貧困層と考えられる人々の動向をみても，その比率は同じ時期に17.4％から3.7％にまで減少しており，この間に進んだ貧困削減の実績がはっきりと確認できる。
　このような状況は，コンセルタシオン政権期に実現した高い1人当たり経済成長と，コンセルタシオン政権が実施した様々な経済社会政策が複合的に作用した結果だと考えられるが，ここでは，まず後者の側面に着目して整理してみよう。

(1) **労使関係の民主化と最低賃金制度**

　貧困削減に影響を与えたと考えられる政策には，まず第1に，労使関係の民主化がある。
　軍政から政権を引き継いだエイルウィン政権は，極端に経営者寄りであった軍政期労働法（プラン・ラボラル）の改正を目指し，粘り強く産業界との交渉を重ねることで，正当な事由のない解雇の無効化，解雇に伴う退職金支給額の引き上げ，労働組合の結成を妨げていた種々の条件の緩和，ストライキ期間の上限規定の廃止，労働紛争を処理するための迅速な調整制度の導入，48時間か

ら45時間への週標準労働時間の短縮などの労働保護を実現した。産業レベルでの団体交渉の禁止など労働法に含まれる抑圧的な項目の多くはそのまま改正されずに残ったとはいえ，エイルウィンによってなされた労使関係の部分的修正は，一定程度，労働側の賃金交渉力を高め，底辺労働者の貧困からの脱却に貢献した。

また，エイルウィンは，軍政期には無視され続けてきた実質最低賃金の引き上げにも取り組みその実現にこぎ着けた。最低賃金の引き上げは，エイルウィン以後のコンセルタシオン政権下でも継続的に実施され，底辺労働者だけでなく，平均的な実質賃金の水準にも好影響を及ぼし，貧困の削減に貢献している。

(2)社会支出の増加

労使関係の民主化以上に貧困削減に影響したと考えられる要因は，貧困層を直接のターゲットとした種々の社会政策の実施である。

歴代コンセルタシオン政権は，「公正を伴う成長（crecimiento con equidad）」というキャッチフレーズを多用し，軍政期のように成長が自動的に貧困を解消するとの市場原理主義的な考えを採用せず，国家が貧困削減のために積極的に行動する必要性があるとの認識に立って，最貧困層への現金給付（年金補助，家族給付，水道料金補助など）の新設や増額に加え，様々な組織を通じた就業支援や自立支援，教育支援を実施して，軍政の負の遺産を超克しようと奮闘した。その際，後述するように，新規の社会政策を実行するに当たっては常に財源確保を優先させ，財政赤字を引き起こさない範囲で社会支出を行う財政規律の原則が，歴代すべてのコンセルタシオン政権において固く守られた。

(3)エイルウィン期

エイルウィンは，社会政策を実行するにあたって，まず財源確保のために税制改革法案を議会に提出し，その通過を待ってから政策の実施を開始するスタイルを採用した。法案は野党との交渉の中で理想的な形にはならなかったものの，それでも，付加価値税（IVA，16％→18％）や法人税の引き上げ（10％→15％），徹底した脱税防止策の採用が合意され，増収分で社会支出の増加（貧困世帯への現金給付の引き上げ，公立病院，公立学校への補助，公営住宅の建設など）をまかなうことができた。

1990年10月には、FOSIS(「連帯と社会投資のための基金 Fondo de Solidaridad en Inversión Social」)と名付けられた基金が作られ、社会福祉施策が本格始動する。FOSISは、社会的排除を受けている零細業者や貧農、職のない若者等に金銭給付を行って支援を終了するのではなく、細かな経営支援、技能形成支援、就労支援プログラムなどを行うことで人々を自立させ、貧困の悪循環から脱出させることを目的としていた。さらに、91年にはSERNAM(「女性と平等なジェンダーのための全国サービス」)が、93年にはCONADI(「先住民開発公社」)が、94年1月にはFONADIS(「障害者国民基金」)が設けられ、貧困世帯や女性、障害者、先住民などへの差別をなくし、彼(女)らの社会的包摂や機会の平等を促進するための様々な支援策が実施されるようになった。

(4) フレイ期

フレイ期の1998年にはアジア通貨危機の余波がチリにもおよび、経済は一時混乱したが、それでも、前政権に続き社会支出の拡充は行われ、絶対額だけでなく、対GDP比率でも大きく伸びた(95年=約12%→99年=約15%)。フレイは、公教育の衰退に対する歯止めとして、学校設備の改善、カリキュラムの改正、授業時間の延長の他に、教員規則の改正(95年)を行って教員の賃金引き上げと労働条件の改善を行った。貧困世帯向けの住宅建設も続けられ、エイルウィン期と合わせ、90年代には80万戸の住宅が供給されることとなった(これは80年代の数字の倍)。新しい福祉事業としては、95年1月、高齢者福祉を担う「高齢者のための全国委員会」が立ち上げられ、この組織は、2002年のラゴス期のSENAMA(「高齢者全国サービス」)へと発展していく。

(5) ラゴス期

2000年代には社会政策がさらに大きく躍進した。ラゴス期には、①新しい貧困克服政策、②失業保険、③医療保険、④住宅、⑤教育などの分野で目立った進展があった。

まず①であるが、これは2002年(法案成立は04年)に、最貧困層の社会的保護を目的として「連帯チリ(Chile Solidario)」と呼ばれる公的サービスが立ち上げられたことを指す。「連帯チリ」は、ラゴス政権の目玉政策の1つであり、90年代までの政策通念をあらため、「貧困克服は最貧困層の社会的権利であ

る」との考えに立って，分野ごとに分かれていたプログラムの窓口を「連帯チリ」に一本化し，リスクを抱えたプレカリアート層が多様な支援を確実に受けられるよう制度を進化させた。最貧困層にとっての「連帯チリ」の恩恵は大きく，2005年には参加家族あたり月に100ドル程度の給付が行われ，08年半ばにはおよそ31万人がこのプログラムに登録し，受益世帯のほぼ4割の世帯主は女性であった。

次に②であるが，ラゴス政権期には，これまでなかった失業保険制度が創設された（2002年）。保険料は，労働者と雇用主と国の三者が拠出し，労使の拠出分は労働者の個人口座に，国の拠出分は「連帯基金」に積み立てられた。この制度がカバーする労働者数は多く，制度は進歩的なものであったが，給付額が少なく，連帯基金からの補助額もわずかであったため，バチェレ政権の2009年には与野党合意の上で，連帯基金からの支出を増やし，対象者を短期の契約労働者にまで拡充し，カウンターシクリカルな給付，失業者への雇用訓練などを盛り込んだものへと改正されることとなった。

③として注目されるのは，2005年から始まった「アウヘ計画」（Acceso Universal de Garantías Explícitas, AUGE）である。これは，国が指定する56種類（2013年時点では80種類）ほどの疾病患者に対して，政府が治療費を補助し（患者の負担上限は2割）遅滞なく良質な治療が受けられることを保障する制度（ユニバーサルな医療アクセスの実現）である。公立病院で対応ができない場合には，私立病院を利用することも可能となり，医療保険に加入していない貧困層も無料で医療ケアを受けられるようになった。

④としては，2001年7月に創設された「住宅連帯基金（Fondo Solidario de Vivienda）」が有名である。ラゴス政権はこの基金を用いて貧困層向けの住宅建設を行い，「チリ居住区（Chile Barrio）」計画（1998年，フレイ政権期に開始）や「連帯チリ」とも連携しながら，チリのスラムを一掃し，最貧困世帯を国家が支える社会的ネットワークへと編入することが目指された。

⑤の教育政策としては，義務教育年限の12年への引き上げ，終日学校制（午前中だけで授業が終わる制度の廃止），学校インフラの整備，国家保証付き教育向けローン制度の導入などが挙げられる。

(6) バチェレ期

バチェレが目玉政策の1つと位置づけたのは、年金改革である。

年金基金運用会社（AFP）から年金を受け取るためには、従来は20年の積立が必要であり、事実上、高所得の正規労働者しか充分な積立が困難であった。そのため、AFPの年金制度からは多くの国民がこぼれ落ちていたが、バチェレ政権は2008年、「連帯年金制度（Sistema de Pensiones Solidarias）」を創設し問題の解決を図った。新法では、65歳以上のすべての国民が「連帯基礎年金（Pensión Básica Solidaria）」を受け取れると明記され、積立をしてない貧しい年金無資格者や障害者にも月額150ドル程度の連帯年金を支給する制度（「連帯の柱（pilar solidario）」）が設けられた。これにより、08年以後、男性で45万人、女性で75万人程度の老齢者、障害者がその恩恵を受け、貧困の削減に大きく貢献したといわれている。

安定したマクロ経済成長

コンセルタシオン期に経済が安定成長したことも、コンセルタシオンのポジティブな要素として語られることが多い。これはいうまでもなく、上で述べた貧困削減の大きな原動力の1つであった。

図14-1をみると、1990年に27.3％だったインフレ率は99年の2.3％まで順調に下がり、その後も、ほぼ数％台にインフレを押さえ込んでいたことが分かる。実質GDPの成長率も安定しており、マイナス成長になったのは、アジア通貨危機の余波を受けた99年と、リーマンショックの影響を受けた2009年だけで、それ以外はプラス成長を維持し、とくに90年代前半の高成長が目立っている。図14-2で対外収支の状況をみると、99年からの持続的な貿易収支の黒字化が顕著となり、チリにおける慢性的な経常収支赤字の改善傾向が読み取れる。

図には掲げていないが、コンセルタシオン期（1990～2009年）の成長を軍政期（1974～89年）の成長と比較すると、前者は年平均5.1％、後者は2.9％であり、コンセルタシオン期の方が高かったことは興味深い。1970年の実質賃金の水準を100としてその後の推移を比べてみても、軍政期には平均して82程度の低い水準に低迷していたが、コンセルタシオン期には133の平均値を示しており、国民の生活条件が全般的に改善したことが分かる。失業率の平均値

第14章 チ リ

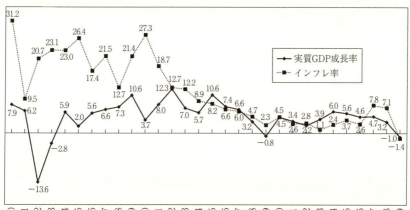

図14-1　チリの実質GDP成長率とインフレ率（1980～2009年，%）
出所：GDP成長率はCEPAL（2009）の1.1.1.2表より採取。2000年ドル固定価格表示の対前年変化率。2009年の数値はチリの政府統計で補完。インフレ率はINEの下記ホームページより採取。INEが集計した各年12月期の消費者物価指数を前年比で計算。
http://www.ine.cl/canales/chile_estadistico/estadisticas_precios/ipc/series_antecedentes_historicos/index.php

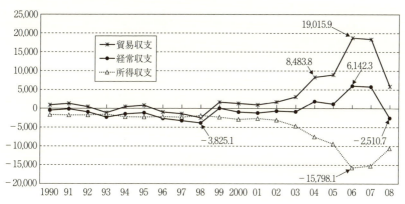

図14-2　チリの対外収支（1990～2008年，2000年固定100万ドル表示）
出所：CEPAL（2009）9.2.5表のデータをグラフ化。

もみても，軍政期は18％と高かったのに対し，コンセルタシオン期は8.7％と大幅に下がり，この時期の貧困削減に大きな貢献をしたことがうかがえる。

293

3 コンセルタシオン政権による新自由主義の継承と修正

以上第 2 節で整理した一連の政策は，コンセルタシオン政権のポジティブな側面として語られることの多い政策群である。しかし，以下に述べる経済政策に関しては，軍政期の新自由主義路線の継承という色合いが強く，論者によってその評価が大きく分かれる。

貿易政策

貿易をめぐる政策は，新自由主義路線を継承した最も典型的な事例の 1 つである。軍政が始めた対外開放路線が堅持されただけでなく，軍政末期の 15％という一律関税率は，エイルウィン期の 1991 年には 11％に，ラゴス期の 2003 年には 6％という低水準にまで下げられ，関税率の推移をみる限り，グローバル化戦略は強化されている。

ただし，政策には若干の変化があった。軍政期の貿易政策が一方的な関税引き下げという手法だったのに対し，コンセルタシオンの場合，相互主義・地域主義の立場にたった貿易協定を結ぶことで，対外開放と引き換えに市場開拓を狙う，より戦略的な対外開放路線が目指された点である。

チリは 1996 年に初めてカナダとの間で自由貿易協定（FTA）を締結した後，2002 年には EU との間で経済連携協定（EPA）を，04 年には米国との間に自由貿易協定を締結し，コンセルタシオン政権が終了する 09 年までの間に，韓国，中国，日本，オーストラリアなど多くの国々と FTA や EPA を締結していった。また，軍政期の 1976 年にアンデス地域統合から離脱して以来，チリはラテンアメリカの地域統合から距離をとっていたが，コンセルタシオン政権期には「開かれた地域主義」の重要性が強調されるようになり，アンデス共同体（1993～2008 年，調印年）や中米，メルコスール諸国（1996 年）との間にも協定が結ばれるようになった。

以上のような積極的自由貿易戦略によってチリの輸出に不利な関税や制限措置は急減し，チリからの輸出の多くは特恵関税の対象となっている。二大市場である EU と米国の事例でいうと，無税輸出の対象となる品目はそれぞれ 85％と 97％に及び（2008 年），ラテンアメリカ地域での特恵待遇は，チリの非伝

統的産品の輸出拡大に大きく寄与している。

外資政策

　外資政策に関しても，アジェンデ期のような敵対的な対応を復活させることなく，軍政期同様，直接投資の奨励策が継承されている。適用法令としては軍政期の自由主義的な外資法（DL600）がそのまま引き継がれると同時に，資本勘定の自由化措置も進められ，1980年代の金融危機に際して導入された様々な資本流出規制は撤廃された。これにより，90年代前半には鉱山部門への，90年代後半以後には民営化を契機とした電力・ガス・水道，金融サービス，通信事業分野などへの直接投資が進むようになった。

　ただし，1990年代には，82年金融恐慌の再来を警戒し，短資の流入に関しては，マクロ経済の振幅を大きくする不安定要因だとして，これを規制する政策が採用され，その是非が一時，世界的な議論の的となった。91年6月に導入された「エンカヘ（encaje）」と呼ばれる規制がそれである。これにより，間接投資や対外債務を原因とする外資流入はその20％相当額を中央銀行へ無利子で預託することが義務づけられ，国内信用向けの印紙税が対外借り入れにも適用されるなど，投機的な短資流入が抑制された。

　しかし，1998年に，アジア通貨危機の影響を受け資本流入の巻き戻しが生じると，エンカヘの預託率は20→10→0％へと引き下げられ，事実上の廃止となった。その後，為替バンドの変動幅を縮める策や，資本流出を引き留める利上げなどが試みられたものの，どれも決定打とならず，99年9月，ついに80年代半ばから始まった為替バンド制は放棄され，為替レートは完全変動相場制へと移行することとなった。これ以後，実質為替レートの割高傾向は修正されたものの，為替レートのボラティリティは高まった。なお，2000～01年には，残存していた資本移動規制のほとんどが撤廃され，今日の為替や資本取引制度は先進国と変わらないものとなっている（エンカヘは01年4月に正式に廃止）。

財政政策

　忌まわしい軍政を兵舎に追いやったコンセルタシオン政権が，あえて軍政との継続性を強くアピールしたものが，財政規律の重視であった。財政規律の原

則は,コンセルタシオン政権が終焉する 2010 年まで維持され,コンセルタシオン政権のマグナ・カルタのような存在となり,固く守られた。

中道左派政権のコンセルタシオンが財政規律に対し異様なまでのオブセッションを有していたのは,次の2つの背景があったと考えられている。1つには,国民の多くが,アジェンデ政権の野放図な社会支出が破滅的な混乱をもたらした生々しい記憶を保持していたことである。そのため,国民の不安を払拭し,「アジェンデ期の混乱が再び」という野党のネガティブキャンペーンを否定するためにも,財政規律の軽視は政治的選択肢になりえなかった。また2つ目には,キリスト教民主党はもちろんのこと,殉死したアジェンデを敬愛していた旧社会党系の左派政治家自身も,財政規律の欠如がいかなる帰結をもたらすかを歴史的経験から深く学び取り自己批判を行っていたことである。それゆえ,かつて過激な社会主義思想を有していた左派の多くは穏健化し,同時期の他のラテンアメリカの左派に比べてより現実主義的だった。

とはいえ,コンセルタシオンの財政政策を,軍政期緊縮財政路線の継承と言ってよいかどうかは微妙なところである。軍政期の場合,単年度の財政均衡を目指すため,景気の悪化によって税収が落ち込めば財政支出も落ち込む(逆の場合は逆)いわゆるプロ・シクリカル(景気変動増幅型)な特徴があったが,コンセルタシオンの場合,「銅基金」を活用することで,財政支出が景気変動によって左右されない工夫が凝らされていたからである。この基金は,正式名称を「銅所得補償基金(Fondo de Compensación de los Ingresos del Cobre, FCC)」といい,もともと軍政末期の 1987 年に世銀の援助によって設立された基金であった。銅基金の仕組みはシンプルで,銅価格が参照基準を越えて上昇し銅公社コデルコ(CODELCO)からの税収が増えたときには,その一部を基金に組み入れ,税収下落時に財政支出の拡大に活用するという仕組みである。この工夫により,コンセルタシオンは,単年度の財政均衡に縛られることなく,不況時の財政出動という政策の柔軟性を確保し,不況期にも上述したような社会支出の拡充が可能となったのである。

2001 年のラゴス期になると,中長期の財政均衡とマクロ経済の安定を図る上述のような政策は,いわゆる「構造的財政収支ルール」として概念化され,より洗練された政策へと格上げされた。これは,時系列推移から銅の均衡価格と潜在的 GDP を算定し,財政支出をそこから得られるであろう財政収入の範

第14章 チリ

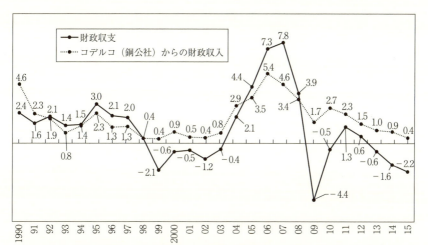

図14-3 チリの財政収支（1990～2015年，対GDP比，％）
注：データは中央政府のもの。
出所：チリ財務省予算局（DIPRES）のホームページよりデータを採取し作図。
http://www.dipres.gob.cl/594/w3-propertyvalue-15494.html

囲内に収めるというルールであり，GDP比1％の構造黒字が目標として設定された。これにより，景気変動にかかわらず財政支出を一定に保つことが可能となり，景気加熱時には財政黒字を，不況期には政府貯蓄を取り崩すか国債発行によって財政支出を確保し，景気変動を緩和することが可能になった。実際，03年までの不況時には，01年に立てた構造的財政収支の範囲内で社会支出が拡大され，一定程度の景気刺激効果が表れた。

さらに，バチェレ期の2006年8月になると，この構造的財政収支ルールは「財政責任法」として制度化され，政府の裁量的なルールではなく，国是としての位置づけがなされるようになった。これにより，政府には財政安定化義務と様々な情報公開義務が課せられ，黒字の一定割合は新たに設けられた2つの基金，すなわち，「年金準備基金（Fondo de Reserva de Pensiones, FRP）」と「経済社会安定化基金（Fondo de Estabilización Económica y Social, FEES）」に積み立てられ，景気悪化時に備えられることとなった。

図14-3は，コンセルタシオン政権期の財政収支を対GDPで表したものである。アジア通貨危機の影響を受けた1999～2003年期には税収減となり大幅な財政赤字が記録されているが，この赤字は銅基金からの繰り入れでまかなわ

第Ⅱ部　ラテンアメリカ諸国の課題

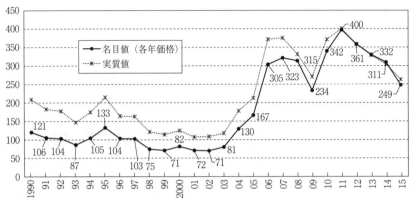

図14-4　銅の世界価格の推移（1990〜2015年，セント）

注：いずれもロンドン金属取引所（LME）の取引価格で1数量ポンドに対する価格（セント）。100セントは1ドル。実質値は2012年の物価指数を基準に算出したもの。グラフに付したデータは各年価格（名目値）のもの。
出所：COCHILCO（チリ銅委員会）のホームページよりデータを採取し作図。
　　http://www.cochilco.cl/estadisticas/precio-metales.asp

れたため，深刻な財政状況の悪化をもたらすことはなく，むしろ景気刺激策として機能している。財政黒字が04年から好転しているのは，この年以後，銅の世界価格が急騰したためであり（図14-4），01〜03年の財政収支はGDP比で0.7％の赤字であったが，07年にはコデルコならびに民間銅会社からの税収が増え，7.8％もの黒字に跳ね上がっていることが分かる。

民営化政策

民営化に関しても，コンセルタシオンは軍政期の政策を継承している。民営化の動きが本格化したのはフレイ期からである。

フレイは1994年に，コデルコが経営していたエル・アブラ（El Abra）銅山をアメリカ企業に，97年には，電力会社のコルブン（Colbún）社をベルギー資本に売却し，97年には，水道事業の民営化法案を成立させた。この法律に基づき，98年にはバルパライソの上下水道公社（ESVAL）がイギリス・スペインの合弁企業に，99年には首都圏の上下水道公社（EMOS）がスペイン・フランスの合弁企業へ売却された。旧社会党出身のラゴスの下でも民営化の動きは止まらず，2001年からは，他地域での上下水道事業が次々と民営化され，04

年9月には,チリ全土で上下水道はすべて民営事業となった。また,ラゴス期の02年12月には,フレイ期の99年に制定された法律に基づき,チリ最南部の無人島が有名なテレビ司会者に売却され話題となった。

　ラゴス期の民営化は,左派からの批判をかわすため,株式を民間に売却するのではなく,最近の日本でも流行し始めたコンセッション（concesión）という手法を用いた点に特色がある。コンセッションとは,所有権を国に残したまま運営や開発を民間に任せて受益者からの料金徴収を認める制度であり,ラゴスはこの手法を用いて,高速道路,一般道,港湾,空港,刑務所などの民営化を推し進めていった。しかし,コンセルタシオン期にすべての公営企業が民営化されたわけではなく,右派野党の強い批判を受けながらも,依然としてコデルコ,鉄道事業などは国営のまま推移している。

4　コンセルタシオン政権の問題点

　コンセルタシオン政権に対しては,これまで様々な批判があった。当然と言えば当然であるが,批判の発信源の多くは,右派・野党からだけでなく,身内とも言える左派からのものである。

教　育

　最も本質的な批判の1つは,軍政期に設けられた,教育や年金,医療制度における過度な商業主義的骨格がなんら是正されていないという論点である。
　軍政期における学校・大学制度への市場原理の導入と自由放任は,初等中等教育においては公立校の衰退と質の低下を,高等教育においては,営利主義的な私立大学の乱立とモラルハザードを生み出し,最後の砦であったはずの国立大学でも,減らされた予算を日本の私立大学なみの高学費設定でまかなう政策が導入され,そのしわ寄せは貧困層だけでなく中流層にも及んだ。しかし,コンセルタシオンは「教育の商業化」という根本問題にはアンタッチャブルで,予算の重点配分（エイルウィン）や教員評価制の導入（フレイ）,学生ローンの国家保証（ラゴス政権）など,小手先の修正で対処して問題の解決を図ろうとしてきたため,国民の怒りは2006年,ついに大規模な学生デモ（ペンギン革命）として爆発し,当時のバチェレ政権は大きな衝撃を受けた。市民運動によ

って独裁政権を倒したコンセルタシオンが，今度は若者の反乱によって窮地に陥ったからである。その後，今日の第2次バチェレ政権（2014年～。第6節で後述）を含め，旧コンセルタシオン勢力は，教育無策の汚名を返上しようと，大学の学費無償化など様々な政策を模索中であるが，その成否の行方はまだ分からない（コラム4も参照）。

医療制度

医療制度についても同じである。貧困層への支援は進んだとはいえ，質の悪い公立病院を抱える公的医療制度（フォナサ，FONASA）には中・低所得者が，質の高い私立病院を抱える民間医療制度（イサプレ，ISAPRES）には高所得者が加入するという制度の二重構造は今日でも変わらず，医療を国民全体で支え合うという共生の原理はコンセルタシオン期にも回復していない。ラゴスが始めたアウヘ計画にしても，イサプレに昔からある問題点，すなわち，疾病リスクの事前評価によって加入者を選別し，高い保険料で低所得者の加入を排除する行為は是正されず，薬価が高く，大手薬局チェーンが異常な高収益を上げている問題などにもメスは入らなかった。

税制の問題

さらに言えば，ラゴスのアウヘ計画には，もう一点，税制の観点から看過できない問題があった。アウヘ計画の実施に合わせ，ラゴス期の法人税（01年＝15％→04年＝17％）と付加価値税（01年＝18％→04年＝19％）は引き上げられたが，所得税の最高税率の方はこの間大幅な低下を見せている点である（01年＝45％→04年＝40％）。

興味深いことに，軍政期1980年代の所得税の最高税率は，50～65％で推移しており，この数字だけをみるとコンセルタシオンよりも累進的であった。「公正を伴う成長」というおなじみのフレーズとは裏腹に，コンセルタシオンの社会政策は，税や社会保障の保険料を平等主義的に再分配して富裕層が痛みを分かち合うのではなく，銅輸出の収益を貧困層に多めに分配するという形での社会政策だったのである。

実際，チリの所得税負担は，OECD加盟国の中でも極端に低く，税収総額に占める所得税の比率はOECDの平均が25.2％なのに対してチリの場合には

わずか4.5％しかない（2000～08年の平均値。ちなみに日本の数字は18.9％）。他方，付加価値税からの税収は全体の48％を占めており，コンセルタシオン時代の逆進的な税制度が浮き彫りになっている（OECD平均と日本の値はそれぞれ31.7％，19.4％）。

経済格差

このような税制の逆進性に関連して敷衍すると，コンセルタシオン期には貧困は減少したが，経済格差がほとんど改善しなかったという厳しい批判がある。

ジニ係数で不平等度を捉えると，1990～2009年のジニ係数の平均値は0.528，軍政期1974～81年は0.519であり，不平等はコンセルタシオン期の方が高いことが知られている。チリのジニ係数は，不平等度の高さが目立つラテンアメリカの中でもとりわけ高く，OECD加盟国（平均値は0.31）のなかではメキシコを抜き最悪の数字となっている（2010年）。

また，最下層世帯20％の所得が全所得に占める比率は，軍政末期の1987年には3.2％だったが，2009年でも3.6％に過ぎず所得分配の改善はみられない。逆に，上位10％層が最下層10％の所得の何倍であったかの比率をみると，1990年に30.5倍だった数字は2009年には46.2倍にも跳ね上がり，この間の格差拡大を裏付けている。

貧困の削減状況は，上で確認した通りある程度の進展がみられるので，この格差拡大は最下層が絶対的貧困から抜け出るスピードよりも，最上位層の富裕化速度の方が大きかったことを意味することになる。実際，コンセルタシオン期には，ルクシク（Luksic），ポールマン（Paulmann），マッテ（Matte），ピニェラ（2010～14年の大統領）のスーパーリッチ4家族が，鉱山業や小売業，森林開発，エネルギー，メディアなどの分野で大きな地歩を占め，GDPの20.8％に相当する425億ドルの資産を有するなど，富裕層の資産形成のスピードはきわめて速かった（2010年）。

年　金

年金制度の欠点も医療制度と同じである。

チリの年金制度が異様な点は，世代間で助け合う確定給付型（賦課方式）の公的年金制度がほぼ皆無で，制度の根幹を私企業（AFP）が運営する確定拠出

年金(個人の積立方式)のみに依存させる新自由主義的な制度設計が今日まで続いている点である。医療と同様,年金でも,国民で支え合う共生の原理が欠けており,雇用主側に保険料拠出義務がないのもチリの特色である。

コンセルタシオンが公費を投入して連帯基礎年金の支給など貧困層の救済を図ったのは評価できるものの,AFPの改革はほとんど行われず,2011年の時点では,わずか6つの寡占的なAFP企業が社会保障の根幹を握り続ける異様な光景が続いている。チリのAFPはいまのところリーマンショックにも耐え,巨額損失を出して年金制度を崩壊させるような不祥事は引き起こしていないが,国民の虎の子の年金原資をすべて民間企業に委託して運用するやり方はリスク面で不安が残る。営利企業ゆえの手数料の高さなども含めて総合的に判断するならば,チリの新自由主義的な年金制度は賢明な制度設計とは言いがたい。

また,以前はAFPの運用部分は国内の投資に向かうよう誘導していたが,その制限が徐々に緩和され,いまでは,基金のかなりの部分が海外投資に向かっているため,「AFPによる年金制度が貯蓄率を高め,チリの国内産業を育てる」というかつての「人民資本主義」的なAFP擁護論もその根拠を失いつつある。実際,私企業であるAFPは,1998年のアジア通貨危機の際には,通貨当局の意図を忖度せず,自国通貨のペソ安を予想してドルに投機する運用をやってのけており,新自由主義的な制度設計の脆さを垣間みせている。

その他の問題点

上記の他にも様々な批判が存在する。たとえば,①構造的財政収支政策は,あまりにもインフレを意識しすぎたマクロ経済運営であり,デフレ局面に本来発揮すべき裁量的な財政政策の道を閉ざしてしまっていること,②銅や資源関連輸出に代わる新しい産業の育成が,競争主義的な調整や硬直的な財政運営によって困難なこと,③公教育の解体や教育の質の劣化,国内に見切りを付けた頭脳流出などにより,理系高等教育機関の研究開発能力が低く,企業や国家によるイノベーション投資も中途半端で自前の技術革新がほとんど生まれてないこと,④公共事業のほとんどをコンセッション方式で遂行するために,受益者負担が徹底され,日本ならばごく普通に無料で享受することのできる公共空間(観光地や高速道路の休憩所,展望台,公衆トイレなど)が著しく貧弱な点,⑤広がる経済格差が深刻な治安の悪化を招いていること,などである。

5　コンセルタシオン政権は新自由主義政権なのか

　さて，以上の整理を踏まえ，コンセルタシオン政権は新自由主義政権なのかどうかという点について考えてみたい。

新自由主義の本質は何か

　どのような思想にも，光と闇がある。その点は，共産主義も自由主義も同じである。共産主義の光と闇については，もううんざりするほど多くの歴史的知見が提供されており，何が正しく何が間違っていたかの総括的な結論は出尽くしていると言っても過言ではない。

　新自由主義はどうであろうか。リーマンショック以後，欧米でも日本でも，以前のように新自由主義を礼賛する極端な論調は影を潜めた。しかし，新自由主義はいまだ実験中の社会プロジェクトであるため，新自由主義の何が正しく，何が間違っていたのかを客観的に総括するのは容易ではない。その意味で，以下の整理は試論的なものであり，完全なものではないが，チリの経験を踏まえながら，筆者なりの観点から，新自由主義とは何か，という論点について問題提起を行いたい。

新自由主義イデオロギーの構成要素

　図14-5をみてほしい。これは，新自由主義がどのようなイデオロギーなのかを，その主要な構成要素に注目して整理したものである。新自由主義イデオロギーの概念構造は，図が示すように，重層構造になっており，イデオロギーの濃度は中心部に行くほど濃くなり，周辺部にいくほど希薄化すると筆者は考える。

　核となる要素と，周辺的な要素では，新自由主義におけるその重みが異なり，中心部からどの程度までの距離を新自由主義の本質的要素とみなすかについてはっきりとした基準があるわけではない。その点では，新自由主義イデオロギーの輪郭はかなり曖昧なのである。しかし，重要なのは，新自由主義の本質が，この核の部分に存在する「分かち合いの拒絶」，つまり，社会的弱者に対する共感の欠如や，不平等の是認，自助努力の強調という倫理的態度にあるという

第Ⅱ部　ラテンアメリカ諸国の課題

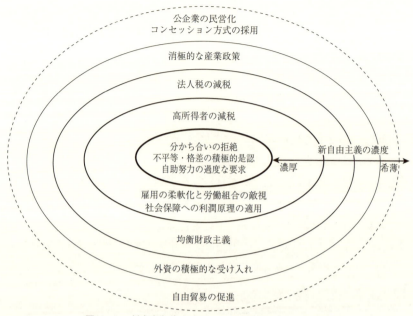

図14-5 新自由主義イデオロギーの構成要素とその濃度
注：新自由主義イデオロギーの度合い（＝濃度）は内側にある要素ほど強まり周辺部ほど弱まる。
　　どの範囲までの要素を新自由主義の境界と考えるか（＝新自由主義の輪郭）は曖昧である。
出所：筆者作成。

論点である。

　たとえば，資本家（オーナー経営者）が従業員よりも高い報酬を獲得できるのはなぜだろうか。これについては昔から様々な学説が存在するが，最も説得的な議論の1つは，資本家は，事業経営において従業員よりも高いリスク（売上減少による出資金の減損リスク，個人名義での債務保証リスク，企業不祥事による損害賠償リスクなど）を負うからという説である。つまり，彼らの獲得する高額な報酬は事業リスクに対する報酬として正当化されてきたのである。

　しかし，新自由主義が推奨する雇用の柔軟化というのは，本来，経営者が負っていたリスクの一部を，成果主義の口実を使って従業員の側に押しつける制度と考えることはできないだろうか。極端な成果主義の導入によって，経営者は，景気悪化による利潤の損失リスクを従業員給与の増減でカバーし，極端な場合には，解雇の自由化（労働コストの削減）によってリスクの回避を図り，「雇用の社会的責任」の放棄を認められるようになる。

また，新自由主義の信奉者が小さな政府に対するすさまじい執念を有しているのは，市場経済の方が国家資本主義より効率が優れているというような教科書的な理想に惹かれているからではなく，経済エリートが福祉国家時代に負わねばならなかった分かち合いの強制，つまり，累進税や高い法人税というノブレス・オブリージュ（noblesse oblige，社会的強者が負うべき責任）を不要とする制度設計を新自由主義が提供しているからではないだろうか。福祉国家の解体は，多くの国民を国家の庇護から放りだし路頭に迷わせるが，富裕層は自助努力による対応が可能であり，民営化された年金や医療への保険料拠出も自分たちのためだけに使えるようになる。これは富裕層にとっては大きな魅力である。

　さらに言えば，自由競争の絶対化や公企業の解体・民営化は，労働者はもちろん，弱小の企業経営者にとっても破壊的な影響力を持つが，権力エリートや大企業にとってはむしろビジネスチャンスである。実際，チリにおける国有企業の民営化は，巨大財閥をいくつか生み出し，年金基金を運用する民間会社はいまでも高い利潤を上げ続けている。

　つまり，新自由主義は，政策遂行の痛み（安定化政策や福祉国家解体のコスト，対外均衡回復のコストなど）を国民の間で平等に負担するように設計されておらず，痛みは弱者が広く薄く負担する一方，経済エリートは痛みを回避しつつ，むしろ利得のみを得るような不公正なゲームのルールになっている点が新自由主義の暗黒面なのである。

　「私に好きにさせろ（規制緩和）。税金はなるべく安く（福祉国家の解体）。経営リスクは従業員へ（雇用の柔軟化）」。新自由主義の核心はこの台詞でそのすべてが表現され尽くされていると言っても過言ではない。それゆえ，新自由主義の本質は，福祉国家の時代に権力者や富裕層などに求められたノブレス・オブリージュの放棄，すなわち，分かち合いの拒絶なのである。

　その意味で，共産主義が労働者のユートピアであるのと同様，新自由主義は政治エリートや企業経営者，富裕層のユートピアなのであり，イデオロギーに内在するあらゆるベクトルは左右逆向きであるものの，特定の経済主体を他の主体よりも優位に置き，相手の犠牲によって自らの利益保全を図るという「ゼロサム・イデオロギー」という特徴において，この両イデオロギーはまさに双子の兄弟とも言える間柄なのである。

コンセルタシオンの総合評価

　以上のような観点に立ち，コンセルタシオン政権の総合評価をしてみよう。
　コンセルタシオン政権が新自由主義的であると揶揄される点の多くは，新自由主義イデオロギーの外周部に位置する政策（「自由貿易」や「民営化」「外資の受け入れ」「緊縮財政」など）に関してであり，しかも，どの政策においても，軍政期の新自由主義政策の単純な継承とは言えない修正が施されていたことは既述の通りである。
　他方，コンセルタシオン政権による新自由主義のコア部分への関与は，軍政期とはかなり異なる。軍政時代にも，1982年の金融危機以後，コンセルタシオン政権の政策に通じるヘテロな要素（＝非新自由主義的な要素）は散見されたが，軍政の一連の政策とメッセージは，「弱者への非共感」「自助努力の強調」「反対勢力の排除」「富裕層に優しい社会」であり，その政策志向は，間違いなく新自由主義的であった。しかし，コンセルタシオン政権による貧困対策への熱心な取り組みや政権から発せられる弱者への連帯メッセージは，分かち合いの拒絶を是とするようなイデオロギーからは遠かったと言える。
　また，核心部にある「教育や医療への利潤原理の導入」や「高所得者への減税」に関しては，コンセルタシオン政権自体がそれを強く望んだ結果であるというよりも，ピノチェが軍政下で定礎した権威主義的かつ新自由主義的な1980年憲法体制の慣性力が強く作用し，野党勢力が半数近くを占める議会では，制度を変えたくとも変えられなかったという特殊事情を考慮する必要があろう。ビノミナル制（sistema binominal）という旧軍政派野党に有利な選挙制度の残存や，法改正に必要な議決要件が極端に厳しかったという80年憲法体制の制度的特性がそれである。

ビノミナル制と新自由主義制度の慣性力

　ビノミナル制とは，民政移管後に親軍政派の右派政党が選挙で駆逐されないよう，ピノチェが軍政末期89年の選挙から導入した選挙制度であり，その仕組みはこうである。チリの国政選挙は，地域ごとに定数を2とする中選挙区制であるが，たとえば，いま2つの政党連合甲と乙がある選挙区で争い，1位が甲連合のA候補（40％の得票率），2位も甲連合のB候補（25％），3位が乙連合のC候補（20％），4位が乙連合のD候補（15％）になったとしよう。定数2の

中選挙区制度であれば，通常は，得票率の高い甲連合のAとBが当選者ということになるが，1位連合（甲）の得票数が2位連合（乙）の2倍を上回らない限り，1位連合は2議席を独占することが許されず，2位連合の1位候補者が当選するという奇妙なルールがビノミナル制なのである。この場合，甲連合の得票45％は，乙連合の得票35％の2倍以上に達していないため，得票率2位のBは落選し，1位（政党連合甲のA）と3位（政党連合乙のC）の候補が当選するという結果になってしまう。それゆえ，大きな政党連合に所属していない独立した小政党からの当選は困難であると同時に，かりに政党連合甲が65％もの高い得票率を得ても，2議席独占をすることはできず，国会はたえず，与野党伯仲の状況に置かれるという状況が生じていたのである。

　この選挙制度は2015年5月，ようやく第2次バチェレ政権（後述）によって廃止されたが，20年のコンセルタシオン政権期を通じて，憲法や憲法構成法（ley orgánica constitucional）など，国家や社会の骨格を規定している法令の改正のハードルは高く（憲法改正は5分の3，憲法構成法は7分の4，重要法令は両院の絶対過半数の賛成が必要），新自由主義の制度設計の変更は，与党がそれを望んだとしても実現はきわめて困難であり，制度改革は常に右派の野党勢力との妥協が不可欠だったのである。

修正新自由主義

　もちろん，そうは言っても，コンセルタシオン政権に新自由主義的な側面があったことは看過できない。新自由主義イデオロギーの周辺部に位置する要素とはいえ，コンセルタシオン内部の政治家・官僚・ブレーン（なかんずく，チリ大学系の経済学者や経済テクノクラート）に，新自由主義的な志向性を強く有する人々が少なからず存在したことはよく知られた事実である。また，チリの場合，大統領はもちろんのこと，閣僚，国会議員，官僚，国立大学の役職者などの給与がきわめて高いため，20年もの間政権に就いていたことで，コンセルタシオン系の政治家やブレーンがエスタブリッシュメント化して，右派と左派の垣根が一部壊れつつあることも問題を複雑にしている。

　以上のことを総合的に評価するならば，結局，コンセルタシオン政権の性格づけは折衷的とならざるをえない。つまり，新自由主義と社会民主主義の中間的な性格を有する21世紀型の「ハイブリッド政権」と考えるのが最も妥当で

あるように思われる。Garretón (2012) にならって「修正された新自由主義」政権と呼んだり，小池 (2014) のように「社会自由主義」と表現するのも良いアイデアかもしれない。要するに，コンセルタシオン政権は，新自由主義的ではあるが，同時に平等主義的，社会民主主義的な志向性を持ったハイブリッドな政権なのであり，そのどちらの側面に注目するかで，コンセルタシオン政権の評価が両極端に分かれるのである。

6 新自由主義の行方

最後に，チリにおける新自由主義の今後について言及しておきたい。

成長率の鈍化

2000年代になってからのチリの経済成長はかつてのような勢いを失っている（前掲図14-1）。とくに，リーマンショック（2008年～）以後の経済減速は顕著であり，経常収支赤字も再び増加傾向にある（図14-2）。それ以前の2004～08年期においても，チリの実質GDPの成長率は年率4.9％であり，ラテンアメリカ諸国の平均値（5.3％）を下回った。しかもこの4.9％の成長自体，2004年頃からの記録的な銅価格の上昇（図14-4）によって支えられた側面が強く，非輸出部門の成長は伸び悩んでいる。

成長率鈍化の説明としては，①それを成熟経済に達したためと考える仮説や，②新自由主義政策を採用しない政府が成長を邪魔しているという右派仮説，③平等主義的な構造改革が欠如しているという左派仮説，④マクロ経済運営の失敗というテクノクラート仮説，と様々であるが，かつて称賛されたチリモデル（修正新自由主義）が行き詰まっていることは確かなように思われる。

新自由主義の本質が分かち合いの拒絶にあることについては上述したが，最後に，新自由主義の持続可能性を脅かす2つの論点を指摘しておきたい。そのうちの1つは，第4節の最後でも軽く触れたが，新自由主義が，天然資源に依存しない新しい最先端産業を創出する能力に欠ける問題である。

産業創出能力の弱さ

チリの大きな課題の1つは，19世紀以来の一次産品に依存した経済構造か

らの脱却である。この課題の重要性は，直近のチリ経済の低迷が，2011年をピークとした銅価格の急激な落ち込みとシンクロしていることからも容易に推察できよう（図14-4）。しかし，チリは，1980年代後半以降，国際社会から繰り返し「南米の優等生」という言葉で，その新自由主義的な自由放任政策を褒めそやされたために，チリの政治家・官僚の多くは，右派左派問わず，知らず知らずのうちにその賛辞を内面化してしまい，中国のように，国家資本主義的な手法で，国産技術の開発や先端的な製造業の集積を促す政策は選択肢から外され続けてきた。それゆえ，チリの産業政策は，均衡財政主義のちまちました予算の中から科学技術や中小企業振興費を捻出する中途半端なものにとどまり，天然資源ではなく知的資源に支えられた製造業の創出は，今日に至るまで微弱である。

　また，鉱山部門や各種インフラ，金融サービス部門などへの直接投資は大きいものの，先進国の自動車・電気産業などのグローバルなサプライチェーンの立地先として選ばれることは少なく，中国のように，様々な法制度を総動員して積極的に技術移転を図るような動きも鈍い。製造業の不在は，大学などへの研究開発ニーズを生み出さず（産学連携の弱さ），実験機器などの調達にも悪影響を与えるため，結果として，大学の研究開発能力やチリ全体の科学技術の水準を低め，先端的な製造業の誘致・育成がよりいっそう困難化するという悪循環を生んでいる。つまり，自由放任的な新自由主義政策を採用する限り，一次産品に過剰依存した19世紀以来の経済構造は固着したまま動かず，資源価格の騰落による国内景気の異常振幅や，資源自体の枯渇という破滅的な結末に対して，（ある程度の策は講じられているとはいえ）基本的に無防備なままなのである。この点は，中道左派政権が早急に取り組むべき課題の1つであろう。

治安の悪化と中間層のまなざし

　さらに，もう1点注目すべきは，深刻な経済格差が生み出す治安の悪化現象である。南米の中でも治安は比較的よいと評判だったチリであるが，最近では，一時停車中の車に拳銃を突きつけ強奪する事件（ポルトナソ portonazo と呼ばれる）が多発し，貧困地区でギャング団どうしが銃撃戦を始めて対立メンバーを殺害するなど，10年ほど前にはみられなかった類いの治安悪化現象が生じている。これは，直近の経済成長率の鈍化（実質GDP成長率は，2014年＝1.9％，

15 年＝2.3％，16 年の成長率予測は 1.3％）や失業率の高さ（2016 年 3～5 月期の失業率は 6.8％）とも関係していると思われるが，治安の悪化は，貧困層に対する偏見や「居住分断」をよりいっそう強め，貧困対策や各種社会政策に対する国民の共感を毀損させる効果を持っている。そのため，治安悪化が進めば，新自由主義の修正は困難となり，経済格差と社会分断がよりいっそう強化される悪循環が懸念される。

貧困層への偏見に関し 1 つだけ敷衍すると，年金の掛け金を一切払ってこなかった最貧困層に比較的手厚い年金支給を決定したバチェレ政権の年金改革（「連帯年金制度」）に対しては，制度の対象から外された，比較的つましい生活をしている中間層から強い不満の声が上がっている点を指摘しておきたい。いわく，「自分たちは少ない収入の中からまじめにコツコツと保険金を積み立ててきたのに，その苦労を全然しなかった彼らがどうして自分たちよりも優遇されるのか」という，日本の生活保護をめぐる問題と同様の，中間層の厳しいまなざしである。

既述したように，経済格差に対する歴代コンセルタシオン政権の対応は，基本的には貧困層の救済である。競争に敗れた貧困層を正確にターゲティングし，ピンポイントで彼らを救済することが格差是正に繋がると考えてきたからである。しかし，既述の通り，この政策は貧困削減には貢献しているが，格差構造の解消には繋がっていない。実際のところ，経済格差問題を，貧困対策だけで乗り切ろうとするのは，長期的には行き詰まる可能性すらある。分かち合いを拒む新自由主義的な社会の制度設計そのものに，人々を貧困へと陥れる「悪魔の挽き臼」的特徴が潜んでいる以上，その挽き臼を残したまま貧困層だけを救済しても，次から次へと中間層が下層へと転落してくる現象自体は食い止められないからである。

今後の中道左派政権の 1 つの課題は，貧困層の救済だけでなく，これまであまり目を向けられなかった中間層にも政策資源を振り向け，つましい生活をしている中間層をいかに没落させないか，いかに厚みのある中流層を維持していくかを，新自由主義的な制度設計自体を根源的に問い直しながら，再考することであろう。始まったばかりなのでまだ全面的な評価を下すのは難しいが，この点では，第 2 次バチェレ政権による教育の無償化政策や労働者保護の強化（労働法の改正）などは評価できる。

第2次バチェレ政権の行方

　2010年の大統領選挙の敗北後,コンセルタシオンはいったんは解体され,以後しばらくは政党間の駆け引きが続いたが,新たな大統領選挙を目前とした2013年になると再び野党共闘の機運が高まり,ヌエバ・マジョリーア（Nueva Mayoría, スペイン語の意味は「新しい多数派」）という中道左派勢力を核とした新しい政党連合が組織されることとなった。この政党連合は,社会党のバチェレを再び大統領候補として担ぎ出すことで求心力を維持し,熾烈な選挙戦を制して右派からの政権奪取に成功する。ヌエバ・マジョリーアには,チリ共産党PCが加わるなど左派色が強まっているが,他の政党は旧コンセルタシオン時の主要政党（社会党PS, キリスト教民主党PDC, 民主主義希求党PPD, 社会民主主義急進党PRSD）と同じ顔ぶれなので,その点で,2014年3月に発足した第2次バチェレ政権は,コンセルタシオン政権の事実上の復活とも言える。

　しかし,第2次バチェレ政権の前途は多難である。当初こそ高い支持率を獲得していたものの,2015年2月,縁故採用で大統領府社会文化局長を務めていたバチェレの長男（ダバロ,S. Dávalos）が不正融資スキャンダルで辞任すると,政権の支持率は急落し,現在では支持率はわずか19％に低下,不支持率は77％と記録的な高さに跳ね上がっている（2016年8月の調査）。

　第2次バチェレ政権は,新自由主義を具現化した憲法といわれる1980年憲法の大幅改正に意欲的で,労働法の改正や税制改正,教育の無償化政策など,第1次バチェレ政権よりも左派色を強め,経済界や右派政党との対立を深めている。低い支持率のなかどの程度まで政策の実現が可能なのか目が離せないが,実現した政策（大学教育の無償化など）の評価にはもう少しの時間が必要であろう。その課題は別稿で果たしたい。

参考文献

内橋克人・佐野誠編『ラテン・アメリカは警告する――「構造改革」日本の未来』新評論,2005年。

浦部浩之「2009/10年チリ大統領・国会議員選挙――市民の政治離れと右派の勝利」『ラテンアメリカ・レポート』（ジェトロ・アジア経済研究所）第27巻第1号,2010年。

岡本哲史「チリ軍政下の農民経営――1973～1983年期」『研究年報・経済学』（東北大

学）第 53 巻第 2 号，1991 年。
岡本哲史「チリ」田中浩編『現代世界と福祉国家　国際比較研究』御茶の水書房，1997 年。
岡本哲史『衰退のレギュラシオン――チリ経済の開発と衰退化 1830-1914 年』新評論，2000 年。
岡本哲史「教育の民営化と学校分断――チリ軍政下の教育政策：1980～90 年」『エコノミクス』（九州産業大学）第 16 巻第 4 号，2012 年。
遅野井茂雄・宇佐見耕一編『21 世紀ラテン・アメリカの左派政権――虚像と実像』アジア経済研究所，2008 年。
クライン，N（幾島幸子・村上由見子訳）『ショック・ドクトリン〈上〉〈下〉――惨事便乗型資本主義の正体を暴く』岩波書店，2011 年。
小池洋一『社会自由主義国家――ブラジルの「第三の道」』新評論，2014 年。
後藤政子『新　現代のラテンアメリカ』時事通信社，1993 年。
ドルフマン，A.（宮下嶺夫訳）『ピノチェト将軍の信じがたく終わりなき裁判――もうひとつの 9.11 を凝視する』現代企画室，2006 年。
西島章次・細野昭雄編著『ラテンアメリカにおける政策改革の研究』神戸大学経済経営研究所，2003 年。
フィッシャー, S. 他（岩本武和監訳）『IMF 資本自由化論争』岩波書店，1999 年。
松下洋「ラテンアメリカの左傾化をめぐって――ネオポピュリズムとの比較の視点から」『ラテンアメリカ・レポート』第 24 巻第 1 号，2007 年。
道下仁朗「1990 年代チリの民営化政策とバチェレ新政権の展望」『ラテンアメリカ・レポート』第 23 巻第 1 号，2006 年。
吉田秀穂『チリの民主化問題』アジア経済研究所，1997 年。
CEPAL, *América Latina y el Caribe : Series históricas de estadísticas económicas 1950-2008*, CEPAL. 2009.
Ffrench-Davis, Ricardo, *Economic Reforms in Chile : From Dictatorship to Democracy 2nd Ed.*, Palgrave Macmillan. 2010.
Garretón M., M. A., *Neoliberalismo corregido y progresismo limitado : Los gobiernos de la Concertación en Chile 1990-2010*, Editorial ARCIS. 2012.
Meller, Patricio(ed.), *La paradoja aparente : equidad y eficiencia : resolviendo el dilema*, Taurus. 2005.
Quiroga, Y. y Ensignia, J.(eds.), *Chile en la Concertación [1990-2010] : una mirada crítica, balance y perspectivas Tomo II*, Friedrich Ebert Sfitung, 2010.
Solimano, A., *Chile and the Neoliberal Trap : The Post-Pinochet Era*, Cambridge University Press. 2012.

コラム4　格差社会チリにおける教育自由化

増える私立校

　ラテンアメリカ諸国の多くは19世紀初頭の独立以来，国づくりの基礎として教育に力を注いできた。チリも同様であり，国民の教育水準も高い。それを支えてきたのは「無償の公教育」であった。

　しかし，教育制度はピノチェ軍事政権下（1973～90年）で大きく転換する。チリは，シカゴ大学のフリードマン教授が主張する新自由主義経済体制が完璧に実施された国として知られるが，教育面でも自由化と民営化が進められたのである。

　制度転換は1980年から始まった。まず教育の権限が国から市町村に移管され，国家公務員だった教員にも民間と同じ労働法が適用されるようになった。教育を軍の直轄下に置くためであったが，その後，「シカゴ・ボーイズ」の手により新自由主義理論に基づく教育制度が確立した。

　これにより私学の設立や運営が大幅に規制緩和され，私立学校が雨後の竹の子のように急増した。かつては大学と言えばまずチリ大学（1842年創立）の名が挙げられたように国立大学中心であり，私立大学はカトリック大学（1888年）など数えるほどであったが，今では大学生の半数以上が私大生となった。

　このほか，軍政以前には私立大学も含め原則的に無償だったが，国立大学でも授業料がとられるようになった。たとえばチリ大学の入学金は約13万ペソ（1米ドル≒663ペソ。2017年1月現在），授業料は学部により異なるが年間300万ペソから500万ペソほどかかる。一般の労働者の70％の所得は月42万6000ペソ（2013年国立統計局より）程度と言われており，国民の多くにとって大学は高嶺の花である。国立大学の予算配分にも「成果主義」が取り入れられ，外部資金の導入が重視されるようになった。日本でも導入されている制度だが，基礎研究の衰退や学校間格差の拡大などが指摘されている。

保護者に人気の高い助成校

　基礎教育（8年）と中等教育（4年）に取り入れられたのは「バウチャー制度」である。公立学校と私立学校に対し，生徒数（出席者数）に応じて国が補助金を与えるというもので，補助金を受ける私立学校は「助成校」と呼ばれている。かつてはほとんどの子供が公立に通っていたが，今では40％にまで減った（2014年教育省統計）。

　助成校は教会が運営するものもあるが，元教師などの個人や団体が設立したものが多い。複数の学校を所有しているケースもあり，補助金目当ての「もうけ主義」ではないかという批判もある。助成校は軍政時代には無償だったが，民政移管後の1993年に授

中流家庭の多い地域の公立校1年生の授業
設備や授業内容に大きな差はないが，助成校に子供を通わせる保護者が多い。（筆者撮影）

業料の徴収が認められた。ほぼ60％が授業料をとっており（2013年教育省統計），その額は補助金の4倍まで8万ペソと制限されているが，最低でも月1万6000ペソはかかる。

家計にとってはかなりの負担だが，わずかでも経済的に余裕のある家庭は子供を助成校に通わせる。教育設備が整っているうえ，同じような家庭環境の子供が集まるために学力に大差がなく，学習意欲も高いからだ。補助金だけの，貧しい子供たちが集まる公立校では，教師は出席率を上げることやノルマをこなすことに追われ，授業の質は二の次となる。結果，子供たちは学習意欲を失い，不登校となる。ここから生まれるのは「貧困の連鎖」である。学歴がなければ良い職業に就くことはできない。そのため教育格差による貧困は次世代の子供たちにも受け継がれていく。

求められる公立校の質の向上

チリは高い経済成長率を誇る一方で，世界でも最も所得格差の高い国の1つである。多くの国民がこの貧困の連鎖に苦しんでおり，バチェレ政権はこの悪循環を断ち切るためには教育の無償化が鍵であるとして，2015年5月に教育改革法（統合法）を制定した。しかし，保守政党だけではなく，与党連合の主要政党であるキリスト教民主党内部の新自由主義派の抵抗もあり，助成校の授業料徴収の漸進的廃止と補助金の増加程度にとどまった。

この改革によって助成校は公立校となるか，私立校となるかを選択できるため，保護者にとっては大きな問題だ。私立化した場合，授業料は一気に跳ね上がる。逆に公立化した場合は授業料が完全無償となるが，貧困層の子供が入学してくることによってレベルの低下や階層の異なる子供からの影響を危惧する声もある。

教育機会の平等や教育水準の向上のためには，小学校から大学までの無償教育の復活だけでなく，抜本的な体制転換が不可欠だ。経済的に余裕のある子供だけではなく，す

コラム4　格差社会チリにおける教育自由化

べての子供が良質の教育にアクセスできる環境を整える必要がある。そのためには，まず公立校のレベルを上げることが重要である。

　民政移管から四半世紀が過ぎ，軍部の政治的影響力の排除や議会制度の改革など「軍政の負の遺産」の解消は，遅々たる歩みではあるが進んでいる。バチェレ政権の教育改革もその1つだが，格差社会にあって「貧困の連鎖」を断ち切る突破口となり得るだろうか。

（近藤元子）

関係年表

年	世界の動き	ラテンアメリカの動き
1492		10月コロンブスのアメリカ大陸到来（イスパニョラ島上陸）。
1868		10月キューバで第1次独立戦争開始（～1878年）。
1895		4月キューバで第2次独立戦争開始。5月キューバ独立運動指導者ホセ・マルティ戦死。
1898		2月ハバナ湾でメイン号爆発事件（キューバ独立戦争は米西戦争へ）。12月パリ和平条約締結、キューバは米国の占領下へ。
1899	10月ボーア戦争（～1902年）。	
1902		5月キューバ、プラット修正条項を受け入れて独立、事実上の米国植民地へ。
1904	2月日露戦争（～1905年9月）。	
1910	8月韓国併合に関する日韓条約調印。	11月メキシコ革命。
1911	10月イタリアのリビア植民地支配（～1943年9月）。	
1914	7月第1次世界大戦（～1918年11月）。	
1917	11月バルフォア宣言。ロシア十月革命。	
1920	1月国際連盟発足（ベルサイユ協定発効日）。6月国際商業会議所（International Chamber of Commerce）設立。	
1922	7月国際連盟、英国によるパレスチナ委任統治の承認。11月クーデンホーフ＝カレルギー、「汎ヨーロッパ主義」を提唱。	
1930		11月ブラジルでヴァルガス政権成立（～1945、1951～54年）。

1931	9月柳条湖事件。日本軍,軍事行動を開始(「満州事変」)。	
1933		8月キューバのマチャド独裁政権崩壊。
1934	6月南アフリカ連邦地位法が可決され,南アフリカ,英連邦内で独立。	12月メキシコでカルデナス政権成立(〜1940年)。
1937	7月盧溝橋で日中両軍衝突。12月日本軍,南京占領。	
1938		12月チリで人民戦線政府(アギレ・セルダ政権)成立(〜1941年)。
1939	9月第2次世界大戦勃発(1日,独軍ポーランド侵攻。〜1945年9月2日,日本降伏文書調印)。	
1940	3月全インドムスリム連盟(1906年設立),ラーホール決議採択。9月日本軍,「仏印進駐」。	
1941	5月ホー・チ・ミン,ベトナム独立同盟(ベトミン)を結成。7月スピネッリらレジスタンス運動家による「ヴェントテーネ宣言」。8月大西洋憲章署名。12月日本軍,ハワイ真珠湾・マレー半島コタバル攻撃。	
1943	9月イタリア降伏,休戦協定調印。	
1945	3月アラブ連盟の成立。5月ドイツ降伏。8月広島,長崎への原爆投下。日本,ポツダム宣言受諾,降伏。インドネシア独立宣言(スカルノ初代大統領)。オランダとの間で独立戦争(〜1949年12月)。9月ホー・チ・ミン,ベトナム民主共和国独立宣言。10月国際連合発足。12月国際通貨基金(IMF),国際復興開発銀行(世界銀行)設立。	
1946	7月フィリピン独立。国際通貨基金(IMF)・国際復興銀行(IBRD)発足。9月チャーチル,チューリヒで「ヨーロッパ合衆国構想」を提唱。12月第1回国連総会で UNICEF(国連国際	6月アルゼンチンでペロン第1次政権成立(〜1952年6月)。

	児童緊急基金）を創設。インドシナ戦争始まる。	
1947	2月イタリアと連合国間でパリ講和条約調印（全植民地の放棄）。8月インド独立，パキスタン成立（英連邦内自治領。1956年にパキスタン・イスラーム共和国として完全独立）。11月国連パレスチナ分割決議案の採択（国連総会決議181）。	2月国際標準化機構（ISO）発足。
1948	5月南ア，国民党勝利，アパルトヘイト政策を実施。イスラエル独立宣言，第1次中東戦争の勃発。8月大韓民国政府樹立。9月朝鮮民主主義人民共和国政府樹立。12月第3回国連総会で「世界人権宣言」採択。	3〜4月コスタリカ内戦。4月米州機構成立。
1949	9月ドイツ連邦共和国（西ドイツ）が米英仏占領地区に成立。10月ドイツ民主共和国（東ドイツ）がソ連占領地区に成立。中華人民共和国成立。	11月コスタリカ，非武装憲法制定。
1950	6月朝鮮戦争起こる（1953年7月，休戦協定調印）。12月国連難民高等弁務官事務所設立。	
1951	7月「難民の地位に関する条約」採択。9月サンフランシスコ講和条約調印。	
1952	7月パリ条約に基づく石炭鉄鋼共同体（ECSC）設立。	4月ボリビア革命・パス・エステンソロ政権成立（〜1956年）。
1953		7月カストロらモンカダ兵営襲撃（キューバ革命の始まり）。
1954	5月仏軍要塞ディエンビエンフー陥落。6月周恩来・ネルーが会談，平和5原則発表。7月インドシナ休戦協定（ジュネーブ協定）調印。臨時軍事境界線（北緯17度線）の北にベトナム人民軍，南にフランス連合軍が集結。	6月グアテマラ反革命（カスティージョ・アルマスの米国傭兵軍侵攻・アルベンス政権崩壊）。
1955	4月「アジア・アフリカ会議」通称「バンドン会議」開催（於インドネシア・バンドン）。10月ゴー・ディン・ジェム，ベトナム共和国（南ベトナ	6月アルゼンチンでペロン第2次政権成立。9月ペロン，軍事クーデタにより追放され亡命。

	ム）樹立宣言，初代大統領に。	
1956	10月スエズ危機（第2次中東戦争）。	12月カストロらグランマ号でキューバ上陸。
1957	3月ガーナ共和国，英から独立（ンクルマ初代大統領）。	
1958	1月ローマ条約に基づく欧州経済共同体（EEC）・欧州原子力共同体（EURATOM）・欧州投資銀行（EIB）設立。7月イラク共和革命。10月ギニア共和国，仏から独立（セク・トゥーレ初代大統領）。	
1959	5月ベトナム労働党，南ベトナムにおける武装闘争発動を決定。	1月キューバ革命成功。2月フィデル・カストロ，キューバ革命政府首相就任（7月26日運動の政治的ヘゲモニー確立）。
1960	アフリカの年。7月「コンゴ動乱」，現DRCの内戦（〜1965年11月）。12月南ベトナム解放民族戦線結成。	2月米州自由貿易連合発足（1981年にラテンアメリカ統合連合へ改組）。9月キューバ，第1次ハバナ宣言。11月グアテマラ内戦（〜1996年）。12月中米共同市場発足。
1961	2月アンゴラ解放人民運動（MPLA）蜂起により，アンゴラ独立戦争勃発（〜1974年4月）。5月韓国で朴正熙らの軍事クーデタ。ケネディ米大統領，ベトナムへの特殊部隊と軍事顧問の派遣発表。9月「第1回非同盟諸国首脳会議」（於旧ユーゴスラヴィア・ベオグラード）（ほぼ3〜5年間隔で2012年まで16回開催）。12月第16回国連総会「第1次国連開発の10年」採択。	1月米国のアイゼンハワー大統領，対キューバ断交発表。3月ケネディ米大統領，「進歩のための同盟」発表。4月カストロ「社会主義革命宣言」宣言，米国傭兵軍のキューバ侵攻（ピッグズ湾事件）。
1962	6月社会主義民族解放組織「モザンビーク解放戦線（FRELIMO）」結成，独立運動を開始（ソ連・中国・キューバの支援を受ける）。	1月米州機構外相会議，キューバ除名決定。2月キューバ，第2次ハバナ宣言。10月キューバ危機。
1963	5月アフリカ統一機構（OAU）発足，OAU憲章採択。	
1964	1月パレスチナ解放機構（PLO）設立。6月国連貿易開発会議（UN-	4月ブラジルでクーデタ（ゴラール政権崩壊，軍事政権成立）。ブラジルで

関係年表

	CTAD) 開催。8月「トンキン湾事件」。10月第2回非同盟諸国首脳会議 (於カイロ)。	住宅金融システム (SFH) 発足。
1965	3月ジョンソン米政権, ベトナムに戦闘部隊派遣, 恒常的北爆開始。6月日韓基本条約調印。8月シンガポールが分離独立, 現在のマレーシア形成。9月インドネシア9・30事件。10月アメリカ合衆国において1965年移民国籍法成立, 国別割当制度の廃止。	4月ドミニカ共和国内戦。5月メキシコ・マキラドーラ計画開始。10月米国で改正移民法 (移民の自由化) 成立。この年, キューバ, 「1000万トン計画」開始。
1966	1月三大陸人民連帯会議開催 (ハバナ)。2月ガーナでクーデタ, ンクルマ失脚。5月中国で文化大革命起こる (～1976年10月)。	
1967	1月「難民の地位に関する議定書」採択。6月第3次中東戦争勃発。7月欧州共同体 (EC) 設立。8月東南アジア諸国連合 (ASEAN) 結成。9月カナダ, 新移民法施行。	10月ゲバラ, ボリビアで死亡。
1968	1月南ベトナムで解放勢力のテト攻勢開始。3月インドネシア, スハルト大統領就任。	5月カリブ海自由貿易連合成立 (1978年7月にカリブ共同体・共同市場CARICOMに改組)。8月第2回ラテンアメリカ司教協議会総会 (メデジン会議) 開催 (～1968年9月)。10月ペルーで革新的なベラスコ軍事政権成立。メキシコ・トラテロルコ虐殺事件。
1969		1月米国でニクソン政権発足 (～1974年), ニュー・パートナーシップ政策発表。5月アンデス共同体成立。
1970		11月チリでアジェンデ人民連合政権成立。
1971	8月ニクソン米大統領, 金・ドル交換停止。12月第3次インド・パキスタン戦争, バングラデシュ民主共和国, 独立。英国によるスエズ以東撤退 (湾岸諸国の独立)。	
1972	2月ニクソン訪中。9月フィリピン・マルコス大統領, 戒厳令布告。日中国	

	交回復。	
1973	1月韓国朴正熙大統領，重化学工業化宣言（大統領年頭記者会見）。ベトナム和平協定調印（於パリ）。10月OPEC，石油戦略発動。第4次中東戦争。	3月アルゼンチンでペロン派のカンポラ政権成立。6月ウルグアイでボルダベリー大統領が国会を解散，事実上の軍政開始。9月チリでピノチェ将軍による軍事クーデタ。10月ペロン復帰，第3次政権発足（〜74年）。
1974	4月国連資源特別総会，「新国際経済秩序に関する宣言」採択。11月PLOをパレスチナ人の唯一正当な代表と認める国連総会決議（3236号）。	
1975	4月カンボジアでポル・ポト政権誕生，大虐殺始まる。ベトナム人民軍の大攻勢でサイゴン陥落，ベトナム戦争終わる。6月第1回世界女性会議開催（於メキシコ）。11月「アンゴラ内戦」，米ソ代理戦争（〜2002年4月）。12月ラオス民族連合政府，王制廃止とラオス人民民主共和国樹立を宣言。	12月キューバ第1回共産党大会（革命後初の政治経済体制整備）。
1976	7月ベトナム社会主義共和国樹立。	3月アルゼンチン軍政成立，ウルグアで軍部が事実上の政権掌握。6月国際協力開発機構（OECD）多国籍企業行動指針策定。
1977	3月PLOによる「ミニ・パレスチナ国家」構想の承認。	
1978	8月日中平和友好条約調印。11月ユネスコ，人権および人種差別に関する宣言。12月中国の改革開放政策始まる。	
1979	1月カンボジアのポル・ポト政権崩壊。米中国交樹立。2月イラン・イスラーム革命の達成，湾岸諸国のシーア派蜂起。中国軍，ベトナムに侵攻（中越戦争）。3月欧州通貨制度（EMS）・欧州通貨単位（ECU）運用開始。12月ソ連軍，アフガニスタン侵攻（1989年2月，ソ連軍，完全撤退）。「女性差別撤廃条約」採択（於第34回国連総	7月ニカラグアでサンディニスタ革命成功，ソモサ独裁倒れる。

	会)。	
1980	4月在イラン米国大使館占拠事件。米国とイラン断交。	ペルー左翼ゲリラ組織センデロ・ルミノソ, 農村部を中心に活発な動き (～1992年)。
1981	6月「バンジュール憲章(人及び人民の権利に関するアフリカ憲章)」採択 (於ナイロビ第18回OAU首脳会議)。12月マレーシア・マハティール首相が「ルック・イースト(東方政策)」発表。	
1982		4～6月マルビナス戦争(フォークランド紛争)。
1983		10月米軍のグレナダ侵攻。12月アルゼンチンで民政移管・アルフォンシン政権発足。
1984	3月国際人口会議(於メキシコシティ),「人口と開発に関するメキシコシティ宣言」採択。	11月ニカラグアで大統領選挙, サンディニスタ民族解放戦線のオルテガが当選。
1985	12月ダッカにて南アジア地域協力連合(SAARC)が発足。	3月ブラジルで民政移管。
1986	7月構造調整プログラム開始:ブルンジ, ギニア, ニジェール。10月「バンジュール憲章」発効。12月ベトナム共産党第6回党大会開催, ドイモイ(刷新)政策を提起。	2月キューバで第3回共産党大会開催(社会主義体制の見直し決定)。ハイチでデュバリエ独裁崩壊。3月ウルグアイで民政移管, サンギネティ大統領就任。11月エクアドル先住民連合(CONAIE)成立。
1987	4月国連環境と開発に関する世界委員会「われら共有の未来」発表。6月韓国, 6・29民主化宣言。7月単一市場構築に関する「単一欧州議定書」発効。	
1988	8月国連安保理イラン・イラク停戦決議598号が発効。11月国連環境計画(UNEP)と世界気象機関(WMO),「気候変動に関する政府間パネル」(IPCC)設立。PLO民族評議会, パレスチナ国家の独立宣言。12月マルタ会談により, 冷戦終結。	10月ブラジルで新連邦憲法公布・施行。チリで国民投票(ピノチェの再任拒否)。

1989	4月経済通貨同盟（EMU）設立に関する「ドロール・レポート」公表。「ベルリンの壁」崩壊。6月中国で天安門事件起こる。7月カンボジアからベトナム軍撤退。11月第44回国連総会で子どもの権利条約を採択。	2月ベネズエラでチャベス政権成立。パラグアイでストロエスネル独裁崩壊。6月国際労働機関（ILO）総会、第169号条約（原住民および種族民条約）採択。7月アルゼンチンでメネム政権発足（～1999年）、新自由主義政策へ転換。
1990	2月「アフリカ人民参加憲章（開発と変化への人民の参加のためのアフリカ憲章）」採択（於アルーシャ）。デクラーク大統領、ネルソン・マンデラ釈放。6月日本において出入国管理及び難民認定法が改正、施行。8月イラクによるクウェート侵攻（湾岸危機の発生）。	3月チリで民政復帰、エイルウィン大統領就任。7月ペルーで第1次フジモリ政権発足。11月コスタリカ、自由貿易地域（フリーゾーン）設立。
1991	1月湾岸戦争の勃発、イラク軍がクウェートから撤退。6月南ア、アパルトヘイト体制終結宣言。8月ベトナムと中国が関係正常化で合意。10月カンボジア問題パリ和平会議、最終合意文書調印。11月米空軍クラーク基地、フィリピンに返還（米海軍スービック基地は1992年11月）。12月独立国家共同体（CIS）の創設とソ連の消滅。	エルサルバドル内戦勃発。10月キューバ、第4回共産党大会（政治経済体制の転換決定）。
1992	1月ロシアで価格・貿易自由化開始（10月バウチャー民営化の開始）。6月ブトロス＝ガリ国連事務総長が『平和への課題』を公表。ブラジルのリオデジャネイロにおいて「環境と開発に関する国連会議（UNCED）」開催、政治宣言とアジェンダ21採択。	10月米国、キューバ制裁法「キューバ民主主義法」（トリチェリ法）制定。12月グアテマラ先住民のリゴベルタ・メンチュウがノーベル平和賞受賞。この年、アメリカ大陸「発見」500周年。
1993	9月イスラエルのラビン首相とPLOアラファート議長、「オスロ合意」調印。11月マーストリヒト条約に基づく欧州連合（EU）設立。12月マンデラおよびデクラーク大統領、ノーベル平和賞。	12月ブラジルでカルドーゾ蔵相が「レアル経済政策」を発表。
1994	1月北米自由貿易協定（NAFTA）発効。4月「ルワンダ虐殺（ジェノサイド）」（～1994年7月）。5月ネルソ	1月北米自由貿易協定（NAFTA）発足。メキシコ先住民組織サパティスタ民族解放軍（EZLN）、チアパス州で

	ン・マンデラ大統領就任。	蜂起。12月米国マイアミで開催された第1回米州首脳会議でFTAA（米州自由貿易地域）構想が提唱される。ブラジルで「レアル経済政策」によりハイパー・インフレが収束に向かう。
1995	1月世界貿易機関（WTO）設立。3月シェンゲン協定発効，ヨーロッパにおいて協定圏内の自由移動が可能に。7月米越国交正常化声明。ベトナムがASEANに加盟。8月戦後50年の村山首相談話，侵略・植民地支配への「お詫び」表明。9月第4回世界女性会議（於北京）開催。	1月南米共同市場MERCOSUR発足。ブラジルで第1次カルドーゾ（ブラジル社会民主党）政権発足。
1996	12月南ア，新憲法採択。	2月メキシコ政府とサパティスタ民族解放軍（EZLN）間でサン・アンドレス協定締結。3月米国，新キューバ制裁法「キューバの自由と民主主義連帯法」（ヘルムズ・バートン法）制定。
1997	7月アジア通貨危機の発生。香港，中国に復帰。ミャンマーとラオスがASEANに加盟。12月「京都議定書」採択。	グローバル・レポーティング・イニシアティブ（GRI）設立。12月メキシコ・チアパス州アクテアルで先住民殺害事件。
1998	5月民主化運動によってスハルト大統領辞任，ハビビ大統領就任。6月欧州中央銀行（ECB）設立。国際労働機関（ILO），労働における基本的原則および権利に関する宣言。8月ロシア通貨・金融危機。在ケニアおよびタンザニア米国大使館爆破事件。	
1999	1月ユーロ導入。	1月ブラジルで第2次カルドーゾ政権発足。2月ベネズエラでチャベス政権成立。12月ベネズエラで新憲法制定。
2000	3月プーチン，ロシア大統領に当選（～2008年，2008～12年首相，2012年～大統領）。7月国連グローバル・コンパクト（UNGC）発足。8月第1回南米首脳会議開催（ブラジリア）。9月国連ミレニアム・サミット開催，「国連ミレニアム目標」（MDGs）を採	3月チリで民政移管後初の社会党出身の大統領ラゴス政権成立（～2006年）。8月ブラジリアで第1回南米首脳会議・南米諸国連合（UNASUR）結成。12月メキシコで国民行動党PANのフォックス政権発足，制度的革命党PRIは革命以来初めて下野。

	択。11月国連,「人身売買議定書」採択。	
2001	9月米国同時多発テロ事件。10月米軍によるアフガニスタン侵攻。「アフリカ開発のための新パートナーシップ」(NEPAD)。12月中国WTO加盟。	
2002	7月アフリカ連合(AU)発足。8月イランにおける秘密裏の核施設の存在が発覚(「イラン核開発問題」の発生)。	2月ベネズエラ石油公社PDVSAの国家管理強化。4月ベネズエラで反チャベス・クーデタ失敗。
2003	3月イラク戦争の勃発。4月イラクで連合国暫定当局(CPA)による暫定占領統治開始。6月赤道原則(Equator Principles)の開始。	1月ブラジル,ルーラ労働者党政権発足。3月ブラジルで「ボルサ・ファミリア」(条件付き現金給付制度)へと旧制度が改編。5月アルゼンチンでキルチネル政権成立(～2007年)。11月FTAA交渉が難航の後中断し,事実上頓挫。
2004	4月アジア海賊対策地域協力協定(ReCAAP)の採択(2009年9月発効)。10月国民による初の直接投票でユドヨノがインドネシア大統領に選出。11月ASEAN非公式首脳会議で「人身売買に対抗するASEAN宣言」を採択。	8月米国・中米・ドミニカ共和国自由貿易協定(CAFTA-DR)成立。12月ALBA(われらのアメリカの人民ためのボリバル同盟)発足(2009年に米州ボリバル同盟に改名)。南米共同体発足(2007年4月に南米諸国連合UNASURに改名)。
2005	4月バンドン会議50周年記念会議。12月ロシア・ウクライナガス紛争(～2006年1月)。国連で平和構築委員会の設立が決定。	3月ウルグアイでタバレ・バスケス第1次政権発足(～2010年)。
2006	10月北朝鮮の第1回核実験(2009年第2回,2013年第3回,2016年第4回)。	1月ボリビアでモラレス政権成立。3月チリで第1次バチェレ政権成立。4月ベネズエラで住民自治体法制定。
2007	8月サブプライムローン問題表面化。	1月エクアドルでコレア政権成立。第2次ルーラ政権発足。ニカラグアでオルテガ政権成立。8月ベネズエラで統一社会党結成。12月アルゼンチンでフェルナンデス・デ・キルチネル政権成立(～2015年)。ベネズエラの憲法改定国民投票でチャベス派敗北。
2008	8月イタリア・リビア友好協定(ベン	2月ラウル・カストロ,キューバ国家

関係年表

	ガジ協定）締結。9月世界金融危機（リーマンショック）。	評議会議長に就任。8月ベネズエラで価格規制の執行機関（INDEPABIS）設立。9月エクアドル新憲法制定。
2009	5月スリランカで1983年以来のスリランカ政府とタミル・イーラム解放のトラ（LTTE）との内戦終結。10月政権交代を契機として、ギリシャで財政・債務の危機的状況が露呈。12月リスボン条約（EU条約・EC条約を改正する条約）発効。	2月ボリビア新憲法発効（国名を「ボリビア共和国」から「ボリビア多民族国」に変更）。3月ウルグアイでムヒカ政権発足（～2015年）。6月ホンジュラスでクーデタ、セラヤ大統領追放。この年、ブラジルで住宅金融制度「Minha Casa Minha Vida（私の家、私の人生）」計画始動。米州機構、62年のキューバ除名撤回。
2010	5月欧州金融安定化メカニズム（EFSM）設立。6月欧州金融安定ファシリティ（EFSF）設立。	1月モラレス第2次政権発足。2月ラテンアメリカ・カリブ海共同体（CELAC）設立決定（2011年11月発足）。3月チリでピノチェ派のピニェラ政権成立。
2011	1月ベン・アリー大統領亡命（チュニジア革命）、カイロのタハリール広場でムバラク大統領に辞任を求める若者たちのデモ。2月ムバラク大統領辞任。11月オバマ米大統領、ダーウィン（豪州）でアジア太平洋地域への「リバランス」を宣言。12月オバマ大統領、米軍戦闘部隊完全撤退によりイラク戦争終結を宣言。	1月ブラジルで第1次ルセフ政権発足。4月キューバで第6回共産党大会開催（新社会主義モデル基本方針決定）。
2012	1月米、「新国防戦略指針」発表。10月欧州安定メカニズム（ESM）設立。	1月ニカラグアでオルテガ第2次政権発足。12月メキシコで制度的革命党のペニャ・ニエト政権発足。
2013	11月ウクライナ・マイダン革命（～2014年2月）。	1月ボリビア政府、「愛国のアジェンダ2025」発表。3月チャベス大統領病死。4月ベネズエラでニコラス・マドゥロが大統領に就任。この年、ブラジルで景気後退が始まる。
2014	8月米国、対「イスラーム国」（IS）軍事作戦開始。9月シリア領内でも米国主導の「有志連合」によるISに対する空爆開始。	3月チリで第2次バチェレ政権成立。6～7月サッカーワールドカップ・ブラジル大会開催。11月オバマ大統領、500万人規模の移民に合法的地位を与える行政命令発動。12月オバマ大統

		領,対キューバ関係改善発表。
2015	4月バンドン会議60周年を記念する首脳会議(於ジャカルタ)。9月国連サミット開催,「持続可能な開発目標」(SDGs)を採択。11月フランスでパリ同時多発テロ事件。12月地中海を越えてヨーロッパへ渡った難民が100万人を超える。ASEAN共同体(AC)・ASEAN経済共同体(AEC)発足。	1月第2次ルセフ政権発足。第3次モラレス政権発足。3月ウルグアイでタバレ・バスケス第2次政権発足。7月キューバと米国が国交回復。12月ベネズエラの国会議員選挙でマドゥロの統一社会党敗北。アルゼンチンで保守派のマクリ政権発足。
2016	1月アジアインフラ投資銀行(AIIB)開業。11月米国大統領選挙でトランプ共和党候補が当選。	5月ブラジルのルセフ大統領職務停止,テメル大統領代行による政権発足(その後8月に弾劾が成立しルセフ大統領は失職,テメル代行が大統領就任)。8月オリンピック,リオデジャネイロで開催。9月パラリンピック,リオデジャネイロで開催。11月フィデル・カストロ前国家評議会議長死去。

人名索引

あ 行

アイゼンハワー, D.　165
アジェンデ, S.　4, 10, 18, 37, 295, 296
アポンテ, A.　190
アメリアチ, F.　201
アリアス, O.　254
アルフォンシン, R.　276-278
アルベンス, J.　146
イストゥリス, A.　200
ウルティア, M.　170, 171
エイルウィン, P.　286-290, 294, 299
エスピン, V.　177
エレルス, F.　89
オーデブレヒト, N.　33
オドゥベル, D.　254
オバマ, B.　9, 68, 153-155, 182
オルテガ, D.　7, 18

か 行

カールセン, L.　60
カスタニェダ, J.　9
カストロ, F.　8, 167-173, 176, 177, 179, 181, 182
カストロ, R.　177, 179-182
カストロ・エスピン, M.　177
カフィエロ, A.　277
カプリンスキー, R.　95, 98
カベジョ, D.　195, 196, 201, 202
ガルシア, A.　86
ガルシア・リネラ, A.　44, 47
カルテス, H.　63
カルデロン, F.　148, 231, 241-243
カルドーゾ, F. H.　62, 206, 227
カルドナ, M.　170
ガレアーノ, E.　249
カンポラ, H.　271, 275

キルチネル, N.　7, 18, 42, 60, 61, 68, 271, 280-283
グティエレス, L.　89
グラムシ, A.　26
グランディン, G.　17
クリンガー, B.　212, 213
ケネディ, J. F.　4, 5
ケリー, J.　184
狐崎知己　262
コレア, R.　18, 19, 28-30, 42, 45, 47, 60, 90, 91
コロール・デ・メロ, F.　206
コロン, C.　74, 75

さ 行

サッチャー, M.　38
サデール, E.　27, 29
サリナス, C.　17
サンチェス・デ・ロサダ, G.　43
サントス, B. S.　27
ジェレフィ, G.　98
シベチ, R.　31, 32
ジャンコウスカ, A.　215
ストッカー, K.　256, 263, 264, 267, 268
スリム, C.　233

た・な 行

武田淳　252, 255, 260, 269
ダビラ, L. A.　195, 201
チェ・ゲバラ, E.　34, 166, 167, 173, 189
チャベス, H.　7, 8, 18, 19, 26, 27, 34, 36, 42, 60, 61, 68, 187, 189, 190, 192, 195, 199, 200, 202, 203
チョランゴ, H.　29
ディアス, P.　143
ディアス・カネル, M.　182
テメル, M.　63

デ・ラ・ルア, F.　280
ドゥアルデ, E.　271, 280, 282
トランプ, D.　161
ドルティコス, O.　171
トルヒージョ, R.　5
ニクソン, R.　5

は 行

ハーヴェイ, D.　20, 69
ハーツ, A.　170
パーマー, S.　253
ハイエク, F.A.　285
ハウスマン, R.　212, 213
パス, セネル　177
バスケス, T.　7, 18, 36
パチェコ, A.　258
バチェレ, M.　7, 10, 11, 18, 286, 287, 291, 292, 297, 299, 300, 307, 310, 311, 314, 315
バティスタ, F.　168, 170
ハニー, M.　253
バラッサ, B.　213
バルデラマ, T.　190
パルマ, J.G.　210
バレラ, I.　196
ピニェラ, S.　11, 286
ピノチェ, A.　10, 26, 31, 37, 38, 285-288, 306, 313
ビバンコ, J.M.　246
ヒル, J.D.　262
フアレス, B.　80
フィゲーレス, J.M.　257, 259, 264, 266
フェルナンデス・デ・キルチネル, C.　18, 271, 281-283
ブッシュ, G.H.W.　61, 183
ブッシュ, G.W.　138
プラシャド, V.　54
フリードマン, M.　38, 285, 313
フレイ・ルイス・タグレ, E.　5, 286, 290, 291, 298, 299
ブレッセルーペレイラ, L.C.　221, 222, 227

プレビッシュ, R.　51
ベーカー, J.　54
ベト, F.　176
ペトラス, J.　57
ベトレーム, C.　173
ペニャ・ニエト, P.　148, 233, 241, 243, 246
ペレス, C.A.　37
ペレス, F.　170
ペロン, J.D.　271-276, 282, 283
ポーズ, E.　219
ボリバル, S.　1, 34
ボルヘ, T.　177

ま・や 行

マカス, R.　90
マクミラン, M.S.　211, 217, 222
マクリ, M.　63, 283
マドゥロ, N.　63, 187, 189, 190, 195-201, 204
マリン, S.　171
マルティ, J.　34, 167, 170, 172, 177
マルティネス・デ・ペロン, M.E.　271, 273, 276
ミキレナ, L.　195
ミクーソン, I.　53
ミケリ, P.　282
ミラー, A.　253, 256
ムヒカ, J.　36
ムリージョ, M.　182
メアデ, J.A.　156
メネム, C.　39, 271, 278, 279, 283
メンチュウ, R.　84
モイセス司令官　249
モヤノ, H.　282
モラレス, E.　7, 8, 18, 19, 43, 46, 60, 85-88
モリーナ, I.　253
モンヘ, R.　254
ヤッシャー, D.　76

ら行

ラゴス, R.　10, 286-288, 290, 291, 294, 296, 298-300
ラスティリ, R.　271, 275
ラミレス, R.　203
ララ, W.　201
ランヘル, J. V.　199
リオス・モント, E.　84, 146
ルーガー, R.　182
ルーゴ, F.　18, 33
ルーラ・ダ・シルヴァ, L. I.　7, 9, 10, 18, 20, 25, 33, 60, 61, 132, 227
ルセフ, D.　7, 10, 15, 22, 63, 227, 228
レーガン, R.　38
レデスマ, A.　200
ローター, L.　36
ロドリゲス, B.　184
ロドリゲス, M. A.　258
ロドリック, D.　211, 217, 222
ロハス, F. S.　196

事項索引

※「新自由主義」は頻出するため省略した。

あ 行

「愛国のアジェンダ2025」(ボリビア)　44
相手先ブランドによる製造 (OEM)　100, 101, 104, 105
アイマラ　82, 85, 88
アウテンティコ党 (キューバ革命党真性派)　168, 169
アウヘ計画　291, 300
アジア通貨危機　290, 292, 295, 297, 302
アソシエーション　22, 23, 30
新しい社会運動　6, 9, 11
新しい社会主義社会　1
新しいペロニズム　281
アップグレーディング　109-112
アデコ　203
アドベンチャー・ツーリズム　264
アメリカ労働総同盟・産業別組合会議　113
アルゼンチン　271-284
アルゼンチン労働者運動 (MTA)　280
アルゼンチン労働者中央本部 (CTA)　280, 282
アンデス共同体　52, 294
アンデス資本主義　47
イグアラ事件　245, 246, 248
イサプレ　300
「イチゴとチョコレート」　177
一時的被保護資格 (TPS) (米国)　149
1000万トン計画 (キューバ)　173, 177
遺伝子組み換え作物　108, 251
イノベーション　112, 122, 123, 220, 221, 228, 302
移民改革・規制法 (IRCA) (米国)　138
移民帰化局 (INS) (米国)　147

移民税関捜査局 (ICE) (米国)　147, 151
インディヘニスモ　77
インテル　102, 106, 257, 258, 260, 264-266
ヴァルガス主義　271
ウェットバック作戦 (米国)　144
失われた10年　74, 217, 233
埋め込まれた自由主義　20
運命論　3
永世中立宣言　254
永続革命　190
エクアドル　45-47, 82, 83, 89, 90
エクアドル先住民同盟 (FEI)　29
エクアドル先住民連合 (CONAIE)　28, 29, 42, 83, 89-91
エコツーリズム　251-270
エスクエリータ　92
エバ・ペロン財団 (アルゼンチン)　273
エヒド　83
エミリアノ・サパタ・ゲリラ　248
エンカヘ　295
エンチラーダ・コンプレタ　156
オイル・ショック　38
「オオカミ、森、新しい人間」　177
オランダ病　72, 221, 222, 227
オリガルキア (寡頭支配層)　167
オルタナティブ・ツーリズム　252
オルトドクソ党 (キューバ革命党正統派)　168, 169

か 行

カーギル (米国)　33
カーボンニュートラル　253
階級主義闘争派 (CCC) (アルゼンチン)　280
解放の神学　176

事項索引

価格適正監督庁（SUNDDE）（ベネズエラ）　193, 198
籠の鳥現象　153
ガス戦争　43
『カストロと宗教』　176
寡頭制　26, 28, 29, 32
カトリック教会　81, 82, 93
ガバナンス　24, 25, 98
貨幣の国有化　118, 119
カラカソ　26, 37, 42
カラコル　248
カルチュラル・サバイバル　81
カルデナス主義　271
カレンシー・ボード制　39
環境破壊（自然破壊）　6, 11, 46, 108, 115, 253
観光産業発展法（観光開発誘導法）（コスタリカ）　254
関税同盟　53
環太平洋パートナーシップ協定（TPP）　8, 50, 61
企業の社会的責任（CSR）　99, 122
9.11テロ　161
急進市民連合（UCR）（アルゼンチン）　276, 280
キューバ　165-186
キューバ革命　3, 15, 84, 165-171, 176, 177
キューバ型ゲリラ　3
キューバ共産党　181
――総会　175, 177-182, 185, 243, 246
キューバ社会主義モデルの現代化　179, 181
キューバの自由と民主主義連帯法（ヘルムズ・バートン法）（米国）　183, 184
キューバ民主主義法（トリチェリ法）（米国）　178, 183
教育自由化　313
教育の無償化政策（チリ）　300, 311
共産主義　305
強制失踪　243, 246
協同組合社会主義論　180

共同体社会主義　44
共同体主義　44
共同体的多民族国　43
キリスト教民主党（DC）（チリ）　10, 286, 296, 311
金融危機　98, 207, 232, 295
グアテマラ　84, 113
グアヤナ・ベネズエラ公社　193
グアンタナモ海軍基地　165
クーデタ　10, 37, 40, 42, 45, 148, 170, 275, 276
クーブル号の爆発事件　171
クール・ジャパン　252
クエーカー教徒　261
クスコ宣言　67
グリーン調達　113
グローバル・コンパクト　112, 113, 122
グローバル・バリューチェーン　95-115
軍事独裁政権　25, 38, 146, 276, 277, 285
経済悪化の悪循環　178
経済運営計画化制度（SDPE）（キューバ）　175
経済社会安定化基金（FEES）（チリ）　297
経済自由化　96, 97, 102, 175, 178, 179, 185, 227, 251
経済連携協定（EPA）　50, 294
ケチュア　82, 85, 88
現金給付政策（ブラジル）　10
顕示比較優位（RCA）　213
コアコンピタンス　97
公正を伴う成長　289, 300
構造調整計画（SAPs）　6, 39, 232, 233
構造転換（経済の）　211, 212, 215, 217, 219, 222, 223, 225, 228
行動規範　112
合法的不平等システム　159
拷問　244, 246
コーポラティズム　17
――型ポピュリズム　17
ゴールデン・トライアングル　239

333

コカイン　86, 240
国際鉱業金属評議会　47
国際通貨基金（IMF）　39, 219, 220, 232, 236, 283
国際標準化機構（ISO）　112, 113
国際労働機関（ILO）　81, 113, 188
国民革新党（RN）（チリ）　286
国民的討論（キューバ）　179, 181
国立住宅銀行（BNH）（ブラジル）　129
国連開発計画（UNDP）　41
国連総会におけるキューバ制裁解除決議　183
国連貿易開発会議（UNCTAD）　51
コスタリカ　102, 251-270
コスタリカ観光庁（ICT）　251, 253-257, 260, 269
コスタリカ大学（UCR）　265
コスタリカ投資促進機構（CINDE）　259, 260
コチャバンバ　43
コチャバンバ宣言　67
国家保全地域機構（SINAC）（コスタリカ）　254
国境を越えた機能的分業　96
コヨーテ（密入国斡旋業者）　145, 149, 150, 153
コロンビア・ルート　243
混合経済（体制）　4, 231
コンセッション　299, 302, 304
コンセルタシオン（民主主義を希求する政党協約）（チリ）　26, 285-289, 292-301, 303, 306-308, 310, 311
コントラ　147

さ 行

財政責任法（チリ）　297
債務危機　39, 54, 144, 161, 217, 219, 231, 232, 253, 269
左傾化　1, 2
サステイナブル・ツーリズム認定証（持続的観光事業認定証, CST）（コスタリカ）　255, 260
左派（左翼）政権　1, 2, 6-9, 11, 15-34
サパティスタ運動（メキシコ）　18, 234, 248, 249
サパティスタ反乱自治区（MAREZ）　248
サパティスタ民族解放軍（EZLN）　37, 60, 91-93, 248, 249
サン・アンドレス協定（メキシコ）　248
参加型ガバナンス　26, 28
参加型民主主義　21, 25, 26, 48, 204
参加型予算　123
サンディニスタ政権　4, 18, 147
サン・フェルナンド　245
シカゴ・ボーイズ　38, 313
ジカ熱　126
資源開発主義　11
資源ナショナリズム　38
自社デザインによる製造（ODM）　101
自社ブランドによる製造（OBM）　101
自社ブランドの創造　111
市場原理主義　289
市場の失敗　221
『自然保護と経済発展～コスタリカの旅から～』　251
持続可能な成長　48, 219, 220
7月26日運動（キューバ）　169-171, 181
実行的統治　99, 114
シナロア州　239
ジニ係数　301
市民社会　22, 23, 30
社会協約（アルゼンチン）　281
社会自由主義　308
社会主義と共産主義社会の同時実現　173
社会主義への運動（MAS）（ボリビア）　82, 85, 86, 88, 89
社会的所有　180
社会的ダンピング競争　95, 105, 111, 112
社会的統治　96, 111, 112, 114, 115
社会的排除　6, 63, 248
社会的包摂　47, 48, 69, 290
社会民主主義急進党（PRSD）（チリ）

311

修正過程（キューバ）　176
修正新自由主義　307, 308
重層的ガバナンス構築　30
住宅赤字　127, 128
住宅政策　117, 124, 126, 129, 130
住宅連帯基金　291
住宅ローン　130
自由の中の革命　5
自由貿易協定（FTA）　8, 50, 61, 62, 257, 294
住民協議会　190, 196
住民提案187（カリフォルニア州）　138
常備軍の廃止（コスタリカ）　253
審査的統治　99, 114
新資源開発主義　46
真実と和解の国民委員会（レティグ委員会）（チリ）　287
人身売買　152
人道の危機　243
親米軍事政権の時代　4
進歩のための同盟　4, 5
人民社会党（キューバ）　173
人民の主権要求会議（ASP）（ボリビア）　43
人民の主権要求政治機関（IPSP）（ボリビア）　43
スマート・パワー　9
スラム　117, 124, 125, 127, 132, 196, 291
正義主義（アルゼンチン）　271
性教育全国センター（CENESEX）（キューバ）　177
制裁緩和措置　183
政治犯と拷問に関する国民委員会（バレチ委員会）（チリ）　287
性的少数者の復権　177
制度的革命党（PRI）（メキシコ）　83
制度と運動　24
世界銀行　39, 219, 232
世界社会フォーラム　25, 34
『世界のエコツアー：地球を感じる旅』　255

世界貿易機関（WTO）　63, 97, 259
石油労働者統一連合（FUTPV）（ベネズエラ）　203
セックス・ツーリズム　268
1988年新憲法（ブラジル）　25
全国再編成過程　276
全国人権委員会（CNDH）（メキシコ）　243-246
全国先住民会議（CNI）（メキシコ）　248
全国農民連合（CNC）（メキシコ）　83
全国変革委員会（CONALCAM）（ボリビア）　87
先住民（運動）　11, 30, 42, 46, 74-94
センデロ・ルミノソ（ペルー）　84
全米ヒスパニック代表者会議（NHLA）　141
ソビエト社会主義　189
ソ連化　174, 175
ソ連型体制　177
ソ連原油の精製拒否　171
尊厳計画（ボリビア）　42
尊厳と主権ある祖国同盟（エクアドル）　42, 90

た　行

大攻勢（キューバ）　174
第2次農業改革法（キューバ）　174
第2，第3のキューバ　4
太平洋同盟（AP）　61, 65
大論争（キューバ）　173
ダカ・プログラム（DACA）（米国）　155
多角的繊維協定（MFA）　102
ダパ・プログラム（DAPA）（米国）　156
多民族国　11
多民族多文化国家　42
チアパス　91, 234, 248, 249
地域協議会　194, 195
地域通貨スクレ（SUCRE）　68
地域統合　50-70
チカーノ　142, 148
チャビスタ運動　187-191, 193-198, 200-

335

204
チャビスモ　188, 203
中所得国の罠　117, 118, 123, 131, 132, 207, 212, 220, 225
中米共同市場（CACM）　52
中米自由貿易協定（CAFTA）　113
超法規的殺害行為（メキシコ）　245
チリ　285-315
チリ共産党　311
チリ居住区　291
チリ銅公社（CODELCO）　47, 296, 298, 299
チリ社会党（PS）　11, 286, 296, 311.
チリの奇蹟　38
通貨管理委員会（CADIVI）（ベネズエラ）　192
底辺への競争　95, 112
デザインによるアップグレーディング　114, 115
デフォルト（債務不履行）　41, 45, 54, 232
統一協定（ボリビア）　44
統一左翼（ボリビア）　43
動員（運動）と制度（化）　23
銅所得補償基金（銅基金）（チリ）　296
トゥパマロス　36
都市化　121
土地なし農民運動（MST）（ブラジル）　10
トロトラヤ　245, 246
ドリーム・アクト（米国）　154, 155
ドル化宣言（エクアドル）　42
ドル所有の合法化（キューバ）　178
3×1（トレス・ポル・ウノ）プログラム（メキシコ）　157

な 行

内部委員会（アルゼンチン）　275
南部国境計画（メキシコ）　151
南米共同市場（Mercosur）　7, 60, 62-65, 69, 294
南米諸国連合（UNASUR）　7, 37, 60, 67,

69
二元的な労働市場　135
21世紀の社会主義　7, 8, 11, 36, 43
二段革命論　3, 171
ニュー・パートナーシップ政策　5
人間の安全保障　269
ヌエバ・マジョリーア　311
年金基金運用会社（AFP）（チリ）　292, 301, 302
年金準備基金（FRP）（チリ）　297
農業改革法（キューバ）　172
農地改革　79, 81, 91
ノブレス・オブリージュ　305

は 行

賠償と和解の国家機構（チリ）　287
パチャクティック多民族統一運動（MUPP）（エクアドル）　83, 89, 90
バリオ・アデントロ　194
パルティドクラシア　42
反グローバリズム　60, 92
反スウェットショップ（搾取工場）　114
ピケテロ　31, 41
ヒスパニック／ラティーノ　134, 138, 161
非正規移民　134, 136-138, 144, 145, 149, 150, 153, 154, 156, 159
非正規移民改正および移民責任法（IIRIRA）（米国）　138, 149
『一粒のトウモロコシ』　177
ビノミナル制　306, 307
平等主義体制　166, 172, 173, 177, 179
ビヨンド・メリダ　242
開かれた地域主義　54, 60, 294
ピンク・タイド（ピンクの波）　2, 11, 12, 16, 36-49
貧困の連鎖　314, 315
貧困ライン　288
ファヴェーラ　124-128, 130-132
フェアトレード　114
ブエノスアイレス・コンセンサス　61
フォナサ　300

事項索引

付加価値税（IVA）（チリ） 289, 300
付加価値の不平等な配分 105-107
福祉国家 20, 24, 122, 126, 127, 132, 305
フスティシアリスモ 271
不法移民 237, 238
ブラジリア宣言 67
ブラジル 122-132, 206-228
ブラジル大統領弾劾 131
ブラセロ 137, 143, 144, 156
プラヤ・ヒロン事件 165, 171
プラン・ラボラル 288
フリーゾーン 106, 107, 258
プロダクト・スペース 212-214, 218
プント・フィホ体制 26
米・キューバ関係改善（国交回復） 182, 183
米国国際開発庁（USAID） 259
米国・中米・ドミニカ共和国自由貿易協定（CAFTA-DR） 102, 257, 259, 262, 263
米国の限界 182
米国離れ 1, 2, 6
米国務省の 2013 年の人権報告書 242
米国利益代表部 183, 184
米州開発銀行 130, 131
米州機構（OAS） 37
米州自由貿易地域（FTAA） 8, 60-62, 69
米州相互援助条約 37
米州ボリバル同盟（ALBA） 8, 60, 67-69, 148
米墨国境 135, 136, 158
米墨戦争 143
ベネズエラ 187-204
ベネズエラ共産党（PCV） 188, 201
ペルー 84
ペルー共同体採鉱被害者全国連合（CONACAMI） 31
ヘロイン 240, 241
ペロニスタ党（フスティシアリスタ党） 271, 276, 277, 279, 280, 282
ペロニズム（運動） 271-278, 283, 284

ペンギン革命 299
崩壊国家 122
法制的統治 99, 114
北米自由貿易協定（NAFTA） 37, 55-60, 62, 69, 91, 101, 102, 110, 144, 161, 231, 234, 238, 259
北米の安全と繁栄のためのパートナーシップ（SPP） 59
ポスト新自由主義 16, 20, 30, 31
ポピュリズム（ポピリスモ） 21, 28, 70, 74, 80, 82, 196, 271, 286
ポプリスタ体制 3, 5
ポプリスタ政策 283
ホモ・セクシュアル 177
ボリバル革命 8, 27, 204
ボリビア 43, 44, 46, 81, 85-87, 92
ボリビアオリエンテ先住民族・共同体本部（CIDOB） 82, 87, 88
ボリビア石油公社（YPFB） 44, 46
ボリビア多民族国 86
ボリビア農民労働者組合連合（CSUTCB） 82, 85, 87, 88
ボルザ・エスコーラ 228
ボルサ・ファミリア 22, 228
ポルトナソ 309

ま 行

マキーラ（マキラドーラ，保税加工区）（メキシコ） 101, 102, 144, 235
マスツーリズム 252
マヌエルアントニオ国立公園（コスタリカ） 260
マプーチェ族 10, 31
麻薬カルテル 147, 148, 150, 230, 231, 239-241, 243
麻薬戦争 148, 149, 231, 241-244, 246
麻薬問題 267
マラス 147-149, 151
マリエル港大量難民事件 175, 177
マリファナ 239-241
マルクス・レーニン主義者とキリスト教徒と

337

の同盟　176
マルティ生誕100周年世代　168
マルビナス戦争　276
ミシオン・スクレ　194
ミシオン・リバス　194
南の銀行設立　68
民営化　298, 299, 304, 305
民主化の時代　5
民主主義希求党（PPD）（チリ）　286, 311
民主主義の後退　236
民主的ガバナンスの構築　32, 34
民族解放軍（FLN）（メキシコ）　248
民族民主革命　2
みんなのための祖国（PPT）（ベネズエラ）
　　193, 200, 201
メガツーリズム　263
メキシコ　56-60, 83, 91, 230-247
メキシコ国営電話会社（TELEMEX）
　　233
メキシコ革命　143
メキシコ憲法　273
メキシコの暴力　231
メリダ・イニシアティブ（プラン・メヒコ）
　　59, 60, 152, 242, 244-246
モノカルチャー　50, 72, 143, 168, 172, 174
モンカダ裁判　169-171
モンカダ兵営襲撃　167, 168
モンテビデオ条約　51
モンテベルデ自然保護区（コスタリカ）
　　256, 261

や 行

ヤキ民族の水と土地のための闘い（メキシコ）　248
輸出加工区　100
輸出志向型工業化　100, 104, 206
ユナイテッド・フルーツ社（UFCO）（米国）
　　52, 135, 146
輸入代替工業化　5, 17, 38, 40, 50, 51, 54,
　　101, 104, 206
良い左翼　9

よき生活　43, 45
良き政府評議会（メキシコ）　248

ら 行

ラティーノ　134-159
　　──人口の推移　140
　　──のアイデンティティ　141
ラテンアメリカ・カリブ海共同体（CELAC）
　　7
ラテンアメリカ・カリブ経済委員会
　　（ECLAC）　45, 57, 64
ラテンアメリカ司教協議会総会　81
ラテンアメリカ自由貿易連合（LAFTA）
　　51, 52
ラテンアメリカ主義　1
リーマンショック　48, 292, 302, 303, 308
利益誘導型エリート　247
理想主義体制　172
略奪による蓄積　20
臨時革命政府（キューバ）　170
連帯チリ　290, 291
連帯基礎年金（チリ）　292
連帯年金制度（チリ）　292, 310
連邦襲撃用武器の禁止（FAWB）（メキシコ）　242
労働運動　188, 190, 191, 195, 196, 202, 271,
　　272, 274-276, 279, 284
労働組合　113, 188, 194, 196, 202, 203, 273-
　　275, 277, 279, 281, 282, 288
労働者党（PT）（ブラジル）　9, 21, 25, 131
ローカル・ガバナンス　25
ローンの証券化　130
ロマンス・ツーリズム　268

わ 行

ワシントン・コンセンサス　36, 39, 206,
　　219, 221, 228, 278
悪い左翼　9

欧 文

BRICs　40

事項索引

CCT（条件付き現金給付） 121
CGT（労働者総同盟） 277, 279, 281, 282
CONADI（先住民開発公社） 290
DEA（米国麻薬取締局） 239
EMS（電子製造サービス） 100
FEDECAMARAS（ベネズエラ経団連） 192, 199
FGTS（就業年限保障基金） 129, 131
FONADIS（障害者国民基金） 290
FOSIS（連帯と社会投資のための基金） 290
GRI（グローバル・レポーティング・イニシアティブ） 113
ILO新宣言 113
INDEPABIS（価格規制の執行機関） 193
INDH（人権のための国民機構） 287
ISDS条項 55
Minha Casa Minha Vida（私の家、私の人生）計画 131
OECDの多国籍企業ガイドライン 112, 113
OPEC（石油輸出国機構） 39
PDVSA（ベネズエラ固有石油会社） 193, 203
PRODY変数 213
PSUV（ベネズエラ統一社会党） 201-203
SBPE（ブラジル貯蓄・融資システム） 129
SENAMA（高齢者全国サービス） 290
SERNAM（女性と平等なジェンダーのための全国サービス） 290
SFH（住宅金融システム） 129
SFI（不動産金融システム） 130
Sidor 202
WTI先物市場 39

339

執筆者紹介 （執筆順，＊は編者）

＊**後藤政子** （ごとう・まさこ） **はしがき，序章，第8章，第11章訳，コラム3訳，第13章訳**
1941年生まれ。1964年東京外国語大学スペイン語学科卒業。現在，神奈川大学名誉教授。主な著作に，『新現代のラテンアメリカ』時事通信社，1993年；『キューバは今』御茶の水書房，2001年；『キューバ現代史——革命から対米関係改善まで』明石書店，2016年。

松下 洌 （まつした・きよし） **第1章**
1947年生まれ。1970年早稲田大学法学部卒業，1985年明治大学大学院政治経済学研究科修了。博士（国際関係学）。現在，立命館大学国際関係学部特任教授。主な著作に，『途上国の試練と挑戦——新自由主義を超えて』ミネルヴァ書房，2007年；『現代メキシコの国家と政治——グローバル化と市民社会の交差から』御茶の水書房，2009年；『グローバル・サウスにおける重層的ガヴァナンス構築——参加・民主主義・社会運動』ミネルヴァ書房，2012年。

河合恒生 （かわい・つねお） **第2章，第9章訳**
1940年生まれ。1972年法政大学大学院社会科学研究科博士課程単位取得退学。現在，NPO法人アジア・アフリカ研究所理事。主な著作に，『パナマ運河史』教育社，1980年；『チャベス革命入門』共著，澤田出版，2006年；『キューバ革命1953～1959年——モンカダ兵営攻撃から革命の勝利へ』有志舎，2016年。

所 康弘 （ところ・やすひろ） **第3章**
1975年生まれ。2008年明治大学大学院商学研究科博士後期課程修了。博士（商学）。現在，明治大学商学部准教授。主な著作に，『北米地域統合と途上国経済——NAFTA・多国籍企業・地域経済』西田書店，2009年；『貿易入門——世界と日本が見えてくる』共編著，大月書店，2017年；『米州の貿易・開発と地域統合——新自由主義とポスト新自由主義を巡る相克』法律文化社，2017年近刊。

宮地隆廣 （みやち・たかひろ） **第4章**
1976年生まれ。2011年東京大学大学院総合文化研究科博士課程修了。博士（学術）。現在，東京大学大学院総合文化研究科准教授。主な著作に，『解釈する民族運動——構成主義によるボリビアとエクアドルの比較分析』東京大学出版会，2014年；『「ポスト新自由主義期」ラテンアメリカにおける政治参加』共著，アジア経済研究所，2014年；『コンストラクティヴィズムの国際関係論』共著，有斐閣，2013年。

小池洋一（こいけ・よういち）　第5章
1948年生まれ。1971年立教大学経済学部卒業。現在，立命館大学経済学部特任教授。主な著作に，『社会自由主義国家——ブラジルの「第三の道」』新評論，2014年；『地域経済はよみがえるか——ラテンアメリカの産業クラスターに学ぶ』共編著，新評論，2010年；『現代ラテンアメリカ経済論』共編著，ミネルヴァ書房，2011年。

＊山崎圭一（やまざき・けいいち）　第6章
1962年生まれ。1987年大阪外国語大学外国学部卒業。1993年大阪市立大学大学院経営学研究科後期博士課程単位取得退学。現在，横浜国立大学大学院国際社会科学研究院教授。主な著作に，『リオのビーチから経済学——市場万能主義との決別』新日本出版社，2006年；「維持可能な発展視点からのブラジル経済の腐敗に関する一考察」『横浜国際社会科学研究』第14巻第3号，2009年。

北條ゆかり（ほうじょう・ゆかり）　第7章
1958年生まれ。1988年大阪外国語大学外国語学研究科イスパニア語学専攻修士課程修了（1985～87年エル・コレヒオ・デ・メヒコ大学院大学 El Colegio de México 歴史学研究所客員研究員）。文学修士。現在，摂南大学外国語学部教授。主な著作に，『メキシコ　その現在と未来』共著，行路社，2011年；「TLCAN (NAFTA) の十二年はメキシコに何をもたらしたか」『環−歴史・環境・文明−』Vol. 24, 2006年；エレナ・ポニアトウスカ『トラテロルコの夜　メキシコの1968年』翻訳，藤原書店，2005年。

スティブ・エルナー（Steve Ellner）　第9章
1946年生まれ。1980年ニューメキシコ大学にてPhD取得。現在，ベネズエラ，オリエンテ大学（Universidad de Oriente）教授。主な著作に，*Rethinking Venezuelan Politics : Class, Conflict, and the Chavez Phenomenon*, Rienner Publisher, 2009 ; *Latin America's Radical Left : Challenges and Complexities of Political Power in the Twenty-First Century*, editor, Rowman and Littlefield, 2014。

田中祐二（たなか・ゆうじ）　第10章
1951年生まれ。1985年立命館大学経営学研究科博士後期課程修了。博士（経営学）。現在，立命館大学名誉教授，特別任用教授。主な著作に，『新国際分業と自動車多国籍企業——発展の矛盾』新評論，1996年；『地域経済はよみがえるか——ラテン・アメリカの産業クラスターに学ぶ』共著，新評論，2010年；『TPPと日米経済』共著，晃洋書房，2012年。

ビクトル・ロペス・ビジャファニェ（Victor López Villafañe）　第11章
1949年生まれ。メキシコ国立自治大学（UNAM）経済学部博士課程修了。経済学博士。現在，サカテカス自治大学（メキシコ）教授。主な著作に，*Globalización y regionalización desigual*, México, SigloXXI editores, 1997 ; *Estados Unidos y América Latina. Los nuevos desafíos ¿ Unión o desunión ?*, México, Orfia y Valentini editores, 2007 ; *La modernidad de China. Fin del socialismo y desafíos de la sociedad de mercado*, México, SigloXXI editores, 2012。

小澤卓也 (おざわ・たくや) 第12章
1966年生まれ。1998年立命館大学大学院文学研究科博士後期課程修了。博士（文学）。現在，神戸大学大学院国際文化学研究科准教授。主な著作に，『先住民と国民国家——中央アメリカのグローバルヒストリー』有志舎，2007年；『コーヒーのグローバル・ヒストリー——赤いダイヤか，黒い悪魔か』ミネルヴァ書房，2010年；『教養のための現代史入門』共編著，ミネルヴァ書房，2015年。

アレハンドロ・M・シュナイダー (Alejandro Miguel Schneider) 第13章
1964年生まれ。ブエノスアイレス大学（UBA）・国立ラプラタ大学（UNLP）教授。博士（歴史学）。主な著作に，*Los compañeros. Trabajadores, izquierda y peronismo (1955-1973)*. Buenos Aires: Ediciones Imago Mundi. 2006；*Trabajadores. Un análisis del accionar de la clase obrera argentina en la segunda mitad del siglo XX*. (Comp.), Buenos Aires: Ediciones Herramienta. 2009；*América Latina hoy. Integración, procesos políticos y conflictividad en su historia reciente*. (Comp.), Buenos Aires: Ediciones Imago Mundi, 2014.

岡本哲史 (おかもと・てつし) 第14章
1962年生まれ。1992年東北大学大学院経済学研究科博士後期課程単位取得退学。2001年博士（経済学）東北大学。現在，九州産業大学経済学部教授。主な著作に，『衰退のレギュラシオン——チリ経済の開発と衰退化1830-1914年』新評論，2000年；『ラテン・アメリカは警告する——「構造改革」日本の未来』共著，新評論，2005年；『現代経済学——市場・制度・組織』共著，岩波書店，2008年。

田島陽一 (たじま・よういち) コラム1
1969年生まれ。1997年立命館大学大学院国際関係研究科博士課程後期課程国際関係学専攻修了。博士（国際関係学）。現在，東京外国語大学大学院総合国際学研究院准教授。主な著作に，『グローバリズムとリージョナリズムの相克——メキシコの開発戦略』晃洋書房，2006年；「製造業タックス・ヘイブンと関税および法人税に関する一考察——米国内国歳入法1059A条を中心に」『東京外国語大学論集』第83号，2011年；「NAFTAと対ラテンアメリカFTA戦略」中本悟・宮崎礼二編『現代アメリカ経済分析——理念・歴史・政策』日本評論社，2013年。

伊藤千尋 (いとう・ちひろ) コラム2
1949年生まれ。1973年東京大学法学部卒業。朝日新聞の記者としてサンパウロ支局長などを歴任し，現在，国際ジャーナリスト。主な著作に，『燃える中南米』岩波新書，1988年；『反米大陸』集英社新書，2007年；『キューバ——超大国を屈服させたラテンの魂』高文研，2016年。

レイナ・カタリーナ・ペレス・アルカサル (Reyna Catalina Pérez Alcázar) コラム3
サカテカス自治大学開発研究科修了（博士）。現在，チアパス州サンクリストバル・デ・ラスカサスで農村開発研究に従事。

フェルナンド・エルナンデス・ペレス　(Fernando Hérnandez Pérez)　**コラム3**
チャピンゴ国立自治大学農村開発科卒業。現在，チアパス州サンクリストバル・デ・ラスカサスで農村共同体の調査・研究に従事。

近藤元子　(こんどう・もとこ)　**コラム4**
1976年生まれ。1999年神奈川大学外国語学部スペイン語学科卒業。現在，チリ・サンティアゴ市在住。

グローバル・サウスはいま⑤
ラテンアメリカはどこへ行く

2017年5月30日　初版第1刷発行	〈検印省略〉
	定価はカバーに表示しています

<table>
<tr><td>編著者</td><td>後　藤　政　子
山　崎　圭　一</td></tr>
<tr><td>発行者</td><td>杉　田　啓　三</td></tr>
<tr><td>印刷者</td><td>大　道　成　則</td></tr>
</table>

発行所　株式会社　ミネルヴァ書房
607-8494　京都市山科区日ノ岡堤谷町1
電話代表　(075)581-5191
振替口座　01020-0-8076

太洋社・新生製本

©後藤政子・山崎圭一ほか，2017

ISBN978-4-623-08018-2
Printed in Japan

グローバル・サウスはいま（全5巻）

監修：松下冽・藤田和子
体裁：Ａ５判・上製・平均360頁・本体価格3500〜4500円

第1巻	グローバル・サウスとは何か	松下　冽／藤田　憲　編著
第2巻	新自由主義下のアジア	藤田和子／文　京洙　編著
第3巻	中東の新たな秩序	松尾昌樹／岡野内正／吉川卓郎　編著
第4巻	安定を模索するアフリカ	木田　剛／竹内幸雄　編著
第5巻	ラテンアメリカはどこへ行く	後藤政子／山崎圭一　編著

ミネルヴァ書房
http://www.minervashobo.co.jp/